权力与责任

构建跨国威胁时代的国际秩序

［美］布鲁斯·琼斯　卡洛斯·帕斯夸尔　斯蒂芬·约翰·斯特德曼　著
［中］秦亚青　朱立群　王燕　魏玲　译

世界知识出版社

在文明世界中，任何一个社会，如若不能应对世界面临的问题，不能因其苦难而痛心，不能为其事业而奋进，则断无可能在诸多领域成为世界的领导者。对此，历史已然明证，未来定当成为无可争议的事实。美国人民不能回避世界责任。

温斯顿・丘吉尔 (Winston Churchill)

联合国不同于、且应该不同于成员国，联合国要在没有权力的情况下承担责任——这种想法变得如此顽固，实在令人诧异。

迪安・艾奇逊 (Dean Acheson)

权力愈强，责任愈大。

斯坦・李 (Stan Lee)

此书献给：

伊丽莎白（Elizabeth）

我的父母卡洛斯(Carlos)和格拉迪斯(Gladys)

科琳(Corinne)、佐伊(Zoe)和卢克(Luc)

目 录

中文版序

2006年11月，我去华盛顿出席“中美日三边对话会议”期间，结识了卡洛斯·帕斯夸尔，他曾担任美国前总统克林顿的特别助理，现任布鲁金斯学会副会长兼外交政策研究部主任。2006年底，他从华盛顿给我发来电子邮件，讲述了布鲁金斯学会、纽约大学和斯坦福大学准备联合从事一项题为“治理全球不安全因素”的课题研究。由于世界的变化，一批新兴国家在崛起，研究这样的课题，光是在发达国家里研究已经不够了，因此，他们想除去在美国国内组织由两党智库人士参加的国内咨询小组外，同时还打算成立国际咨询小组，吸纳国际智慧，希望我参加。2007年1月，卡洛斯又专门从华盛顿打电话给我，邀请我参加国际咨询小组。我考虑再三之后同意了。

我为什么同意参加该课题的国际咨询小组，主要有三个原因：

一是近几年来我参加了许多的国际会议，尽管这些会议的题目各不相同，但是从会上的讨论情况和会下各方人士接触的情况来看，我深切地感到，大家都在思考“世界向何处去？”这个大问题。各种国际会议上的意见是多种多样的，世界好像进入了一个“百家争鸣”的时期，讨论“世界向何处去？”这个大问题，中国人当然应该参加。

二是从美方的谈吐中我感觉到，美国知识界的有识之士已经认识到布什政府的外交政策在很多方面已经走进了死胡同，“治理全球不安全因素”这一课题的实质是要为美国外交政策的调整提出建议，并且向大选后上台的新政府在外交上建言献策。这项课题研究的重要性是可想而知的，美国人想听中国人的意见，当然是一件好事。

三是布什政府外交上最大的失误是搞单边主义。他们以为美国实力超群，“华盛顿共识”应当向世界普及，美国想怎么干就怎么干，不需要听取世界的意见，结果碰得头破血流。今天，美国人愿意听听别人的意见，这本身就是一种远离单边主义的做法，当然值得鼓励。

2007年6月，我出席了在华盛顿举行的该课题组的首次国际咨询小组会议。国际咨询小组的组成是很有层次的，包括欧盟外交与安全高级代表索拉纳、巴西前总统卡多索、前联合国难民署高级专员绪方贞子、非洲联盟前任秘书长萨利姆、俄罗斯前外交部长伊万诺夫等人。从会上讨论的情况看，美国人确实愿意听听世界各国的意见。我本人除去参加华盛顿首次国际咨询小组会议外，还参加了2008年7月在柏林举行的会议。此外，卡洛斯等人2008年3月专程来北京，先后会见了中央党校前常务副校长郑必坚，外交部副部长张业遂、国家发展和改革委员会副主任解振华、中国国际战略学会会长熊光楷以及中国国际关系学界的人士。课题小组的主要负责人不仅听取中国的意见，还去世界各地听取了其他各方的意见，他们先拟定了一个“行动计划”，并于2008年11月公之于众。现在课题组出版了题为《权力与责任：构建跨国威胁时代的国际秩序》一书。

关于世界向何处去，应当建立一个什么样的世界？国际上众说纷纭，归纳起来无非以下几种看法：

一、建立一个单极世界；

二、建立一个无极世界；

三、建立一个“民主国家联盟”来主导这个世界；

四、建立一个大国共治的世界；

五、建立一个和谐世界。

以上五种主张在世界上都有一定的支持者。在我看来，单极世界的支持者有限，难度太大，伊拉克战争就证明了这一点。一个无极世界可能并不符合世界的现状和发展趋势。况且，人类面临众多的严峻挑战要去应对，如果是一盘散沙，后果不堪设想。建立“民主国家联盟”，这大概是想发动一场新的“十字军东征”。如果这种主张得逞了，将会给人类带来无穷的祸害。20世纪人类所经历的巨大灾难不仅还可能重演，而且造成的破坏要大得多。大国共治也是不可取的。历史证明，由于大国之间利害不同，大国共治不能实现持久的和平与共同繁荣。可能第五种主张，也就是胡锦涛主席2005年9月15日在联合国成立60周年首脑会议上向世界郑重提出的构建“持久和平、共同繁荣的和谐世界”，是人类的最佳选择。

和谐世界是什么含义？胡锦涛主席做了明确的阐述：“政治上相互尊重、平等协商，共同推进国际关系民主化；经济上相互合作、优势互补，共同推动经济全球化朝着均衡、普惠、共赢方向发展；文化上相互借鉴、求同存异，尊重世界多样性，共同促进人类文明繁荣进步；安全上相互信任、加强合作，坚持用和平方式而不是战争手段解决国际争端，共同维护世界和平稳定；环保上相互帮助、协力推进，共同呵护人类赖以生存的地球家园。”

上述主张是不是过于理想主义了？我以为不然。人类总应当有一个追求。和谐世界这个目标不损害任何人，相反，对大家都有利。我想多数人对这个理念是没有什么认同困难的。同时，人类社会尽管千差万别，有着不同的价值观，但人类生活在同一个地球上，总有不少共同的价值观。和平、发展、合作、保护环境、相互帮助，这些都是人类共同的价值观。构建和谐世界的基础就是人类共同的价值观。

我与美方课题组的主要负责人还讨论到了国际体系的问题。我强调指出，现行国际体系在建立的过程中，中国和许多发展中国家要么没有参与，要么发挥的作用有限。尽管现行国际体系中还有许多不尽人意之处，需要改革，但我们并不谋求推翻现行国际体系。至于国际体系如何改革，我们大家可以讨论。随着国际格局的变化，发展中国家在国际关系中的分量在上升，国际体系改革应当反映这一历史性的变化。

美方课题组还认为未来的国际体系是以负责任的主权国家为基础的。我和他们还讨论了中国作为一个负责任的大国应当承担什么样的责任的问题。

我认为，中国的责任表现在以下方面：

首先，我们要办好中国的事情。中国是一个有13亿人口的大国，中国的事情办好，本身就是尽到自己的责任，也是对人类的贡献。

第二，中国是联合国的创始国，加入了300多个国际公约，我们将履行《联合国宪章》、国际法准则和我们已加入的国际公约所规定的义务。1949年中华人民共和国成立以来，中国履行国际义务的记录是好的。

第三，和平与发展是当今世界面临的两大主题，中国作为一个负责任的大国，当然要履行维护世界和平、促进世界发展的义务。凡是有利于世界和平与促进发展的事，我们就积极去做。中国积极发起和推动朝核六方会谈，就是一个典型例子。中国与亚非拉广大发展中国家的合作在不断向前推进，这种合作是建立在相互尊重、平等和互利共赢基础上的，这种合作的推进有利于亚非拉等发展中国家的发展，有利于中国的发展，也有利于世界的发展。随着中国现代化事业的不断向前推进，我们与发展中国家的合作规模愈来愈大，给双方都带来了实实在在的好处。

第四，人类面临着严峻的共同挑战，包括恐怖主义、跨国犯罪、气候变化、环境恶化、武器扩散、流行疾病、毒品泛滥等，这些挑战是任何国家都不可能单独应对的，必须联合起来。中国当然要在这个过程中尽到自己的责任。

美方听了我关于中国责任的阐述，他们也认为是有道理的、站得住脚的。我在与美方课题组两年多的接触中，感到美方课题组的以下看法是可取的：

一、单边主义失败了，必须回到多边主义。

二、当前的国际机构和体系不适应世界正在发生变化的现实，新兴国家、发展中国家话语权太小，应当予以增加，发达国家需要接受和适应这一现实。

三、建立“民主国家联盟”会导致世界的分裂，引发新冷战，给世界造成极大的危害。

四、世界面临的各种挑战和难题，应当通过加强世界各国的对话与合作予以解决。

今天的国际关系正处在一个深刻变化调整的过程中，存在着两大潮流：一股是和平、发展、合作的潮流，这股潮流代表着21世纪人类的未来；另一股是冷战、对抗、冲突的潮流，这股潮流代表着过去。从某种意义上说，这两大潮流较量的结果将决定21世纪人类的命运。美方课题组的一些看法反映出世界上愈来愈多的人认识到，在新世纪再搞冷战、对抗、冲突是没有出路的，只会把人类推向灾难的深渊，唯有壮大和平、发展、合作的潮流，人类才会有光明的未来。

《权力与责任：构建跨国威胁时代的国际秩序》一书在中国的出版无疑是一件好事情。美国是一个具有全球眼光的超级大国，美国的一些知名学者经过两年多的研究，并听取了世界各国的意见后，提出的看法对我们了解今天的世界无疑是有益的。经过30年的改革开放，中国的命运已经与世界的命运紧密联系在一起，正如胡锦涛主席所说的："中国发展离不开世界，世界繁荣稳定也离不开中国。"我们了解美国一批有影响的学者对全球形势的看法，会有助于我们更好地走向世界，发展中国与世界的合作。

每个人都是通过自己的眼睛和视角来观察世界，本书的作者也不例外，他们当然要维护美国的利益和领导地位，这也是显而易见的。

世界知识出版社社长高树茂欣然同意出版本书，出版社的编辑为本书出版付出了辛勤的劳动。本书能及时地与读者见面，出版社的努力是值得我们赞许和感谢的。

吴建民

外交学院教授

2009年2月18日于北京

序 一

“管理全球不安全因素”项目的目的是在2009年启动全球安全体系的改革。这一改革任务既雄心勃勃，又迫在眉睫。

有一点很清楚：全球化仍然是影响世界的主要潮流。全球化使得数以百万计的人有机会过上更好的生活。但是全球化也是一种不可阻挡的力量，政府自身既无力阻止，也无法控制。一系列问题现在已经为大家所熟知。全球化的“黑暗面”要求我们应对气候变化、核扩散、国家失败、能源安全、金融动荡等诸多问题。近年来，所有这些问题都变得更加紧迫、更加复杂。然而，我们应对这些问题的能力发展已经滞后。

“管理全球不安全因素”项目的核心问题是：我们怎样组织全球化的世界？当今的世界所面临的问题大多是全球性质的问题，但是，解决问题的资源与合法性却大部分掌握在国家手中。 权力已经发生了根本性转化，无论是在政治体系之内还是之间，都是如此。在这样一个世界里，我们应该怎么办？

“管理全球不安全因素”试图发现解决这些问题的办法。《权力与责任》这部著作作为项目的主要成果，评估了现有多边制度的运行情况，分析了过去的成功经验和失败教训，也从中挖掘了对未来的启发。作者实实在在地证明，负责任主权的概念有利于就当今时代全球性紧迫问题组织急需的讨论协商。

这部著作勾勒了一幅广阔但又切实可行的蓝图，分析了每个具体领域的特征，讨论了如何在全球和地区层面采取措施应对这些挑战。它要求我们既关注国家能够和应该发挥的关键作用，也重视私营部门、非政府组织和其他行为体可以作出的贡献。

“管理全球不安全因素”没有回避棘手问题。比如，我们必须通过扩大八国集团、通过联合国安理会，使新兴大国有权利参与讨论全球政治的最高层商讨。这样做强调了涉及全球治理的两个同等重要的关键因素：有效性与合法性。

“管理全球不安全因素”项目提出的政策建议是在几乎世界各个大洲进行咨询的基础上形成的，但首先咨询了欧洲和新兴大国，这一点十分重要。如若要就主要问题的性质和最佳解决方案达成共识，这类对话是必不可少的。

我们很清楚，需要对现行国际体系进行深度改革。目前，必须首先在由20国集团为首的国际金融制度领域实施这样的改革。但是不能就此止步，需要进一步推进改革进程，使其覆盖气候变化和关键的安全问题。

这部著作是“管理全球不安全因素”项目研究成果，连同2008年出版的《行动计划》一起，向我们展示了一条通向未来的道路。我们现在需要做的事情就是根据本书提出的建议立即采取行动。

哈维尔·索拉纳

欧盟理事会秘书长

共同外交与安全政策高级代表

序　二

近二十年来，美国对外政策试图使我们在不确定的形势下走向安全。全球化侵蚀了国家的疆界，使得新的跨国挑战凸显出来：没有能力的国家、全球变暖、不断出现的致命传染病、可能爆发的恐怖主义灾难等等。我们的安全和繁荣要依赖在全球范围内与其他国家的积极合作才能实现。

令人感到十分不安的是，美国仍然缺乏一个对自身作用定位的前瞻性视野，缺乏如何实现美国人民利益的大思路。自从“9·11”以来，一直是恐惧在指导我们的行动。我们远离了美国的核心理想观念，那就是坚信我们能够使我们自己、使整个世界变得更好。

不仅仅是美国出现了问题。第二次世界大战以后我们帮助建立的国际组织也需要新的能力和新的方向。同时，由于贫困和全球性的不平等，新的国际政治分野也出现了，致使美国及其欧洲、日本等传统盟友不能独揽改革。国际组织中的决策需要反映国际权力的变化，尤其是要反映中国、印度、巴西等新兴大国的重要性。

美国的领导权仍然是在动荡时代打造秩序的关键，但是，美国领导权的使用必须反映世界相互依存这一现实。要以协商、说服、切合实际的方法代替单边主义和傲慢自大。我们选出了新的总统，这使我们有机会驱散恐惧和猜忌的政治阴云。

布鲁斯·琼斯(Bruce Jones)、卡洛斯·帕斯夸尔(Carlos Pascual)和

斯蒂芬·约翰·斯特德曼(Stephen John Stedman)三位作者在广泛国际磋商的基础上指出，世界大部分地区仍然需要美国实施理智的领导权。他们表明，坚持不懈的努力有利于达成基于合作的解决方案，应对气候变化、核扩散、生化威胁、内战和地区冲突、恐怖主义、贫穷和经济动荡等一系列问题。他们坚持负责任行使主权的原则，所以将人的尊严、道德的权威以及乐观的态度视为国际秩序和美国外交的核心。他们坚持负责任行使主权的原则，因此以切合实际的心态对待相互依存的世界。他们在这部著作中提出的思路、观点和建议有着重振美国对外政策的重要意义。

布伦特·斯考克罗夫特
斯考克罗夫特集团总裁
前美国国家安全事务助理

前 言

21世纪伊始，就显示了这一世纪是一个充满矛盾的时代。全球化创造了前所未有的机遇，使世界人民的生活能够更加美好。私营部门能够进入资本、技术和劳工的全球市场，获得了大量的财富，这在50年前是不可想象的事情。全球化使得中国、印度、巴西等新兴经济体中数以百万计的人增加了收入。的确，对于中国来说，融入全球经济谱写了人类历史上最重大的国家成就的篇章：在短短30年里脱贫人口达到5亿。

然而，全球化力量一方面将整个世界连为一体，另一方面也将世界撕成碎片。2008年秋发生的金融危机表明，一个国家的经济动荡能够影响半个地球之外的经济增长。核技术、核知识的扩散意味着，对于恐怖分子来说，致命武器已经是唾手可得的东西。技术使得信息和资本可以在全世界迅速传播，但同样的技术也可以被国际犯罪分子用来获得非法利益。增加世界一个地区能源补贴会引发食品价格飙升，进而导致许多国家出现饥荒和社会动乱。国际航空事业提供的便利和航班的增加也加快了新的致命性传染病的传播。

全球化的直接结果是深化了相互依存。美国的繁荣与安全在很大程度上依赖于世界其他国家政府和人民是否采取行动。但是，美国对外政策依然没有把握这一简单的事实。

在一个相互依存的世界上，如果你需要其他国家和人民的合作，以保障你自身的国家安全，你就要倾听他们的意见。也许，他们没有在你的国家里的选举权，但是他们可以影响到你的对外政策是否成功，甚至影响到你在动荡时期是否有足够的金融资源来拯救你濒临破产的银行和工业。这是史无前例的事情。本书是“管理全球不安全因素”的一个组成部分。对以上问题的认识是撰写本书的根本出发点，也是如何撰写本书的基本思路。

布鲁斯·琼斯 (Bruce Jones) 和斯蒂芬·斯特德曼 (Stephen Stedman) 在2003—2005年间曾经为时任联合国秘书长的科菲·安南 (Kofi Annan) 工作过，提出了对1945年建立的联合国以及更为广义的全球安全体系进行改革的最全面的报告。我们认真分析了国际安全与发展领域里合作的长处和不足，比较清楚地辨析了哪些合作是成功的，哪些是不成功的，如果用美国的俗语讲，也发现了哪些国际机构已经过时。

我们还发现了关于美国对外政策的一个秘密。华盛顿每天都在使用国际组织来帮助保护美国人。我们看到，美国决策者对这些组织的表现十分失望，同时也希望这些组织能够更加高效有力。最终，我们看到的是，美国决策者虽有这样的期望，但他们将这种期望转化为现实的思路和能力却是大大不足。

在一个又一个的问题上，无论是核扩散、地区冲突、扶贫减贫，还是预防致命性疾病方面，我们看到的是，原本可以通过合作得到的收益只能停留在谈判桌上议而不决。诚然，将这一切完全归咎于美国政府是不公正的，但在很大程度上，这的确是华盛顿处理问题的失误所造成的。美国往往不关心其他国家的重大利益，不关心其他国家的恐惧和期望。

斯特德曼和琼斯在撰写提交联合国秘书长的政策建议期间，走遍了世界各国。我们两人走访了个人、政府和非政府组织，询问对国际社会最大的安全威胁是什么。通过这些活动，我们学到了一个虽简单却十分宝贵的道理：由于所处的地域、持有的权力、发展的水平不同，人们对威胁的认识也大相径庭。

有一个例子可以说明这一问题。我们在非洲咨询安全威胁问题的时候，与非洲在世界各地的外交官讨论过，他们一次也没有提到恐怖主义灾难的威胁。他们要讨论的是贫穷和致命性疾病，尤其是疟疾和艾滋病。这是很自然的事情，因为数以千万的人因之丧生，数以千万的儿童因之变成孤儿，在一些非洲国家，艾滋病将人的寿命减少了40多年。

我们三人第一次见面是在为2005年世界首脑大会做准备的协商会议上。当时，斯特德曼是安南秘书长的特别顾问，负责与各国政府协调，促请它们接受安南秘书长关于联合国改革的建议。琼斯是斯特德曼的副手，专门负责关于建立一个新的联合国和平建设委员会（Peacebuilding Commission）以及和平建设保障办公室（Peacebuilding Support Office）的磋商事宜。而卡洛斯·帕斯夸尔(Carlos Pascual)时任美国国务院负责重建和稳定事务的协调员，主要是涉及这些问题的美方联络员。基于对美国制定和实施政策的失望，帕斯夸尔表达了一种观点：世界正在发生日新月异的变化，但是，美国的决策机制和方式却没有发生变化。

帕斯夸尔在20世纪90年代后期曾在美国国家安全委员会任职，负责前苏联事务。他很早就意识到，有效的美国政策正面临着新的挑战。对美国利益最有利的似乎是俄罗斯、乌克兰和其他前苏联国家，因为这些国家采纳了西方的民主和市场经济理念。于是，便努力将这些国家纳入西方俱乐部，比如让俄罗斯进入八国集团，让其他国家进入世界贸易组织。但是，美国的想法不一定是这些国家的想法，因此，美国无法左右其他国家的行为。

“9·11”之后，美国权力实施的有限性令人深感不安。当时，帕斯夸尔任美国驻乌克兰大使，他意识到美国和欧洲之间开始显现的裂痕。全球化的黑暗面开始打击美国，美国也准备反击。欧洲旁观，一方面表现出同情，另一方面也显示了忧虑。但是美国和欧洲从未就全球范围应对跨国恐怖主义问题达成一致意见。

到了2004年，美国国务卿鲍威尔指示帕斯夸尔在国务院内组建一个跨机构办公室，负责冲突后的重建和稳定事务。这时，美国政策声明的言辞发生了变化。美国国家安全事务委员会宣布，无能国家对美国的威胁大于强势国家。但是，这类言辞并没有使美国采取行动，主动对能够增强国家能力的国际组织加大投入。

帕斯夸尔、斯特德曼和琼斯在讨论建立新的联合国和平建设委员会会议上会面。当时，联合国和华盛顿情景出现了高度的相似性。全球性挑战成为联合国政策声明的言辞。但是，这些言辞也没有变成改革政策或是加强能力建设的政治行动。改革现状的建议没有得到采纳，原因是这些建议被视为不切实际的奢侈想法。

我们三人离开当时担任的职务之际，有着一种相同的感受：人们建立的国际制度能够也必须取得更好的结果。从一开始，我们就试图换一个视角去思考美国对外政策，这样一个视角能够更好地反映全球化的相互依存世界。我们相信，现在出现了一个历史性机遇，使美国利益能够与解决全球性问题结合在一起。我们相信，美国政策要想成功，就必须得到全球各国政府的支持。所以我们提出了政策建议，希望这些建议既能得到美国两党的支持，也能得到世界各国的支持。

这样，我们就设定了一个很高的目标。如果在制定美国对外政策的时候不将世界其他国家的利益和需求考虑在内，事情虽然会容易得多，却只能是不切实际的空谈。（反之也一样：如果在全球范围内讨论美国应该采取什么样的对外政策的时候，不将美国的利益和需求考虑在内，也是一种不切实际的奢侈！）我们得益于两个卓越的咨询委员会的指导。一个是美国国内的两党咨询委员会，另一个是国际咨询委员会。这两个委员会的成员都是富有经验的领导人，他们认真思考过世界发生着什么样的变化、怎样才能改革国家政策和国际组织这类问题。我们在华盛顿、纽约、英国的迪奇雷公园（Ditchley Park）、新加坡和柏林召开过咨询委员会会议。咨询委员会成员也安排了我们与政府官员、对外政策界知名人士、非政府组织的讨论，在欧洲一些城市、新德里、北京、东京、多哈、墨西哥城，在联合国都组织过这类讨论。我们还与非洲在华盛顿和纽约的代表进行了磋商。在美国，我们会见了国会议员和行政官员，也会见了美国总统选举班子里的对外政策顾问。在美国和国际上，知名专家阅读了我们对威胁的具体分析和政策建议，知名对外政策学者则全面审读了本书的手稿。

我们用了一年半的实践，同时构建了美国国内和全球范围的两个对话平台，讨论当前存在什么威胁、安全性质发生了什么变化、需要什么样的国际秩序才能使世界更加和平、主权的意义是什么、美国在世界上需要发挥什么作用等诸多问题。同时顾及国内和国际两个层面的对话讨论，比仅仅在美国国内进行讨论要困难得多。但是，全球范围内的对话使我们相信，在2009年，美国新总统应当提出一个全球合作的大胆思路，一个能够得到世界支持的思路，一个基于国家负责任行使主权的思路，一个通过国际合作应对跨越国界、对全球构成严重威胁的思路，包括核扩散、内战和失败国家、气候变化、恐怖主义、传染病以及全球贫穷等问题。

本书是“管理全球不安全因素”项目的第二个产品。第一个产品是《行动纲领》，于2008年11月出台，可在www.brookings.edu/reports/2008/11_action_plan_mgi.aspx网站上面阅读。《行动纲领》的依据是本书的分析，为奥巴马政府和其他国家的政府提出了一系列具体政策建议，希望能够在2009年和2010年得到采纳，目的是加强国际合作、应对跨国威胁。一旦这些政策建议能够付诸行动，就会开始建立一个我们在本书中设计的那种国际秩序。

在首次召开的20国集团会议前几天，我们发布了《行动纲领》。布什总统发起的20国集团会议是为了应对2008年金融危机的。20国集团会议制定了议程，协调政策并启动对国际金融制度的深层改革。20国集团的行动反映了本书的一个中心议题：大国之间的政治合作，包括通过扩大的八国集团形式进行合作，是朝着制定共同战略、重振国际组织的关键的第一步。无论是制定共同战略，还是重振国际组织，都是应对国际威胁必不可少的行动。

金融危机席卷世界，从全球股市夺走了上万亿美元；多年来人们试图提高国际货币基金监管功能，但迟迟没有付诸行动。正是在这种情况下才召开了20国集团会议。如果在核不扩散领域的安排受到侵蚀，而我们的行动又是同样的迟缓，就会导致灾难性的后果。如果在致命性生物病原体被故意传播之前，我们不能及时建立抵御传染性疾病的体系，世界也不能容忍这样的拖延。在气候变化和安全领域，也必须为一个更为健康的国际秩序提供理念、方法和组织，我们已经没有时间再踟蹰等待了。我们希望，本书能够为实现这一目标激活辩论、促成行动。

致 谢

“管理全球不安全因素”项目是一项巨大的工程。我们为了完成这一工程，在美国国内和国际上建立了一个项目的人脉网络，没有这一网络持之以恒的支持，我们根本无法完成这一艰巨的任务。这一网络的核心是美国和国际两个咨询委员会的成员。他们是马德琳·奥尔布赖特（Madeleine Albright）、理查德·阿米蒂奇（Richard Armitage）、桑迪·伯杰（Sandy Berger）、霍华德·伯曼（Howard Berman）、奇普·布莱克（Chip Blacker)、西尔维娅·马修斯·伯韦尔（Sylvia Mathews Burwell）、费尔南多·恩里克·卡多佐（Fernando Henrique Cardoso）、切斯特·克罗克（Chester Crocker）、劳伦斯·伊格尔伯格（Lawrence Eagleburger）、简·埃利亚松（Jan Eliasson）、阿什拉夫·加尼（Ashraf Ghani）、杰里米·格林斯托克（Jeremy Greenstock）、莉玛·哈拉夫（Rima Hunaidi）、安瓦尔·易卜拉欣（Anwar Ibrahim）、沃尔夫冈·伊申格尔（Wolfgang Ischinger）、伊戈尔·伊万诺夫（Igor Ivanov）、吴建民（Wu Jianmin）、基肖尔·马赫布巴尼（Kishore Mahbubani）、拉利特·曼辛格（Lalit Mansingh）、文森特·马法伊（Vincent Maphai）、阿瑶·奥贝（Ayo Obe）、绪方贞子（Sadako Ogata）、保罗·马丁（Paul Martin）、威廉·佩里（William Perry）、托马斯·皮克林（Thomas Pickering）、约翰·波德斯塔（John Podesta）、萨利姆·萨利姆（Salim Salim）、布伦特·斯考克罗夫特（Brent

Scowcroft）、亚伯拉罕·索法尔（Abraham Sofaer）、哈维尔·索拉纳（Javier Solana）、斯特罗布·塔尔伯特（Strobe Talbott）、蒂莫西·沃思（Timothy Wirth）、詹姆斯·沃尔芬森（James Wolfensohn）。他们在百忙之中，挤出时间，为我们的项目做出了贡献。我们向他们致谢。

我们特别感谢斯特罗布·塔尔伯特（Strobe Talbott）和哈维尔·索拉纳（Javier Solana），感谢他们对项目的指导，也感谢他们在处理重振全球治理的复杂问题时所表现出来的坚定毅力和旺盛精神。

一些组织和个人为"管理全球不安全因素"提供了资金和物资方面的资助。他们是这一项目网络的有机组成部分，他们的支持使得我们能够完成这一项目。这些组织包括福特基金会（Ford Foundation）、威廉与弗洛拉·休利特基金会（William and Flora Hewlett Foundation）、约翰·D与凯瑟琳·T.麦克阿瑟基金会（John D. and Catherine T. MacArthur Foundation）、洛克菲勒兄弟基金会（Rockefeller Brothers Fund）、联合国基金会（UN foundation）。项目的全球咨询工作还得到以下机构在资金和物资方面的资助，他们是贝特尔斯曼基金会（Bertelsmann Stiftung）、迪奇雷基金会（Ditchley Foundation）、芬兰外交部（Ministry of Foreign Affairs of Finland）、挪威皇家外交部（Royal Ministry of Foreign Affairs of Norway）、李光耀公共政策学院（Lee Kuan Yew School of Public Policy）。此外，项目还得到一些个人捐赠者的资助。我们向他们致谢。

除上述咨询委员会成员外，还有许多重要人士参加了项目的诸多研讨会以及其他共同活动，其中包括马尔蒂·阿赫蒂萨里（Martti Ahtisaari）、弗朗西斯·登（Francis Deng）、凯末尔·德尔维什（Kemal Dervis）、穆罕默德·埃尔巴拉迪（Mohamed ElBaradei）、约施卡·菲舍尔（Joschka Fisher）、查克·哈格林（Chuck Hagel）、潘基文(Ban Ki-moon)、拉金德拉·帕乔里（Rajendra Pachauri）、乔治·索罗斯（George Soros）、弗兰克-沃尔特·施泰因迈尔（Frank-Walter Steinmeier）。限于篇幅，无法在此一一列举所有参与并提出批评和建议的人士，再次感谢各位的理解和宽容。

本书在撰写过程中，借鉴了一些个案研究的成果，这些个案研究都是由在某地区或某领域处于重要地位的专家所做，他们评估了国际机制在极其棘手的案例中的实施情况。这些专家包括乔恩·B.奥尔特曼（Jon B. Alterman）、沙迦·巴哈（Sarjoh Bah）、丹尼尔·本杰明（Daniel Benjamin）、罗伯特·卡林（Robert Carlin）、亚历克斯·埃文斯（Alex Evans）、安·弗洛里妮（Ann Florini）、阿什拉夫·加尼（Ashraf Ghani）、理查德·高恩（Richard Gowan）、约翰·威尔逊·刘易斯（John Wilson Lewis）、彼得·M.刘易斯（Peter M. Lewis）、哈立德·穆斯塔法·迈达尼（Khalid Mustafa Medani）、乔治·佩尔科维奇（George Perkovich）、史蒂文·皮弗（Steven Pifer）、肯尼思·波拉克（Kenneth Pollack）、帕维尔·波多维戈（Pavel Podvig）、布鲁斯·里德尔（Bruce Riedel）、埃里克·罗桑德（Eric Rosand）、巴尼特·R.鲁宾（Barnett R. Rubin）、斯科特·萨根（Scott Sagan）、亚当·汤森（Adam Townsend）、克里斯蒂娜·温（Christine Wing）。这些专家的个案研究为本书的政策建议提供了丰富而坚实的基础。对此，我们表示感谢。

美国和其他一些国家的政府官员或前政府官员也为此项目议程做出了贡献。他们是来自澳大利亚、巴西、中国、哥伦比亚、捷克、芬兰、法国、德国、印度、意大利、日本、墨西哥、新西兰、挪威、南非、西班牙和英国的外交部官员，其中包括这些国家的外交部长、司长、政策规划人员、国家安全顾问、大使或使团副团长。我们感谢众多外交使团，特别是驻华盛顿和纽约的外交使团，他们为我们的咨询工作组织了讨论会、午餐会或正式宴会。在美国，我们收到了来自美国国会、国家安全委员会、国务院、国防部以及情报部门的反馈意见和建议。我们向他们致谢。

我们感谢审读书稿的各位专家。其中一些专家通读了全书，一些审读了个别章节。他们不仅纠正了书稿中确实存在的问题，而且提出大量的专业意见，为书中的一些政策建议和研究方法提供了全新的视角。这些专家包括肯·伯纳德（Ken Bernard）、奇普·布莱克（Chip Blacker）、科林·布拉德福德（Colin Bradford）、塔如恩·恰布拉（Tarun Chhabra）、拉里·戴蒙德（Larry Diamond）、琳恩·伊登（Lynn Eden）、乔纳森·埃尔金德（Jonathan Elkind）、安·弗洛里妮（Ann Florini）、谢泼德·福曼（Shepard Forman）、吉姆·戈德盖尔（Jim Goldgeier）、迈克尔·奥汉隆（Michael O' Hanlon）、霍米·哈拉斯（Homi Kharas）、约翰尼斯·林（Johannes Linn）、迈克尔·麦克福尔（Michael McFaul）、莱克斯·瑞费尔（Lex Rieffel）、彼得·A.辛格（Peter A. Singer）、安妮–玛丽·斯劳特（Anne-Marie Slaughter）、阿贝·索法尔（Abe Sofaer）、斯特罗布·塔尔伯特（Strobe Talbot）、阿基利斯·扎卢阿（Achilles Zaluar）。

我们感谢迪克与费丝·莫宁斯塔（Dick and Faith Morningstar）将自己的房子提供出来，供写作人员集体深入思考探讨使用。

项目同美国及其他地区的诸多机构展开合作、进行对话，并共同组织研讨活动，我们从中受益匪浅。这些机构包括欧洲对外关系委员会（European Council on Foreign Relations）、慕尼黑安全政策会议（Munich Conference on Security Policy）、欧洲改革中心（Center for European Reform）、萨尔兹堡全球研讨会（Salzburg Global Seminar）、芬兰国际事务研究中心（Finnish Institute of International Affairs）、欧盟安全问题研究所(European Union Institute for Security Studies)、丹麦国际事务研究所(Danish Institute for International Affairs)、日本国际问题研究所（Japan Institute for International Affairs）、中国外交学院（China Foreign Affairs University）、清华大学的清华–布鲁金斯公共政策研究中心（北京）（Brookings-Tsinghua Center at Tsinghua University Beijing）、全球问题研究中心（印度）（Centre for Global Studies India）、美国–伊斯兰世界论坛（多哈）（U.S.-Islamic World forum Doha）、洛伊国际政策研究所（澳大利亚）（Lowy Institute for International Policy Australia）、国防咨询委员会（印度）（National Defense Advisory Board India）、和平与冲突研究所（印度）（Institute of Peace and Conflict Studies India）、公共政策研究研究所（英国）（Institute for Public Policy Research U.K.）、布鲁金斯学会的美国、欧洲和萨本中心（Center on the U.S. and Europe and Saban Center at Brookings）、冲突预防项目和全球治理项目（Conflict Prevention Program and Program on Global Governance）、美国对外关系协会（Council on Foreign Relations）、艾斯潘研究所（Aspen Institute）、国际治理创新中心（加拿大）（Center for International Governance Innovation Canada）、美国和平研究所（The United States Institute of Peace）。

能完成这本书，我们还得到许多人士的不断鞭策和鼓励。我们诚挚地感谢布鲁金斯学会出版社的工作人员，他们是鲍勃·法贺提（Bob Faherty）、珍妮特·沃克（Janet Walker）、克里丝·卡拉尔（Chris Kelaher），不知疲倦的书稿编辑勒内·霍华德（Rene Howard）和艾琳·休斯（Eileen Hughes），前期编辑史蒂夫·斯特拉瑟（Steve Strasser），感谢他们的耐心和灵活。

我们特别感谢项目团队的核心研究人员和工作人员，其中包括布鲁金斯学会的霍莉·本纳（Holly Benner）、杰茜·邓肯（Jessie Duncan）和凯茜·维波拉科（Kathy Wyporek），纽约大学国际合作中心（Center on International Cooperation）的凯瑟琳·贝拉米（Catherine Bellamy）和理查德·高恩（Richard Gowan）以及斯坦福大学国际安全与合作中心（Center for International Security and Cooperation）的凯特·查德威克（Kate Chadwick）。我们还要感谢萨拉·巴特蒙利希（Sara Batmanglich）、亚历克莎·范·布伦特（Alexa Van Brunt）、米里娅姆·埃斯特林（Miriam Estrin）、保罗·弗拉赫（Paul Flach）、安德鲁·哈特（Andrew Hart）、尼克·马韦尔（Nick Marwell）、亚当·彼尼亚克（Adam Pienciak）、米歇尔·夏皮罗（Michele Shapiro）、艾萨·西迪基（Aiza Siddiqui）、德沃夏克·韦斯特（Devorah West），他们为研究工作及活动组织给予了大力支持。

我们感谢布鲁金斯学会对外政策研究项目组的行政、财务及交流部的工作人员，没有他们出色的工作，就没有项目的成功。这些工作人员是阿德里娜·安萨内罗（Adrenne Anzanello）、夏洛特·鲍德温（Charlotte Baldwin）、朱利娅·凯茨（Julia Cates）、盖尔·查利夫（Gail Chalef）、佩姬·克努森（Peggy Knudson）。

最后，感谢我们深爱着的家人，他们容忍了我们在写作期间长时间的分离和时而表现出来的急躁情绪。

按照惯例，作者会声明：本书写作过程中收到诸多中肯的批评和建议，但书中如出现任何错谬、失当或粗疏浅陋之处，作者将负全部责任。然而，这一次我们是三位作者共同撰写，所以每人都有逃避责任的法宝：书中若有不妥之处，自有另外两位作者担负全部文责。

第一部分

权 力

POWER

第一章

主权的最后良机

全球安全遭受威胁的警钟已经长鸣。跨国犯罪分子将尖端核武器非法运送到世界上冲突四起的地区一些不稳定政权的手里；在企图制造大规模平民伤亡的恐怖主义集团那里发现了如何使用生物武器的培训手册。海平面上升；旱灾持续的时间越来越长；暴风雨更加频繁。能源价格飙升，导致粮食价格飞涨，在一些贫穷国家引发了骚乱，预示着饥荒的爆发。经济动荡和不安全状态使得世界上许多地方储蓄告罄，就业艰难。致命性病毒跨越国界，在各大洲和不同物种之间传播。

这就是充满跨国威胁的世界。无论在世界什么地方，人民和政府的行为，或是无为，都会影响到千里万里之外的其他人民。在这样的世界上，国家安全与全球安全相互依赖，主权国家采取单方行动已经无法保护自己的国民。令人遗憾的是，对于这样一个世界，我们却毫无准备。

这个世界还有一个特点：美国的领导地位根基不深，有时还会导致失误，但同时又是十分必要的。在这个世界上，主要大国和新兴大国必须达成一致，在国际组织的框架中进行合作，支持适用于所有国家的新的责任标准。只有这样，它们的人民才能够安全繁荣。本书要告诉大家的就是我们怎样才能实现这一目标。

国家安全与全球安全的相互依赖

全球化带来的一个深刻事实是：国家安全和国际安全高度相互依赖，已经不能分割。但是，这一事实并没有得到充分的认识。即便对于最强大的国家来说，也是如此。比如，在美国，大多数人会同意，下列因素影响了他们的国家安全：跨国恐怖主义、核武器扩散、新型致命性疾病的蔓延、全球变暖、经济不稳定和经济危机。严重的问题是，这些威胁同样也会威胁着任何一个国家的安全。

世界其他地区面临的威胁也不是孤立的。贫穷、内战、地区冲突等问题与美国面临的威胁也是联系在一起的。跨国恐怖主义分子利用无人治理的地域作为自己的栖身之地，招募人员、聚敛财源、扩充武器。他们利用了由于长期内战和地区冲突导致的不满情绪。气候变化加剧了人们对土地和水源的争夺，使贫困人口的负担更加沉重。贫穷不仅加大了内战和国家失败的危险，还助长了致命性传染病的传播。

这些威胁汇集起来，加之它们之间的关联，就对国家保护主权的能力形成了严重的挑战。对于许多国家而言，国内贫穷、内战、疾病、环境恶化等问题都说明了一点：要与国际组织建立伙伴关系、要遵守国际组织的规则。遵守规则或是接受援助并不意味着削弱主权。恰恰相反，这意味着维护主权。[1] 即便是强大的国家，为了保护主权，也必须与国际组织合作，抗击诸如致命性传染病及核武器扩散等跨国威胁。没有持续的国际合作是无法应对这类威胁的。

美国对外政策至今仍然没有抓住安全相互依赖的意义。尤其是在过去七年里，华盛顿强调了一种威胁，即跨国恐怖主义，将其置于全球变暖、贫穷、致命性疾病以及其他威胁之上。这就忽视了一个事实：恐怖主义对于大部分国家来说并非严重威胁，并且这些跨国威胁大部分都是相互关联的。美国没有理智地将自己面临的各种安全威胁置于全球框架中加以审视。由于忽视了这个事实，美国在很大程度上丧失了国际合作的机会。在各种具有跨国性质的威胁相互关联的世界上，事实是很简单的：你必须与别人合作，只有这样才能换得别人与你的合作。

后冷战时期出现的真空

我们在2008年撰写这本书的时候，后冷战时期已经进入了第17个年头，后“9·11”时代也进入了第七个年头。有些专家认为，现在需要一个“后后‘9·11’对外政策”，但也没有清楚地解释这样的对外政策有哪些内涵。这些都表明我们的对外政策由于缺乏远见而出现了一个真空。我们深信，世界已经发生了变化，但是我们的制度、政策和领袖们还没有完全理解世界的变化有多么深刻。

现有的国际组织的目标是促进合作、实现和平与繁荣。这些组织建立的时代与现在不同，当时的威胁和权力结构也与现在迥异。这并不意味着这些国际组织已经过时。有些国际组织表现出惊人的生命力，而另外一些则是面对变化中的现实应付调整。有这些组织总比没有强，但是它们在活动能力和采取集体行动方面已经力不从心，不足以应对如今出现的新的威胁。同样，新的国际规范已经出现，但是这些规范仍然停留在“应该做什么”的阶段，没有达到“实际做什么”的程度。因此，国际秩序现在处于一种紊乱状态。我们做过承诺，却不遵守规则；我们寻求解决方案，却没有决心。面对今天的挑战，我们充满不确定性的困惑，也缺少对国际应对挑战能力的信心。

国际秩序需要权力资源。自从第二次世界大战结束以来，美国一直是这种权力资源。美国当时领导创立了国际安全和金融组织。当这些组织有效发挥作用的时候，它们有利于美国实现自己的国家安全利益，也有助于美国的盟国实现它们的安全利益。实际上，除了最顽固的国家之外，世界所有国家都从中得益。

20世纪后半叶的大部分时间里，美国的主要盟国以及这些国家中大多数民众都将美国视为维护国际秩序的主要力量。现在，这种信任已经消逝。世界上很少有人接受或是信任美国，或者说很少有人认为美国的行为是合法的。过去几年的国际舆情调查显示，许多人认为，自从2001年以来，美国对外政策把世界变成了一个更加危险的地方。[2]

2003年入侵伊拉克对美国在世界上的地位、对美国与盟友和对手的关系，都投下了长长的阴影。但是，如果将美国面临的一切难题都归罪于发动伊拉克战争或是美国进行这一战争的方式，那也是不正确的。美国当今在世界上的地位反映了一个事实：15年来，我们未能建设国际秩序的规则和制度。这才是问题的症结所在。

苏联解体的时候，美国军事力量无所匹敌。民主和自由资本主义，作为共产主义的意识形态对手，似乎取得了胜利。美国财富和权力都在上升。1992年以来，克林顿和布什两任美国总统也都面临历史性机遇，原本可以加强国际合作、建立符合当今世界需要的新的国际组织和国际规则，并达成国际谅解。

冷战结束之际，也是其他大国之间的战争难以爆发之时，这正是形成全面的国际性变革、重建国际秩序的成熟时机。克林顿政府在20世纪90年代认为国际秩序问题是如何将苏联和中东欧国家纳入民主和平阵营的问题，还要将后冷战时期的外交变成促进全球和平与繁荣的动力。这是可以理解的。美国的决策者先是扩大北约以图控制俄罗斯，在20世纪90年代末则是将中国纳入国际金融制度之中。他们努力应对因苏联解体在核扩散领域产生的影响，确立新的项目防止核扩散，与乌克兰、白俄罗斯和哈萨克斯坦政府合作，让这些国家放弃领土上的核导弹。

除了冷战后重建带来的挑战之外，还需要将日益多元化的世界聚合在一起。这个多元化世界的特征是：破坏性行为体日益增多，可控制行为体日益减少；全球市场提供的机遇增多，但污染、疾病、武器的跨国界流动危险也在加大。面对这些问题克林顿政府完成了一系列谈判，包括全面禁止核武器试验、全球变暖、建立国际刑事法庭、组建新的世界贸易组织等问题。

但是，克林顿政府自己也承认，它从来没有形成一种全球秩序的大视野。对于这个世界如何融入一个扩大的、和平民主的跨大西洋共同体，克林顿政府基本上是无所考虑。[3] 像其他许多政府一样，美国政府只是朦朦胧胧地感到，国际秩序面临的挑战发生了重大变化。詹姆斯·戈德盖尔（James Goldgeier）和迈克尔·麦克福尔（Michael McFaul）在1992年发表了一篇十分简洁的文章，指出世界将会迅速分化为两个世界：一个是核心区，这里基本上是和平民主自由的世界，康德思想战胜了霍布斯意识；一个是边缘区，由羸弱乏力的国家、腐败无能的市场组成，充满暴力，在意识形态上对自由思想满怀敌意。[4] 罗伯特·卡普兰（Robert Kaplan）和约翰·斯坦布鲁纳（John Steinbruner）这样的评论家也认为，如果边缘区的安全问题不能得到控制，就会破坏世界秩序，使全球发展失去可预见性，而秩序和可预见性是繁荣与和平的必要条件。[5]

克林顿政府原则上是坚决支持国际组织和国际伙伴关系的，但是它往往嘲笑唯一一个可以对失败国家采取负责任行动的国际权威组织：联合国。克林顿政府把在索马里的失败归咎于联合国，这就增强了美国国会对联合国的不满情绪。索马里行动失败之后，美国立即要求联合国在卢旺达面临种族灭绝的时刻撤出在卢旺达的维和部队。在伊拉克问题上，克林顿政府最初的政策是与联合国特别委员会（United Nations Special Commission）合作，但正如一个外交官兼分析人士所说的那样，后来却蜕变成为"萌动的单边主义"——克林顿政府自诩有权决定如何实施联合国安理会的决议。[6] 1998年，也是克林顿政府宣布，美国在伊拉克的目标是政权更迭。[7]

美国未能加强联合国，未能解决边缘区安全问题——比如贫穷、羸弱国家、内战、地区动荡等，这就使得世界在过去15年里成为一个更加危险的地方。这些安全问题在2001年9月11日迸发。在这一天，盘踞在世界上最贫穷、最具暴力冲突地区的恐怖主义分子对美国领土实行了有史以来最严重的打击。

"9·11"恐怖主义袭击改变了美国观察自身安全威胁的视角。布什政府开始意识到，失败国家和国际体系中的治理空白地区是跨国恐怖主义和有组织犯罪的根源。但是，虽然"9·11"改变了布什政府对安全威胁的看法，却也大大加强了这届美国政府的单边主义倾向。

人们很容易忘记，"9·11"之后，国际上纷纷表达对美国的同情、关心和友谊，国际援助也纷至沓来。美国与中国、印度、欧洲在反对国际恐怖主义领域具有共同利益，这表明大国之间的广泛合作是可能的。美国的政策和领导能力本来是可以实现国家秩序变革的。

但是，美国再次错失良机。2001年秋天，美国不许北约盟友参与阿富汗的行动，而在2002年就意识到美国需要盟友的帮助。布什政府没有集中精力打击基地组织和阿富汗支持基地组织的塔利班集团，而是宣布开展全球性的反恐战争，扬言要打一场没有地域限制、没有最终目标的战争。这样做既疏远了盟友，也排斥了阿拉伯世界以及其他地区的潜在合作国家。布什政府刚愎自用地发动了伊拉克战争，破坏了国际合作。[8] 美国出现了以预防性战争为内涵的新的安全观，认为流氓国家是恐怖主义的原因，将强行实施的政权更迭作为对付流氓国家的首选方式。这样一来，美国就自诩为国际体系的警察和法官。

全球反恐战争使美国丧失了一大资源，这就是美国保护并促进人权和法治的声誉。关塔那摩、阿布格莱布、酷刑和强行引渡等行为使美国在人权问题上信誉扫地，在世界上大部分地区都是这样，在穆斯林国家尤其如此。

如同冷战结束一样，"9·11"也为我们提供了机遇，本来可能会引发有意义的国际变革。领袖们本来可以重振国际合作，并使之延伸到21世纪。克林顿总统曾努力加强国际秩序，但是他没有宏观思路和战略去实现这一目标；布什总统则不一样，他根本没有做过这种努力。

历史告诉我们，战争和危机可以带来国际秩序的根本变革。冷战之后和"9·11"之后，我们一再错失良机。这就向我们提出了一个严肃的问题：严峻的安全挑战已经显现，在这些挑战造成最严重后果之前，我们必须利用问题的紧迫性，促成全球行动。

负责任主权

重建国际秩序需要考虑能够应对具体威胁的具体国际组织，并使其工作有效。但首先要有一种大思路，一种基本的原则，使秩序具有道德内涵，使人们对国家在诸多领域的行为有着一致的期望。这样一种基本原则必须得到世界各个地区不同民族的认同，得到关键国家的支持，并且符合美国的自身形象。

我们认为，负责任主权就是这样的原则。负责任主权意味着对本国国民和其他国家的均负有义务和责任。负责任主权与传统意义上的主权观念（有时称为威斯特伐利亚主权）不同，传统主权观认为主权就是不干涉他国内政。负责任主权是由非洲政治家、学者弗朗西斯·邓（Francis Deng）在20世纪90年代最先提出来的，负责任主权意味着“国家政府有义务保障国民最低水准的安全和社会福祉，对本国国民和国际社会均负有责任”。[9]

在本书中，我们改进并拓展了负责任主权的理念，使其适用于多种跨国威胁，以便发现解决问题的方法。我们认为，负责任主权号召所有国家对自己那些产生国际影响的行为负责任，要求国家将相互负责作为重建和扩展国际秩序基础的核心原则、作为国家为本国国民提供福祉时的核心原则。在一个安全相互依存的世界上，国家在履行对国民的责任的同时，必然与其他国家发生关联。负责任主权还意味着世界强国负有积极的责任，帮助较弱的国家加强行使主权的能力，这就是“建设责任”（responsibility to build）。

为什么要提出基于负责任主权的国际秩序呢？我们强调“主权”，是因为国家仍然是国际体系中的主要行为体。诚然，全球化大大削弱了国家权力，主权也会被用来作为政府逃避自己的行为责任的挡箭牌。但是，如果没有有效的负责任国家，则很难解决任何重大的国际问题。在国家的疆界之内，是国家为社会和经济行为体创造了行为动机、规定了行为限制，无论是非政府组织还是企业都是如此。比如，我们都清楚地看到，国家失败就会对其国民产生严重的后果。主权原则也重新确定了国家作为国际合作中核心决策者的地位。一位曾经担任某国国家元首的人士告诉我们：“国际合作首先要取决于国家政府的决策。”

主权的道德基础在过去几个世纪里一直是帮助建立国际秩序，因为规范的、可预期的国家行为可以减少暴力、保证信守承诺、保障稳定的财产权利。[10] 主权也意味着外部世界承认一国政府对其领土具有管辖权，使政府能够合法独立地选择自己愿意参与的国际协议，合法独立地实施为保护国民和保障国民利益而制定的政策。

传统主权观强调不干涉内政，这一原则成为一种国际规范，因为在一个权力极不平衡、干预他国内政事件连绵不断的世界上，不干预原则是保证国家之间的秩序、互惠和行为可预测性的最佳办法。不干涉原则还保护弱小国家免受强权国家的侵犯。在当时的世界上，主权原则虽有缺陷，但其好处是保障国际秩序。

我们强调“负责任”，是因为在一个充满跨国问题的世界上，传统主权已经不能保证国际秩序，在一些重要领域甚至损害秩序。弗朗西斯·邓在1933年首次提出作为责任的主权思想的时候，他感到传统主权已经不能适用于非洲的现实。[11] 20世纪80年代和90年代初一波接一波的人道主义危机导致非洲国家成千上万人的死亡，而非洲国家则漠然置之。传统主权原则又使得国际社会无法援助在饥荒和战争中挣扎的民众。

弗朗西斯·邓的著作集中讨论了非洲后殖民国家的法理主权和这些国家实际主权之间的落差。法理主权指外部世界的承认；实际主权指合法控制使用暴力、为发展而动用和使用资源的能力、保护国民安全、促进国民作为人的尊严等。根据弗朗西斯·邓的描述，非洲有太多的国家，用法理主权做挡箭牌，掩盖它们不具有实际主权的事实。结果就是内战，内战跨越边界，导致地区的不稳定。总之，国家之内的灾难变成跨国灾难。弗朗西斯·邓认为，当一个国家明显的无力保证国民的基本生存需求，强大的、有能力的国家就义务保护受伤害的民众。

弗朗西斯·邓的著作在两个方面有着重大突破。第一，它改变了人们对主权的思维定势，改变了人们对非洲国家义务的期望。直到1990年，有一位名叫罗伯特·杰克逊（Robert Jackson）的学者才提出，国际社会对准国家（这是他对当时几十个具有法理主权、但却没有实际能力的国家的称呼）的处理方式很难改变，原因是存在一个强有力的禁忌，“在悄无声息之间，使几乎所有国家和国际组织的机构和代表都实施自我约束，加之外交官历来不愿意公开批评其他国家的国内事务，这种禁忌也就给这种传统加入了决定性的规范意义”。[12] 弗朗西斯·邓的著作打破了这个禁忌。奥卢塞贡·奥巴桑乔（Olusegun Obasanjo）、萨利姆·萨利姆（Salim Salim）等著名非洲政治家在20世纪90年代接过了负责任主权的理念，在20世纪70年代欧洲赫尔辛基进程的启发下，召开了非洲安全、稳定和发展合作大会（Conference on Security, Stability, and Development Cooperation）。这次会议提出的思路和理念为2002年通过具有前瞻性的非洲联盟及其和平与安全理事会宪章奠定了基础。[13]

第二，弗朗西斯·邓的著作帮助重新定义了主权，这跟当时基于绝对不干涉国家内部事务的理解是不同的。他强调其他国家在保护失败国家国民方面负有责任，这一观点在2001年由加雷思·埃文斯（Gareth Evans）和马哈穆德·萨努恩（Mahmoud Sahnoun）领导的国际小组再次提出。国际小组发明了“保护责任”的原则。这个原则的含义是：国家负有保护国民免受种族灭绝、种族清洗、大规模屠杀等责任，但是，当国家不能或是不愿这样做的时候，国际社会有责任进行干预。[14] 2004年，由知名人士组成的威胁、挑战和变革名人小组支持了这一理念。[15] 2005年，联合国里的非洲集团，在卢旺达和南非的领导下，进行了艰苦的斗争，赢得了联合国大会对这一原则的认可。

“保护责任”的理念得到联合国所有成员国的一致认可。从某种意义上讲，这是一个最清晰的信号，表示对主权的理解发生了重大的变化。这一变化发生的时间是如此之短。就在1999年，时任联合国秘书长的科菲·安南（Kofi Annan）在联合国大会讲话，谈到需要接受人道主义干预，以便应对种族灭绝和种族清洗问题。当时，77国集团和不结盟运动中的许多发展中国家对此提出严厉批评。仅在六年之后，联合国大会就接受了主权不是绝对的这一理念，认为国家具有积极的义务，既要保护自己的国民，也需要对种族灭绝和反人类罪予以应对。

联合国的转变态度使其与世界不同地区出现的对主权的理解更加接近。地区对主权意义的解读体现在诸如非洲联盟、美洲国家组织、欧盟等地区组织的宪章条款之中。这一转变也使得联合国大会对主权的理解更接近于联合国自冷战以来的实践活动。冷战时期，联合国和地区组织很少干预或调解国家内部的暴力行为。失败国家坚持认为，旨在控制这些国家内部暴力的外交行动，将国家和反叛集团等量齐观，这就侵犯了它们的主权，无视它们的合法地位。现在，如果内战爆发，外部力量旨在终止暴力的调解行动已经是很正常、也是人们期待的事情。

同样，冷战时期，联合国维和部队主要由于国家之间的争端。国家在内战时期屈尊接受中立的国际部队进入其领土，当时也是很难想象的。如今，大部分维和部队是用来解决内战问题的。这样的干预得以承认，不仅是因为拯救了生命，而且还建立了有能力行使主权的国家机器。这样做带来的结果是：在1993年至2005年间，内战减少了

40%。这是过去200年里内战数目最大的降幅。[16]

自冷战结束以来，对传统主权观的挑战日益加强。在世界许多地方，国家羸弱，受到各种跨国威胁的冲击。技术和经济发展进一步侵蚀了国家控制边界和民众的能力。国家安全和国际安全的相互依赖更加需要以我们在这里提出的方式理解主权。比如，要保护国民免予气候变化的损害，国家必须行使主权，与其他国家签署合作协议，限制碳的排放量。

强调负责任主权有助于应对许多国际合作专家提出的问题：在关注自我眼前利益的国家组成的世界上，谁会关注中长期目标呢？[17] 谁来创造这些学者所说的“未来影响（shadow of the future）”（即：当下的互动会影响到长远的未来，所以必须慎思当下的行为）呢？[18] 负责任主权将中长期目标植入国家对眼前利益的权衡之中，将信任和声誉置于最核心的地位。

我们将负责任主权置于国际秩序的核心，目的是标定主权的内涵，使其能够应对当今这个完全不同的国际环境对秩序形成的挑战。从某种意义上讲，这也不是什么新的概念：在不同历史时期，主权有着不同的内涵，主权对承认和干预的规则随着时间的推移而发生变化。[19] 传统意义上重新协商（renegotiation）主权内涵是大国的特权，在全球政治发生重大变化的时候，大国意识到对国际体系稳定产生了新的威胁，就会试图改变主权内涵以应对新的挑战。当今全球化世界所出现的挑战要求我们开放理解主权意义这一过程，使其不再控制在几个大国手中。

我们早就应该对主权意义进行重新协商了。上一次定义主权内涵的尝试是1945年成立联合国。联合国的缔造者坚持了不干涉原则，但同时也确认了正在经历非殖民化过程的国家享有民族自决的权利，制定了普遍人权条例以指导主权国家在国内的行为。具有讽刺意味的是，这些规则虽然在联合国宪章中被认为是相互补充的，但实际情况却恰恰相反。一方面，许多国家的民众希望联合国能够体现对普遍人权的国际承诺，这就可能削弱主权。另一方面，联合国又坚决捍卫一些无能国家的主权。尽管如此，人们正在形成一种共识：除非我们能够发现一种办法，鼓励国家在制定对内和对外政策中采取更加负责任的态度，否则全球安全只能是江河日下。

我们在这里提出的建议从一个层面上看是十分保守的：我们试图加强主权而不是消灭主权。我们认为主权是国际秩序的关键。但在另一个层面上，我们的建议又具变革性质：我们认为，在21世纪，只有负责任地行使主权，主权才能得以存活。主权的最大化观点认为国家可以为所欲为，这种观点实际上反而会损伤主权的实质，因为主权的实质是：自主地确定采取什么样的方式才能最好地保护国民、促进国民的福祉和尊严。气候变化引发的灾难和冲突、传染病的蔓延、非国家行为体的袭击——面对这些威胁，国家失败的可能性会更大。归根结底，主权最大化观点会逐步地、但却不可避免地限制国家的制定政策的自主性，即便对最强大、最富饶的国家而言，也是如此。

谁来界定负责任的含义？

可以预见，基于负责任主权的国际秩序会遇到来自各方面的批评。国际上不同的受众会提出质疑，认为这是美国试图歪曲传统主权概念，是对弱小国家提出的强制性苛刻标准，是由单方决定负责任内涵的主张。美国人也会提出质疑：负责任主权的理念是否意味着由别人来决定美国的责任；我们提出的秩序观是否考虑到美国的制度和理想；负责任主权所倡导的秩序是否能比一个美国保持自己最大行动自由的世界更加安全和繁荣；还有关键的一点，就是美国保护自己的能力是否在某种程度上会受到限制。

对这些关切的最关键回答是，这一新秩序中的规则必须是各方协商之后加以确定，而不是单方强加于世界的。最强大的国家单方确定国际关系规则的时代已经一去不复返了，国际组织可以将规则强加于国家的观点也只不过是一种幻觉而非事实。

本书通篇都将负责任主权理念应用于各个重大的全球性问题上面，包括核裁军与核不扩散、反对恐怖主义、全球变暖、生物安全、维护和平与建设和平、经济繁荣等等。但是，我们又总是从现行的国际条约、国际公约以及国际论坛中推演出新的负责任标准。而这些条约、公约和论坛也都是美国和其他国家加入和参与的。在需要新的承诺来应对新的国际挑战的领域，我们对拓展负责任内涵的方向提出了建议，但强调，拓展的内涵部分必须是通过协商得以确立的。

主权国家必须仍是一个正常运行的国际体系的最重要行为体。但是这些主权国家必须认识到，若要保护本国国民，唯一的方法是对自己能够产生国际影响的行动采取负责任的态度。事实上，我们必须认识到目前的现实：相互影响是客观存在的。如果我们能就相互影响的正确方式达成协议，我们就能够以最佳方式保护自己，就可以建立一个使各国都享有安全的国际环境。

还有一些人会说，国际秩序的基石应当是民主，而不是负责任主权。我们在本书中已经阐明，民主和人权在基于负责任主权的国际体系中具有重要意义。从根本上讲，这些价值体现在《世界人权宣言》这一联合国初始文件之中。进而，负责任主权强调国家对自己的国民负责。负责任主权理念将人的尊严作为需要促进的一个核心价值，这样就可以创建一个人人能够实现自我价值的世界，用《联合国宪章》的话来说，也就是人人可以“在较大的自由”中生活。

但是，基于负责任主权的对外政策与基于促进民主的对外政策有着两个方面的不同。第一，负责任主权理念承认，像民主国家一样，非民主国家同样会影响国际秩序。民主国家需要非民主国家的合作，并且必须参与这种合作。无论是在制止全球变暖、防止致命性传染病爆发，还是在预防灾难性恐怖主义等问题上，都是如此。将一些国家排除在外是行不通的。第二，正如我们在第九章里会详细阐释的那样，基于负责任主权的对外政策有一个重要假定：民主只能由国家内部产生，民主不可能由外部强加。这并不是要拒绝促进民主的行动，然而，这的确意味着，促进民主必须慎之又慎，也必须更好地理解从外部促进民主的局限性。

各章内容

跨国威胁时代的国际秩序要求权力服务于责任。必须说服主要大国，使其负责任地行使主权；弱小国家必须具备负责任行使主权的能力。建立这样的国际秩序需要四个前提条件：美国有效的国际领导能力；美国与主要大国和新兴大国之间的制度性合作；经协商确定的、在不同领域对行使负责任主权的意义；有效地提供合法性、动用资源、为共同目标协调多元行为体的国际组织。

本书第一部分包括前三章，讨论了权力在建立基于负责任主权的国际秩序中的作用。第二章解释了为什么基于负责任主权的国际秩序既符合美国的利益，也符合其他大国的利益。

美国需要强大的国际组织，应对美国民众所受到的威胁。这些威胁包括气候变化、核扩散、致命性传染病、灾难性恐怖主义等。美国需要强大的伙伴，向诸如朝鲜和伊朗这样的国家施加影响，同时也分担复杂的挑战造成的重负。现在，美国的影响依然强劲，所以，立即采取行动，在保持伙伴关系和承认相互依存的前提下，打造21世纪的领导地位，是符合美国的国家利益的。

在国际层面，其他决策者必须认识到，在未来20年里，没有美国的权力和领导，就没有稳定的国际秩序。美国是世界最大的经济体，有着最强大的军事力量，结成了最广泛的联盟。世界需要美国发挥领导作用，需要美国的资源解决跨国威胁问题。如果美国在气候变化、核安全、金融稳定等领域阻挠国际解决方案，全球可持续发展就不可能实现。

第三章讨论了我们建议的国际秩序中最具创意的重要问题：建立一个能够培育美国与其他主要大国和新兴大国之间有活力的合作性互动机制，因为这些国家必须共同努力，领导制定有效应对跨国威胁的解决方案。为了这一目标，我们建议成立16国集团，这是能够囊括所有主要大国、新兴大国以及地区主要大国的最小（因之也是最有效的）机制。[20] 这不是八国集团的扩展，而是一个新的机构，这个机构的目的是：就跨国威胁和挑战问题在主要大国之间建立共识；在这些国家以及重要国际组织的决策者之间建立联系网络；预先磋商某些协议，然后寻求国际社会的广泛认可并使这些协议合法化。除了讨论16国集团的职能和设计之外，我们还讨论了联合国在和平与安全领域的核心作用，分析了怎样才能加强联合国的核心职能、拓展联合国应对跨国威胁的行动范围、重振联合国的管理功能。我们还强调了地区组织在强化国际秩序方面的作用，讨论了怎样才能加强地区组织、怎样在没有地区组织的地方建立这类组织。

本书的第二部分包括第四章到第九章。在这一部分里，我们阐述了负责任主权的原则以及美国和其他大国对这一原则的支持是怎样在应对跨国威胁方面产生显著结果的。对美国安全和全球安全的三种威胁构成了直接的危险，如果最坏的情景出现，则会威胁物种、社会以及地球的生态系统。这三种威胁是：气候变化、核武器的扩散和使用、滥用生物技术领域的新成果。在这些直接的威胁聚集增强的过程中，内战和地区冲突升温，国家贫困现象加重，恐怖主义肆虐。其中的两种——内战和地区冲突、恐怖主义——可能加大核武器和生物武器的扩散和使用等直接威胁。贫穷增强内战、地区冲突以及致命性传染病蔓延的危险，使国家无法在面临跨国威胁的时候采取行动。严重的经济危机和经济动荡也会导致一种不利的环境，使国家无法采取合作行动，应对跨国威胁。由于存在高度的相互依赖状态，全球安全维系于其最薄弱的环节，国际秩序依赖于有效国家，因为有效国家才有能力负责任地行使主权，应对所有这些威胁。

第二部分的三章显示，负责任主权何以成为国际合作应对跨国威胁的根本原则。这三章还明确提出了什么样的制度安排才能使行为体最大程度地联合起来，使其能力形成合力，以足够的力量解决当前的问题。比如，联合国应当在协调冲突后维持和平或满足人道主义需求方面发挥领导作用。

在其他领域，联合国虽然不能发挥领导作用，但可以提供一个平台，讨论应该做出什么样的承诺、做出什么样的贡献（比如在扶贫领域）；可以创立论坛，开展协商国际协议的活动（比如在气候变化领域）；或是可以在行动上对国家能力建设做出贡献（比如在法治方面的培训）。同样，其他全球、地区和国家行为体以及私营部门和非政府组织，也应发挥不同的作用。

这并不是一个多边主义大杂烩。根据存在问题进行制度调整必须具有可预见性，这样才能维护稳定。可预见性来自对负责任主权标准的协商一致，来自对国际组织加大投入、使其发挥作用。

本书的第三部分讨论了基于负责任主权的国际秩序可以提供哪些利好。全球领袖们必须坚信，21世纪的国际安全体系会更加有效地应对他们国家安全面临的首要问题。否则，他们就不会投入必要的资源和政治精力，打造全球性的伙伴关系、建立有效的国际组织。

第十章讨论的内容是，基于负责任主权的国际秩序有利于解决像大中东这样最棘手的问题。中东是世界上最不稳定的地区，是跨国威胁的聚集地，是从巴勒斯坦到阿富汗一系列相互关联的危机的核心。如果没有美国的领导，没有美国与其他主要大国和新兴大国的有效合作，就不会激活这一地区对危机做出反应，地区稳定、全球能源供应以及诸如《不扩散核武器条约》（*Nuclear Non-Proliferation Treaty*）等重要国际安全协议都会受到威胁。

管理或是解决大中东地区相互关联的危机，美国不是唯一需要负责任的国家，单凭美国的力量也是实现不了这一目标的。许多国家期望美国在遏制地区动荡、伊拉克内战、日趋严重的反西方情绪以及国际能源市场不稳定等方面发挥作用。但在实际上，对于16国集团的每一个成员以及世界上大部分国家，稳定的中东是大家重要的共同利益。如果中东地区危机升级，如果恐怖主义进一步蔓延，如果能源价格超出人们的控制，如果伊拉克陷入长期动荡局势，如果阿拉伯/伊斯兰世界和西方的紧张对立加剧，所有国家的利益都会受到更大的损害。这种挑战的复杂性要求我们真正形成国际性的应对方案。

第十一章讨论了与我们提出的国际秩序不同的一些秩序模式。当前的全球趋势，包括主要大国之间的紧张状态、自大萧条以来最严峻的经济危机、大中东地区危机的升级等等，表明了一个事实：世界的危险更趋严重。虽然这样的趋势使得人们更加难以就全球问题达成合作的解决办法，但也表明为什么采取合作的方式解决问题是迫在眉睫的事情。有些人认为，目前的现状是难以维持的，但同时又建议，基于照单点菜式多边主义或是基于“民主国家协调或民主国家联盟”的国际秩序才是最好的秩序。

我们认真审视就会发现，照单点菜式多边主义或是民主国家联盟都不能有效地得以实施。国际秩序不可能建立在一个又一个孤立个案的基础之上，不能是临时的安排。跨国威胁的相互关联性质要求我们全面考虑解决方案，在应对一个问题的时候，不能因之使其他问题更趋恶化或是更加难以解决。进而，要解决目前的跨国威胁，需要新兴大国的贡献和支持。照单点菜式多边主义忽视了其他大国日益增长的不满情绪。在具体问题的谈判上，这些国家的立场变得更加强硬，因为它们还没有看到自己在业已扩大了的国际舞台上相应的发言权和影响力。

民主国家之间加强合作也不是应对全球问题的灵丹妙药。单凭民主国家无法形成解决跨国威胁必不可少的那种国际合作。保证安全、促进繁荣、制止致命性传染病的蔓延、解决全球变暖问题——这一切都需要与其他一些国家进行合作。没有中国的参与，气候变化或是金融动荡都无法解决。没有俄罗斯的参与，核不扩散和核裁军、能源安全等问题的解决也不能得到进展。

全球合作面临着一个主要的挑战，这就是要找出一个办法，联合新老权力资源，共同应对21世纪的跨国威胁。如果我们成立一个机制，使16个主要大国和新兴大国能够就共同威胁达成一致，我们就更有可能争取到实实在在的结果。这比成立一个试图整合60个到100个民主国家的利益和战略的机制要强得多，因为即便形成了民主国家联盟，我们还是会发现，合作应对威胁的方案所依赖的一些大国依然被排斥在谈判进程之外。

结 论

21世纪的安全威胁冲破了国家疆界的限制。气候变化、核扩散、恐怖主义、冲突、贫穷、疾病、经济动荡，这一系列威胁都是如此。对全球领导能力最严峻的考验是构建伙伴关系和国际组织，以加强国际合作，应对面临的挑战。虽然所有国家都与应对威胁利益攸关，但是，打造一个和平繁荣的世界这一责任更多地落在主要大国和新兴大国身上。美国最需要在跨国威胁时代发挥领导作用。

在本书中我们描绘了一幅以负责任主权为基础的国际秩序的蓝图。在勾勒这一秩序的时候，我们希望读者能够冷静、理性地思考我们现在的实际情况，判断我们是否能够借助现有的国际组织，通过使美国具有采取单独行动的最大自由度的政策，实现安全和繁荣的目标。

我们还希望读者将我们提出的秩序模式与其他现有的秩序模式加

以比较。在美国和其他一些地方，具有悠久传统的理想主义势必使用完美秩序的准绳衡量国际合作的价值。当前的完美秩序就是：美国仅与其他赞成美国政策的志同道合的民主国家合作，就可以保护自身安全。

在这种比较之中可以发现，国际合作似乎总是难以实现的。原因是合作似乎总是过于迟缓、过于昙花一现。合作需要耐心，因为其他国家也参与了决策，其他国家也要求具有发言权、希望聆听它们的声音。合作需要妥协，这会使人感到沮丧。但是，在当今世界上，国家的安全和繁荣依赖于其他国家采取什么样的行动，所以，合作是唯一可行的博弈。

在美国，历史给我们提供了富有价值的经验教训，告诉我们完美主义具有很大的风险。正如在美国，这种完美主义导致美国在20世纪20年代和30年代转而成为一个内向型国家。富兰克林·罗斯福总统在1945年曾这样警告过美国公众：

> 尽善尽美的想法与孤立主义、帝国主义或权力政治一样，都会阻碍通向国际和平之路。我们不应该忘记，25年前美国退向孤立主义，其原因不是要断然反对国际合作，而是反对所谓的不完美和平。上次战争之后，我们感到失望。于是，我们宁愿看到出现国际无政府状态，也不愿坚持同那些与美国思维和行为不尽相同的国家进行国际合作。我们放弃了逐步争取更加完美的和平的希望，因为我们没有勇气在一个不尽完美的世界上承担起我们的责任。[21]

当今世界依然不是尽善尽美的。在下一章里，我们会回答这样一个问题：为什么勇于肩负新的责任、建立跨国威胁时代的国际秩序是符合大国自身利益的？

第二章

利益与秩序：美国与主要大国和新兴大国的关系

基于负责任主权的国际秩序必须符合有能力建设这一秩序的那些国家的利益。仅仅以充满同情心的方式呼吁人们为共同利好而奋斗是远远不够的。首要问题是我们要建立的秩序是否能够包含思路、制度和机制，以使主要大国和新兴大国能够应对它们面临的跨国危机和挑战这一庞杂议程。

我们于2008年夏完成了本书的撰写。对于构建基于负责任主权的国际秩序的理念来说，2008年的夏天并非是一个理想时间。俄罗斯进入侵格鲁吉亚，联合国安理会未能制止罗伯特·穆加贝（Robert Mugabe）在津巴布韦的行为，奥林匹克运动会之前中国遇到西藏问题——这些事件似乎都表明世界进入了一个西方和新兴大国之间的竞争时代。2008年7月，多哈回合贸易谈判的失败发出了一个信号，表示主要大国和新兴大国没有能力协调它们的经济利益，这也是令人担忧的。当年夏末，俄罗斯似乎有可能被开除出八国集团，而中国则有可能加入这一集团。

人们很容易将2008年发生的紧张事件完全归罪于乔治·W.布什总统不得人心的政策后果或是伊拉克战争的后遗症。的确，由于美国自身入侵伊拉克的创伤未愈，布什总统谴责俄罗斯入侵格鲁吉亚的可信度大打折扣。康多莉扎·赖斯(Condoleezza Rice)一再声明，在后冷战时代，使用武力兼并领土绝不应当是国家的政策选择。这种言辞使人们感到惊讶不已，即便是许多反对俄罗斯入侵格鲁吉亚的国家对此也心存疑虑。同样，美国和英国无法使南非在津巴布韦问题上采取更加坚定的政策，这也部分地反映了西方呼吁民主的做法在国际上的可信度下降。这当然也是伊拉克战争留下的弥久阴影。

但是，从根本上说，2008年夏天的事件所反映的是美国对外政策需要切合实际地界定过渡时期的权力结构和权力性质。知名的对外政策分析专家现在公开讨论美国权力的相对下降和中国、印度、巴西等新兴大国权力的上升。[1] 有些专家甚至认为，我们已经进入了一个无极世界：美国单极时代已经结束，同时也没有出现任何权力结构取代这种单极结构。[2]

与过去几个世纪中任何时期相比，权力本身变得更加分散。政府是否能够得到它们想要的东西，则要视具体情况而定。在有些问题上，比如公司、基金会、市民社会等组织比政府的影响力更大。权力还可以分为软权力和硬权力，文化、价值观、外交等往往比国家指挥的大规模军队更能发挥作用。即便是在硬权力方面，当今美国比自身历史任何时期的军事力量都要强大，但是美国仍然不能左右伊拉克和阿富汗这类相对弱小国家里发生的事情。具有叛乱性质的小型非国家组织手中掌握着更强的致命性武器。对于这些组织来说，传统的可以影响国家行为的胡萝卜与大棒政策不会发生什么作用。

很明显，美国现在可以对世界施加的权力已经不及20年之前。美国出现权力下降，一方面是由于海外野心过大，另一方面是国内投入不足。美国权力相对下降还有一个原因，这就是印度、中国和巴西三国的经济崛起。到2050年，这三个国家，加上俄罗斯，预计会占到世界产出的40%，是美国的两倍，等于原来七国集团（主要工业化国家）的总和。[3]

当然，美国依然是全球舞台上最具实力的国家。无论以什么公式计算，美国的军事实力都远远超出其他最接近美国军事实力的国家。根据五角大楼自己的分析，中国的军事实力在20年里无法与美国匹敌。[4] 其他一些人士也指出，中国只有将大量资源从扶贫脱贫、社会保障、污染治理以及其他中国人民需要的领域转移出来用于军备，才有可能在20年后在军事上赶上美国。[5] 俄罗斯能够与美国在俄罗斯周边进行竞争，但俄罗斯的核威慑能力已经降低，外交与声誉受到严重损伤，其全球性权力地位已经一去不复返了。巴西、南非、墨西哥以及其他新兴经济体加在一起也无法与美国的经济影响力相比。虽然欧洲很自然地会说它的市场份额与美国相等，但事实是，即便欧洲要将经济地位转化为外交实力，还要假以时日，更不用说欧洲的军事力量了。

但是，每一个上升国家都是一种制约力量。有些国家表现在全球问题上，比如在气候变化领域里的中国，在粮食供应领域里的巴西，在贸易领域里的印度。在各自所在的地区，新兴大国有能力制止损害它们利益的行为，也是危机管理不可或缺的力量。在国际组织里面，新兴大国对本地区国家具有很强的影响力，可以否决它们反对或是未与它们磋商的倡议。虽然新兴大国在单独或集体制约能力的广度方面仍然无法与美国相比，但已经成为国家外交和全球秩序领域每日每时的关注点。

当今世界是一个多国具有制约权力的世界。这样一个世界，当面对跨国威胁的时候，容易产生无为，难以采取行动。当然，这是可以克服的，条件是传统大国和新兴大国有着足够的共同利益，打造一个更加有效的国际秩序。中国、印度、巴西和南非的领导人意识到这些国家的经济增长依赖于强劲而富有活力的国际贸易和金融体系。欧洲是世界上最有规则基础的社会，但是，如果基于规则的国际体系受到侵蚀，这就意味着欧洲在碳排放量和外援方面的承诺所产生的影响越来越小。对于日本来说，亚洲以及世界安全体系稳步转型是其重大国家利益。俄罗斯要想继续开发石油和天然气资源，也需要国际技术以及合作伙伴的充分信任，以便向跨国石油管道投资并保证其安全。如果核武器扩散得不到制止，全球恐怖主义继续蔓延，所有传统大国或新兴大国都会受到损害。

进而，在全球公共卫生和维和等问题上，传统大国和新兴大国之间进行了很好的合作，我们在第二部分会对此加以阐述。可以肯定地说，现在没有证据表明已经出现了一个挑战美国的新的威权集团。对于俄罗斯入侵格鲁吉亚，中国迅速做出了不赞成的反应，两国关系也因此有些冷淡。对于美国出现的次贷危机，中国呼吁在银行和金融行业加强国际合作，这一反应也十分说明问题。

从地缘政治的角度来看，国际权力的消长需要国际制度的重新安排。对于所有国家都是如此，而且是越早越好。

需要建立基于规则的国际新秩序

美国新总统将面对当今世界七大令人不安的事实。这些事实汇集在一起，会打破一切关于美国实力的盲目乐观，也会为要求美国根据负责任主权的原则建立新的国际秩序提供充分的理由：

在充满新的跨国危险的世界上，美国不可能单枪匹马地保护自己免予它所面临的一系列威胁。比如，灾难性恐怖主义是一个梦魇，困惑了华盛顿的克林顿和布什两届政府的决策者们。科学家估计，恐怖主义分子制造一个核弹需要的高浓缩铀数量仅仅用六个一升的瓶子就可以装下。以每天跨越美国边界的禁运品数量计算，恐怖主义分子获得足够的高浓缩铀并将其带入美国的可能性是很大的。科学家还证实，如果一个很小的恐怖主义团伙获取了全面的知识和良好的工程技术，就能够拼合出核武器。要想有效应对这种威胁，需要在以下几个层面上开展国际合作：

——清理世界上现有的裂变物质，减少恐怖主义分子获取这类物质的可能；

——加强世界性不扩散机制，降低国家浓缩本国裂变物质的活动意愿；

——努力制止国家支持的恐怖主义活动；

——获取外国提供的关于恐怖主义疑犯的信息；

——加强世界各国控制危险分子和物资跨越其国界的能力；

——截断恐怖主义分子的财源。

这些措施虽然重要，但在某种意义上讲，也只是治标不治本的办法。因为这些措施并没有试图应对防治极端主义思想传播问题，也没有消除有助于加强恐怖主义队伍的那些条件。但即便要采取这些措施，也需要其他国家持续有效的合作。

还有，美国的生物安全也是与全球生物安全密切联系在一起的。

美国同样受到世界上新型传染病和全球流感的威胁。美国必须高度警惕可能发生的生物恐怖主义活动，因为随着生物技术的迅速发展，生物恐怖主义也在迅速发展。与对付灾难性恐怖主义活动一样，以单边行动应对生物领域的跨国威胁也是徒劳的。我们在这里罗列几个事实：现在每年有8.3亿人乘飞机旅行，许多致命性疾病的潜伏期比较长，超过大部分国际航班的空中飞行时间；平均计算，每年有两种新型致命性传染疾病出现；科学家预测致命性流感复发率是100%；全世界有数以千万计的小型生物技术实验室，能够转化基因，生产伤害性极大的新型病原体。这就是我们生活的世界。在这样一个世界上，如果没有持续有效的国际合作，美国是无法保护自身安全的。

2007年，布什总统终于承认全球变暖是对美国安全的威胁，也关系到我们这个星球的存亡。但是，如果没有其他主要大国的支持，无论美国采取什么措施，都将是徒劳无功的。大气里面的每一个碳单位都会加重全球变暖，无论这个碳单位是来自底特律还是北京，其效果是一样的。进而，全球变暖的影响也无处不在：洪水泛滥、气候异常、移民迁徙、冲突战乱，这比我们在达尔富尔看到的事情要更为严重。有人认为，从历史上看，美国是导致气候变化的最主要原因。如果美国在政策和技术发展方面不率先承担义务应对威胁，那么中国和印度等新兴最主要的排放大国也不会做出相应承诺，各方最终都会成为输家。

美国若要保证有活力的持续国际合作，应对美国安全受到的首要威胁，就必须与其他国家合作，共同应对其他国家受到的威胁。在充满跨国威胁的世界上，美国的安全需要依靠同其他国家的帮助才能得以保障。美国怎样才能得到这样的帮助呢？其他国家怎样才能从美国那里得到它们需要的合作呢？我们认为，对这些问题的回答在于重新构建并重新激活集体安全这一概念。

集体安全并不是一个新的概念。它意味着对威胁的共同认识和应对威胁的共同承诺：当一个国家受到攻击的时候，其他所有国家都会采取行动帮助受到攻击的国家。集体安全是建立联合国的核心概念。1945年，世界各国建立联合国组织，应对国家发动国际侵略战争这一共同威胁，并考虑解决这一威胁的深层原因：经济不安全因素、损人利己的贸易政策、极端民族主义、违反人权行为等。

当今世界出现了一些问题，使这一原则的适用性受到挑战。首先，在当今的世界上，国家发动的侵略战争只不过是诸多威胁中的一种，并且，对包括美国在内的许多国家来说，已经不是最严重的威胁了。第二，不同国家面临不同威胁，这种复杂情景使人们难以形成对共同威胁的认识。如果我们能够解决这两个问题，那么还有第三个问题，这就是如何将设想转化为行动：国家必须克服搭便车等集体行动难题，不仅要有效应对自己面临的威胁，也要有效应对其他国家面临的威胁。

为了与时俱进地思考“共同威胁”，前联合国秘书长科菲·安南组织了一个讨论威胁、挑战和变革的名人小组，该小组在2003年对各国政府和市民社会组织提出了一个简单的问题：“对你来说，什么是最严重的威胁？”由于实力、地位和地域的不同，人们的回答也大相径庭。在非洲，人们认为是贫穷和疾病；在拉美，人们认为是经济危机和对民主缺乏信任；在美国则是灾难性恐怖主义，等等不一。

建立全球安全体制，就必须将这些不同的观点考虑在内。问题是怎样才能做到这一点。我们是否需要将这些不同的威胁分出轻重缓急？我们是否仅仅将某些威胁视为经济或社会性威胁、而不是对安全形成的威胁？我们是否需要承认这个世界上存在不同的威胁、并考虑如何应对这种多元威胁的境况？像联合国名人小组一样，我们认为，承认不同和差异更有助于开展合作。我们还接受了名人小组对安全威胁的定义，即威胁是“导致大规模死亡和减弱生命机会、削弱国家作为国际体系基本单位能力的事件和过程”。[6] 我们认为，属于这一定义范畴的威胁包括：气候变化和能源不安全因素、核武器扩散、致命性传染病的传播、对生物技术的有害使用、恐怖主义、战争和冲突、贫困和经济动荡。

这些不同的威胁是任何单边行动都无法解决的，它们之间很可能是相互关联的，许多政府和民众对此还没有充分的认识。在远离美国的国度和地区对人们产生的威胁，同样会威胁到美国自身的安全。即便人们不相信这些威胁是相互关联的（因为有些关联性还没有充分的事实依据），一个国家仍然需要寻求其他国家的合作，应对其他国家面临的威胁，才能换取它们的合作，应对自己面临的威胁。对于弱小国家是如此，对于美国来说同样如此。

在相互依存的世界上，军事实力自身的效用如果受到过分的强调，就会对获取维护美国安全所需要的关键国际合作产生负面作用。美国军事实力是世界上最强大的，但是强大的军事实力并没有换取明显的外交成果。如果说实力就仅仅是枪炮导弹，仅仅是制造致命性武器的先进技术，仅仅是在最短时间之内将军队和军火运往世界任何一个地方的能力，那么，美国自然是无人能敌。无论以什么方式计算，美国都有着最强大的、最具机动性的军事力量。布什政府2009年财政预算包含了作为国防部核心预算的5150亿美元，这还不包括对伊拉克战争和阿富汗战争所追加的部分。[7] 北大西洋公约组织（以下简称北约）的其他成员国军费总额仅为每年2021亿美元，据估计，中国的年度军费开支大约在450亿—1390亿美元之间。[8] 俄罗斯的年度军费在600亿美元左右。[9]

但是，使用军事实力并没有使美国在伊拉克和阿富汗依靠自己的力量实现预期的目标。美国也无法单凭自己的实力制止伊朗和朝鲜的核计划。中东比近期历史上任何时候都更加不稳定。所谓的全球反恐战争产生的结果是恐怖分子越来越多。

美国确是有着强大无比的军事实力，但也许正因为如此，美国现在比任何时候都不受人们的信任。自从2002年以来，美国的形象在大部分中东和亚洲的穆斯林国家出现滑坡现象，甚至在美国最持久的盟国里面，美国形象也在持续下滑。2007年英国广播公司国际部（BBC World Service）在25个国家对26000人进行了民意调查，二分之一的被调查者认为美国在世界上起到的作用主要是负面的。10 从2000年到2007年，民意调查显示，在英国，对美国持好感的人数比例从 83%下降到51%；在德国，从78%下降到 30%；在印度尼西亚，从75%下降到29%；在土耳其，从52%下降到 9%。[11]

全球范围内，人们不信任美国的领导能力，这也反映在人们越来越不赞成美国对外政策的基本原则方面。皮尤研究中心在47个国家进行了民意测验，被调查者不仅赞成美国从伊拉克撤出军队，而且表示反对美国和北约在阿富汗的行动。[12] 进而，对于美国领导的反恐战争，全球支持率在2007年进一步降低。在被调查的国家里，大多数人或是占比例最多的人数表示不喜欢美国的民主理念。美国还是由于破坏世界环境而受到指责最多的一个国家。[13] 即便是美国最亲密的盟友，比如日本、澳大利亚、北约等，近年来也出现了问题，无论是精英还是民众都认为美国应该对这些盟国予以更大的重视。

美国超强的军事实力可能会误导许多美国人，使他们认为在不求助国际支持的情况下自己就能够解决大部分问题，可以“有盟国但无须动用结盟”，可以无视国际条约和国际制度，因为布什政府的一些重要官员认为，什么国际制度、国际条约，全都是非对称战争中弱者使用的武器，是世界其他国家用来制约美国的工具。[14] 有的时候，确实需要出现一丝明智的光芒，美国领导人应当认识到在当今的世界上，单凭惩罚性权力不会、也不能解决我们面临的最紧迫问题。

对于美国实现安全目标来说，国际组织的重要性远远超过了美国决策者的想象和美国民众的认识。联合国是美国许多对外政策精英讨厌的国际组织。这一国际组织的名声在美国已经降到历史的低谷，但恰恰是在此时，联合国对于美国来说比任何时候都更为重要。民调显示，不支持联合国的美国人占到半数多一点，这一数字是联合国成立62年来的最低点。[15] 只有三分之一的美国人认为联合国是有效的国际组织。[16] 对外政策界精英，无论是民主党还是共和党，都迫不及待地抹杀联合国组织及其对国际和平可能做出的贡献。

即便联合国有其缺陷，但仍然在应对集体安全面临的威胁中发挥了重要作用。联合国的这些作用也维护了美国在全球的安全利益，尤其是在大中东这一世界最危险的地区。“9·11”以来，联合国在诸多危机中做出了有益的贡献：

在阿富汗，联合国在波恩进程中积极斡旋，形成了使哈米德·卡尔扎伊（Hamid Karzai）得以建立政府的框架安排。正是这个政府将反对塔利班的各种分散力量联合起来。进而，联合国还发挥了关键作用，帮助阿富汗确立宪法和建立合乎民心的协商性进程以确保宪法的合法性。联合国还组织了阿富汗的全民选举，并在其后发挥了两个精干的谈判专家拉赫达尔·卜拉希米（Lakhdar Brahimi）和琼·阿诺特（Jean Arnault）的作用，引导阿富汗的政治谈判。

在伊拉克，联合国组织实施了2005年大选。根据布什政府的要求，卜拉希米设法获得了什叶派精神领袖西斯塔尼（Grand Ayatollah Sayyed Ali al-Sestani）对大选的支持，促成了2004年建立过渡政府的安排，而布什政府却无法做到这一点。卜拉希米在布什政府的要求下还秘密会见各种反叛力量人士，说服他们加入政治谈判进程。

在伊朗，国际原子能机构（International Atomic Energy Agency）一直站在第一线，提出透明化要求，并提供有关伊朗核项目的信息。联合国安理会针对伊朗核扩散活动对其进行制裁，目的是持续对伊朗领导人施加压力。这一施压行动有着两个目标：一是限制伊朗的铀浓缩能力，二是建立一个外交联盟，阻止伊朗发展核武器。

在朝鲜，联合国安理会于2006年10月开始制裁行动，对朝鲜政府施加压力，并为2007年六方会谈签订新的协议打开了大门，[17] 针对朝鲜核扩散行为对其采取制裁措施。到2008年中期，朝鲜停滞了钚的生产，当然，朝鲜半岛的全面去核化仍然是一个十分不确定的问题。

在黎巴嫩，联合国负责执行安理会第1559号决议，促使叙利亚撤出黎巴嫩。联合国负责对前黎巴嫩总理哈里里（Rafig Hariri）暗杀事件展开专门调查。2006年，联合国在黎巴嫩部署了15000人的维和部队，以确保以色列—黎巴嫩边界安全，同时也可以使以色列和真主党（Hezbollah）不失脸面，防止了敌对双方可能发生的经久不息的战乱。

在苏丹，联合国部署了12000多人的维和部队，以便执行北南双方的和平协议。联合国还通过共和党参议员约翰·丹福思（John Danforth）进行斡旋，这一行动也得到了布什政府的大力支持。在达尔富尔，科菲·安南和现任秘书长潘基文（Ban Ki-moon）都声明支持采取有效行动，制止杀戮和暴行。联合国还与非盟一道部署了联合维和部队。

在利比亚这个与美国有着重要历史文化纽带的非洲国家，联合国部署了17000人的维和部队，组织了新的选举，选出埃伦·西尔利夫·约翰逊（Ellen Sirleaf Johnson）为利比亚总统。这是非洲第一个当选总统的妇女。

在海地，联合国部署了6000人的维和部队，再次试图在这个距离美国很近的动荡岛国实现稳定。

除了联合国以外，其他国际组织也帮助美国实现重要目标。联合国在阿富汗实施政治任务的同时，北约派遣了40000名士兵，打击卷土重来的塔利班，保护新诞生的阿富汗政府。国际原子能机构提供了有关核扩散威胁的重要信息。经济合作与发展组织（Organization for Economic Cooperation and Development，以下简称经合发组织）成立了金融特别行动小组，这是一个截断恐怖主义分子财源的重要机构。世界卫生组织 (World Health Organization) 在控制严重的非典（SARS）传染病方面起到了至关重要的作用，在抗击可能成为致命性传染病的禽流感中也一直站在第一线。

为什么美国公众不知道这一切呢？对此问题有简单和复杂的两个答案。简单的回答是：美国目前的政治焦点是伊拉克。2003年，布什政府把联合国描绘成无效无用的国际组织，原因是联合国安理会没有赞成美国政府入侵伊拉克的方案。布什政府称入侵伊拉克是为了制止萨达姆·侯赛因使用大规模杀伤性武器，据说伊拉克秘密储备了这类武器。现在，美国政府官员中几乎没有人回过头来承认伊拉克没有大规模杀伤性武器，承认联合国核查机制是成功的，承认联合国安理会做出的决定是正确的。如果当时美国遵守了安理会的决定，就不会使自己和另外一些国家陷入伊拉克战争的泥潭，伊拉克也不会出现业已形成的恐怖主义网络。虽然联合国做出了这一系列的贡献，但在美国百姓心目中联合国的形象是与失败联系在一起的。

另外一个答案是比较复杂的，涉及克林顿和布什两任政府。克林顿和乔治·W.布什都没有提出在世界转型时期建立什么样的国际秩序的蓝图，都没有解释联合国怎样发挥了重要的作用、为什么会发挥这样的作用。过去20年里，缺乏战略远见和清晰的政策使得右翼保守分子和媒体得以对联合国展开持续不断的攻击。有的时候，几位美国驻联合国大使也加入攻击这一国际组织的阵营。这几位大使关心的不是怎样改革联合国组织，而是通过指责联合国提高自己的名声。唱高调的人总是引用媒体头条刊登的联合国失败的事例，很少透过这些事例认识联合国每天都在帮助美国实现自身的利益。

美国为了满足自身安全的需要，每天都要依赖国际组织，所以应当加强和革新国际组织，并且应当创建新的国际组织。在这个地区差异很大的世界上，要想解决关键的安全问题，包括伊朗和朝鲜的核扩散，黎巴嫩、苏丹、阿富汗、刚果和海地等国的和平与稳定等，从根本上都要依靠国际组织来获取合法性、影响力和国际资源，比如提供维和部队。但是，这些国际组织面临严重的能力不足。比如，在行动层面，联合国维和能力已经捉襟见肘、达到极限。北约的维和机制也有重大缺陷，这在阿富汗的行动中已经显现出来。联合国和北约都没有有效机制来部署非军事人员，使其承担重要的维护治安、法治和辅助治理事宜。联合国的预防性外交和斡旋活动能力不足，其和平建设机构繁多，缺乏统一的宏观规划，在诸多部门和机构之间缺乏协调。实施安理会决议的强制性行动取决于安理会常任理事国是否能够达成一致，所以执行起来障碍重重。联合国是一个决策机构，但往往因为不能就面临问题达成一致而无法采取行动，或是因为不能形成共同立场而无能为力。

这些国际组织面对两个问题，都必须予以认真对待。第一个是实质性问题。现在对和平与安全形成的威胁具有跨国性质，因此需要国家之间加强合作，并且需要达成包括私营部门在内的新的协议。第二个是政治问题。联合国和其他全球组织仍然反映了“二战”之后的国际实力分布。一些重要的联合国成员国家由于感到自己在联合国决策过程中无足轻重而变得沮丧起来。日本是对联合国预算投入第二大的国家，所缴会费比中国、法国、俄罗斯和英国这几个安理会常任理事国的总和还要高。世界上三个最具活力的国家——巴西、印度、中国——只有一个是安理会成员，没有一个是八国集团成员。如果要说服这些强大的联合国成员加大对重振国际组织的投入，就必须说服它们，让它们相信，加大对国际组织的投入是符合它们自身利益的。

虽然联合国的局限性有目共睹，但是，当今安全挑战的规模之大、性质之复杂，地区安排和联盟合作都还未能表现出足以取代联合国、应对这些威胁的能力。北约在阿富汗遭遇的艰难困苦、欧盟在刚果和中非共和国的举步维艰、东盟面对缅甸问题的无能为力、非盟对苏丹和非洲之角问题的无可奈何——诸多例子都说明了这一点。

恰值美国需要更加强大的国际组织之时，美国自“9·11”以来的政策却促使许多国家抵制原本能够加强国际组织的改革。2005年，布什政府改变了政策，认为改革联合国符合美国利益，于是开始商谈一系列热点问题，为2005年世界首脑会议做准备。约翰·博尔顿（John Bolton）当选为美国支持联合国改革的代言人。而博尔顿对联合国持肆无忌惮的批评态度，自然无法使人相信美国支持联合国改革进程的诚意。尽管如此，美国参与的一些活动还是有助于联合国改革目标的实现。但是，联合国改革的许多目标都处于停滞不前状态，创建和平建设委员会（Peacebuilding Commission）等新机构的承诺，以及确立保护公民免于大规模暴行的责任等新的规范，都没有落实到位。执行承诺不到位的状况反映了包括美国盟国在内的许多国家对加强联合国作用很不情愿，因为它们认为，联合国改革只不过是美国的一种手段，以便借多边主义之名，行单边主义之实。

在这一点上，伊拉克战争的确投下了深深的阴影。其实，在过去五年里美国与世界互动的方方面面又何尝不是如此。布什政府以前曾经宣布，在21世纪相当长的时期内继续保持美国的超强实力是美国国家安全的目标。后来，布什政府向联合国安理会提交了虚假和误导性的情报，在没有安理会授权的情况下发动伊拉克战争。我们曾经与一位美国外交官交流过，用他的话来说，“美国丧失了信任”。美国对国际组织做出了贡献，比如现在联合国维和部队的规模是史无前例的，组建维和部队费用的26%是美国提供的；再比如像美国在非洲帮助应对艾滋病等威胁，在世界其他地方也开展类似的活动。但是，即便是这样的活动，也受到了人们的怀疑。

美国的强制性实力是无比强大的，所以，其他国家自然不愿意采取行动或是结成联盟来抗衡美国实力。但是，也很少有国家愿意加入到美国阵营之中。即便当它们不得不这样做的时候，也需要找到一个理由，比如驯服蛮横无理的怪兽、削弱怪兽可能造成的危险等等。但是类似理由已经不能服人，这在英国已经得到证明。根据有二。其一，英国未能约束美国的外交政策；其二，英国政策在诸多本国民众以及政府官员中不得人心。而与布什政府关系密切的英国首相托尼·布莱尔 (Tony Blair) 则在政治上遭受了惨重的损失。

许多国家既不愿意与那些声名不佳的反美国家（伊朗、委内瑞拉、叙利亚）为伍，也不愿意支持美国的政策和倡议。于是，这些国家便采取了“软制衡”战略。这种战略质疑美国政策的合法性，不承认美国政策包含合法的义务，这样就削弱了美国根据自己的需要对它们提出的合作要求。许多国家愿意看到联合国成为一个全球对话平台，大家可以在这里自由地批评美国违反国际规则的行为。它们并不指望联合国成为一个解决问题的重要组织，尤其是不愿看到联合国成为解决美国问题的机构。

美国若要得到其他国家合作、加强国际组织，就不能将国际组织仅仅视为美国对外政策的工具，不能为了最大限度地实现美国短期政治利益而对国际组织想用则用、想弃则弃。对于美国对外政策来说，国际组织当然是有用的工具，所以才要予以加强。所有国家都会意识到，美国以及其他所有国家的行为从根本上说都是为了实现国家利益的，没有一个国家会幼稚到连这个道理都不明白的地步。

但是，单纯“工具论”的观点有两大缺点。首先，再好的工具箱也不可能提供关于秩序的全景蓝图。没有大家共同认可的蓝图，旨在促进全球安全和繁荣的国际组织和国际关系就会失去方向，而这一蓝图的根基在于本书提出的负责任主权理念。第二，如果世界质疑美国的意图或是怀疑美国的承诺，那么，美国就无法赢得其他国家的信任，也就无法建立国际秩序。在美国之外的各个地域，人们深切期待美国能够承诺建立基于规则的国际体系，能够承诺遵守国际规则，能够持之以恒地支持国际组织。坦率地说，即便是对美国友好的政府也反对美国对国际组织的工具性利用，即当国际组织符合美国利益时就加以利用，当国际组织不符合美国利益的时候，就弃之不顾（并且恶言相加）。

美国如果不是仅仅将国际组织视为自己的政策工具，而是切实支持国际组织，就会因之加强自身的全球领导能力。美国是全球体系中最强大的国家，促进国际秩序符合美国利益。国际秩序可以使权力合法化，保证弱国免受强国的欺凌，并将权力和原则结合起来，以便使其他国家可以放心地接受强国的领导，而不是联合起来制衡强国。但是，这样的国际秩序必须得以构建和巩固，维护这样的秩序所需要的国际合作需要持续有效，而不能成为任何大国的权宜之计。

国际体系的领导需要为人表率、需要享有良好的声誉。我们要建立基于规则的国际秩序，在这样的秩序中使用权力需要具有合法性。最强大的国家在服从国际规则方面不能随心所欲。如果世界上其他国家遵从国际承诺、进行自我克制，美国就会得益。但美国自身也必须信守承诺。这些问题涉及美国与印度、巴西和南非等新兴大国关系的实质。在美国与中国的相对权力地位发生变化的时候，这些问题也关系到美中关系是走向冲突还是保持和平竞争。中国和印度是认识到国际秩序、国际规则和国际组织符合自身利益，还是对其置之不理？如果是后者，则会伤害美国的未来利益。

在美国外交史上有着重大的自我克制案例。罗斯福总统和杜鲁门总统十分明白，美国自愿限制单边实力在国际上是具有重要意义的。杜鲁门在1945年旧金山召开的联合国大会最后一次全会上说："我们都必须意识到，无论我们的实力多么强大，都绝对不能为所欲为。"[18] 在国际贸易领域，美国同意进行自我节制，遵守世界贸易组织的决定。世界贸易组织及其前身关贸总协定也确实是很好的实例，说明强国理解损人利己的贸易政策会带来灾难性的后果，因此它们愿意建立国际制度来约束国家行为。结果是美国经济也从这样的国际制度中获得了巨大的利益。

问题的另一面：美国领导的必要性

一方面，美国决策者需要重新认识国际组织给美国带来的长远利益，另一方面，其他国家也要认识到美国领导世界的重要意义。以下几点值得考虑：

美国的强大使得主要大国和新兴大国从中获益。中国、印度和其他新兴经济体的领导人认识到，他们的经济增长依赖于一个稳定的国际贸易和金融体系。这些国家中多数要求并接受过援助，以应对公共卫生方面的突发事件。所有这些国家都不希望看到大规模的核扩散，都依赖科学和技术的发展。总之，这些国家都可以从强大的美国所提供的开放经济和全球公共物品之中获得利好。[19]

如果没有美国的金融支持，提供重要国际服务的国际组织就会失去效力，在公共卫生保障，贸易、旅行和安全监管，发展援助，难民管理，人权监控等领域都是如此。美国是联合国最大的捐资国，联合国正常预算和维和预算的25%是美国提供的，其他知名国际机构自愿认捐预算的50%来自美国。美国虽然没有批准《全面禁止核试验条约》，但还是提供了全面禁试条约组织1/3的预算。

美国还提供了其他无法用金钱计算的公共物品。例如，美国仍然是科技创新的领头羊，整个世界都因之而得益。[20]

在国际安全领域，各国政府仍然重视美国权力和领导地位带来的好处。美国军事力量保护了国际贸易通道的安全，保护盟国和其他国家免于海上重要通道（比如马六甲海峡和霍尔木兹海峡）被封锁的危险，免于世界石油运输阻断后带来的经济崩溃。[21] 如果美国不承担这样的责任，全球经济就会出现严重的后果。

在阿富汗，即便美国在2001年傲慢的拒绝了北约的帮助，但打击塔利班军事行动的迅速胜利赢得了俄罗斯、中国、巴基斯坦和伊朗的合作。尽管美国政策多年来不得人心，美国的参与在限制伊朗和朝鲜核野心的多边谈判中起到了关键的作用。的确，这两个案例说明，当前人们讨论美国对外政策的“多边”或“单边”实质的时候，伊朗和朝鲜这两个案例既充满讽刺意味，也导致了困惑。在伊朗和朝鲜，大国和美国的主要盟国都抱怨美国拒绝与这两个当事国直接谈判的做法。在这两个案例中，美国挥舞大棒，强调要进行制裁，明示或暗示威胁使用武力。而其他国家的外交官则认为应该使用丰厚胡萝卜政策，这就是美国与这两个国家建立直接和积极的关系。

即便是在中东，虽然美国政策跌落到极其不得人心的地步，但是这一地区的国家最终意识到，无论是要解决以色列–巴勒斯坦冲突，还是要化解使该地区动荡不安的其他边界和权力争端，美国的介入都是不可替代的。

在未来的20年里，要保障国际稳定与繁荣，美国的权力与领导是不可或缺的。美国是世界上最大的经济体，具有最强的军事力量。美国不仅是金融枢纽，而且是金融要地。以人均计算，美国在消耗矿物燃料方面超出了任何一个主要大国。世界需要美国积极使用其资源，帮助解决跨国威胁问题。如果美国在气候变化、核安全和金融动荡等领域里阻碍国际应对这些问题的进程，世界就无法取得较好的、可持续的全球性结果。

世界权力的转移要用数十年的时间才能完成。我们不能保证，50

年之后的世界会成为什么样子，但一定会与那些简单预测所描绘的不同。没有几个学者能够预测到冷战和两极世界的终结。在20世纪80年代，许多国际关系学者认为，日本而不是中国在将来会取代美国成为世界霸权国。

如果达成应对跨国威胁的国际合作，如果我们要重振国际组织、使其更加有效，就需要美国的领导，舍此没有其他可行措施。至少在未来20年里，甚至在更长的时间里，没有其他国家能够具有与美国相当的实力来聚集全球性联盟、影响国际行动、提供安全保障、组织集体行动。

美国单边主义行为应该成为一个有益的反面教材，告诫新兴大国不要重蹈覆辙。在新兴大国中有不少声音，庆幸美国的过度扩张，认为美国时代即将告终、新兴大国占据首要地位的新的权力结构即将出现。这些人期盼自己的国家能够不受国际限制、自由行动。这恰恰是美国自冷战结束以来越来越明显的行为。

如果说任何具有全球愿景的霸权国要汲取经验教训，过去15年里美国的做法就是最令人清醒的药剂。21世纪的头几年已经证明，单凭军事实力是无法消除威胁的；没有制约的权力带来的是傲慢、诱惑和过度扩张；在一个充满跨国威胁和安全相互依存的世界上，国家安全和主权只能通过国际合作才能得以保护。

如果重振国际合作的努力迟滞不前，其成本就会越来越高；所以现在就要采取行动。国际合作的黄金原则是防患于未然。对于跨国威胁，这意味着，在发生使用核武器或是生物武器的灾难性恐怖主义攻击之前，在发生导致成千上万人致命的严重流感之前，在出现足以导致滥用尖端生化技术的安全威胁之前，在诸多国家获取核武器且其中某个国家违反核禁忌之前，就必须采取有效的行动。

气候变化也是紧迫的关键问题。正如我们在第四章里要阐述的那样，世界经济体继续在基础设施方面投资，这会决定今后30年的能源使用、运输方式以及生产方式。如果这类投资的模式不能得以改变，温室气体排放到2015年将达到高峰。这样一来，到2050年就会出现人为的环境灾难，这将无可挽回地改变我们现在的生活方式，在世界各地导致洪水、饥荒、疾病和冲突。

应当建立有效的国际合作伙伴关系，来应对这些问题。在这方面，时间拖得越长，解决问题的困难就越大。我们不能侥幸地假定，一旦有某个这类问题发生，其后的国际合作自然会变得容易起来。如果恐怖主义分子使用了核弹，重要国家可能会采取单边行动，并且会对国际组织表示强烈不满，认为国际组织软弱无能、不可信赖。如果发生了流感疫情，国家会意识到需要合作，但采取有效行动所必需的资源却是严重匮乏。

其他国家会提出我们在第一章结束的时候对美国民众提出的问题：我们的安全和繁荣怎样才能得到保证——是加强国际组织和国际规范并因之重振国际合作，还是维持现在的状态？比如新兴大国可能会认为，20年后国际形势对它们会更加有利，但是它们必须向自己提出问题，在这20年期间它们如何使自己免受跨国威胁的侵扰？如果20年后国际权力格局仍然会像今天一样扑朔迷离、变化难测，它们又该怎么办？当一个国家权力上升的时候，难道就会断定上升趋势永远不会发生变化？断定不会出现增长中断、权力下降或是停滞不前的现象吗？

美国不会像格利佛一样被捆绑起来；美国会承诺对国际组织和国际规范的义务，当然，条件是必须使美国相信国际组织和国际规范符合美国的利益。美国仍然是国际体系中的一个核心国家，美国的行为可以促成也可以破坏国际合作。近年来，美国决策者认为，国际规则和国际法是小人国式的国家试图束缚美国这个格利佛的绳索，所以对国际规则和国际法不加区别地置之不理。的确，有的国家将国际规则和国际法视为约束美国的一种方法。但是，这样的做法都没有成功，无论美国是共和党还是民主党当政。美国决策者像其他国家的决策者一样理智，如果其他国家试图把美国套入不符合美国利益的安排，它们是会保持很清醒的认识的。

刚才我们使用了《格利佛游记》中的比喻，还有一部文学作品的比喻，能够使我们更好地反思美国对国际规则的承诺。这就是尤利西斯和塞壬（Ulysses and the sirens）的故事。要抵御单边权力这一塞壬妖歌的诱惑，美国决策者必须重新思考美国的长远利益，将美国权力系于国际秩序这条大船上面。美国有着强大的军事实力，单边主义诱惑是很强的，也会经常出现。但是，这样的诱惑往往使人陷入自我毁灭的深渊。单边使用权力会引起众怒和抵制。“二战”之后，美国明白了一件事情：要使自己强大的权力合法化，必须进行自我约束，这样做才能符合美国的利益。

对于想把美国权力置于国际组织框架制约之中的国家来说，历史的经验也是明显的。它们必须说服美国领导人和美国民众，使他们相信，有效的国际组织和国际规范会更加符合美国的利益。伊拉克战争的经历和其他单边行动的代价已经开始起到这种说服作用。但是说到底，真正能够说服美国的还要看其他国家怎样回报美国对国际秩序的投入，它们自己怎样对国际合作做出贡献，比如在制止核扩散、应对全球气候变暖、反对恐怖主义，以及防止新的致命性疾病蔓延等方面。最好的说服是承诺并采取能够产生结果的行动。

更加有效的国际体系能使其他国家有着更多的发言权，但是通往这一国际体系的必经之路是华盛顿。正如我们看到的那样，今天的国际制度和国际组织并没有反映国际权力格局中已经发生的重大权力消长。印度、日本、巴西等国家仍然不是联合国安理会常任理事国，所以存有很大的不满情绪。中国这样的经济巨人由于被排除在八国集团之外也会感到气愤。进而，全球金融权力重心向亚洲转移，如果在国际金融组织的管理和功能方面不能反映这一权力重心转移的现实，也会产生严重的后果。重新界定国际货币基金组织和世界银行在世界金融体系中的监管、指导和刺激投资的作用已经是十分困难的事情。亚洲崛起，对世界经济产生了重大影响，对此必须予以充分考虑。亚洲国家代表性不足不仅会损伤这些国家的国家荣誉，还会剥夺了它们为建立一种与其权力和影响相匹配的国际秩序作出贡献的机遇。对于全球来说，这都是一种损失。

要想对国际秩序作出重大调整，没有美国的领导作用是无法实现的。关键是要说服美国领导人，让他们认识到，在国际制度框架内的决策必须反映国际权力格局的重大变化。比如，印度、日本、巴西、中国和南非等国是可以对解决全球性问题作出重大贡献的。

在国际秩序中更大的发言权和影响力同时也意味着承担更大的责任。尼娜·哈奇格恩(Nina Hachigian) 和莫娜·萨特芬(Mona Sutphen) 深刻地分析了美国与其他被称为关键国家（印度、中国、欧洲、俄罗斯、日本）之间的关系。他们两人认为，虽然在国际事务中这些国家都“希望有自己的一席之地，但并不清楚它们愿意为这一席位付出多少”。[22] 对于21世纪的国际秩序来说，这个问题至关重要。对美国来说，这个问题同样至关重要，因为美国必须考虑更广泛地参与重要国际组织。当然，美国担心这种参与会削弱自身的影响力。

对于许多国家来说，国际组织与发言权以及合法性密切相关。对于美国来说，国际组织的主要功能是能够产生结果。这两种立场虽然不是天生相互矛盾，但是，更大的参与国际治理是否会导致全球重大问题更加有效的解决，这仍然是一个没有答案的问题。回答在于印度、中国、巴西和南非等新兴大国的政策、贡献和行动。进而，这些国家在国际组织中的地位和声望都在上升，也就会受到国际社会更多的监督和批评。如果它们自己变成了驾驶员，搭便车也就变得更加困难了。

从令人不安的事实到令人踌躇的决策

美国与主要大国以及新兴大国都会从一个重振活力的国际秩序中获得利好。我们相信，负责任主权是建立这种秩序的根本原则，这一原则可以指导我们建构管理具体事务的国际规范和国际组织，以便解决全球性问题。但是，在建构这一秩序的过程启动之前，必须做出一些艰难的、令人踌躇的决定。

美国需要率先创造一种国际制度环境，使新兴大国在国际安全制度领域有着更大的发言权。欧洲会抵制联合国和国际金融组织内的任何制度变革，因为所有改革方案都会削弱欧洲的地位。以欧洲在全球经济、人口以及实力等方面所占的份额而言，欧洲在联合国安理会的席位过多。欧洲在国际货币基金组织中居于领导地位，这不能反映变化中的全球金融格局。日本不愿意中国进入扩大了的八国集团，除非中国支持日本成为联合国常任理事国。俄罗斯不愿看到自己在刚刚参加的八国集团中的地位被削弱。要打破目前这种在全球治理方面出现的僵局，取得更好的结果，美国必须带头。即便美国不习惯在世界舞台上与他人分享权力和影响力，也必须这样做。美国需要重新制定自己的对外行为准则，更多地关注亚洲、非洲、拉丁美洲的新兴大国，因为这些国家在国际事务中有着新的影响力。

有些国家会在全球事务中具有更大的发言权和影响力。对于他们来说，颇费踌躇的决定来自这样一个令人不安的事实：要说服美国建立一个使美国自愿施行自我约束的国际秩序，要说服美国更多地参与全球的决策进程，就必须向美国表明，这样做最终会使美国得益。

奥巴马总统在2009年宣誓就职之后，他要面对一个重大的矛盾情景：一方面是现在的局势要求他处理的各种危机，另一方面是美国盟友和新兴大国越来越强烈地要求在国际组织中有更大的发言权。无论美国新政府的长期目标是什么，是重振国际安全机制，还是为基于负责任主权原则的持久国际秩序打造基础，从第一天开始，它都必须应对上一届政府遗留下来的一系列急需处理的危机。阿富汗和伊朗需要继续得到关注，黎巴嫩、叙利亚和巴基斯坦长期积累下来的政治危机可能升温。伊拉克和美国在伊拉克的军事存在将继续成为美国国内和国际政治的棘手难题。从根本上说，与之相关的问题是，外交努力是否可以导致伊拉克问题的政治解决，逐步将责任移交到伊拉克政府手里。但这一问题往往被人们忽略。

无论美国与其他国家政府如何讨论重振国际合作，大中东都会是无可回避的棘手问题。从实用的观点来看，美国需要知道，怎样重建国际秩序、加强国际组织才能有利于伊拉克的稳定，才能使伊朗不会拥有核武器，才能在阿富汗打败塔利班，才能支持建立一个有信誉、可持续的阿富汗国家。

对于许多主要大国来说，要帮助实现这些目标，也需要克服巨大的困难。它们需要帮助美国从它们反对的伊拉克战争中脱身。有些国家可能需要暂时搁置眼下的经济和能源利益，团结一致反对伊朗的浓缩铀计划。有些国家可能需要向阿富汗派兵，积极参与在阿富汗建立非军事国家的进程。

为什么对于主要大国来说处理大中东事务需要克服巨大困难呢？我们在第十章里会详细讨论这个问题。在这里，我们简单地予以说明。大中东地区是一个考验大家的地域。对于美国新政府来说，它将考验新政府的外交努力、谈判能力以及对国际秩序的承诺；对于主要大国和新兴大国来说，它将考验这些国家是否愿意以自己的参与和承诺回报美国的行动。参与解决大中东事务会帮助巩固国际合作，同时，一个稳定的中东也符合这些国家的根本利益。

结　论

奥巴马总统于2009年宣誓就职。这将开创一个机会，启动建立一个可以有效应对当今跨国威胁的国际秩序。美国重新承诺建设基于法治的国际秩序，这种承诺是真实的。奥巴马总统可以使美国人民接受国际合作的议程。美国人民愿意看到自己的国家受到尊重，愿意在全球社会发挥领导作用，愿意美国参与世界其他地区的事务，以便使他们自己感到更加安全。美国单边主义已经损害了美国的所有核心利益，美国人民终于也明白了这一点。

超过75%的美国民众对美国失去其他国家的尊重这一事实表示关切。他们认为这是一个问题，希望改善美国的形象。美国人民明确否定了单边主义，同时，他们又不十分清楚，以公平合理的尺度衡量，美国应该负多大的责任、在多大的程度上进行国际合作。美国选民相信，美国需要发挥领导世界的作用，但是他们也认为，当下，美国不应该“傲慢无礼”，不应该成为世界的“警察”，而是应当成为民主楷模。

现在，美国对国际石油的依赖、与其他国家的关系、全球气候变暖等事项是美国选民高度关注的问题。虽然美国的首要任务是使“美国在世界范围内强大并且安全”，但是美国民众也希望美国在强硬手段和外交努力之间保持平衡。[23]

我们并没有说奥巴马总统应当不加区别地服从现行的国际组织。现在的许多国际组织都需要改革，如果美国无条件地服从这些组织，那也是不能令人信服的。进而，我们意识到不仅仅是美国需要重新对国际秩序和国际组织做出承诺，许多其他国家，尤其是主要大国和新兴大国，也往往无视自己的承诺，损害而不是加强了国际合作机制。

奥巴马总统应当做出这样的声明：美国愿意努力建设国际秩序，使之能够有效应对国家安全和集体安全面临的新的挑战，能够保障人的尊严和负责任主权这类核心价值观。进而，很关键的一点是，奥巴马政府要做出承诺，一旦这样的秩序建立起来，美国会遵守秩序规则。奥巴马总统应该强调，这样的国际秩序是符合美国的国家利益的，同时也是符合其他国家的利益的。如果美国更有信心地认为一个新的国际秩序正在形成，那么，美国就会逐步降低附加条件，加大自己对这一秩序的承诺。

持怀疑态度的人会说，在当今时代，没有一个美国政府，在涉及保护美国人民的问题上会施行自我约束。他们认为，即便是克林顿总统也坚持认为“可能时采取多边主义，必要时采取单边主义”。我们理解，所有的国家元首，无论他们代表什么类型的国家，都需要在危机状态下自主采取行动的自由，都需要在单独行动成为保护国民安全唯一手段的时候采取单边主义。这是《联合国宪章》第51条明示的原则（成员国的自卫原则）。从根本上说，我们认为国际领导地位意味着美国必须做出四种基本承诺：第一，与其他国家协调行动；第二，提供资源，鼓励其他国家加入国际组织并参与其活动；第三，努力寻求外交手段化解危机；第四，建立健康有效的国际制度，以便最大程度地减少美国单独行动的可能。

国际上持怀疑态度的人会说，现在许多国家不会再相信美国，不会接受美国的领导地位。无论谁当选美国新一届总统，无论美国发表什么声明，甚至无论美国出台什么新的政策，都将会是如此。还有些人会说，其他国家也会采取单边行动，或是组成新的联盟抗衡美国权力。毫无疑问，有的国家会采取这样的行动。但是，我们认为现在的事实是，大多数国家的大多数领导人仍然认为美国在国际体系中的领导地位是有其内在价值的，仍然承认美国权力是维护国际秩序不可替代的资源。进而，这些国家仍然愿意建设性地参与美国领导（但不是美国统治）的国际体系。

美国对外政策发生巨大变化是完全可能的，其他主要大国和新兴大国有能力对这种变化产生重大的推动作用。它们对美国重返国际组织的反应有助于美国持之以恒地坚持多边主义，因为这不仅可以促成实实在在的结果，还可以使美国人民确信，美国的全球参与是受人称赞的行为。为此，美国新总统的首要任务应该是将新兴大国纳入一个新的国际构架之中，使它们具有更大的发言权，更大的影响力，以及与之相符的更大的责任。这正是我们在下一章里要讨论的内容。

第三章

权力与制度：为负责任主权建立有效的国际构架

要建立基于负责任主权的国际秩序，首先需要美国实行新的外交政策。新的政策应该寻求合作以减少跨国威胁，加大对国际制度建设的投入以支持合作，并以实际行动表明美国赞成国际社会的法治，因为这是美国安全与繁荣的最佳保证。除此之外，它还要求新的美国领导风格。这种新的风格应该建立在磋商、倾听和向更多参与国开放的基础上，而长期以来美国对此一直采取忽视的态度。

但是，这只是一个开始。美国的力量已经不再强大到依靠自己就能重建国际秩序了。因此，建设国际秩序的第二个要求，就是在美国和其他大国，如法国、德国、英国、日本，以及像中国、巴西、南非这样的新兴国家之间，建立制度化的合作。

为什么要确定实现在这些国家间制度化合作的目标呢？因为制度不仅仅是集体行动的工具，它们还是秩序的基础所在。它们既是基本政策的反映，反过来也塑造政策的形成。如果设计得有效，制度不仅可以促进各国认清共同利益，为共同利益而行动，还可以在这些行动中形成合作的模式。更重要的是，它们能够防止大国之间发生直接的冲突。

在影响其安全与繁荣的谈判和决策进程中，美国的盟友和新兴国家对于缺少它们的参与，表达了强烈的挫折感。它们的议程包括扩大联合国安理会和八国集团、改革国际贸易、金融和发展结构等事宜。

尽管这些问题充满了冲突和潜在的问题，但是就这些问题推延不决的时间越长，现阶段国家间的权力分布和制度内权力分布之间的裂痕就会越大，从而带来更大的挫折和不满。

今天，美国或其他大国如果想发展新的安全制度，能够采用的方式往往难以令人满意。联合国安理会有时奏效，但大多数时候因为常任理事国缺少一致而受阻。通常的情况是，等到危机引起关注的时候，在成员国中间达成共识已经为时过晚。而且，也没有任何保证，使得所有大国在任何时候都能参与其中，因为日本、巴西、印度和南非都不是常任理事国。确实，安理会代表性不足，这已经削弱了它的合法性。另外，联合国大会拥有合法性，但是其成员国资格的普遍性又削弱了它的有效性。当然，美国和其他大国可以转而求助于非正式机制，但是，这些非正式机制往往缺乏作为长期解决办法的结构性、预测性与合法性。

要解决这个问题最终还是需要通过扩大联合国安理会。但是，正如我们稍后将在本章论述的，从扩大安理会着手是个错误的选择。在任何情况下，改革安理会都是困难的。在扩大问题上纠缠，会将注意力从寻求解决紧迫的跨国问题上转移开来。另外，在新成员之间还没有就今天的威胁形成共同的认知和理解的情况下，扩大安理会有可能使其更有效，同样也有可能使其瘫痪。

然而，我们可以塑造大国之间合作的模式。那种帮助它们认识共同利益、形成共同理解并建立信任的机制，是可以建立起来的。解散目前的八国集团，创建一个新的16国集团，也就是在八国之外，加上巴西、中国、印度、南非和墨西哥［所谓的“扩展五国”（Outreach Five）］，再加上印度尼西亚、土耳其和来自非洲的任何一个其他国家（可能是埃及或者尼日利亚）。这样，可以为主要大国和新兴国家创立一个建构共同利益、携手解决跨国威胁的机制。

最近的许多改革举措不是失之不足就是停滞不前，值此之时，很容易对制度创新产生悲观情绪。2004—2005年联合国改革努力的成果，带来了普遍的失望，随后是联合国人权理事会的糟糕表现，还有联合国和平重建委员会的缓慢启动。国际货币基金组织和世界银行的改革，一直步履蹒跚。但是，更好地理解权力与制度有效性的关系，深入探究冷战后制度创新历程所提供的经验教训，将给予我们不同的启示。冷战结束以来，制度创新，包括在安全领域的创新，取得了实质性的进展。[1] 但是，这种创新缺乏事先谋划，是由危机推动的，制度能力也不足，面临越来越多协调上的困难。[2]

制度创新的九条经验

“二战”刚刚结束后的那段时期，是制度建立和创新的不平凡时期。美国两位著名政治家在国际制度在未来的功效问题上给他们同期的决策者敲响了警钟。迪安·艾奇逊警告说，赋予国际组织以巨大的责任，而又没有政府参与其中，为这些组织注入权力，这是非常愚蠢的。在艾奇逊看来，这恰是一剂会导致不稳定的处方。乔治·凯南（George Kennan）则预见到一个巨大挑战，这个挑战至今仍有影响：

> 国际政治生活是有机的，而不是机械的，其本质是变化的。规范国际生活并能够在长时间里发挥效应的体系，只能是那些具有足够灵活性、能够随着相关国家利益和权力的不断变化而进行自我调节的体系。[3]

在一个权力分散、需要国际制度以加强合作应对跨国威胁的时代，他们预言式的告诫显得更加正确。

运用他们的远见卓识，考察冷战后的制度创新与改革，我们得出了关于设计有效制度应对当前挑战的九条经验：

第一，美国的赞同是成功的必要条件。尽管美国不能规定制度创新或改革的进程，但是它可以阻断几乎任何事情，美国的地位因此是至关重要的。有的时候，其他力量也可以领导，就像澳大利亚在制定《化学武器公约》（*Chemical Weapons Convention*）以及英国在应对人道主义危机问题上所发挥的作用那样。但是，至少美国必须支持这样的行动，在关乎美国核心利益的领域，美国也必须展示其领导能力，尽管有的时候这种领导可以在幕后进行。

第二，主要大国之间的基本一致也是成功的必要条件之一。在制度创新上，最近的一次惨败是2006年建立的联合国人权理事会，它取代了联合国人权委员会。美国、欧盟、俄罗斯和中国在拟议中的新理事会的构成及其活动上，产生了很大分歧。各方对最后的妥协方案都不满意，其能否推进人权也值得怀疑。这个经历清醒地提示人们，在大国没有就目标与行动达成一致的情况下，新的国际制度难以奏效。

然而，下面的例子从另外一个方面补充并修正了上述结论，这一点对于未来的制度创新非常关键。并不是说只有所有大国完全一致的时候，创新才能出现。例如，联合国维和行动的规模和范围不断扩大，中国一开始并不愿意在“保护平民”或“保护责任”的授权下，支持在内战的国家部署维和部队。然而，在谨慎、耐心和持续的努力之下，中国默许、支持、并最终参与了联合国在保护授权下的维和行动。[4]

第三，大国一致是必要条件，但并不是充分条件。争取所有大国一致与获取广泛的支持和合法性并非一回事，后者是确立新的合作安排所必需的。要想在全球范围内取得成功，通常需要两种进程。第一种为多次互动性进程，这一进程是规模较小范围内主要大国团体之间的互动，目的是使主要大国能够就基本解决方案达成原则上的一致；第二种是规模较大范围内的开放性互动进程，目的是形成更广泛的共识，从而带来合法性。通常这两类谈判是相互关联的，就像美中之间附加谈判使得世界卫生大会在2005年通过了强有力的新的《国际卫生条例》。另外，一个最近的例子（我们将在本书第四章讨论）是讨论气候变化的主要经济体会议（Major Economics Meeting）和更广泛的联合国进程之间的张力。主要经济体会议被看成是与联合国进程的竞争这样一种看法，破坏了其可能发展成为一个有效集团的前景。

像联合国大会这样的开放性多边机构可以有助于推进这个进程，但它却不是一个设计新制度的有利场所。试图在拥有192个国家的机构里进行谈判，往好处说会使进程复杂化，往坏里说可能无法达成共识。这样的机构从结构上就偏爱包容性而不是效率，因而它们更适合于谈判国家行为的新标准，而不是设计有效的制度。一致表决基础上的制度安排，甚至可以使次要行为体在制度设计上发挥超出其自身分量的影响力，这样的结果自然是有利有弊。当然，也不应过分强调这一点：在联合国大会和具有同样普遍性或接近普遍性的组织中，管理得当的谈判也会产生好的结果。例如，在2005年联合国大会上形成的《制止核恐怖主义行为国际公约》。如果大国之间能达成广泛的一致，它们通常能够从开放性机构的广泛成员那里获得赞同。

第四，制度或安排需要与大国之间权力平衡的变化相适应，但应以一种可以容纳未来变化以达致平衡的方式进行，应以一种即使在某些主导力量不赞成的情况下也能允许采取行动的方式进行。需要调整决策进程以适应变化的权力关系，在这方面的失败，已经开始削弱现行制度的生命力和合法性。在联合国安理会、八国集团，以及国际金融机构的董事会，这种情况表现得尤其突出。

第五，制度需要灵活性以应对技术和社会的变化，因为这类变化使得原有制度不再那么有效。当新的发展导致国家行为体和非国家行为体使用新的手段规避各种规则的时候，制度必须做出回应。例如，我们在本书第五章所描述的，技术上的进步降低了核扩散的门槛；非国家行为体可以分享到敏感的核技术和核装置；不仅是国家，恐怖主义者也寻求获得核武器。核不扩散机制能否持续存在取决于新的规则、承诺和能力来应对这些挑战。

第六，一个更具活力和精心设计的地区与全球机构之间的一整套互动安排，对于集体安全建设来说至关重要。在全球性组织行动迟缓、甚至停滞不前的一些领域，地区组织却表现得充满活力。在某些情况下，地区组织能够做出反应，而联合国则无能为力。非洲联盟在达尔富尔问题上做出的（部分的）反应，就是这方面的一个例证，当时联合国未能采取行动。较之全球性制度，拉丁美洲的地区组织对于政变能做出更快的反应，而西非和欧洲的地区组织在冲突预防上有着更好的业绩。然而，全球性组织在超越任何单一地区配置和动员各种资源、能力和政治支持上面，还是具有重要的比较优势。

第七，一个不断增长的需求是，建立各种制度以便私营和公共部门都能参与其中。工业部门的积极参与，成功地推动了《化学武器公约》的签署。忽视工业部门则导致《关于生物武器公约核查议定书》的失败命运。解决问题需要各类行为体参与，这些行为体又是有着巨大差异的，因而最好是在特定问题层面进行管理。例如，我们需要各种不同的安排使科学家、各种实验室和公司都参与到共同努力中，以实现生物技术的安全管理（第六章），这对我们来说比动员私营部门投资于清洁能源技术（第四章）更需要。然而，这里的共同点是，要认识到应对当代的各种挑战，不可能只靠国家自身承担，而应该由国家提供激励和手段，使非国家行为体能够参与其中，并提供它们所拥有的各种资源。

第八，跨问题领域和跨组织协作的需求也在不断增长。目前，和平重建方面的工作反映了这一点：联合国和平重建委员会已经开始在金融、安全和政治行为体中间打造各种联系。然而，在气候变化、核能与核不扩散之间的交叉关联，或者在气候政策、能源安全和食品安全之间的交叉联系，同样也都是存在的。某一方面的决策，会实质性地影响到其他方面。例如，气候问题推动的对生物燃料的补贴政策，对于食品价格及其稳定带来了巨大的负面影响。监控决策效应的国际体系，目前还都是特定部门的，并不具备可以预测或监督跨领域政策效应的越界能力。建立灵活可变的机制，以便协调不同的机构，解决各种相互关联的问题，将是未来挑战的核心部分。

第九，需要将更多的注意力放在可以促进更好的遵约行为的机制上，首要的方式是监督和问责，也可以诉诸司法和惩罚手段，在少数情况下可以使用武力。

权力与责任：
16国集团机制中的大国预谈判

由此可见，今天加强国际秩序所需要的唯一最为重要的制度创新，是一种可以促进美国、主要大国和新兴大国之间充满活力的合作性互动的制度安排。为此，最可能成功的办法就是建立一个16国集团(G—16)。我们认为，这是一个不能再小的最小集团，来自于主导性经济体和人口最多的国家，从区域上看也是平衡的。它取代八国集团（加拿大、法国、德国、意大利、日本、俄罗斯、英国和美国），将现在的八个国家和中国、墨西哥、印度、巴西、南非、印度尼西亚、土耳其和第二个非洲国家，最可能是埃及或者是尼日利亚，集合在一起。

扩大八国集团，或者创立另外一个更广泛机制的想法，现在已经被普遍接受了。七个主要工业国家与俄罗斯会晤，采取集体行动解决全球性问题的时代已经结束了。

加拿大前总理保罗·马丁（Paul Martin）用他所主张的召开20国集团会议的呼吁，激活了扩大八国集团的讨论。许多人对此表示支持，八国集团也部分地承认了自己的局限性，并开始对此做出反应，邀请"扩展五国"（中国、墨西哥、印度、巴西和南非）参加八国集团的会议。但是，已经采取的方式实际上加剧了受邀国家那种被排除在外的感觉，因而我们需要一个新的开始。

的确，当本书于2008年12月付诸印刷之时，一个新的机会随着金融危机的到来而出现。布什总统召集20国集团首脑以平等身份参与会议，因为他认识到了八国集团不足以应对全球金融危机。20国集团会议并没有结束关于八国集团扩大应该怎样构成的争论，下面我们将解释为什么我们提出的是16国，而不是20国。（奇怪的是，20国集团实际上只有19个成员，再加上欧洲中央银行才成为20个。在20国集团成员中，不在我们讨论的16国集团内的四个国家分别是澳大利亚、韩国、阿根廷和沙特阿拉伯。20国集团中唯一的非洲国家成员是南非。）然而，更为重要的是，在主要大国与新兴大国之间制度化合作问题上出现了理念上的突破，这正是本书的核心主题。

如果基本的逻辑仅仅是创立一个比八国集团规模更大的集团，那么各种各样的建议就会陷入无休止的争论之中：是否应该创建一个新的机制，或者只是改造八国集团；是否应该有一个固定的扩张对象，或者接受一种灵活可变的结构安排；还有是否应该增设一个秘书处。[5] 对这些争论的解决办法应该从新集团的功能作用中去寻找答案。

一个扩大的国家集团应该有三个目标：

第一，它应该是一个预谈判的论坛，一个范围尽可能最小、包含必不可少的利益攸关方聚会一起，就应对全球主要挑战的基本规则及其实施战略达成协议。

第二，它应该是一个在最强大的国家之间建立了解、信任以及合作行为模式的机制。

第三，它应该是一种工具，促使主导国家相互激励，承担两种责任：一是为本国行为对世界产生的影响负责任；二是对应对共同问题中自身的全球使命负责任。

16国集团不可能为整个世界决定政策，但它可以成为一种力量，使联合国和其他多边与地区性组织更加有效。在16个国家中进行政策讨论和制度设计与在联合国192个成员国中间进行对话相比，取得成果的空间要大得多。另外，因为这些国家都是国际体系中最为强大的国家，它们能够塑造共同的威胁意识，可以使联合国安理会的工作更加有效，也将使安理会的扩大更加可行和更能令人满意。

16国集团可以促成国家之间的妥协，从而促进全球的安全和繁荣。依据不同的问题，它可以吸收更为广泛的智慧和能量来打造解决办法，不论这些智慧和能量是来自大国还是小国。它也可以敦促私营部门和公民社会加大投入；如果愿意，它将有机会倾听商界、消费者群体或者工会代表的意见，而且能运用其跨地区的特性来促进公司参与那些解决起来相对困难的全球问题，例如生物安全问题。在绝大多数问题上，我们不会期待16国集团本身成为一个行动机构，尽管在诸如二氧化碳排放和国际金融等问题上，16国集团作为一个整体，对于这些问题的形成和解决都产生着全球性的影响。这个集团的整体力量，它的经济、外交和军事能力的总量，还有加在一起的人口数量，将构成一个无与伦比的平台，刺激和动员有效的国际行动。从本质上说，16国集团可以成为一个导航机制。有了它，就可以在权力分散、跨国威胁以及核心国家之间权力消长带来的动荡之海上引导航向。

16国集团应该拥有一个固定的核心，以鼓励可预测性、责任感以及发展合作网络和模式。但是，它也应该具有一种灵活的安排，以便利用各种技术和理念，解决复杂的问题，起用不是16国集团成员的其他国家构成的“责任小组”就是这样的安排。例如，澳大利亚正在领导一个有多个利益攸关方参与的进程，目标在于重新激活核不扩散国际制度，如果16国集团要讨论这个方面的主题，可以邀请澳大利亚参加。16国集团也可以邀请挪威参加关于能源安全问题的讨论，因为挪威大大推进了能源勘测能力。随时可能受邀参加16国集团会议，对于那些较小的国家来说是一种实际的鼓舞，它们可以为合作解决某些问题贡献财政资源和特定问题上的专门技术，还能够加强国际合法性。

16国集团不应设立正式的秘书处，否则会使其看上去像是联合国的竞争对手。但是，联合国、国际货币基金组织、世界银行、国际原子能机构、世界贸易组织和世界卫生组织的最高行政首长都应该参加相关的议程，并应在投入各种资源和议程准备过程中提供帮助。另外，如果需要增进理解、检查结果、指导进一步行动的话，则完全可以将实际的秘书处附设在其他机构当中。例如，在气候变化问题上，用来监督政策与技术间的关系及其对环境影响的真正秘书处，应该是《联合国气候变化框架公约》(*UN Framework Convention on Climate Change*)。[6] 涉及核不扩散和裁军问题，秘书处可以是国际原子能机构，16国集团只处理那些国际原子能机构发现的问题可能带来的政策影响。的确，16国集团的一个优势就是它可以促进跨国际组织的合作。关于这种合作许多人在不断地呼吁，但却始终没有建立起来。参与准备16国集团会议，对国际组织的秘书处将给予极大的激励。它们可以提交最好的分析报告，在各秘书处工作人员之间发展非正式的网络联系，以便进行必要的跨问题领域研究。[7] 如果能在16国集团框架之内的那些秘书处的秘书长之间召开定期会议，作为一种非正式机制，将带来实质性的好处，这种好处是谈判和正式关系很难获得的。

这样，16国集团实际上变成了一个可以改善政策的制度化对话模式。对它的授权就是要它找到通往共识和行动的途径。

16国集团将灵活地安排会议：在最高领导人级别，一年一次；在外长级别的会议可以更经常一些；国家安全事务助理也应该进行非正式会晤。它有灵活性，可以邀请其他国家的领导人，也可以邀请基金会或私人部门的领导人；它有能力委托主要国际组织的秘书处，在形成共同解决办法的过程中，帮助注入各种资源和确定议程。它也应确定一个持续数年的议程，避免八国集团现在的做法，总是从一个问题跳到另一个问题，缺乏一种持续的关注。

16国集团不会取代现有的正式决策机构。一旦这样做，它将失去合法性，从而遭遇极大的障碍。然而，如果从16国集团产生的任何成果，都回到一个正式的多边机制——如联合国大会、世界贸易组织、国际原子能机构董事会等等，它们就很可能得到广泛的接受。如果在这样一个组合中，在关键问题上达成基本的一致，它将实质性地增加在有更多参与者环境中达成有效协定的几率。16国集团也应调整其策略，以便它的建议能够落实。在纽约、维也纳和日内瓦定期召开16国集团的大使会议，也将有助于达到这个效果。[8]

16国集团不会与联合国安理会构成竞争。在八国集团的整个历史中，只有一次它试图通过谈判解决科索沃危机。由于安理会陷于瘫痪，八国集团在那个案例上扮演的角色是有用的。但是，决策最终还是要回到安理会以便形成结果，授权建立必要的联合国过渡性政府。16国集团不会像安理会那样天天关注突发危机，它也不应试图发展这种能力。

八国再加上五国的机制（G-8+5）是第一轮扩大浪潮中已经基本定型的机制。为了稳固这个机制，进一步提升它的能力，使它开展的预谈判得以推进落实。应该在现有13国基础上再增加三个国家，以保证穆斯林人口占多数的国家和非洲国家都有适当的代表参与。在历史的此时此刻，任何这种类型的集团的扩大，如果不包括穆斯林和阿拉伯国家，都将向世界发出一个非常消极的信号，导致进一步的疏远和紧张局面。16国集团的扩大应将土耳其、印度尼西亚和第二个非洲国家（埃及或是尼日利亚）有效地纳入其中。

这个建议可能会遭到很多人的反对。关于成员资格和选拔方法的细节，当然还需要进一步谈判。但是，没有其他完善的替代方案可以取代扩大和重组这个集团所遵循的基本逻辑。它是在新的概念基础上形成的，它将那些拥有权力的国家集合在一起，以便解决全球性问题；它将创立某种不断持续的关系和网络，使得这些国家能够寻求共同立场，并在此基础上展开行动。正式组织绝不可能拥有16国集团所拥有的那种灵活性，过大和过于开放的制度都不可能达到足够的敏捷，以应对今天的挑战。民主国家联盟可能会更容易就某些问题达成一致，但却不会拥有权力使得这些一致的想法得以落实。对此，我们将在本书第十一章进一步深入探讨。

权力与合法性：联合国安理会

16国集团将是基于负责任主权国际秩序的一个关键部分。但是，它并不是联合国安理会的替代机构，安理会依然是国际安全的核心。但是，为了使安理会能够实现其目标，需要给予新兴大国更大的发言权，换取它们和五个常任理事国一样做出更大的贡献。同时还需要改革程序，以便帮助安理会，使它即便是在大国关系紧张的情况下也能采取行动。

美国新政府可能最早面对的最棘手问题之一，就是联合国安理会的扩大。在这个问题上，美国的领导作用最能说明问题。将其他负责任行为体带入安理会，既可以增加它的合法性，也可以增加它的有效性，当然，会在效率方面付出一点代价。把日本和印度带入联合国安理会，将形成一个在亚洲处理危机和安全关系的机制，这是各种地区论坛难以做到的。一个扩大的安理会，也将包括世界上其他几个最大的民主政体。[9]

但是，安理会有效扩大的基本条件，也就是说在集体安全挑战的本质特征上形成一种共同理解，目前还不存在。没有这个共识，安理会的扩大将带来更多的分裂，而不是更少，也会导致为应对威胁采取的行动越来越少，而不是越来越多。显然，在实际扩大之前，必须首先形成这种共同理解。另外，在联合国安理会扩大问题上进一步拖延，会加重美国盟友和新兴大国已经表现出来的敏感。继续向前推进，将带有巨大的象征性意义，预示美国外交政策观念发生了决定性转变。那么，调和这些紧张气氛就意味着，首先要明确表态，将严肃认真地考虑在一个确定的时间范围内实施就安理会扩大问题的改革行动。之后，将在16国集团和其他非正式机制框架内，积极努力塑造关于威胁和适当反应的共识。与此同时，就联合国安理会的程序和否决权改革问题采取行动。

联合国安理会：程序和否决权改革

安理会的程序改革听起来不可思议，但实际上非常重要。通过适当地将咨询范围扩大到那些受特定决策影响的国家（如提供军队的国家，提供资金的国家，其他在特定问题上具有重要利害关系的国家），联合国安理会就可以实质性地扩大其合法性，改善其决策的实际接受程度。在联合国，很少有比被五个常任理事国视为二流国家更能激怒一个国家了，特别是当需要这些国家为执行解决方案做出贡献的时候。因此，需要进行更多的、更具预测性的磋商。

另外，我们认为美国应该领导安理会的否决权改革。我们不主张废除否决权，否决权为包括美国在内的主导国家提供了重要的保证。有了它，各种问题才更有可能提交到安理会来解决，还可以防止经常发生那种羞辱五个常任理事国的事情，或是假装利用安理会迫使它们发表没有实际意义的声明，或是通过无法执行的决议。

然而，安理会最严肃的事情是授权使用武力、制裁或采取维和行动。如果五常非正式地同意，除非至少两个常任理事国予以反对，五常将不会使用否决权来阻止行动。这样的自愿改革将实质性地提高安理会的合法性。

对于美国来说，这会带来两个好处：这将使其他常任理事国更难阻止对大屠杀或大规模违反人权行为做出反应；同时也会避免美国因阻断安理会受欢迎的行动而成为这个舞台上的一个另类并因之付出外交代价。在国际上，它将改善联合国安理会决定的合法性。当然，为了切实可行，美国有的时候也必须接受某些与其利益不相干的结果。但在大多数情况下，美国能够说服五常中的某个其他成员支持自己的立场。

最为重要的是，这个改革可以使安理会在即使某些主要大国关系紧张的情况下也能发挥作用（当然，在极端的情况下，五常成员可以诉诸宪章赋予它们的神圣否决权）。

否决权问题上的自愿改革，还有一个好处。这将使得安理会成员扩大问题比较容易解决，因为这一改革不增加持有否决权的国家，同时，新入常成员不享有否决权的方案（唯一可行方案）也弱化了对新入常大国的歧视性待遇。

联合国安理会的扩大

美国和其他主要大国应该利用16国集团这样的非正式机制，在安全领域的关键问题上发展合作关系，探索改革的有效基础。当16国集团成员国就安理会在核扩散和恐怖主义这样的问题上所发挥的作用形成足够的共识时，美国就（在与五常其他成员国磋商之后）应该启动联合国安理会成员资格的改革。

安理会的席位，不应该简单地反映权力结构，还应该引导成员国承担责任。将设立新的席位与对国际和平与安全的贡献联系起来，将有助于保证这一点。同时，扩大问题也应该考虑到安理会效率可能损失的关切。因而，应该追求尽可能小的扩大，这样才可以实现恢复平衡和重塑安理会合法性的目标。

2005年在联合国经历的关于安理会扩大的预谈判，毫无疑问地证明了一件事情：在这个关键时刻，增加新的常任席位，即使是不带否决权的常任席位，也是不可能的。（增加带有否决权的新的常任席位的主张，不是安理会改革的合适出发点。绝大多数成员国都认为，否决权需要限制，而不是扩大。）那些反对增加新的常任席位的国家所结成的联盟，为数众多。在这个联盟中，既包括那些原则上反对扩大常任国这个类别的国家，也包括那些专门反对拟议增加的担任常任理事国（如意大利反对德国、巴基斯坦反对印度、韩国反对日本等等）的国家，另外还包括更多国家，它们担心自己的影响力有可能因为这种扩大而下降。

一个比较好的选择是增加一种可连选连任的长期席位，这些席位只向那些为联合国预算、维和行动，以及在各个地区发挥政治功能的主要贡献者开放。这样一种模式，在联合国大会获得通过的机会比较大。的确，在2005年春，寻求常任席位的“四国集团”——印度、德国、日本和巴西，失去了实现以类似模式扩大的机会。

当然，非永久性席位的扩大不能完全满足新兴大国或者日本的期望。特别是印度，它的规模及其重要性使得非永久性的扩大显得不那么合适。因此，正确的做法和可行的做法二者必须结合起来，为此，现在就需要确立一个机制，来实现延长任期的做法，但不是永久性地扩大。而且，要确定一个时间段，真正实施建立新的常任席位。一位支持联合国改革的某国政府官员这样对我们说：公务舱的席位是可以接受的，只要存在着最终能够升到头等舱的可能性就行。

最有效的途径就是将联合国安理会的席位从15个增加到21个，而且不设任何新的常任席位。新的席位应该是长任期的（6年到10年），它们应该是可以连选连任的。新席位的被选举权应局限在各个地区集团中那些对和平与安全做出最大贡献的国家。还应确定一个审议这些安排的日期，比如在15年之内，还应该明确这一审议将会考虑设立新的常任席位问题。

权力与效率：联合国的管理改革

贯穿全书，我们强调的是，应对全球威胁的首要行为体还是国家。国家权力仍然是国际秩序的首要驱动力。但是，在许多情况下，国家会选择通过国际组织来集中力量或协调各种国家资源。看看这个例子：联合国秘书处目前管理着十万人以上的部队，这些部队活动在21个不同的维和行动场所。除了美国政府以外，这个数字比世界上任何一个国家部署的部队都要多。因此，管理好这些组织，也是如何减少各种跨国威胁的一个重要组成部分。

对于本书讨论的各种威胁，相关的制度集中在联合国体系，这是一种泛泛的看法。管理改革也与国际金融制度相关，当然随着国际货币基金组织和世界银行在气候变化和冲突后重建方面承担越来越大的责任，这些系统的人员招聘、留用和奖励，也都不可避免地需要调整以便适应。这里，我们还是把这个问题的细节考察，留给那些对这些组织具有更多直接经验的分析人员。另外，一方面是行动和政治功能的不断扩大，另一方面则是管理体系的僵化，两者之间鸿沟最大的地方还是在联合国。除了维和行动急剧扩张之外，在过去的十年里，联合国还经历了前所未有地被要求应对发展和安全上的全球性挑战。一方面是复杂的各种授权、行动和预算的增长，另一方面却没有与之相适应的管理体系上的改善。其结果就是，联合国在21世纪应对集体安全问题上无法充分发挥应有的作用。

与联合国安理会的程序改革一样，这个问题看上去也像个技术问题，它通常被看成是个效率或者效力的问题。但是，实际上这是一个权力问题，不仅是因为这个问题已经变成了联合国最强大的成员国（美国）和它的第二大捐资国（日本）的一个持续要求，也是因为管理问题往往是较小的国家在联合国系统中可以真正发挥影响力的地方。

对于联合国内的非美国代表来说，美国执著于管理改革常常显得似是而非。美国以外的绝大多数人都认为，美国议会中的共和党议员在2005年发起针对联合国在伊拉克的“石油换食品”计划中可能存在不当行为所发起的强大攻势，是针对当时任联合国秘书长科菲·安南的一种政治报复。他在美国大选期间所发表的演说，显得他比较倾向民主党的候选人。美联储前主席保罗·沃尔克（Paul Volcker）关于这一丑闻的调查显示，对联合国秘书处官员腐败行为的指控证据不足，但是却有足够的证据显示联合国安理会成员存在不当行为。

沃尔克确实发现了实质性证据，证明秘书长管理不当，特别是在人事问题上。作为回应，也是在国会和行政当局的强大压力下，安南表示要彻底改革，把秘书长更大的管理权限与更大的责任和监督联系起来。其中的核心是一系列建议，要把管理权限从一个由成员国组成的预算委员会，转移到秘书长本人，从而使他不仅成为这个机构的首席执行官，而且还是它的首席外交官。[10] 美国驻联合国大使约翰·博尔顿负责说服其他联合国成员，要它们相信这些建议中的改革不只是设计出来提升美国在联合国的权力的，但这一工作没有取得明显的成功。博尔顿和他的继任扎尔梅·卡利扎德（Zalmay Khalilzad）继续推动这些改革，但是一直没有进展。虽然出现了一些不大的变化，但更多的改革方案则是泥牛入海。[11]

对于联合国的绝大多数成员国来说，管理问题首要的不是关于效率和效力的问题，而是权力的问题。对此，美国的政策一再予以忽视。一目了然的现实是：小国唯一能够对联合国秘书处施加影响的地方就是预算进程。这个进程采取的是一致表决程序，每个成员（绝大多数成员是小国或者是发展中国家）都拥有一票否决权。具有讽刺意味的是，恰恰是美国坚持要这样做的：里根政府在其第一任期引入了这个由联合国秘书处负责的基于一致表决的预算进程。[12] 所以对于那些在联合国安理会没有否决权、在秘书长选拔事务上没有否决权、在主要政治行动上也没有事实上的否决权（美国和其他大国就拥有这种权力）的许多国家来说，唯一可以行使权力的地方就是在预算委员会。这样，美国在说服其他成员国给予秘书长更大的预算控制权方面没有取得什么进展也就毫不奇怪了。

如果让联合国在管理跨国威胁领域发挥重要的作用，那么要求它高效并具有效力地发挥这种作用，是公平和恰当的。但是这里也同样需要一个全新的开始。最近，联合国秘书长潘基文发起了一个新的倡议，重点在于加强责任建设。在这里，责任有不同解释：在秘书处内部，指管理的责任；在秘书处和成员国之间，指彼此监督的责任；对成员国而言，指履行对联合国承诺的责任。尽管有关这个建议的细节还没有看到相关的详细论述，但它确实提供了一个可行的起点：所有的权力拥有者都被要求具有可信性，而不是试图在没有人关注的讨价还价的情况下，将权力从一个集团转移到另一个集团。至于预算，这种做法设想把预算进程放在阳光之下，每个国家是反对还是赞成某项支出的做法，都可以被仔细地加以观察。

这一行动可以扩展到联合国秘书处之外，包括联合国在安全和发展领域的行动机构,责任建设对这些机构也是有帮助的。这是联合国最直接地能影响到人们生活的地方，也是联合国最费钱的地方。尽管联合国总部的确存在着效率低下的问题，但是40亿美元多一点的净预算，比起联合国发展和人道主义机构2007年在维和行动上花费的250多亿美元来说，根本就算不了什么。在这些问题上，争取形成改革联盟的前景确实存在。抵制秘书长关于改革联合国总部建议的一些发展中国家，更乐见联合国在维和行动管理方面的改革。[13] 最近，其他发展中国家也开始了宣传鼓动活动，要求那些职能在于促进较贫穷国家发展和能力建设的联合国机构，增加透明度和可信性。即使是那些与联合国在发展领域的角色关联不大的西方援助国，也对这些机构的可信性以及它们如何使用捐款等透明度问题，具有同样的兴趣。

为了形成这个改革联盟，美国和日本必须在一个核心国家集团中构筑共识，推动将这个倡议从观念变成现实，包括我们这里建议的16国集团，当然并不局限于它们。16国集团成员，还有其他国家，[14] 可以承诺支持秘书长的倡议，努力推动将其扩展到包括其他联合国花费最大的十项行动上去，这些活动都还不是秘书长直接管理权限内的事情（联合国专门机构和各种项目的管理权，实际上不在秘书长手中：它们中的每一项都是由一个分立的成员国董事会系统管理的，因此，秘书长关于责任建设倡议的细节，还必须分开来一个个的谈判）。目标应该是，在联合国维和、人道主义救援、发展、健康、食品安全、应对气候变化的全球努力等各方面许多复杂的监管和协调问题上，进一步增加效能、效率和透明度。[15]

权力与地缘毗邻性：地区层面的安排

除了16国集团和联合国之外，地区组织在管理和落实安全议程方面也发挥着日益重要的作用。许多案例表明，它们往往是第一个做出反应的组织。就像任何邻里一样，安全环境总是邻里之间的共同利益。当然，有些地区，明显的如中东地区，仍然被历史上的不信任所撕裂，以至于安全领域的有效合作仍然缺失。在这些方面，一个具有全球影响力的美国和像联合国安理会这样的全球机构的介入，对于塑造合作行动是至关重要的。

有效的地区机制（正式的或非正式的），对于保证国家遵约是非常重要的。不论是在不扩散领域，还是在冲突管理方面，机制都是一样的。全球组织是从事管理性和规范性工作的工具，有时也是做出反应和采取行动的枢纽。但是，保证国家遵约，特别是在处理不断升级的危机时保证遵约，常常需要外交上的劝说和施加一定的压力。这样的努力并非只存在于全球层面，也同样存在于地区层面。只不过在地区层面上的这种努力，可能没有全球层面上多而已。有两个基本原因可以说明问题：大体上，国家在经济上与地区层面的联系比与全球的联系要更为紧密；政治精英在地区层面比在全球层面上的交往与联系更为广泛，对彼此的国内政治形势也了解的更多，因而也就更有能力进行道德上的劝说。欧盟在消除乌克兰危机时所发挥的作用，以及西非国家经济共同体（Economic Community of West African States）在几内亚阻止危机发生时所扮演的角色，就是两个近期的例子。六方会谈在朝鲜问题上所发挥的作用，也进一步证明了这个观点。

地区组织还帮助提供地区公共产品。这一功能至关重要，因为尽管许多威胁具有全球根源，或者说可以从全球角度寻找因果关系，但它们主要是从地区层面被感知的。在发展与环境问题上更是如此，因为区域内国家通常是在共同的环境或气候体系中生活在一起的。在像恐怖主义这样的安全问题上也是一样，因为现代恐怖主义威胁的跨境本质特征是，在实际组织内的真正的恐怖主义通常是集中在一个地区或者次区域地带的。即使像传染病这样的全球现象，也都往往具有地区集中的特征。

有一些案例表明，地区组织为危机的快速反应提供了机制。可以说，联合国是全球唯一的危机处理系统。对它来说，这还是一个比较新的事业。而且，从其全球快速反应能力来看，它始终存在着装备不足、资源有限的问题。而地区组织可以充分利用自己的相对优势，即地域上和政治上的更为接近，从而可以对突发性危机做出快速反应。不断加强相关能力的建设，将是任何一个有效多边体系的中心内容。

最后，地区组织在界定负责任主权概念方面也发挥着带头作用。在这方面，三个地区组织表现突出。非洲联盟承认，地区内任何一个国家都拥有对自己的公民和该地区其他国家的责任，非盟的宪章允许它对内部危机做出集体反应。在真正实现民族国家决策一体化方面比任何其他地区都走得更远的是欧盟，它支持共同的经济管理和社会政策，尽管还不能说欧盟已经形成了共同的外交政策。美洲国家组织（Organization of American States）在界定民主的标准方面，一直走在前列。

某些地区努力需要得到持续的支持。关于非洲联盟，我们相信，对于非洲形成具有真正意义的危机处理能力来说，美国的承诺是根本的保证。美国和非盟的其他主要捐资方，应该认真对待它们在2005年联合国召开的世界首脑会议上对非盟十年能力建设计划所做出的承诺。这就要求它们不只是采取一种通常的做法，而是需要多年从立法上保证提供财政资源，同时还需要持续不断的政策关注。

亚洲也不存在关于新地区安全机制的灵丹妙药。目前亚洲存在各种各样变化不定的区域和次区域机制，当然这是需要付出代价的。最明显的代价，就是大国所采取的“闲逛论坛”（forum shopping）式的行动。但是，机制繁杂也是对地区和次地区权力变动所做出的反应。美国完全忽视了亚洲地区机制的演变，致使某些亚洲国家在没有美国参与的情况下调整政策，甚至在有些情况下阻挠美国的行动。尽管如此，美国的政策对于东北亚地区和亚洲各国来说，仍然是十分重要的。美国的政策必须考虑到需要亚洲国家介入对全球挑战的管理，避免大国之间的对抗，也需要在这个关键地区促进合作而不是引发冲突。一个多维度接触战略，而不是幻想寻求遏制中国，更有可能服务于美国的利益，避免该地区或次区域的冲突。

在中东，在发展地区安全机制方面，我们认为美国应该也必须发挥更加积极的作用，美国的政策也应该更具操作性。正如本书第十章所强调的那样，我们认为，在中东地区安全问题上，非常迫切地需要美国采取主动，这应该成为下届政府的首要行动。

欧洲和跨大西洋联盟

欧洲地区的制度安排与其他大陆相比具有不同的性质。在讨论欧洲时，同样重要的是，需要重视跨大西洋联盟的全球作用及其制度表现形式——北约。欧洲日益紧密的一体化和大西洋联盟的运转，对于冷战时期以及冷战刚结束后的国际秩序建设做出了贡献。在建立有效秩序管理跨国威胁方面，它们仍将发挥重要的作用。

欧洲地区制度安排的不同主要基于两个原因：欧洲国家决策的一体化程度比较高；仅从金融领域欧洲所占的比重而言，欧盟就是一个全球性而非地区性的角色。欧盟在调停斡旋（通过外交与安全政策高级代表体现）、民事力量部署、力量投放（以欧盟战斗部队的形式）等方面行动能力的发展，不仅对欧洲的安全，也对全球安全做出了重要贡献。在很多年里，美国对欧盟发展自身力量结构的做法一直采取抵制的态度。直到晚近，美国才开始认识到这是一个积极的因素，欧盟自身力量的发展并不必然对北约造成损害。

与此同时，北约在成员、职能和地缘几个方面，一直处于时断时续的发展进程中。在本书关于冲突管理与恐怖主义的章节里，我们会讨论北约在处理跨国威胁上可以发挥的各种作用。尽管来自苏联的对领土的共同威胁已经不复存在，但共同的价值观仍然是北约成员国联系在一起的纽带。然而，由于将“全球反恐战争”与伊拉克战争联系在一起，北约是否能够对面临的安全挑战形成共识，仍然是对它的严峻考验。北约未来发展的关键，取决于其成员国能否在阿富汗赢得胜利问题上重建共同目标、重构共同利益。

在本书中，我们很少关注北约，这并不是因为我们感到北约已处于边缘地位，而是因为作为一个国际组织，还没有任何一届美国政府曾经忽视过北约。北约已失去了发展的新目标，例证就是阿富汗。但是，我们认为，在一个基于负责任主权的国际秩序中，北约仍然是美国和欧洲安全的一个中心支柱。北约将继续发挥作用，最可能的领域恰恰是在人们谈论越来越多的发展联合国与欧盟之间的关系方面。

权力、遵约与强制执行

本书阐述的核心观点是，各国将重新界定主权以承担责任，这些责任包括国家对自己公民的责任、对其他国家的责任以及对国内行为所导致的外部性后果的责任。各国将同意承担这些责任，并期待其他国家也做出同样的承诺。国际秩序因此将建立在可预测的国家行为的基础上，这种可预测性正是基于负责任地行使国家主权这一原则。我们在第一章所称的“应然行动”的规范，将转变为“实然行动”的规范。

在为撰写本书所进行的整个磋商过程中，我们经常被问到这样一个问题：“当一个国家根本不负责任的时候怎么办？”我们的回答是：要由负责任主权国家一起来决定。我们所描述的秩序，是一个自我执行的秩序。也就是说，没有利维坦或超国家权威来神奇地维持秩序。至于说到目前的国际法、国际条约和国际协定，国家总是视其自身利益来决定遵守与否。当发生不予遵守的情况，则取决于其他国家强制执行这些规则的情况。

有几个途径可以使国家最大限度地遵守谈判达成的负责任主权义务。通过创立制度，国家可以就各国落实协议承诺的情况获得可信的、不带偏见的信息；通过建立机制，可以帮助解决不遵约的行为。主要大国还可以通过制定战略来强制执行遵约，包括合法使用武力。

在我们所阐述的秩序中，包括今天的现实也是如此，强制遵约往往来自于强大的国家。和今天一样，强制执行取决于强大国家是否有能力就何时使用或者威胁使用武力的合法性问题达成共识；也取决于最大限度地协调使用武力和外交来实现遵约的能力；还取决于在多大程度上别人认可其使用武力的合法性。未来，建立在负责任主权基础上的国际秩序，关键的不同之处就在于主要大国和新兴大国之间的制度化合作，从而提高执行能力。

信任但要核查，不确定时进行裁决

毋庸置疑，任何建议中的国际秩序都必须促进有能力创立这个秩序的那些国家的利益。如果国家相信互惠和相互遵守规则是彼此长期获益的基础，那么合作所能展现的前景，就是促进这些国家遵约的力量所在。国际秩序的基本保证应该是所有国家都相信，如果它们不遵约，其他国家也不会遵约，那么所有人都会遭受损失。当然，国家在任何时候都可以行使自己的主权，以不遵约来对付不遵约。

当制度失败的风险和代价高昂的时候，国家通常会选择避开不遵约带来的有限的短期获益。但是，国家也希望对其他国家的遵约怀有信心，就像它们自己遵约一样。在当代国际体系中，解决集体行动问题的能力是分散的，是掌握在缺乏共同历史、缺乏成熟的深度合作的国家手中。在这种情况下，里根总统“信任但要核查”的指令就成为在非常敏感的安全问题上加强合作的基础。对于解决我们面临的诸多威胁来说，同样是如此。因此，应该依据不同的问题领域逐一建立不同的机制。国际制度具有实施监督和增加透明度的功能，这样就可以使国家放心，它们的对手在兑现承诺上也是说话算数的。

在某些问题领域，已经有了建立监督机制的基础。在第五章，我们会讨论国际原子能机构在核查国家执行不扩散条约义务方面所发挥的重要作用，会讨论《附加议定书》和更多的资源如何加强了国际原子能机构的能力，使其能够做好工作。国际货币基金组织需要进一步扩展权力，以便监督和报告各国的货币政策情况。世界卫生组织报告各国执行《国际卫生条例》的情况，这个报告是开展生物安全斗争方面一个重要的信息来源。

比较困难的地方是如何监督国家执行安理会授权的行动。这些行动或许是安理会实施的制裁行动，或许是它所要求采取的更广泛的措施，如反恐和防扩散行动。这里，联合国安理会收集国家必须报告的信息，并发表这些报告，授权反恐委员会执行局（Counterterrorism Executive Directorate）不断深化它的分析和评估能力等。这些简单的举措迈出了坚实的一步，形成了国内国际的必要压力，促使国家兑现承诺。

在公民社会日益发达、负责任主权的标准界定越来越清晰的情况下，详细审查、信息提供和市场选择可以帮助形成关于遵约的实质性压力。公民社会的很多团体具有监督国家行为的机制，并表现出真正的发展前景。明显的例子如“透明国际（Transparency International）”所做的工作，它就腐败问题发表高度可信的报告。还有“金伯利进程(Kimberly Process)”，它监督国家和开采业的遵约情况，以打击“血汗”钻石。在像气候变化和人权问题这样的领域，这种机制的价值是无法衡量的，而且是那些正式机制难以做到的。人们可以看到，在我们建议的秩序中，一个非政府的负责任主权指数体系会监督各国政府在应对本书中提到的各种跨国威胁方面落实各自承诺的表现。

国际秩序面对的另一个挑战，就是如何搜集和发表公民或私人这类非国家行为体的信息。在第四章里，我们讨论了一个个案。这一个案说明，现有私营部门的自我报告机制（个案中的例子是国际标准化组织——The International Standards Organization），如果得以使用，就可以在减少碳排放量的斗争中发挥重要作用。

即使拥有可靠信息，国家之间对于如何衡量遵约也会不时出现分歧，因而需要解决争端的办法。在某些问题领域，如贸易领域，各国创造了一种正式的机制，对执行过程中产生的问题进行裁决。当合作的长远收益高，且存在着对制度失败可能导致高昂代价的明显担忧时，机制往往能够成功。例如，即使世界贸易组织的争端解决机制不能强制国家遵守它的裁决结果，国家也会接受裁决，因为国家看到参与和维护自由贸易能够真正服务于它们的自身利益。世界贸易组织的这个例子，也说明了一个具有政治意义的观点：决定加入国际仲裁机制是不会削弱国家主权的。

不可避免的是，各国必须让那些不遵守自身承诺的国家付出代价。与负责任主权的内容一样，成本问题和遵约机制也将由各国根据不同问题领域通过谈判加以解决。规则、成本、程序必须是清楚的、透明的、前后一致的。如果国家向一个裁决机制注入权力，那就应该遵守它的决定，从而使它成为一个可信的机构。

使用武力

在使用武力的合法性问题上重塑可预见性，是基于负责任主权的国际秩序的关键部分。核心是两个有争议的问题：谁将授权使用武力？以什么样的理由来行使武力？

在人道主义领域，联合国安理会在面对卢旺达种族屠杀的情况下决定撤出其部队，联合国在科索沃问题上的无能为力，这两个事件加在一起引发了一场大讨论。讨论内容涉及是否应该建立可以授权人道主义干预的其他组织以及关于“保护责任”的问题。正如我们在第七章中要谈到的，当国家没有能力或者没有意愿保护其公民免受大规模杀戮和暴行的时候，国家的保护责任就转移到了国际共同体。当然，如何理解保护责任这一概念仍然会存在重大分歧。不过谁都同意安理会可以授权军事行动，以保护民事暴力中的受害者。许多政府也同意，地区组织同样可以授权这样的军事行动。[16]

在各地区有差异的接受负责任主权规范的情况下，确立辅助性原则就显得合情合理了。在界定对地区内国家的期望方面，各个地区处于实际的主导地位。新的地区宪章正在形成之中，其中，各国一致同意国家如何对待其公民是其主权的核心责任。随着这些趋势变得日益强大，地区授权使用武力的合法性也就越来越不成为问题。几个例子能够说明这一点：如在科索沃问题上的欧盟和北约；在海地问题上的美洲国家组织；在利比里亚和塞拉利昂问题上的西非经济共同体；在阿尔巴尼亚问题上的欧盟；以及在所罗门群岛问题上的太平洋岛国论坛。

另一个有较大争议的讨论是，面对可能造成大范围人员伤亡的恐怖主义袭击，是否可以预防性使用武力。与其他问题一样，我们对预防性使用武力和先发制人使用武力进行了区别。而且，我们同意这种观点：认为先发制人使用武力属于面临一种紧迫的威胁而预先行使自卫权，这已涵盖在《联合国宪章》的第51条中，该条款认为这是国家自身防卫的内在权利。

预防性使用武力涉及的则是威胁并非紧迫的情况。预防性打击的理由，以及布什政府在2002年国家安全战略报告中采纳预防性力量的做法，也是基于同样的理由，即考虑到恐怖组织有能力拥有可以造成巨大伤害的核武器或生物武器，以及考虑到威慑很难对这类组织产生作用的事实，国家有理由在任何这类组织构成符合《联合国宪章》第51条意义上的紧迫威胁之前，对其采取行动。

这个问题促使联合国前秘书长安南任命了关于威胁、挑战和变革的名人小组。这个小组规划了一条实用路线，它否定了预防性力量学说，并提出了实用的建议，“如果有充足的理由采取预防性军事行动，并有确凿的证据，就应将其提交给安理会。如果安理会同意，可以授权采取军事行动。如果安理会不愿意做出这样的选择，那么必然是有时间采取其他措施，包括劝说、谈判、威慑和遏制，然后再考虑采取军事行动”。[17]

这里使用的语言含蓄地承认了可能存在极端的情况，当一个国家认为其核心安全利益受到巨大威胁时，在缺乏联合国安理会授权的情况下，可以在安理会框架之外采取行动。但是，最好是在这样的事情发生之后再去处理，而不是试图在特例的基础上重新制定国际法。

布鲁金斯学会[18]和胡佛研究所[19]的主要研究结论也强化了这一立场。这两个机构的研究都在国际范围内进行了实质性的磋商，考察了各种情况。在这些情况下，可以预防性或者先发制人的方式使用武力。布鲁金斯学会的研究发现，对于恐怖主义行动的威胁，使用武力实际上可能是有问题的（见第八章）。同时，胡佛研究所的项目将研究的重点明确地放在了预防性使用武力的问题上。研究发现，有充分理由表明，在采纳预防性学说上应该非常谨慎。这些研究的结论是，美国和其他决策者在进行正反两个方面的评估时，应该慎之又慎。诸如失去盟友、缺乏合法性、侵蚀国际秩序等损失，实际上超过了预防性使用武力给国家安全带来的利好。

使用武力的合法性是一回事，武力的实际和有效使用则是另外一回事。眼下，因为人道主义理由而使用武力比任何其他理由都更具合法性，但是就像我们在第七章所描述的那样，国际行为体往往缺乏能力来承担这类保护责任。正如我们在第五章所看到的，在处理朝鲜和伊朗这样的难题时，将联合国安理会挥舞大棒的做法与促使国家在国际安全上遵守核心义务的多边和双边战略结合起来，是极端困难的事情。

然而，朝鲜和伊朗的例子表明，我们在这里所描绘的秩序，当它被付诸实施的时候就是对现有秩序的改善。要想使任何战略奏效，中国、俄罗斯和印度都必须参与其中。我们可以想象如果过去七年美国采取了不同的政策，会产生什么样的结果。试想，美国和其他大国、新兴大国之间建立了一种制度化的合作，这种合作建构了持续发展的关系和网络，达成了关于威胁的共同理解。试想，如果美国不采取单边主义行动，开展具有创造力的外交，不论从双边还是多边的角度帮助加强了国际制度。试想，美国被其他国家视为对基于规则的国际秩序负责任的国家。这种秩序就是我们在本书中所描绘的秩序，是建立在16国集团和业已改革的联合国安理会基础之上的秩序。这种秩序可能促使主要大国和新兴大国制定更具活力的战略，使其能够最大程度地遵守国际承诺。

结论

16国集团与国际秩序安排中的任何倡议都有所不同，因为16国集团最具潜力成为一个游戏的改变者。它认可了全球力量的大规模转型，并成为驾驭这种力量以促进全球更大范围合作的工具。它为美国、传统大国和新兴大国创立了一个平台，就众多复杂困难的问题塑造共同利益，为负责任主权制定共同的标准。

现在，我们从讨论权力转向讨论责任。在下面各章中，我们将负责任主权的原则运用到当今那些最令人烦恼的威胁上面，从全球气候变暖，到贫穷和经济不稳定；从核武器到致命性传染病；从内战到恐怖主义。我们建议进行各种特定问题领域的制度安排，以便提供合法性、动员各种资源、为实现共同目标协调各种行为体的行动。

正如我们在本书第二部分清楚表明的那样，针对威胁的解决办法，没有那种“包治百病的灵丹妙药”。较之解决核不扩散或致命性传染病的问题来说，应对全球气候变暖需要各种行为体、各种原则、各种力量的不同组合。但是，当人们认真观察每一种威胁的时候就会清楚地看到，尽管16国集团的成员各自发挥着不同的作用，但要有效地应对威胁，它们都是不可或缺的重要行为体。这一点已经持续不断地显现出来。

第二部分

责 任

RESPONSIBILITY

第四章

抑制气候变化

气候变化向我们提出了一个实实在在的挑战：除非世界上所有主要经济体全都携起手来抑制全球变暖，否则全世界就有可能遭遇新一轮灾难的袭击，灾难将会对生活产生怎样的影响，我们都很清楚。全球海平面上升、降水模式变化、极端天气增加，也许发展中国家的人们对于这些变化感受最为强烈，但是气候变化也会给工业化世界带来安全问题和经济恶果。解决这个问题需要我们彻底改变矿物燃料的消费模式，推动技术进步。但是，没有几个国家会牺牲短期的经济增长，去抑制因能源消费而产生的温室气体排放。因此，我们面临的困境是：一方面要达成国际协作，保护所有国家免受全球变暖的影响；另一方面要保证经济增长，保障能源安全。

气候变化会导致严重的水灾和旱灾，给很多国家的粮食生产带来毁灭性的打击，导致各种疾病肆虐，每年数十万人死亡。[1] 预计全球变暖将使发展中国家的贫困人口增加4500万到7000万，[2] 很有可能完全抵消过去几十年的减贫成果，并导致人口迁徙和地区冲突。在中国和印度这样的新兴经济体中，千百万人已经遭受了气候变化带来的损失。在中国，气候变化引起的水资源危机正威胁着小麦产量占全国总量一半的农业地区。[3] 在印度，领导人认为全球气候变化对于印度日益恶化的水资源问题产生的影响是该国面临的最大风险。[4] 然而，尽管人们越来越意识到，对于环境造成的不可修复的破坏可能引发经济和社会灾难，但是由于贫困水平居高不下、人口不断增长、人们的期望值日益高涨，这些新兴经济大国是不能考虑放缓经济增长的。

同样，很多美国的政策制定者继续抱有这样的幻想，即发达世界将能够免受气候变化的最恶劣影响。这个假定是非常危险的，卡特里娜飓风（Hurricane Katrina）就是一个明显的例子，而卡特里娜飓风的破坏性与未来全球变暖的恶果相比很可能不值一提。[5] 如果气温以目前的速度增长下去，那么在未来一百年内，佛罗里达和南卡罗来纳州的部分地区就会被水淹没。因为降水变化[6]和人口增长，[7] 美国西南部的居民已经面临严峻的缺水问题。

俄罗斯的政治家与他们的美国同行一样，对于气候变暖的影响也不以为然。他们也许要想一想，如果未来圣彼得堡被水淹没，他们是否会对此时的态度感到后悔；或者加拿大的西部森林被毁，是否也是一种警告。

美国和欧洲也将要面临全球变暖所带来的严重威胁。很多国家和地区都将面临大规模的自然灾害，会因为争夺日益稀少的资源而爆发冲突。能源供给日渐减少，如果主要能源消费国坐视能源争夺升级为地区冲突（这些地区是攸关能源安全的地区，尤其是中东、中亚和非洲），那么国际稳定和全球经济将受到威胁。要采取有力的国际行动应对不断升级的冲突，国际社会应加大对冲突预防、人道主义干预和重建的投入。

如果全球气温以目前的速度持续上升，那么今天的政治领袖想象不到，也说不清楚国际社会将不得不承担的破坏规模有多大、经济负担有多重。虽然在气候变化及其对国家和世界的经济和安全等各方面的影响这个问题上，科学家、环境活动家和商界领袖的理解越来越深入，但是公共政策仍然不足以应对可能产生的严重后果。

要建立一个更加有效的阻止气候变化的全球框架，政策制定者们必须处理好两个相互关联且同等严峻的挑战。首先，他们必须利用市场和价格杆杠，建立更有效的激励机制，提高能效、利用可替代能源、保护森林、鼓励创新，从而减少全球的温室气体排放。其次，他们必须开展技术转移和金融创新、支持适应性措施，并同时在世界上的贫困地区进行基本的基础设施建设——实际上就是通过经济转型阻止全球变暖，并修正其影响。这两个挑战通过政策选择联系在一起，反映了导致全球变暖的温室气体排放使我们的社会付出的代价。

美国必须发挥领导作用，打破在这些问题上进展无门的全球性僵局。科学研究告诉我们，未来十年的决策将决定即将到来的危机的严重性。我们在此强调，如果美国加速绿色技术的商业化，加速提高能效和清洁能源技术全球市场的开发，那么它就能够受益于应对气候变化的种种措施。如果美国确实这样做了，美国市场因其规模和重要性将会成为全球变革的重要推动力。否则，美国将会发现，假以时日，它不仅会丧失领导机遇，而且还将不得不处理一场在规模上远远大于卡特里娜飓风的灾难危机。

相互纠结的问题：气候、贫瘠和安全

气候变化问题处于地球科学、技术、经济、政治和国际安全的交叉领域。它是能源、土地和水资源竞争的核心问题，而资源争夺对全球经济增长和各国国家安全构成的威胁日益加剧。理解资源竞争的性质及其与全球变暖研究的关系，对于阻止气候变化至关重要。

人类及其工业进程释放出越来越多的二氧化碳和其他的温室气体，这些气体停留在大气层中，使太阳的热量无法散发，从而导致全球温度不断上升，改变了地球的气候。气体排放越多，想要避免它对人类生活造成影响就越难。政府间气候变化委员会（Intergovernmental Panel on Climate Change, 简称气候变化委员会）指出，到2050年以前，世界所能承受的最大气温上升值大约为2.5℃，在这个范围内不会造成不可修复的破坏。图4—1说明，气温上升得越高，造成的破坏就越大。大多数专家都接受了气候变化委员会的共识，即要使地球气温上升不超过2.5℃，那么温室气体浓度（二氧化碳和同等气体，或二氧化碳当量水平）必须保持在百万分之450到490（450—490ppm）之间。[8] 目前全球二氧化碳当量水平估计已达420—445ppm，也就是说，我们可控的余地并不大。[9]

0 1 2 3 4 5

水	在潮湿的热带和高纬度地区可用水资源增加 在中纬度和半干旱的低纬度地区可用水资源减少，旱情加剧 数亿人的水资源压力增大
生态体系	高达30%的物种灭绝风险增大 —— 严重的全球物种灭绝现象[b] 珊瑚礁白化现象增多—多数珊瑚礁已经白化—大范围的珊瑚死亡 陆地生物圈倾向于发展成为净碳源：~15%—~40% 的生态系统受到影响 物种生存范围变化增多，野火风险增大 经向翻转环流减弱引起的生态系统变化
食物	对小土地主、自给农民和渔民的复杂的、本土化的负面影响 低纬度地区谷物生产力趋于下降 —— 低纬度地区所有谷物生产力下降 中高纬度地区某些谷物生产力趋于上升 —— 某些地区谷物生产力下降
海岸	洪水和风暴灾害破坏加剧 全球丧失了约30%的海岸湿地[c] 遭遇海岸洪灾的人数每年以几百万递增
卫生	营养不良、腹泻、心脏和呼吸系统疾病，以及传染病不断增加 炎热、洪水和干旱导致发病率和死亡率增高 疾病媒介物分布变化 健康卫生服务任务重

0 1 2 3 4 5

图4—1 全球气候变化及其潜在影响[a]

全球年均气温相对于1980—1999年的变化（℃）

来源：IPCC, *Climate Change 2007: Synthesis Report Summary for Policymakers* (November 2007), p. 10.

a. 因适应程度、气温变化速度和社会经济发展模式的不同，影响会有所不同。

b. 此处对严重的界定是大于40%。

c. 基于2000—2080年海平面的年均上升速度，即4.2毫米/年。

要将大气浓度稳定在445—490ppm二氧化碳当量水平上，全球温室气体预计要减排50%—85%（表4—1）。[10] 如果目前的势头持续下去，那么预计到2030年温室气体排放会增长25%—90%，到2050年甚至

表4—1　气温和稳定化的情形

情形	稳定的二氧化碳浓度(2005年=379ppm)	稳定的二氧化碳当量大气浓度，包括温室气体排放和悬浮颗粒(2005年=379ppm)	二氧化碳排放的峰值年	全球二氧化碳排放2005年的百分比变化(2000年排放的%)	全球平均气温上升值(超出前工业时代平均值)“最佳预测”气候敏感度(℃)	全球平均海平面上升(米)(超出前工业时代平均值)，只算热膨胀	各情形的预计数量
Ⅰ	350—440	445—449	2000—2015	-85到-50	2.0—2.4	0.4—1.4	6
Ⅱ	400—440	490—535	2000—2015	-60到-30	2.4—2.8	0.5—1.7	18
Ⅲ	440—485	535—590	2000—2015	-30到+5	2.8—3.2	0.6—1.9	21
Ⅳ	485—570	590—710	2000—2015	+10到+60	3.2—4.0	0.6—2.4	118
Ⅴ	570—660	710—855	2000—2015	+25到+85	4.0—4.9	0.8—2.9	9
Ⅵ	660—790	855—1130	2000—2015	+90到+140	4.9—6.1	1.0—3.7	5

来源：IPCC, *Climate Change 2007: Synthesis Report Summary for Policymakers* (November 2007), p. 20.

还会增长更多。气候变化委员会认为，全球二氧化碳当量排放必须在2015年达到峰值，才能将气温上升值控制在2.5℃以下，从而避免对环境造成最严重的破坏。假定2009年就职的美国总统获得连任，那么他和世界其他国家的领导人所制定的政策就将决定我们未来的环境状况。

温室气体排放的最大来源是矿物燃料的消费。矿物燃料对于经济增长至关重要，发达国家和新兴经济体的快速增长推动了对能源的需求，在这种模式下，如果我们不在技术方面进行激进的变革，总体排放还将继续增加。国际能源机构（International Energy Agency）预测，要维持全球经济增长，矿物燃料消费到2030年将增长53%。[11] 中国和印度约占增长的50%（见图4—2）。[12] 中国的能源需求不断增长，其增长速度绝对是惊人的。自2000年以来，中国的能源需求翻了一番，占到了同期全球石油新增需求的1/3。[13] 仅2005年和2006年两年，中国的新增发电量就相当于英国的用电需求总量，中国85%的电能产自煤炭，这是碳排放最多的燃料。[14] 到2030年，中国一国的发电量就会达到整个欧盟的发电量。[15] 除非经济增长不再与矿物燃料及其排放联系在一起，尤其是在新兴经济体中，因为在世界能源需求中，它们的需求增长是最快的，否则全球减排基本上是不可能实现的。

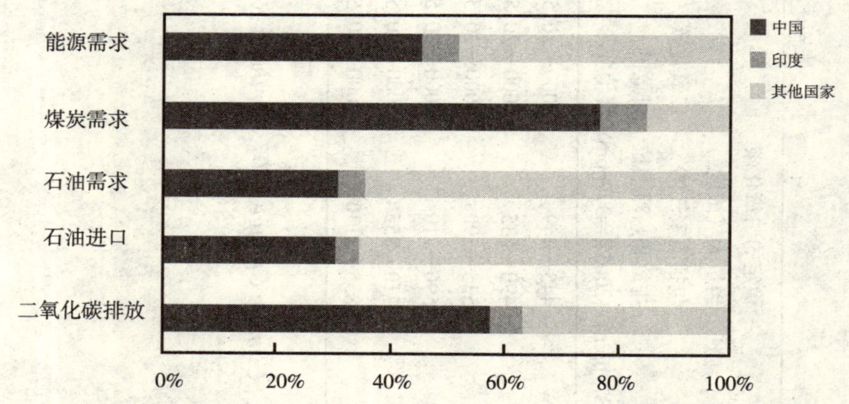

图4—2 与2000—2006年相比，世界一次能源需求、进口以及与能源相关的二氧化碳排放量的增长幅度

来源：International Energy Agency, *World Energy Outlook 2007*.

对稀缺能源的争夺这种行为本身就对全球安全构成了威胁。目前，燃料价格的大幅波动成了常规现象，这是石油市场的供求双方都几乎没有短期灵活性的结果，是产油区和运输路线不安全的结果。不安全因素包括中东冲突、由伊拉克战争外溢到波斯湾地区的风险、美伊冲突的风险、尼日尔三角洲的暴力冲突、伊朗和委内瑞拉的全民政府，以及主要运油线路的安全保障难题。[16] 此外，能源资源大国会因此而获得实力——尤其是俄罗斯、伊朗和委内瑞拉——它们已经表明会利用自己的能源市场权力去控制消费国，并对进口其能源的国家施加压力。2007年，石油消费国每天购买原油的费用比五年前增长了40亿—50亿美元，超过2万亿美元被转到了石油公司和石油生产国的账户上。[17]

而且，不稳定性还限制了世界上某些地区的能源来源，这已经在主要大国之间打下了一个楔子，使它们无法开展合作去应对其他的全球威胁。美国、俄罗斯和中国在伊朗能源供应问题上关系紧张，这成为了反对伊朗不断发展核计划的国际努力的主要障碍。欧洲对俄罗斯天然气的依赖使得欧洲很难对2008年发生的俄罗斯入侵格鲁吉亚事件做出前后一致的回应。主要大国在苏丹和西非都有石油利益，这就使多边合作无法开展，从而无法阻止苏丹的种族屠杀，无法解决尼日利亚日益严重的动乱。未来如果因为气候变化的影响，能源消费国的能源供应进一步受到限制，那么它们之间发生冲突的风险更是迫在眉睫。

尤其是在美国，人们倾向于通过对能源自给自足的分析来看待气候变化问题，这就导致了其他的一些脆弱性。因为要谋求能源自给自足，我们投资于可替代能源资源，但是却没有考虑到这种做法对其他跨国威胁产生的后果。核能有助于降低矿物燃料消费，但是，正如我们将在第五章中讨论的一样，如果不对燃料周期和回收过程进行控制，就会产生核扩散的风险。每年对生物燃料补贴的100多亿美元同样也产生了一系列负面效果，尤其是在美国和欧洲。土地不再进行粮食生产，导致2008年的粮食价格比2006年上涨了20%—30%,[18] 同时还加速了对热带雨林的破坏，加速了水资源的日益匮乏——以当前的技术，我们在碳排放上几乎没有净储备。[19] 滥砍滥伐导致的温室气体排放已占到了全球总量的20%，巴西和印度已位列五大温室气体排放国之中。[20] 据有关预测，到2050年全球的水资源就都被全部开发了。[21]

人口增长将使上述问题更为严重。到2050年，全世界人口预计将从今天的67亿增长到90亿。[22] 现在没有用上电的16亿人已经提出了用电要求，并且应该获得电力供应。[23] 此外，在未来40年里，地球还将新增人口23亿人，其中大多数在亚洲和非洲。[24] 保守一点说，这也意味着在2050年以前，世界需要满足39亿新用户的用电需求。按照现有的能源使用和经济增长模式来建设这部分电力，就会制造一种新型的"相互确保毁灭"。人口问题使得我们更要采取紧急行动。在我们等待技术解决方案的时候，稳定的气候不能保持目前能源消费、温室气体排放和有限资源消费的增速。相反，我们必须尽量利用现有技术，创造激励机制，现在就开始节能——我们在做所有这些事情的时候，还要切实落实政策，激励创新，以改造我们的未来。

负责任主权与气候变化

气候变化的原因和影响表明，将"负责任主权"作为国际参与的组织原则是恰当的。首先，无论温室气体是从哪儿排放出来的，其造成的后果是一样的，所有国家都会相互影响，这个问题没有国界。其次，没有一个国家能够独善其身，免于气候变化的影响；一国的福祉和安全有赖于另一个国家的能源消费和温室气体排放，这是相互关联的事情。第三，没有一个国家可以仅凭一己之力就能成功地解决这个问题；一国限制排放几乎产生不了什么净效应，因为投资和制造业会在别的国家以"更脏的"技术获得增长。第四，为了子孙后代的利益，各国必须现在就采取行动——不仅要负担起跨越国境的责任，还要长期负责，超越时间的限制。第五，这个问题与其他跨国挑战是相互联系的：气候变化和应对政策的方向性错误会导致能源、水、土地和食品匮乏，而上述种种因素汇集起来就会加大冲突的风险。

国家之间和问题领域之间的这种相互依赖为解决气候变化问题创造了一个长期有效的、作用于所有国家和相关领域的激励因素，但是同时也使得在短期内制定可行的解决方案变得更加复杂。谈判者面临的是像噩梦一样的严酷现实：任意一个排放大国都有权把有效的解决方案否决掉。一方面，需要主权国家在气候变化问题上负起责任来，另一方面，任何一个排放大国都有能力削弱这一进程，这两个方面形成的一种张力关系反映了当前气候变化国际框架的特点。尽管各国已经认识到需要在国家层面上限制排放以阻止全球变暖，但是由于排放大国无意参与，所以国际机制仍显软弱。

目前，负责任主权在气候变化问题上可以依赖的规则和科学依据主要来自于《联合国气候变化框架公约》(*United Nations Framework Convention on Climate Change*，简称《气候变化框架公约》）和《京都议定书》(*Kyoto Protocol*)，这两个机制制定了国家行动的标准和目标，气候变化委员会为国家行动提供科学支撑。在这个框架下，多个行为体都能采取具体行动，发挥各自的作用，如联合国环境规划署（United Nations Environmental Program）、联合国开发计划署（United Nations Development Program）、世界银行、双边发展机构，以及欧盟。这些行动机构支持从提高能效到保护雨林的各项投资。欧盟执行排放交易机制，建立了一个碳交易的地区市场。使上述机制具有实效的关键是国际框架要保持一致。

政府间气候变化委员会

气候变化委员会是由联合国环境规划署和世界气象组织（World Meteorological Organization）于1988年联合创建的，由世界气象组织的190位成员组成，它在世界气象组织中设有一个小型秘书处，负责委员会的运行。该委员会集合了科学界、政界和民间的力量，评估气候变化进程，提出防止气候变化的方案，并就如何适应气候变化的后果提供建议。[25] 在联合国可以发挥积极作用的各领域中，气候变化委员会可能是最好的范例，它能够形成科学共识，在全球关注的问题上扮演监督人的角色。2007年，气候变化委员会获得了诺贝尔和平奖，这是全世界对该委员会做出的成绩的肯定。

自成立以来，气候变化委员会完全改变了国际社会对全球变暖问题的看法，也从根本上改变了国际社会的应对策略。它的第一份评估报告构成了《气候变化框架公约》的谈判基础，《气候变化框架公约》进程现已成为最重要的讨论气候变化问题的全球性论坛。后来的气候变化委员会报告也就气候变化及其灾难性后果提供了决定性的证据，使全球气候变暖成为全世界的首要议题。气候变化委员会的优势在于，它能够从世界各地收集科学报告、提供论坛，并就重大发现形成共识；而弱点在于它没有人力物力去设定并完成自己的分析性课题。气候变化委员会可以就温室气体排放、气温，以及相关后果这三者关系的未来长期走势进行评估，但是却不能检验或评估各国或各地区内部特定政策的效力，也不能检验各国的排放水平。

《联合国气候变化框架公约》

在1992年的里约地球峰会上，联合国创建了《气候变化框架公约》进程，该进程是一个有192个国家参与的论坛，其目标是采取行动减少导致全球变暖的因素，并应对全球变暖产生的后果。[26]《气候变化框架公约》进程的重大举措包括，提出了一个雄心勃勃的目标，要在2020年以前将工业国家的温室气体排放减少到比1990年水平降低25%—40%；[27] 每年召开由相关各方参加的全球峰会，会议要回顾成员国在应对气候变化问题上所取得的进展；创建《京都议定书》框架，使各国履行承诺，减少碳排放。《气候变化框架公约》进程的最大优势在于其包容性：世界各国都将之视为合法、权威和公平的论坛。但是，全球成员资格也是该机制的最大劣势：因为很多成员国的利益相互冲突，所以导致它被政治和低效损坏了，成了一个难以推动的官僚机构。

《气候变化框架公约》进程以一个原则为基础，即根据“共同但有区别的责任和各自的能力”原则。[28] 该原则认识到“历史上和目前全球温室气体排放的最大部分源自发达国家……发展中国家在全球排放中所占的份额将会增加，以满足其社会和发展需要”。[29] 它尤其强调“应当以统筹兼顾的方式把应付气候变化的行动与社会和经济发展协调起来……充分考虑到发展中国家实现持续经济增长和消除贫困的正当的优先需要”。[30]《气候变化框架公约》成员，包括美国，都认识到，过去向大气中排放二氧化碳最多的国家最应该减排，但是所有国家都必须参与全球减排行动。未来的成败取决于这个原则能否转化为一个法律框架，以各国认为公平的方式平衡国家之间的利益。

《京都议定书》

《京都议定书》是《气候变化框架公约》的各缔约方达成的一个协议，它提出了有约束力的责任要求，要求各方承诺减少温室气体排放。它与《气候变化框架公约》的目标、原则和制度相同，但是大大强化了《气候变化框架公约》，因为它为工业化国家提出了针对每个国家的具体的限制或减少温室气体排放的目标，这些目标都具有法律约束力。议定书中在附录I中所列举的36个国家（所有签署了《京都议定书》的工业化国家）承诺将它们的温室气体排放减少到协议规定的具体水平。[31] 在它们的承诺期，亦即2008—2012年间，温室气体排放总体上会在1990年的水平上减少至少5%。议定书在附录Ⅱ中列出的发展中国家不受排放目标的限制，但是要承诺提高对气候义务的认识。[32]

《京都议定书》是应对气候变化的国际行动中非常重要的一步，但是近年来，针对其缺陷的辩论常常使人们忽略了一个更为重要的问题，即在第一个承诺期于2012年结束后，如何向前推进。问题的关键不是要在《京都议定书》的支持者和批判者之间分出一个胜负来，而是要从它的经验中汲取经验教训，为未来的气候政策制造更有效的工具。《京都议定书》因为两个因素而受到极大限制：一是一些排放大国没有批准这个协议，二是签署了协议的发达国家和发展中国家之间关系紧张。因为这些因素，《京都议定书》没能限制5个最大温室气体排放国中4个国家的排放。印度和中国没有量化目标，因为在议定书中它们是被当作“发展中国家”来对待的。由于苏联工业经济崩溃，俄罗斯的目标超过了实际排放，所以俄罗斯不会限制温室气体排放。[33] 而美国根本就没有批准这个议定书。（截至2000年，澳大利亚是世界上第五大排放国，[34] 直到2007年12月，新总理陆克文就职后澳大利亚才批准了《京都议定书》。）[35] 因为缺乏主要国家的支持，而这些国家对于问题的解决又是最重要的，所以《京都议定书》没能减缓气候变化，也没能解决气候变化带来的灾难性后果。

建立一个新的气候变化国际框架，过程是复杂的。在官方层面，《气候变化框架公约》协调着这一进程。既定目标是，在2009年12月计划于哥本哈根召开的《气候变化框架公约》缔约方会议上达成协议，建立一个国际框架。然而，达成协议是很复杂的问题，首先是内容复杂（各方差异太大），其次是过程复杂。除了《气候变化框架公约》以外，八国集团和G-8+5（八国集团加上中国、印度、南非、巴西和墨西哥）已经进行了相关谈判，布什政府召开的“主要经济体会议”也就此进行了谈判。尽管主要经济体会议进程的前提假定是合理的，即主要的碳制造者必须达成一致，形成一份全球协议，但是该会议与其他气候变化论坛并行，反而模糊了达成相关共识的领导权和进程，导致主要经济体会议进程被视为（尤其是被新兴经济体和发展中经济体视为）《气候变化框架公约》的竞争者，而不是有助于形成共识的工具。

多边实践经验

新的气候机制面临的首要政治挑战就是历史延续下来的不平等状态。工业化国家造成了全球变暖和温室气体聚集，而新兴经济体和发展中国家却被要求参与合作、解决问题。发展中国家认为它们不应该为非自身造成的问题承担责任，这是有道理的。但是，没有它们的参与，危机就不能得到解决。即便所有高收入国家明天就实现零排放，新兴经济体和发展中国家不断增加的排放还是会将它们送上气候灾难的轨道，使它们所期望的经济增长和稳定受到威胁。[36] 即便只有中国和印度这两个国家继续保持增长，并在2050年接近美国的人均碳排放水平，它们的碳排放也将会接近全球“可容许”浓度的四倍。[37] 没有新兴经济体的参与，防止气候变化产生最坏影响的国际行动就不会获得成功。

不平等与相互依赖的共同作用使得各国在气候变化政策上形成了5个集团，代表负责任主权的新框架必须从这个集团结构中产生。第一集团主要在欧洲，再加上热情略低一点的日本，它们主张通过一个国际条约，建立共同的且有约束力的全球排放标准。第二个集团是布什政府领导下的美国推动形成的，主张在国际层面上根据协议建立一个长远排放目标，在国家层面上由各国作出中期承诺，只有在国家层面上的承诺才具有约束力。

第三个集团由中国和印度领导的新兴市场经济体组成，它们不赞成具有约束性的国际目标。新兴经济体强调保持经济持续增长，它们的诉求主要集中在技术推广和为清洁技术融资等问题上。第四个集团是发展中国家，它们排放的温室气体最少，但却要承受洪灾、沙漠化和其他灾难性后果。毫无疑问，它们的要求主要是融资，以使之能够适应气候变化的影响。新兴经济体和发展中国家中存在着一个子集团，这个子集团的国家因为滥砍滥伐而排放的温室气体，占到了全球总排放的20%。国际谈判还没有找到有效的激励机制和架构，可以使这些国家的政府和人民能够从保林而不是毁林中获得更多的收益。

正在形成之中的第五个集团由能源供应国组成，它们看到世界正在逐步减少使用矿物燃料。如果它们将财富投资于技术推广，并因此将自己定位为绿色国际环境中的赢家，那么它们可能会推动这一转型；但是如果它们企图抬高价格，并在转型过程中趁机大捞一笔，就可能会破坏这个过程。

这就是气候变化的新国际框架必须运作于其中的大环境，它要在各种政治利益和经济竞争交错的情况下抑制气候变暖。几点重要经验已经显现。

美国的支持是关键，但是美国首先必须在国内政策层面加强共识，而后才能在国际层面令人信服地采取行动。克林顿政府虽然对减少排放的国际协定持赞成态度，但是却最终没能在协定的紧迫性问题上争取到国内的理解，也没能建立起一个联盟使法案得以通过。尽管当时副总统戈尔已经尽了最大努力，将气候问题提升为国内的优先议程，但是工会的利益以及在北美自由贸易协定批准过程中的政治因素却最终打压了政府意欲在环境问题上有所作为的雄心。因此，克林顿总统从未将《京都议定书》交给参院批准，因为他知道没有通过的可能。布什总统在执政的大部分时间里，并没有认识到气候变化是一个全球性问题。布什政府阻碍了气候变化的国内行动，并且丧失了国际信誉，失去了在此问题上的国际领导权。没有国内支持，美国就有可能阻碍国际共识的形成，但是它也将失去信誉，无法推动建立积极的议程。

发展中国家，尤其是中国和印度，必须是全球气候变化多边框架的组成部分。即便它们的政府致力于实现提高能效和摆脱贫困的双重任务，它们的经济和人口增长还是会增加全球温室气体排放和能源需求。多边体系必须既照顾新兴经济体的经济增长关切，又要认识到它们在不断加重全球变暖状况。气候变化多边框架要逐渐使发展中国家参与进来，并帮助它们减少温室气体排放。否则，即便工业化国家采取果断有力的措施来改变自己的行为方式，全球的二氧化碳浓度可能还是会迅速增加。可能出现的最坏情形是，投资流向了那些正在迅速成为最大温室气体排放国的国家，导致排放的净增长。

弱制度能力降低了国际社会抗击全球威胁的能力。《京都议定书》的问题是其内部机制出发点很好但结构不佳，清洁发展机制（Clean Development Mechanism）就是最为突出的例子。该机制提供了成百上千万美元的物质激励，鼓励公司在发展中国家启动绿色项目，但是很多项目可能在没有任何激励措施的情况下也同样会启动。[38] 此外，联合国和世界银行内部处理气候变化相关问题的机构和组织不断繁衍，导致了混乱和重叠。联合国组织结构过多，但是资源又太少，它们应对的是同一个问题的不同方面，但是相互之间却几乎没有协调，也不分享信息。[39] 更有效的气候架构必须区别各种组织的角色，提高它们的运作效率，改革或者解散那些被证明是效率低下的组织，而对于那些有前途的组织要加大财政支持力度。

私营部门是资本和技术的储备库，全球和国家层面的制度安排都要用好它。很多世界上最大最强的跨国公司现在都支持节能减排行动。大陆石油公司（Conoco）最近公开将矿物燃料的温室气体排放同全球变暖挂钩，并游说联邦立法限制温室气体排放。[40] 六个世界上最大的跨国公司宣布成立供应链领导联盟，要求它们所有的供应商公布各自的碳排放水平数据和应对气候变化的战略。[41] 各行各业的公司，如沃尔玛（Wal-mart）、通用电气(GE)、壳牌(Shell)、通用汽车(General Motors)和阳溢软件(Sun Systems)等，都呼吁采取国家立法，[42] 制定适用于美国各行业的明确和共同的指导方针，激发节能和技术创新。美国有50多个大型金融管理公司，包括美林证券(Merrill Lynch)和加利福尼亚州公共雇员养老基金(CalPERS)（全国最大的公共养老基金，资产达2300亿美元），都已经加入到了不断扩大的倡议团体中，要求美国进行国内立法抑制碳排放。[43] 在全世界，有越来越多的公司要求建立稳定的法规和碳定价体系，因为这样能够减少风险、稳定投资基础。

非营利部门也发挥着重要作用，它可以提供分析报告、提高人们对全球变暖的认识程度和关注度。在每一次《气候变化框架公约》的国际会议上，非政府组织都聚集在一起，仔细审查会议程序和事项，给国家施加各种压力，如要求它们减少排放、保护雨林，以及帮助穷国防范和适应气候变化的影响等等。非政府组织施加的压力使得国家和公司在做排放报告时更加透明。但是，它们所处的位置一般不是很有利，并不能有效地影响国际立法去制定有约束力的责任条款；它们的倡议行动常常受阻，因为它们无法战胜声势浩大的产业游说团体，一旦立法，这些团体的利益就会受损。改进后的气候变化多边框架可以疏通渠道，更好地将非政府组织的不同声音、信息共享能力以及倡议行动纳入到政策制定过程中。

也许我们从过去和当前的实践中能够获得的最重要经验就是：诸多的各类行为体必须要共同努力，才能取得进步。将政府团结起来共同应对气候变化是一个挑战，而要将公司、非营利部门和个人全都动员起来，朝着共同的目标奋斗努力，也是一个挑战，且与前者大不相同。美国要发挥核心作用，将这些行为体联系到一起。

为国际协定奠定基础：美国行动

奥巴马总统将成为从根本上改变美国和全球气候政策的最关键行为体。他要教育和发动国内各行各业以及不同政治立场的选民。他要与不同经济发展水平的国家进行接触、建立信任，因为每个国家对于自己的气候和能源困境都有独特的看法。他还要将合理的政策引导到一个问题领域中，从根本上影响经济增长和国家政治。

碳定价必须成为美国政策的核心原则，它将刺激私营部门投资、推动研究和技术创新、提高能效。碳定价有三种做法：征收排放税、建立限额交易体系，以及制定燃料效率或可再生燃料标准（增加隐形成本）。三种做法并不相互排斥。第三种做法在政治上更为容易，因为它隐匿了价格，但是有效性比透明定价低。欧洲在2005年建立了限额交易体系（cap-and-trade system），称为欧洲交易体系，这是世界上最大的二氧化碳交易许可体系，排放交易市值估计达到300亿美元。[44] 澳大利亚正在考虑建立一个创新性的新体系，以长期碳排放许可和短期许可年销售相结合为基础，这与央行通过出售债券和调整利率来调节货币政策是相似的。[45]

美国的碳定价有两大阻力。一是政治阻力，碳定价将会损害燃料密集型产业及其劳工群体。因为布什政府首先否认了气候变化的严重性，然后又抵制立法，美国还没有就地方性影响以及如何消除这些影响进行过辩论。进行谈判可能需要一些时间。在金融危机中可能会更难，因为任何损害竞争力、削减就业岗位的行动都会引起恐慌。二是科学与技术之间的难题。鉴于碳定价的政治成本太高，对于依据科学原理提出的、但目前技术水平还无法实现的排放目标，政治家们是予以抵制的。但是行动滞后只会加剧问题的严重性。

美国的政治环境正在朝着进步的方向发生改变。《利伯曼—华纳议案》(以下简称《议案》)(*Lieberman-Warner bill*)提出对整体经济实行限额交易政策，2007年12月受到了美国参议院环境和工程委员会的支持。该《议案》未能获得通过，因为环境倡导者们认识到，布什政府可能会弱化立法，他们希望获得更好的结果。《议案》呼吁相对于2005年的排放水平，到2020年应减排10%，2030年减排30%，到2050年以前应减排70%。[46] 2007年底通过了《能源和自给自足法案》(*Energy and Independence Act*)，该《法案》制定的碳定价政策力度更大，更为明确。例如，提高了公司平均燃油经济性标准，提出了雄心勃勃的可再生燃料标准，以及对照明、建筑和商业设备的新能效要求。[47]

除华盛顿采取的行动外，有25个州已经开始立法，要将温室气体排放减少到远远低于即将出台的联邦法规定的标准。[48] 尽管目前环保局和加利福尼亚州正在围绕加州划时代的气候变化立法进行司法战争，[49] 但是各州和地区的努力已经使得开展更强有力的联邦行动成为可能。各州已经不得不开始应对这样一些问题，例如建设怎样的电站，如何提高能效、减少排放，以及如何以环境可持续的方式推动经济增长等。

奥巴马总统应该利用这个正在萌发的利益点，显示出其在州、联邦和国际舞台上的领导风范。为此，他必须超越两党政治，因为两党政治往往误导了美国国内关于气候变化问题的对话，使美国国内政策蒙上阴影。

首先，奥巴马总统需要担当总教导员的角色。他必须解释清楚，为什么美国必须采取行动，为什么美国人必须人人负责，为什么我们必须承担且要尽量减少过渡时期对某些产业和产业群体产生的成本。在国家层面，美国必须转变在单一能源依赖模式下界定能源与气候挑战的做法。对石油和玉米燃料乙醇的依赖可能会使美国能源来源多样化，但是却无助于减少温室气体排放，而且玉米燃料乙醇还会加剧国际粮食短缺的状况。[50] 能源安全是国家安全的核心，但是保护地球的任务也同样重要，且刻不容缓。如果全球排放不在2015年达到峰值，那么我们规避灾难性后果的机会就会越来越小，这绝不是耸人听闻的妄言。

其次，政府必须推动联邦、州和市的立法，推动私营部门的可用技术以最快的速度传播提高整体经济的能效。例如，在美国南部，新型太阳能的边际成本已经具有相当的竞争力，可以与汽油和煤炭投资的边际成本竞争，但是目前的电网系统排除了新型能源参与竞争的可能。如果实行政策创新，将新型投资从各市的电网区分开来，那么就会立刻提高太阳能投资的积极性，并且从长远看，规模经济会进一步提高太阳能的成本竞争力。建立国家建筑标准、投资智能电网建设，这些也都可以作为政策手段，利用现有技术减少排放，降低对矿物燃料的依赖，创造“环保型”就业岗位。

第三，奥巴马总统需要在气候变化政策方面培育共识，激发技术创新和必要的投资，以使地球实现可持续发展和长期繁荣。由于没能制定有信誉的国内政策，美国影响国际政策的能力已经受损，并直接影响了美国的经济、环境和安全利益。从全球角度来看，美国自贬身价，把自己变成了气候变化影响的“承受者”，而不是政策的“推动者”，未能推动形成国际共识，以阻止气候变化、保护能源安全。美国必须建立完备的国内政策基础，推动围绕相关目标形成共识，并且得到更广泛的美国民众的支持。美国必须建立法规性的激励机制，加大对可利用技术的投资，节约能源资源，并创造新的可再生能源资源。实行碳定价是实现上述目标的必要和根本手段。

建立更加强有力的多边架构

新的气候变化国际框架必须具备两个特点：首先，要具有联合国谈判性论坛的包容性；其次，要将世界上的排放大国都纳入进来，使它们能够积极参与。该框架必须针对私营部门建立激励机制，刺激投资和创新；必须把非政府组织的作用制度化，吸收它们的意见、维持审查权利、制造守法压力。

负责任主权原则——如果主权行为产生了跨越国界、超越时间的影响，那么主权国家需要对此负责——与联合国和大国谈判有效结合起来，通过我们在本书第三章建议的16国集团架构，就能共同发挥作用，制定措施，规避日益逼近的气候危机。考虑到美国的经济规模、排放水平和技术能力，任何解决方案必须都将美国包括在内。欧洲已经在尽最大的努力创建地区气候机制，它也必须继续发挥引领作用，建立目标，推动国际社会根据日益紧迫的科学现实采取政策行动。日本的能效技术非常发达，可以作为具体合作的基础。新兴经济体必须要有信心，即便是在抑制排放的国际框架内达成的相关协议也会允许它们的经济继续增长。在此过程中，必须将世界上受到气候变化影响的最贫困的国家纳入进来，还要给16亿没有用上电的人输送电力。就实质内容和过程而言，这都将是一件困难的事。

我们必须建立一个新的、具有法律约束力的协议，在《气候变化框架公约》支持下阻止全球变暖。该协议应该将所有主要经济体都包括进来，理想的情况是包括所有192个《气候变化框架公约》缔约方，并以气候变化委员会的科学发现为依据。该协议的缔约方将承诺，保证到2050年地球温度相对于前工业时期的水平上升不超过2.5℃，到2015年全球年二氧化碳当量排放达到峰值，到2050年全球减少二氧化碳当量排放50%—85%。

为实现上述目标，协议必须包括两个相互独立又相互联系的轨道：（1）“投资轨道”，建立激励机制和手段，推动各国节能、开发利用新技术、保护雨林，并适应气候变化的影响；（2）“控制轨道”，制定目标、时间表、政策框架和责任措施以控制排放。因为科学知识和技术的不断发展，协议必须具有适应性，每年必须进行正式评估，依据科学证据提高或降低行动目标。还必须对非政府组织发出明确号召，请它们参与评估，并发挥监督作用。

联合国秘书长潘基文已经发出了号召，呼吁在2009年12月哥本哈根《气候变化框架公约》缔约方大会之前达成京都框架的后续协议。我们对此目标持有保留的支持态度。《京都议定书》的第一个责任期将于2012年截止。如果在2009年达成一份协议，那么各国有时间执行批准程序，并使之在《京都议定书》终止之时生效。谈判安排已经制定下来了，争取在哥本哈根会议前做出一份草案。但是，直到2009年美国新政府和国会才能在气候和能源战略上形成国内共识、强化国内选民的支持，理想的话还能通过支持性的立法，使美国的谈判立场具有权威性。如果美国对一项国际战略保持沉默，中国就不会对之做出承诺。即便《气候变化框架公约》进程出台了国家行动草案，如果没有美国和中国的支持和参与，那也不过只是公开的立场宣示而已，没有行动效力。并且，我们在此列出了至少五个国家集团，它们的国家议程大不相同。要让每一个国家做出承诺采取相关政策是很困难的，2008年的国际金融危机更使之难上加难，很多人认为在全球衰退的环境下这些政策会抑制增长。

理想的情况是，在2009年12月大会之前，新国际协议的两个轨道——投资和控制——都能建立起来。如果不能同时建立，那么应该分开来平行发展，投资轨道在2009年12月基本建成；进行临时性控制需要通过一些关键原则，这些原则还必须转变成约束性措施。投资协议是可以达成的，并且会得到发达国家和发展中国家的支持，这些国家渴望获得技术和资源，以及其他一些控制排放的刺激措施。要想建成控制轨道就要困难得多，关键国家在政治和政策立场上都相去甚远。如果分阶段建设这两个轨道，那么哥本哈根会议可以通过碳定价原则，推动节能和创新，并加强16国集团气候小组的权威性，使之能制定限制排放的倡议并带到《气候变化框架公约》框架中，目的是以2010年底为目标，尽早签订具有约束性的协议。

分阶段建立协议框架可以将科学现实和国际政治结合起来。首先，要同意改变投资模式和高峰排放。其次，需要在各方中保持哥本哈根势头，在这个进程中，我们只能协商一致，没有其他出路。最好使各方表现出团结，保持承诺争取更好的结果，而不是像2008年7月破裂的多哈贸易回合一样留下政策和程序上的空白。第三，各方不要为了达成协议就急于追求实际上毫无效力的结果。不好的结果不会有成效，议会可能不会批准，而且还会因为妥协的希望显得渺茫而彻底粉粹达成妥协的希望，使未来的谈判更加艰难。最好是为讨价还价留下一些空间，以便在各国具备更强的政治意愿的时候，并且或许是在有更多技术选择的时候，制定更有效力的政策。

最后，要达成协议，并将之送上建设性的轨道，必须要把《气候变化框架公约》和16国集团这两个行为体的角色界定清楚。

科学、技术、经济、政治、国际安全和官僚政治复杂交错，因此需要有一个论坛，使所有行为体都能够发出自己的声音，提出自己的要求，获得明确的解答。《气候变化框架公约》必须提供这样一个论坛，维持与其他主要行为体之间的网络关系，尤其是气候变化委员会、联合国环境规划署、世界银行和粮农组织。尽管《气候变化框架公约》能力有限，但是它有192个国家的授权，可以代表它们采取行动，规避气候变化造成的灾难性影响。在这个框架下，有论坛和谈判进程。欧洲、中国、日本和发展中国家都参与了这个进程，美国也参与了，但是美国不仅投入不足，而且还常常意图阻挠进程，而不是推动达成共识。[51]《气候变化框架公约》和气候变化委员会已经建立了一套机制，可以将科学发现和谈判进程结合起来，这个机制应该予以保留，不需要重新建设。

第二个关键的行为体是16国集团气候小组（即“负责任小组”，包括16国集团和其他一些在排放问题上处于中心地位的国家）。在第三章，我们举了一个例子，16国集团可以重新整顿那些具有全球性意义的复杂谈判，将自己的建议提交给成员范围更大的国际团体以寻求合法性。小型论坛能发挥重要作用，这就是布什政府2007年推出“主要经济体会议”的基本原则假定。我们对于支撑着“主要经济体会议”的这一原则表示认同，但是在实践这一原则时，没有将它明确地与八国集团、联合国或者其他机构联系起来，这使人对其意图产生了怀疑。16国集团气候小组不应替代联合国，而是应该成为《气候变化框架公约》下的一个正式的附属科技咨询机构（Subsidiary Body for

Scientific and Technological Advice），从而弥合“主要经济体会议”进程与联合国进程之间的鸿沟，并赋予联合国进程权力。附属科技咨询机构已经被当作是一个论坛，为成员范围更广的联合国气候变化框架下的缔约方大会提供科学建议。建立一个论坛，在附属科技咨询机构中的16国集团成员国之间展开谈判，可以使核心国家设定目标、确定合理的政策优先项、开辟谈判协商的空间，并为在更大的《气候变化框架公约》进程中采取行动奠定基础。

在最近的国际谈判中，一个主要的辩论议题就是，是否有可能建立一个新的世界气候组织。[52] 当然，谈判一旦开启，达成新的国际协议就需要有一个有效的协调机制，新协议可以制造对新能力的需求，新机制可以合情合理地将《气候变化框架公约》进程转变为世界气候组织。但是关于世界气候组织的现阶段谈判正在舍本逐末，因此，我们呼吁，在执行任何协议的时候，《气候变化框架公约》都仍然要处于核心地位，直到新协议要求产生新机制为止。即便到那时，世界气候组织也应被看作是一个协调机构，可以调动各种能力去贯彻执行力度较大的国际气候协议。如果新协议在碳交易问题上达成共识，就会需要适当的机制来制定市场规则、监控市场行为。需要采取多种方式促进投资。刺激创新型科技能力将由另外的机构来实现。甚至工业和农业所需要的排放监控和核查能力也有所不同。如果试图将所有这些能力都归叠到一个组织中，就会造成该组织不堪重负、自行崩溃。而反过来，如果在精心搭建的网络中不能确定一个中心协调点，那么国际协议同样无法正常发挥作用。

一轨：投资技术创新和技术推广

要成功解决气候变化问题，需要技术和创新。大多数国家不会执行约束性的排放限制规定，因为这样做会影响本国公民的就业机会。技术投资，无论是将现有技术能力商业化，还是开发新技术，对于在能源安全和气候变化问题上全球利益走向融合都具有根本性的意义。日本和欧洲一些国家表明，通过技术创新，它们可以大幅降低能耗，并且在此情况下也仍然可以实现经济快速增长。日本目前的单位GDP

能耗比中国低43.75%，比印度低12.5%，比美国低37.5%。[53] 美国已经以高能效和清洁增长为基础建立了新的产业。人们几乎已经不再怀疑，我们可以找到新的办法，在经济增长的同时实现全球温室气体减排。但是现在必须在前所未有的大规模范围内提高能效、创新技术。这就是我们为什么要立即推动技术投资的原因，技术投资能产生立竿见影的效果，创造新的可能性。

一轨的目标是充分利用资源、扩大有效的融资渠道、推动研究、加速技术的商业化，并刺激对能源和环境技术及基础设施的投资。在金融危机和信贷紧缩的情况下，尤其要推动实现上述目标。我们既要制定相关政策，又要利用金融工具，降低跨期风险，以长线回报来抵消不利于私人投资的因素。一轨投资，二轨控制，这二者是相互关联的，更重要的是，要通过政策措施对碳定价。如早前所述，价格是一个激励因素，会对技术投资和抑制排放产生影响。我们建议把两个轨道分离开来，只不过是因为达成减排协议需要一定的时间，而在目前的价格机制下，很多技术已经具备了商业化的条件。

一轨达成的协议会给各国创造多种投资渠道，承担技术融资的义务，如全球环境基金、世界银行、国际金融机构、《气候变化框架公约》的清洁发展机制，以及各地区发展银行。尽管各国都要贡献自己的力量，为公共开支进行融资，尤其是为发展中国家的基础设施建设融资，但是对公共部门的投资和融资仍然不足以满足需求。联合国及其伙伴关系多边组织必须对私人资本广开融资渠道。

一轨要具有灵活性，掌握一些资源，以满足世界上不同发展水平的国家面临的不同投资需求：下游投资用于实施和配置现有能效技术，上游投资用于技术创新和新技术的市场化。

对于发达国家而言，大多数投资都应由私人资本融资。或明或暗的碳定价是一种办法，很多欧洲国家的技术市场不断壮大，就说明了这一点。但是，在高收入国家中，还需要采取更好的政策和风险规避机制，为现有能效技术创造更强大的市场。如果工业国家重组其清洁技术（如太阳能）的国内市场，就能刺激对可再生能源和能效技术的竞争性投资，从而减少温室气体排放。[54]

中国和印度这样的新兴经济体侧重点不同：它们要以最快的速度

吸引技术投资以提高能效，应对环境和能源安全的双重关切，还要保持快速增长。这些国家可以吸引私人资本配置清洁技术，但却几乎没有激励机制，因为它们要为了解决一个并非自己造成的问题去负担普通技术和高能效技术之间的成本差。新兴经济体近年来的排放是气候变化最快的推动器，但是这些国家的政府认为，如果不是因为工业化世界的市场失灵，它们的增长就不会成为问题，这种看法是正当的。对于新兴经济体来说，有两个关键问题：获得技术，并采取措施在全球范围分担商业风险，这样才能降低它们的资本成本。如果一轨不能满足这些需求，新兴经济体就不会对带有约束性减排目标的国际协议承担义务。

发展中国家获得私人资本的渠道往往是有限的，但是却都需要巨额的能源基础设施投资来推动经济增长。国际能源机构预计，到2050年，即便新增全球能源投资450万亿美元，即年均新增投资1850亿美元，还是会有大约14亿人用不上电。[55] 如果能实现《千年发展目标》中的减贫目标，那么对发展中国家的能源基础设施的投资需求将会更大。[56] 发展中国家还面临一个问题，就是如何争取对公共产品的投资，如建设或维护碳的生物沉降池，比如森林。尽管贫困国家所拥有的人力资本、技术、资源和抵御气候变化的能力是最少最弱的，但是很多贫困国家却会最先遭受干旱、洪水和减产的打击，或是遭受最严重的打击。这些国家需要公共融资，尤其是通过世界银行和各地区发展银行的融资，以投资于基础设施建设、雨林保护和气候变化的适应能力建设等。

全球气候变化协议不可能将各种类型的投资机制都包括在内。然而，通过《气候变化框架公约》，该协议能创造一种方式，使各国履行义务提供基金。它还能指定分配基金的工具、审查各国履行义务的情况、加强基金使用情况报告制度，并保持透明度，使各国和各非政府组织能对基金投入的优先项和投入工具进行评价。以上述原则表述为基础，下文列出了应在一轨框架下重点建设的具体基金机制和优先项目。

筹集资本：全球环境基金应当成为针对气候变化筹集国际捐款的最主要国际机制，它应该建立各种渠道，将捐款输送到联合国机构、世界银行、各地区发展银行、各国政府和非政府组织。全球环境基金的职责是评估需求、筹集资本、建立行为标准、确立投资优先项、配置基金，以及汇报情况。全球环境基金必须更重视发展中国家的控制性项目投资，应该和国际金融机构、各地区发展银行以及国有投资机构一道，与私营部门开展更紧密的合作，将私人投资引入清洁能源技术或清洁能源生产中。

建立担保机制：风险规避可以调动私人资本，并降低其成本，尤其是在新兴经济体中。有一个很好的模式就是，国际金融机构与各国国有银行合作，为私有银行的贷款提供部分担保，为清洁技术和可再生能源产品进行融资。在中国，对国际金融机构的担保支持的需求就很大，已经超过了可提供的基金力度。世界银行集团下属的多边投资担保机构（Multilateral Investment Guarantee Agency）应该承担起这样的任务，即以国际金融机构模式为起点，创建新产品，解决高能效产品投资的跨期风险问题。国际金融机构和多边投资担保机构都应该通过海外私人投资公司（Overseas Private Investment Corporation）等投资担保机制，建立国家风险规避措施标准。[57]

分担责任、担保风险：碳固存（carbon capture and sequestration）等技术需要经过多年的商业测试才能真正投入使用。[58] 应建立全球风险担保机制，可免除国家法律责任，以鼓励在技术前沿领域开展国际合作。各国需要就国家法律免责的条件进行协商并达成一致。此外，各国还要在国内实施配套项目，与研制有着特定风险且价格昂贵的试点产品的公司分担责任，实现产品的商业化。例如，法国最近宣布了一项碳固存倡议，为12个私人投资的碳固存试点项目承担责任。[59]

建立公—私投资伙伴关系：目前，《气候变化框架公约》下的清洁发展机制制定了一些投资激励措施，以减少发展中国家的温室气体排放。通过这样的方式，清洁发展机制可以支持发展中国家的增长，并将资本引入到那些能产生最重大环境影响的投资市场。不过，清洁发展机制还需要进行大刀阔斧的改革，这样它就不用再为工业国家掏钱，去开展那些可能通过其他方式也能筹到钱的能效项目。

利用开发银行：世界银行和各地区开发银行应该继续作为中心点，为发展中国家的能源基础设施项目融资，为气候变化影响的适应能力建设提供支持。2008年，英国、美国和日本承诺为世界银行气候投资基金（World Bank Climate Investment Funds）注资50亿—100亿美元，通过技术创新和清洁技术配置，以及气候适应能力建设，加速向低碳增长的转型。[60] 中国也表示，有兴趣为非洲的绿色基础设施建设提供资金，这将有助于中国在非洲的其他投资。能源公司和经营其他商品的公司在贫困国家的基础设施开发建设中也是有利益的。开发银行应建立一种机制，将私人基金与投资需求匹配起来，并制定共同的标准。将私人资本和其他援助通过一个共同的渠道引入，可以保证质量，减轻多重捐资给发展中国家造成的管理负担（第九章将对此予以讨论），从而使发展中国家受益。

监控保护雨林：联合国环境规划署、联合国开发计划署，以及联合国粮食和农业组织于2008年9月发起了一个“减少滥砍滥伐和森林退化造成的温室气体排放计划”（Reduced Emissions from Deforestation and Forest Degradation Program），帮助九个发展中国家（包括玻利维亚、印度尼西亚和津巴布韦）建立森林覆盖情况的监控、评估和报告体系。挪威捐资3500万美元启动项目第一阶段行动。该计划将成为重要的实地试验，将会表明外部融资是否能有效降低毁林速率。[61]

开发创新型技术：应建立一个可续资的国际基金，启动资金为100亿美元，基金将用于资助各种竞争性的技术创新倡议。基金可以由国际能源机构管理，向公共和私人申请者开放。基金的资助重点是技术创新和商业发展能力。它将致力于在风险最大的技术领域减轻投资责任，并在私营部门和公共研究与开发项目之间搭建合作桥梁。基金的一部分可以储备起来，资助那些努力构建公—私伙伴关系并致力于研究工作及其产业化的非政府组织和项目，如民间研究和发展基金会（Civilian Research and Development Foundation）等。该基金会已聘请了成千上万名武器专家和研究机构，为他们提供商业机会。

建立国际研究伙伴网络：可以在各国的国家实验室、大学的研究实验室、其他专业研究中心和私营部门的创新和投资中心之间建立一个网络。这个网络可以发布技术创新的最新进展，将同一个领域的科学家联系起来。网络中的研究伙伴可以寻求技术基金的资助，也可以在范围更大的投机资本社团中寻求资助。

二轨：排放控制

如果主要排放国都不加入气候变化国际框架，那么气候变化问题就无法解决。《京都议定书》之所以不能有效抑制排放增长，是因为美国、中国和印度都没有参与。迄今，美国向大气中排放的与能源相关的二氧化碳量是所有国家中最大的（至2006年估计已排放3200亿吨二氧化碳）。[62] 到2030年，中国与能源相关的二氧化碳排放量预计将占世界总量的26%，与煤炭相关的排放将占世界总量的48%。如果在未来25年里，中国和印度实现预期的经济和工业增长，那么这两国的碳排放增长加起来将占到全球增长的60%左右。[63]

控制排放的第二轨道创建了一个进程，在这个进程中，主要排放国——16国集团气候小组——要制定一项减排战略，并将它们之间的谈判与成员范围更大的《气候变化框架公约》进程联系起来。我们已经指出，新的国际框架应限制全球气温上升并削减排放，这也是对气候变化委员会所作出的科学研究结论的反应。二轨应该建立指导方针，以《气候变化框架公约》的核心原则——“共同但有区别”的责任原则——为基础实现上述目标。二轨应该以排放表现为基础，强调结果而不是规定政策。作为一个核心原则，它必须认识到，一定要以定价的方式来反映因温室气体排放产生的洪灾、疾病、物资匮乏和冲突等代价。各国可以选择自己的行动方式，或者是将税收和限制交易体系挂钩，或者采取提高能效和节能的政策措施。

各国要有一定的灵活度，采取符合政治现实的政策，但是综合政策结果必须以科学目标来衡量。在全球经济衰退的情况下，征收碳排放税是难以推行的。限额交易体系很难在国家层面建立起来，在全球或地区层面就要容易得多。全球碳市场将会面临重大风险，比如，美国或者中国等排放大国有可能会从市场撤出并导致市场崩溃。在各国之间可以进行国家限额交易体系的跨国协调，但是各国的定价机制必须具有可比性。以法规的方式确定控制能效和利用可再生能源的目标，也许能产生短期效应，但可能不足以刺激对新技术的投资。几乎可以肯定的是，有些复杂问题会导致2009年12月的哥本哈根会议无法达成协议，但目前这些问题为数很少。相反，哥本哈根会议能出台一个过渡性的框架，以维持进程，到2010年达成一揽子协议。该框架可以包括以下内容：

支持气候变化委员会制定的目标：到2050年，地球气温与前工业时期相比，上升不应超过2.5℃。二氧化碳当量年排放必须在2015年达到峰值，在2050年前减少50%—85%。

要求各国立法限制2015年的年排放：这样一种责任规定即便不具备国际约束力，也可以对市场发出信号，使之改变投资方式，并有可能推动向高能效技术的转型。

在综合协议中建立碳定价“最佳模式”：综合协议中的最佳模式应建立几个目标。价格长期稳定，而不是短期波动，能为投资人建立信心，从而革新技术、改变消费模式。任何价格机制都要有短期安全阀或者价格控制机制，以便对极端经济紧缩进行补偿，就好像是需要有一定的灵活度来调整短期利率一样。应该在投资影响最大的地方采取投资激励措施。例如，因为欧洲和日本已经在能效领域进行了大量投资，所以累积性投资在这些经济体中所能产生的作用不如在中国和印度产生的作用大。如果排放目标抑制增长，那么可以通过时间增量逐渐实现“共同但有区别的”责任，这样既能保持共同的全球政策框架，又能在遵守规则的时限上允许灵活。

尽管排放控制轨道应该被整合到一个综合性的条约中，但是我们也敦促在最终结果上保持必要的灵活，允许各国制定非正式安排。由于美国和其他国家都存在条约的国内批准程序问题（美国是参议院2/3多数通过），所以条约可能还需要进行一定的调整，以通过批准程序的政治考验，然而调整后条约有可能就会丧失其核心目标。国家之间的安排不需要通过批准，[64] 但是也会在国家之间建立具有法律约束力的关系。金融行动特别工作组（Financial Action Task Force）和“二战”后成立的关贸总协定（General Agreement on Trade and Tariffs）的经验说明，国际框架的替代安排是有价值的。[65] 各国可以就共同目标达成一致，并在本国制定执行具有约束力的法律法规去实现这些目标。在美国采取这样的办法只需要参众两院的简单多数通过，不需要参议院的2/3多数通过。

核查和执行

事实上，每一个立法机构都会提出这样的问题：为了保持国家竞争力、保住工作机会，我们怎样惩罚那些没有采取相似的气候政策的国家？这个问题的前提假设是：如果在某些地方实施比较严厉的环境标准，将会降低该地的竞争力，使公司企业迁移到中国和印度，导致碳“泄漏”到环境责任意识相对淡薄的国家。出于对竞争力和碳泄漏的顾虑，已经有人提出了跨境征税的建议，即如果从那些没有实施相似环境政策的国家进口的产品中含有碳，那么就要对其征税。美国的征税目标是中国，法国的目标原本是美国。这种想法是错误的，应该避免。

美国的排放大都出现在交通和住房领域，这些部门是无法交易的。[66] 一般而言，在大多数制造业中，能源在总投入成本中只占到很小的一部分，因此，抬高碳的价格对总体生产成本影响不大。[67] 至于美国进口的那些具有较高的能源和碳含量的产品，如钢铁、铝、水泥、纸和化学制品，只有不到3%来自中国。[68] 基于上述原因，美国通过碳定价削减的排放只有不到10%会被外国排放增长所抵消，即便如此，大多数模型表明，跨境征税只能将那10%减少0.5个百分点。[69] 跨境征税不仅效力甚微，而且还可能违反世界贸易组织的相关规则。印度和中国会提出，按总排放计算，美国对气候变化负有更大的责任。《京都议定书》的签署方有可能利用上述措施来对付没有批准该议定书的美国。

那么答案应该是什么？我们在第三章中提出了建议，即要针对守约方式进行谈判。如果任何一个国家单方面实施了惩罚，就会产生报复风险，从而可能削弱整个机制的规制力。各国需要了解惩罚的范畴，以及惩罚实施的方式，要决定是否愿意接受达成外部判决所需要的审查。

自下而上的守约压力也同样重要，可以迫使公司企业先减少排放，才能参与市场竞争或者获得政府合同。要对碳定价进行规则管理，报告标准非常重要，关系到排放责任的落实和排放交易体系的成败。就可接受的排放水平制定明确的标准，就会迫使国家和企业提高透明度，使投资者能够对各公司的碳排放进行比较，从而加强市场激励机制、提高能效。

国际标准化组织（International Organization for Standardization，简称标准化组织或ISO）为温室气体排放的核算和核查建立了标准，工作取得了长足进展。2006年，标准化组织出版了14064系列标准，作为第一套国际通行的测量温室气体排放的工具。围绕这些标准的国际共识不断加强。[70] 该标准获得了《气候变化框架公约》和气候变化委员会的支持，被全球的企业、政府和地区机构广泛采纳；而且还大大增加了企业和国家对碳排放情况的发布。[71]

包括联合国在内的公共和私营部门都可以继续利用并扩展上述ISO标准。商界可制定一些激励机制，使其将上述标准与商业战略相结合，以便在能效方面战胜竞争者，并宣传自己取得的成绩。企业可以达成伙伴关系协议，并且对那些遵守ISO14064系列标准的其他公司给予优惠待遇。国家可以通过ISO14064系列标准，并以条例的形式将其规定为企业必须遵守的标准，在公司之间建立相似的实践和报告制度。为了争取防务合同、多边发展银行的合同和其他国家出资的采购项目，公司企业将不得不遵守ISO14064标准。

《气候变化框架公约》可以进行进一步的独立审查，将年会上的回顾报告制度化，该报告将指出哪些国家有效实施了ISO标准。《气候变化框架公约》可以利用这样的场合高调表扬和曝光各国表现最好和最差的企业。类似发展银行和联合国这样的组织可以将上述做法纳入到它们的采购规定中，要求公司必须获得ISO认证才能获得合同。更有力度的做法是，在下一轮贸易谈判中，可以将ISO气候行为标准通过谈判写入世界贸易组织的政府采购规则中。

结　论

气候变化涉及科学、技术、经济学、政治和国际关系，没有比之难度更大、风险更高的问题了。而其解决方案也将非常复杂，这是在所难免的。解决方案将包括多重制度和政策，并且可以预见的是，随着时间的推移，问题和解决方案都必然发生变化，因为好的政策有助于推动技术创新，从而开辟了新的可能性。逻辑告诉我们，事情理应如此——在一个复杂的世界里，复杂问题的解决方案一定是不断变化的。

气候变化框架要成功建立起来，必然要经历一些考验。第一个考验是要推行相关政策，推动创新和投资。第二个考验是将大国和新兴国家联合起来，因为到2030年这两类国家的碳排放将占到总体碳排放的近90%。[72] 这就要求在实施影响经济增长的碳定价政策之前，要给新兴经济体一些时间。根据我们的判断，现在最好的方式是推动16国集团朝着上述共同目标前进，而不是强推一些中国和印度会拒绝的目标。最后的考验是如何利用私人资本、技术和分析能力。在1945年，国际体系中大多数的行为体都是国家，而现在我们有了一群包括国家、地区、营利和非营利集团等在内的行为体。大多数资源和能力都不是掌握在政府手里，私营部门必须不断给政府施加压力，促使其改进政策。

下一章我们将重点讨论核安全问题，气候变化和能源利用政策已经迫使很多国家在开发民用核项目。如果气候政策不与核安全协调起来，在一个领域取得的进展就有可能制造出新的扩散风险。16国集团将再次扮演关键角色，一方面就核安全政策达成共识，另一方面保证同样的一群行为体解决跨议题的联系问题，这些议题无法相互孤立，必须同时考虑。

在气候变化和核安全问题上，美国采取何种政策至关重要。要实现集体参与，各国必须确立一个共同信念，相信大家都会过得更好。要定下这个调子，美国不能只唱高调，而是必须在实际行动中发挥领导作用。如果奥巴马总统能够超越短期的不确定性，看得更长远一些，就会发现积极的气候政策有助于修复美国的国际形象，并加强美国的能源安全。

第五章

第二个核时代

我们已经进入第二个核时代。[1] 在第一个核时代来临之际，《不扩散核武器条约》(简称《不扩散条约》)的缔造者们相信，在和平使用核技术和利用核技术制造武器之间可以建立一座防火墙。但是，20世纪80年代的伊拉克和最近的朝鲜和伊朗证明这个看法是错误的。在第一个核时代，扩散只是国家面临的问题。40年前，没有人认为恐怖分子可以获得核弹，也没有人认为核武器材料和技术的销售会成为非国家行为体的商机。

在第一个核时代，核能似乎是大有希望的资源，但是出于安全和环境考虑，它从未成为首要的能源来源。在第二个核时代，对全球变暖的关注和国际石油和天然气市场的大幅波动，使得人们对核能的需求复苏。近30个国家已经宣布要建设用于和平目的核项目。[2]

在第一个核时代，核弹是有核国家相互威慑的武器；在第二个核时代，核武器国家的军事参谋正在认真考虑，应该制定怎样的原则，使得核武器可以“被用到”反恐战争中。[3] 在第一个核时代，美苏冷战限制了对核弹的需求；在第二个核时代，地区和全球不安全使一些人对核弹产生了新的兴趣，有人认为，未来我们有可能会看到以中东为中心的大型核扩散。在第一个核时代，专家们默认，如果美国和苏联进行裁军，其他国家也会照办。但是，现在情况就不是那么明朗了。有核国家，例如，印度、巴基斯坦和以色列，都面临着所在地区不安全的复杂局势。如果它们弃核，那么什么样的国际机制能够保障它们的安全呢？[4]

阻止核武器扩散，这是负责任主权面临的最重大考验。《不扩散条约》是40多年前签署的，它制定了一些关键的行为标准，负责任的国家在处理核技术时应遵照执行。如今，能激活这些标准的共识已经有所退化。未来不扩散机制的健康发展首先有赖于如何重建共识。但是，仅有共识还不够。我们要制定新的责任标准，使不扩散机制适应21世纪的要求。

《不扩散条约》的效力取决于在三个问题上达成协定。第一，拥有核武器的国家要达成集体协定，不将核武器扩散到其他国家去，而且还要提供相关安全保障。第二，不发展核武器、履行《不扩散条约》义务的国家有权和平利用核技术。第三，在签署《不扩散条约》时已经拥有核武器的国家达成协议，切实采取裁军行动。

在条约签署后的头30年里，不扩散机制有效地减少了国家对于核武器的需求，也对制造核武器所必需的原材料供应进行了限制。自冷战结束以来，该机制日益弱化，在推动核武器国家进行裁军方面，有效性大打折扣。20世纪90年代，无核武器国家已经感到非常失望，认为原有的条约方案不公平；它们也很愤怒，认为核武器国家在兑现承诺方面行动迟缓。这种失望和愤怒的情绪不断强化，削弱了讨价还价过程的潜力和阻止核武器扩散的国际努力。但是，在原有共识已经破裂的时候，成员国不应减少投入，而是要加大投入，付出更大的努力去阻止核材料、技术和武器的扩散。

尽管建立有效的核不扩散机制是美国的重大利益之所在，但是在过去七年里，美国采取的政策削弱了防止核武器扩散的全球共识，弱化了现有机制。虽然布什政府有所创新，制造了防扩散的新工具，例如2003年的《扩散安全倡议》（*Proliferation Security Initiative*），但是却对履行自己的裁军承诺毫无兴趣。布什政府制定了一些重大决策，包括拒绝履行《反弹道导弹条约》（*Antiballistic Missile Treaty*）和早前对裁军的承诺、探讨制造新的短程弹头的可能性、将预防性战争和强制性政权更迭作为国家战略等，与此同时还不断发出要使用核武器的威胁。这些决策动摇了禁用上述武器的禁忌，损害了美国的全球领导地位和国际安全保障者角色。同时，美国和俄罗斯关系的冷却使得两国是否会履行双边裁军承诺成了一个问题。

奥巴马总统必须做出决定，如何重建全球不扩散共识，并强化其机制。美国需要在武器控制问题上重新与俄罗斯进行接触，并就如何避免新一轮核武器和核技术竞赛与中国展开谈判。奥巴马政府必须与其他国家合作，提供激励机制，使相关国家放弃裂变材料的浓缩活动。美国领导人必须与其他国家的领导人合作，使不扩散机制能够迎接第二个核时代的挑战。只有美国发挥表率作用，恢复裁军议程并大规模削减自己的核武器，上述建议才具有可行性。

认识威胁

世界各国政府和人民对于核威胁的认知有着很大差异。美国政府之所以将核扩散当作是非常紧急的威胁来应对，原因之一就是恐怖分子有可能获得核武器。我们已经在二战期间的长崎和广岛看到，即便是一颗简易的核弹也有可能造成巨大破坏。核弹袭击会使数十万人丧生，对于国际贸易和金融、全球经济增长，以及环境造成毁灭性的破坏。

然而，世界上有些地区却认为核恐怖主义是虚构的故事。非洲和拉美一些国家认为核恐怖主义是对美国和欧洲的威胁，而不是对自己国家的威胁。一些外国官员甚至认为美国捏造了核恐怖主义威胁，以便为自己追求全球霸权的行为正名。[5]

不过，大多数国家都同意，核武器、技术和材料的扩散，对国际和平与安全构成了严重威胁。恐怖主义还仅仅只是我们面临的灾难性威胁之一，除此之外，拥有核武器的国家越多，发生战略误判、意外使用或故意使用核武器的可能性就越大。首次获得核武器的国家缺乏可靠的指挥和控制程序，因此使用核武器的可能性大大增加。[6]一个国家获得了核武器就可能打破地区安全平衡，促使地区内的竞争者争相效仿。在中东和海湾地区，这种情形最有可能发生，也最危险，如果伊朗研制出核武器，情况将尤为严重。

另外一些国家认为核武器本身就是现实的威胁，要求有核武器的国家开展大规模减裁行动。但是，这其中有一些国家又是受益于有核武器的国家提供的所谓的“核保护伞”的，它们建议在开展核减裁行动时，必须与30多个无核武器的国家进行协调。这些国家可能支持裁军议程，但是裁军的规模、性质和步骤可能会影响它们的安全观和安全政策。[7] 例如，日本就依赖于美国核安全伞的保护。如果美国不同日本进行协调就展开减裁行动，那么日本领导人就有可能决定对日本的核政策重新进行评估，尤其是在拆除朝鲜的核项目和核武器问题上出现模糊的时候。

如果个人、公司或者政府有能力、有意愿向渴望得到核武器的国家或非国家行为体出售核材料或核技术，那么这种能力或意愿就构成了严重威胁。[8] 巨大的全球贸易量、技术和材料的双重用途、很多国家出口控制机制的可失控性、贸易中心规制不力，以及扩散者颇具创意的使用前方公司和错误的终端用户证书等，这些因素都构成了重大挑战，使得我们很难发现隐藏于合法活动中的罪恶。我们已经看到，它们是如何轻而易举地绕开控制链和国际安全保障机制的。巴基斯坦工程师卡恩（A.Q. Khan）的网络表明，一个扩散分子如果打定了主意，又有了畅通的渠道和联络人，以及对国际体系的深入了解，就能绕过权威机构。[9] 一个规模如此庞大的隐蔽网络居然没有被发现，尽管类似情况看起来不太可能再度出现，但是局部贸易网络还是有可能存活下去的。

矿物燃料价格居高不下、能源供应国和运输通道存在风险、为应对气候变化采取了新的政策（如碳定价问题），这些都可能加速民用核能的开发，从而加大扩散风险。出于经济、环境和安全原因，我们应该期待更多的国家将核电纳入到它们的电能构成中。但是这种做法的安全性能得到保证吗？一些开发民用核项目的国家也许会忍不住要去掌控燃料周期各个方面的情况。一旦走到这一步，距离制造核武器就不远了，这是非常危险的。

越来越多的国家拥有技术能力，可以制造适用于核武器的裂变材料。尽管目前还没有证据表明具有核潜能的国家想要开发核武器项目，但是国家的意图不是固定的，是很容易发生变化的，很难预测。如果一个无核国家，比如伊朗，发展了核武能力，那么就会产生严重的多米诺效应。因为其他国家，如沙特阿拉伯、约旦和埃及，就会重新考虑本国是否应该发展核武器。

2008年，世界上有9个国家拥有核武器，有60个国家拥有某种形式的核能力。在这60个国家中，只有12个国家能够浓缩铀，并进行铀的商业化生产。[10] 设想一下，如果发展中国家谋求能源自给自足，采用无碳的核技术来发电，生产浓缩铀的国家数量由此增加一倍或者两倍，那么情况会怎样？因此，我们现在就需要加倍努力，在危机爆发之前，加强民用核能和核武项目之间的防火墙。

负责任主权与防扩散工具

尽管世界各国人民对于核武器所构成的威胁有着不同的认识，但是对于负责任主权应该在核问题上采取何种行动，人们的看法还是相当一致的。《不扩散条约》几乎是一个全球性的条约——192个联合国成员国中有188个签署了这个条约。印度、以色列和巴基斯坦都是核武器国家，但是都没有加入；朝鲜在被发现有违约行为时退出了该条约。下面列举了《不扩散条约》签署国的主要条约义务。

《不扩散条约》签署国的主要条约义务

第一条

每个有核武器的缔约国承诺不直接或不间接向任何接受国转让核武器或其他核爆炸装置或对这种武器或爆炸装置的控制权；并不以任何方式协助、鼓励或引导任何无核武器国家制造或以其他方式取得核武器或其他核爆炸装置或对这种武器或爆炸装置的控制权。

第二条

每个无核武器的缔约国承诺不直接或间接从任何让与国接受核武器或其他核爆炸装置或对这种武器或爆炸装置的控制权的转让；不制造或以其他方式取得核武器或其他核爆炸装置；也不寻求或接受在制造核武器或其他核爆炸装置方面的任何协助。

第三条

1. 每个无核武器的缔约国承诺接受按照国际原子能机构规约及该

机构的保障制度与该机构谈判缔结的协定中所规定的各项保障措施，其目的专为核查本国根据本条约所承担的义务的履行情况，以防止将核能从和平用途转用于核武器或其他核爆炸装置。

2. 每个缔约国承诺不将（a）原料或特殊裂变物质，或（b）特别为处理、使用或生产特殊裂变物质而设计或配备的设备或材料，提供给任何无核武器国家，以用于和平的目的，除非这种原料或特殊裂变物质受本条所要求的各种保障措施的约束。

第四条

1. 本条约的任何规定不得解释为影响所有缔约国不受歧视地并按照本条约第一条及第二条的规定开展为和平目的而研究、生产和使用核能的不容剥夺的权利。

2. 所有缔约国承诺促进并有权参加在最大可能范围内为和平利用核能而交换设备、材料和科学技术情报。有条件参加这种交换的各缔约国还应单独地或会同其他国家或国际组织，在进一步发展为和平目的而应用核能方面，特别是在无核武器的各缔约国领土上发展为和平目的应用核能方面，进行合作以作出贡献，对于世界上发展中地区的需要应给予应有的考虑。

第六条

每个缔约国承诺就及早停止核军备竞赛和核裁军方面的有效措施，以及就一项在严格和有效国际监督下的全面彻底裁军条约，真诚地进行谈判。

通过“集体保障（collective reassurance）”过程，《不扩散条约》一方面力图压低对核武器的需求，另一方面控制制造核武器所必需的材料供应。不扩散机制要起作用，首先各国要履行不扩散和裁军义务。如果各方都相信欺骗者会被发现并会受到适当处理，那么这个体系运作起来才会更有效。此外，如果国家按承诺进行裁军并且将裁军的成果展示出来，那么就会给无核国家提供额外的激励，使它们有理由不去谋求核武器。

要实施集体保障，就要采取有力的核查措施。因为核查依赖于国家遵守条约的意愿，所以欺骗行为是可能的。如果各国都认为这个体系正在走向失败，某些国家不可信，那么该体系就会受损；随着各国对该体系逐渐失去信心，它们就会考虑替代选择，并冒险破坏这个机制。

不扩散机制的关键核查单位是国际原子能机构。[11] 它是一个独立运作的国际组织，通过特殊的协议与联合国体系联系起来。国际原子能机构的任务是促进和平开发核能，并防止核能被用于武器制造。国际原子能机构执行任务的基本工具是通过《保障监督协定》建立起来的民用核材料监控和观测体系，这些协定是各国和国际原子能机构通过正式谈判达成的。在《不扩散条约》机制下被指定为“无核武器国家”的要在签署《不扩散条约》180天内，与国际原子能机构达成《保障监督协定》。（对于核武器国家则有不同的安排，对其民用核项目的核查以自愿的方式进行。）

演变中的责任标准

自1970年《不扩散条约》签署以来，核领域的国家责任标准在不断发展。20世纪90年代，对国际原子能机构的批评声浪很大，批评者认为它没能发现伊拉克在20世纪80年代秘密进行的大量核项目。尽管国际原子能机构进行了监控，但是伊拉克还是能够利用没有向国际原子能机构申报的设施秘密实施核武器项目。1991年海湾战争后，检查团发现了一些证据，这些证据表明，伊拉克就快要造出核武器了。

这一事件使得保障监督机制得以大大加强。1992年，国际原子能机构的政策制定集团——理事会（Board of Governors）——再次确认保障监督协定的目标是发现并阻止核材料的转移使用，即从“和平的核活动到制造核武器，或者其他核爆炸装置，或者用于不为人知的目的”。理事会强调该协定不仅适用于“国家申报的核材料”，也适用于“任何应该申报并受制于保障监督的核材料（和活动）”。1997年，理事会通过了一个针对保障监督协定的《附加议定书》（*Additional Protocol*）范本，以加强国际原子能机构的调查能力。有85个国家签署并批准了《附加议定书》，31个国家签署但未批准。但是这样的政策变化却没有获得相应的资源投入。直到2003年，国际原子能机构的核查经费才有所增加，但也只不过增长了10%左右。[12]

在国际原子能机构权限以外的领域，其他组织采取了一些行动，防止核技术的跨境转让。相关工作早在1971年就开始了，当时核技术供应国成立了桑戈委员会（Zangger Committee），任务是帮助《不扩散条约》缔约国确认受制于出口控制的设备和材料。桑戈委员会开列了一份“管制清单”——即以保障监督为前提条件才能供应的项目。

在应对1974年印度核试验时，供应国试图扩大合作，将当时的法国等非《不扩散条约》成员国吸收进来。1975年，核供应国集团（Nuclear Suppliers Group）成立。针对需要进行出口控制的材料、设备和技术，核供应国集团制定了指导方针，通过各成员国的国家立法予以实施。核供应国集团在桑戈委员会的管制清单上增加了对技术的控制。此外，出口控制还扩展到覆盖双重用途的物件，这些物件可用于核项目。最后，核供应国集团成员国达成一致，将贸易限制适用于所有接受国，而不仅仅是没有加入《不扩散条约》的国家。现在该集团成员已包括了45个核供应国。

尽管桑戈委员会和核供应国集团都只是自愿性的国家集团，但它们都是不扩散机制的重要组成部分。此外，它们的自我约束也起到了启示作用，未来范围更大的国家集团应履行相应责任，应对第二个核时代的挑战。

裁军大会

裁军大会是制定新的规范和条约，对核武器进行负责任管理的机构。它有66个成员国，包括所有核武器国家。它是联合国大会于1979年成立的，唯一一个专门讨论裁军问题的论坛。《全面禁止核试验条约》（*Comprehensive Test Ban Treaty*）就是于1994年在这个论坛上开始正式谈判的。在1995年的《不扩散条约》评估大会上，无核武器国家与美国达成了交易，美国承诺批准《全面禁止核试验条约》，无核武器国家同意以《全面禁止核试验条约》作为无限期延长《不扩散条约》的基础。实际上，交易条件是无核武器国家承诺永远不拥有核武器。

然而，美国虽然在1996年签署了《全面禁止核试验条约》，但是1999年参议院却投票反对批准美国加入这一条约，参院对该条约的核查部分表示担忧，担心这一部分有可能影响美国核武器库的维护。尽管自1992年以来，美国就已经暂停了核试验（由乔治·H.W.布什政府正式启动），但是这与批准《全面禁止核试验条约》所涵盖的承诺水平是不同的。如果有44个“有核能力的”国家批准，条约就会生效。但到目前为止，只有31个国家批准了该条约，在已经签署但未批准该条约的国家中，除美国外，还有中国和以色列。

围绕着《全面禁止核试验条约》的纷争过去之后，裁军大会陷入了僵局，甚至在工作项目问题上也无法达成一致。在八年多的时间里，在战略裁军问题上，裁军大会连一份文件草案都没有，该论坛的实用性已经受到质疑。造成这种局面的原因是多方面的，其中之一是讨论的议题范围太大，而且议题之间相互交叉。2000年，《不扩散条约》评估大会提出，除一般性的裁军问题外，还应在裁军大会上讨论两个具体问题，即《禁止生产裂变材料条约》（*Fissile Material Cutoff Treaty*）和《消极安全保障》（*Negative Security Assurances*）（五个《不扩散条约》签署国保证不对那些已经正式宣布放弃使用核武器的国家使用或威胁使用核武器）。2001年美国退出《反弹道导弹条约》。包括俄罗斯和中国在内的很多裁军大会成员国都感到防止外太空军备竞赛应该成为重中之重的考虑。然而，美国却认为防止外太空军备竞赛可能会阻碍自己的弹道导弹防御计划，因此将控制裂变材料作为更优先的考虑。其他无核武器国家则认为推进裁军和消极安全保障是最重要的。

“9·11”后的恐怖主义忧患

“9·11”以后，恐怖主义和大规模杀伤性武器（weapons of mass destruction）上升为全球议程的首要问题。在2002年的八国集团峰会上，八国领导人宣布，将投入200亿美元用于建设“防止大规模杀伤性武器和材料扩散的全球伙伴关系”。全球伙伴关系主要聚焦于俄罗斯，全面覆盖了针对大规模杀伤性武器的安全措施，包括安全储存、不扩散和反恐。[13] 这个雄心勃勃的议程已经产生了一些重要成果，但是在筹资和项目落实上也存在一些问题。

建立八国集团全球伙伴关系之后，又出现了一些其他的国际行动。《防扩散安全倡议》是由布什政府创建并领导的，在这个安排中各国可以分享信息，即相关物资（有可能包含大规模杀伤性武器部件的物资）的发货情况，以便阻止这些物资到达目的地。虽然在公海上进行制止是《防扩散安全倡议》最引人注目的一面，但是它的主要功能还是帮助各国强化其出口管制立法。

另外一个行动措施是安理会第1540号决议，该决议规定所有成员国必须要实施管制，阻止大规模杀伤性武器材料和技术的非法转让。第1540号决议于2004年通过，其中最雄心勃勃的一面是，它试图消除各种出口控制机制之间的差距。该决议扩大了这些机制的范畴，使之超出了现有的自愿团体的成员范围，例如核供应国集团和《防扩散安全倡议》。为了检查各国执行决议的情况，成立了一个新的联合国委员会，受理各国的执行申报。2005年，联合国大会通过了《制止核恐怖主义行为国际公约》（*International Convention for the Suppression of Acts of Nuclear Terrorism*），为对抗核恐怖主义威胁提供了更为广泛的政治基础。不过，正如我们在关于恐怖主义的那一章中谈到的那样，需要建立一个集体激励机制，使各国愿意遵守公约，还需要为愿意实施出口管制、但又没有相关能力或经验的弱国提供资源保障。

评估不扩散机制

美国的政策制定者在就不扩散机制的有效性进行辩论时，往往容易受到头条新闻的影响。一些美国的政策制定者认为，这个机制不能将有欺骗行为的国家和没有欺骗行为的国家区分开来。换句话说，他们认为这个机制本身已经失败了，因为出现了一些失败的案例（朝鲜和伊朗）。再或者，他们认为这个机制失败了，因为有些国家承担了条约责任，却还没有加入到这个机制中来，比如印度。

这样一些评估可以说是偏颇的、轻率的，因为要评价这个机制，首先需要问一问：如果没有这个机制，世界会变得更好还是变得更坏？其次，这个机制可以改进吗？为了建设一个更好的机制，我们应该找找失败的原因，看看机制中什么地方出了问题。

就其成立的年限而言，这个机制已经是相当成功的了。它的最大成就是减少了对核武器的需求。自《不扩散条约》机制运行以来，有核野心并采取行动的国家减少了。该机制建立差不多40年了，大约60个国家开发了核能或运行了研究反应堆，至少有30个国家已经掌握了工业和科学的知识，能够实施核武器项目。但是真正成为核武器国的国家数量很少（九个）。有四个国家继承或获得了核武器，但是它们后来都放弃拥核（白俄罗斯、哈萨克斯坦、南非和乌克兰）。其他一些国家，如巴西，过去曾经启动过核项目，但后来终止了。

成功的另一个指标是机制随时间变化调整的能力。很多国家都不是条约最初的签署国，都是在几十年后才加入的。人们也许不大会记得，几个关键的国家，如法国、中国和巴西，都是到了20世纪90年代初才加入该条约的。

分析人士一直在预测《不扩散条约》的终结，最近的预测是在发现伊拉克、伊朗和朝鲜的核项目之后。判断一个机制生命力的强弱，衡量因素之一是它是否能应对新的挑战。不扩散机制在一定程度上做到了这一点。例如，在第一次海湾战争时期，当发现伊拉克已经具备了建设秘密核项目的能力，而且令人震惊的是就快要造出核弹的时候，《不扩散条约》机制出台了《附加议定书》，使国际原子能机构能够深入腹地进行调查。

表5—1　核武器库存量，1986年和2006年

P5国家[a]	1986年P5的核武器库存量	2006年P5的核武器库存量
法国	355	350
英国	300	200
苏联/俄罗斯	45000	16000
美国	24400	10000
中国	425	100—400
总计	70000+（冷战时期最大值）	26650—26950

a. P5指的是联合国安理会五个常任理事国。

即便是就裁军而言，尽管过去十年已经处于停滞状态，但在削减核弹头方面还是取得了进展。表5—1说明，自20世纪80年代后期以来，核弹头的数量已经大大减少了，从冷战时期的高达七万多枚，削减到现在的不足三万枚。虽然这个数字仍然太高，现存的核弹头足以将地球整体摧毁好几次，但是我们的任务应该是重启裁军，而不是从头再来。

核武器国在裁军方面取得的进展在很大程度上依赖于美国与前苏联（现俄罗斯）的双边谈判。自20世纪70年代以来，两国就开始采取一系列步骤管制和削减核武器储备和战略投递系统。在那些仍然有效的制度中，《削减战略武器条约》（*Strategic Arms Reduction Treaty*, START I）包含有一个强行入境核查的机制，其有效期将持续到2009年12月。目前，还没有将《削减战略武器条约》按现有安排延期的计划。《莫斯科条约》于2002年5月签署，并于2003年6月生效，但是该条约没有要求摧毁投递系统，也没有关于核查和检查的规定。

对《不扩散条约》持批评意见的人来说，20世纪90年代发生的事件证明，根本不存在支持不扩散的裁军谈判。他们认为，90年代是美国和俄罗斯裁减核武器数量最多的时代，但同时也是扩散最为严重的时代，印度和巴基斯坦都进行了核武器开发和试验，朝鲜也在谋求制造自己的核弹。

这是错误的、修正的历史观。的确，在20世纪90年代，又有一批新的核武器国诞生了，但是总体而言，核武器国的数量是下降了，因为南非和那时刚刚独立的乌克兰、白俄罗斯和哈萨克斯坦都放弃了核武器。而且，20世纪90年代实现了《不扩散条约》的无限延期，以及几乎所有国家对不扩散的再次承诺。近130个国家自愿接受国际原子能机构根据《附加议定书》对它们进行更加严格的视察。在同一时期，各国还达成了禁止试验核武器的协议。

《不扩散条约》的批评者不仅专挑单个的反面案例，而且还存在下述3个问题。第一，批评者们非常狭隘地盯住扩散者，问“真是因为裁军不足，所以朝鲜和伊朗才谋求发展核武器的吗？”提问的方式就决定了答案显然是否定的。但是，与之相关度更高的问题是裁军不足及其对183个无核武国家的影响，这些国家原本是可以帮助对违约行为施加压力的。显然，其中有些国家不太合作，在谴责并反对伊朗的违约行为时行动迟缓，因为它们认为有核武器的国家不履行裁军义务同样也是违背了《不扩散条约》的精神。

第二，批评者们认为，国家是否谋求制造核武器是一种天性；换句话说，那些遵守《不扩散条约》，不谋求发展核武器的国家，本来也就是不会发展核武器的。那些谋求发展核武器的国家显而易见是不会受到《不扩散条约》威慑的——因此条约起不到什么作用。这种说法有意忽略了国家发展核武器的诸多原因。很多无核国家拒绝核武器是因为不扩散机制给它们提供了担保，只要别人不发展核武器，它们也不需要这样做。对安全的认知是最重要的。对地区和全球安全的担忧、新威胁产生和合作的失败会驱使国家谋求自助性的解决方案。但是，这里最关键的一点是，条约之所以重要就是因为国家是否要发展核武器，并不是先天注定的。

即使裁军不足，这也不是导致伊朗或朝鲜核扩散的原因，美国的行为——不履行安全保障承诺、推行政权更迭政策，以及发出有可能使用核武器的威胁，所有这些可能都是造成那些国家寻求核武器的原因。

如果没有不扩散机制，世界会是怎样？没有多边激励机制、规则和规范，也许双边或联盟安全保障会更受重视。对于这些保障机制的力度提出质疑是有道理的。没有多边体系提供的集体保障，单边战略就有可能更受重视，包括防止扩散的预防性战争。这种情形会推动核扩散，因为它强化了一个信念，即只有拥有核武器才能保障国家安全。而且，没有对供应的管制，国家就更容易获得必要的技术。

处理难题

有些人可能会偏激地说，机制存亡的试金石就是它如何处理像伊朗和朝鲜这样的违约“难题”。尽管每一个个案可能都有它的独特之处，但是我们还是可以从这些难题中吸取一些经验教训，获得一些启发，这对于未来加强机制建设是有益的。两个案例都可以被看作是不扩散机制失灵的例子，但是也可以被更准确地描述为布什政府不扩散政策的失灵。朝鲜和伊朗都证明了我们的核心论点，那就是，美国政策，以及从某种程度上看，地区大国的政策，是决定国际机制是否能够有效运转的最关键因素。

朝鲜于1985年加入《不扩散条约》，但是直到1992年才与国际原子能机构缔结《保障监督协定》。国际原子能机构发现朝鲜在申报中有一些前后不一致的地方，它掌握的证据大多是通过取样和分析，以及美国情报机构提供的卫星显像获得的。证据表明，朝鲜分离的钚多于其申报数量，这些钚可能足以造出1—2件核武器。作为回应，朝鲜发出照会，表明要在1993年退出《不扩散条约》，但是经过外交斡旋，朝鲜在退出决定生效的前一天暂停了退出计划。

美国和朝鲜经过密集的双边谈判于1994年达成了《框架协议》（*Agreed Framework*），朝鲜承诺将其核设施置于国际原子能机构的监控之下，并努力实现朝鲜半岛无核化的目标。后来，美国认识到将《框架协议》仅仅看作是一个不扩散协议是不够的，美国看法的转变带来了重大突破。[14] 朝鲜处在极权、多疑的政府领导之下，长期脱离全球社会及其变革，它想要的框架是要解决自身广泛的安全问题的框架，包括对美关系正常化在内。《框架协议》呼吁双方“走向政治和经济关系的全面正常化”，并包括了增加美国和朝鲜之间的外交联系、贸易和投资等措施。作为《框架协议》一部分，日本、韩国和欧盟承诺为朝鲜提供一个轻水反应堆，以满足其能源需求。

从1993年美国和朝鲜启动谈判开始，到2000年谈判结束，两国共进行了22次谈判，涉及恐怖主义、导弹、食品和扩大核查等广泛的议题，签署了16份不同的协议。在2000年克林顿政府执政的最后日子里，国务卿奥尔布赖特对朝鲜进行了访问，当时朝鲜承诺，作为朝美关系正常化的一部分，将通过谈判结束导弹试验。

美国和朝鲜都断断续续地执行了包括《框架协议》在内的上述各种协议。在美国，协议执行的行动被国内政治妖魔化了，有人坚持认为，对朝鲜的任何让步都无异于绥靖。不过，只要克林顿政府保持高层参与，朝鲜的扩散问题就在控制之中。

美国和朝鲜的谈判在布什政府执政的2002年破裂。2001年，一个由美国各政府机构组成的代表团获得授权到平壤访问，并为朝鲜提供一份“大合同”，将最终的无核化与外交关系正常化挂钩。但是，由于情报显示朝鲜正在开展《框架协议》之外的铀浓缩项目，所以这趟访问搁浅了。最后虽然美国还是派出了一个代表团于2002年访问了平壤，但是这一次访问的主要任务变成了就高浓缩铀项目问题与朝鲜对质。[15] 当时，“9·11”已经发生了，布什总统将朝鲜定性为“邪恶轴心”之一，政府新任命的官员在国务院中担当要职。平壤没有否认高浓缩铀项目，美国代表团立刻回到了华盛顿。《框架协议》被终止，施压与孤立的新政策开始执行。

美国对朝政策的变化必须列为布什政府最严重的误判之一，因为这个变化使得朝鲜得以开发和试验核武器。2002年12月，朝鲜驱逐了国际原子能机构的观察员，拆除了国际原子能机构部署在宁边反应堆的设备。国际原子能机构认为这些行为构成了进一步违规，并就此事向联合国安理会进行了报告。朝鲜随后退出了《不扩散条约》。没有了国际原子能机构的检查后，朝鲜通过对宁边的钚进行回收处理，组装了一件核武器，2006年10月，国际原子能机构的观察员到现场对其进行了测试。颇具讽刺意味的是，导致美国终止《框架协议》并致使朝鲜驱赶国际原子能机构观察员的所谓高浓缩铀项目并没有制造出任何核材料。如果《框架协议》没有终止，如果国际原子能机构能够维持其存在，我们也许可以说，朝鲜就不可能获得制造核武器的裂变材料。

此后，布什政府经过了五年的双边和多边外交才重新发现了《框架协议》的价值，并认识到朝鲜应该不仅仅只是一个扩散问题。在整个过程中，中国高度的外交关注和巨大努力起到了重要作用，由此使得与此危机相关度最高的各国（中国、日本、朝鲜、韩国、俄罗斯和美国）政府进行了会晤，这就是人们所熟知的六方会谈。在2006年核武器试验后，中国对朝鲜施加了巨大压力，并推动安理会达成共识，威胁对朝鲜进行制裁。与此同时，布什政府又愿意重新与朝鲜进行直接接触，解决其广泛的安全、经济和能源问题。由此，2007年2月产生了一份新的协定。可是，到那时，朝鲜已经加入了核武器国俱乐部。

现在面临的挑战是朝鲜去核化，所有分析人士都认为，与防止朝鲜制造核武器相比，这个问题的难度要大得多。左翼和右翼批判者都认为，2007年2月达成的协议不够严厉，在布什政府内部也有一些压力要再次终止这个协议。但是在2008年年中，下述情况就很清楚了：宁边设施——已经确定了的朝鲜核材料的生产源头——已经被关闭；

正在被拆除；要重新建成类似的生产能力，朝鲜最终将要花费18—24个月的时间。联合国安理会和中国施加的压力，再加上美国通过六方会谈和双边方式进行的接触，比2002—2007年间终止《框架协议》五年所产生的实际结果更有效力。

伊朗是另外一个难题。布什政府抛弃了《不扩散条约》的核心要素——裁军，这给伊朗问题投下了浓重的阴影。[16] 伊朗的秘密核活动于2002年8月被曝光，当时，伊朗的一个持不同政见者团体，伊朗国家抵抗委员会（National Council of Resistance of Iran），指出在纳坦兹（Natanz）有一个未申报的核设施，后来发现这是一个离心浓缩机。随后，国际原子能机构对此展开了调查并指出，伊朗已经秘密开展核活动达19年之久。

2003年6月，国际原子能机构发现伊朗违反了《保障监督协定》。2003年10月，美国威胁将伊朗的违规行为提交给联合国安理会处置，伊朗这才同意向国际原子能机构汇报其“全部核活动，以消除任何误解和疑问，证明这些活动纯属和平性质”。[17] 为了在这个问题上与国际原子能机构达成协议，伊朗签署了《附加议定书》（但是没有进行到批准的步骤）并同意停止铀浓缩活动。欧盟通过国际原子能机构做了一些工作，最终达成了协议（伊朗明确表示，只同国际原子能机构打交道）。

所有这些都是在美国入侵伊拉克、美国与伊朗之间断断续续就阿富汗和伊拉克问题进行着准谈判的背景下发生的。伊拉克战争爆发、稳定阿富汗是美国和伊朗的共同利益，再加上伊朗的领导层是1979年伊朗革命以来最为温和的，这些情况为美国—伊朗外交关系的突破创造了可能性。2003年5月，伊朗给当时的美国国务卿鲍威尔发了一封很长的电报，暗示有可能实现双边关系正常化，并表达了伊朗实现所有核项目透明化的意愿。[18] 2003年秋天，当伊朗再次面临核武问题可能被提交给联合国安理会的局面时，它取消了自己的核武器制造项目。[19] 美国对伊朗的这种示好行为没有进行实质性的回应。2008年5月，国防部长罗伯特·盖茨在惋惜没有抓住机会与伊朗就相互关切的问题进行接触时，间接提到了这个事件。[20]

然而，美国不但没有抓住机会，而且还使伊朗的核野心经过五年无休止的调停、视察和谴责后深陷泥沼，无法自拔。2003年11月，国际原子能机构发现，尽管伊朗违反了《保障监督协定》，没有通报其浓缩设施，但是也没有证据表明伊朗将已申报的材料转而用于军事项目。国际原子能机构在常规报告中重复阐述了这个结论。同时，由于对未申报材料的担心和对伊朗核项目是否完全用于和平目的的怀疑，所以伊朗与国际原子能机构的合作始终处于关注的中心，当伊朗2004年恢复铀浓缩活动时，正常合作就无法开展下去了。尽管欧盟的调停人要求伊朗在当年停止此类活动，并且伊朗也确实这样做了，但是他们发现，他们制定的一揽子接触伊朗的激励措施中恰恰缺少了一个最重要的措施，即与美国就广泛的安全和经济问题进行外交谈判。

到2005年底，伊朗的态度已经从不妥协走向了公然违抗。内贾德当选后，结束了伊朗的温和政治路线。飙升的油价和美国在伊拉克的彻底失败导致伊朗领导人信心大大增强。美国看起来就像一只纸老虎，同时，能源需求又使印度和中国等新兴大国转向伊朗以满足自身的增长需要。国际原子能机构历年的报告记录显示，伊朗对话方的合作精神越来越差。

2006年1月，伊朗违背了自己2003年10月做出的承诺，停止与国际原子能机构调查团进行合作。2月，国际原子能机构发现伊朗没有履行《不扩散条约》责任义务，国际原子能机构理事会以压倒性的多数投票决定，将伊朗问题报告给联合国安理会。美国、法国和英国希望能迅速达成严厉的制裁决议，对伊朗政权予以沉重的打击，但是俄罗斯和中国基本上反对实施严厉制裁。2006年4月，伊朗宣布它进行了铀浓缩活动。

2006年底到2007年初，安理会五个常任理事国再加上德国，以及欧盟的共同外交和安全事务代表索拉纳，为谈判找了各种场合和各种方案，包括与美国直接的、有条件的谈判。但是这些努力都没有取得任何成果，部分原因是当时伊朗政权内的温和派已经渐渐失去了对领导层的影响力。而且外部对伊朗施加的压力也不够大，因为俄罗斯和中国担心美国会利用安理会决议作为开战的通行证，所以两国只同意进行温和的制裁。并且，主要发展中国家，如南非和印度尼西亚，在面对伊朗不遵守国际原子能机构规定的问题时，也大都保持沉默。

经过五年的调查，国际原子能机构还是无法提供“可信的证明”，说明伊朗确实没有未申报的核材料和核活动。2008年5月，国际原子能机构报告说，伊朗的核武器项目再次引起关切。而且，国际原子能机构要解决伊朗问题是极其困难的，因为它已经越来越深地陷入了一个困境，即伊朗为什么违反《保障监督协定》。与证明不遵守《保障监督协定》相比，试图发现武器项目是一件完全不同的事，其中的主观判断成分要大得多。

简言之，就像在朝鲜问题上一样，美国2002—2006年外交投入不足，再加上美国和其他大国——尤其是俄罗斯和中国——之间一般信任不足，这些因素导致了伊朗问题现在面临的糟糕状况。这使得伊朗能够继续在铀浓缩的道路上走下去，并且内贾德还通过抵制最近的外交解决方案来改善自己的政治形象，就像大卫对抗歌利亚一样。在大中东地区，越来越多的国家，如阿拉伯联合酋长国、沙特阿拉伯、埃及、土耳其、巴林、也门、约旦和科威特，都开始谋求获得核技术和原理，以防范正在争取获得核武器的伊朗。[21]

从难题中可以吸取的经验教训

不扩散机制能解决类似的难题吗？答案取决于两个因素，一是监控守约行为的组织是否具有效力，二是大国是否愿意建立一个坚强的联盟，致力于解决难题、规范守约行为。在朝鲜和伊朗问题上可以吸取的主要经验教训有以下几点：

——从不守约国家的角度来说，它们的扩散活动反映了深层次的安全困境和国内政治因素。要使扩散者重回守约的轨道，就要从广阔的安全和政治视角来看待它们的行为，而不是仅仅局限于扩散问题。在朝鲜问题上，1994年和2007年已经采用过这样的方式，但是对伊朗还从来没有这样做过，不过，伊朗自2006年以来就抵制谈判，这当然是造成目前局面的主要原因。

——朝鲜和伊朗的违规者已经将与美国的关系作为一种解决自身安全困境的工具。这使得美国的双边行动和战略成为了有效的地区和全球战略的核心。多方谈判能增强影响力，但是并不能排除美国开展密集的双边外交的需要。

——美国的政权更迭政策与其不扩散目标是不一致的。政权更迭的威胁，加上国际原子能机构给安理会的报告，以及欧盟的外交介入，也许对于引导伊朗在2003年态度走向缓和起到了一定作用。但是从2002年到2006年，只挥舞大棒，不提供胡萝卜，而且又没有正式的解决问题框架，结果政权更迭政策产生的主要作用就是刺激朝鲜和伊朗加速谋求核能力。

——如果将强有力的多边进程与美国的双边行动以及安理会的行动协调起来，不守约问题就更容易解决。朝鲜问题更容易处理，因为六方会谈把地区大国都纳入进来，形成了合力。所有对朝鲜有影响力的国家都用一个声音说话，不过，也是在朝鲜试验了核武器之后多边合作才走到这一步。在伊朗问题上，安理会五常加一的倡议还没有就施压达成相似的共识，一个重要的原因就是中国、印度和日本不断在伊朗投资并购买伊朗的石油。当几个关键国家同西方站在一边的时候，都取得了进展，例如，印度和西方一道投票支持国际原子能机构将伊朗问题提交给安理会的时候，以及中国和俄罗斯支持安理会制裁的时候。

——安理会行动应该补充，而不是替代，强有力的战略。安理会能力受限，因为到目前为止它只是一个惩罚性的机构。它几乎没有什么办法提供积极的激励守约机制，因此它的实用性受到了限制，只能成为一个更加宏大的战略的补充。这再次印证了我们的核心论点，即只有在大国对总体战略承担责任的时候，多边制度才能发挥出效力。

——在各种危机期间，很难使不扩散机制起死回生，因为一个又一个的危机已经将它的生气耗尽了。很多《不扩散条约》的无核武成员国在试图解决伊朗问题的时候都显得迟缓无力，这并不奇怪，因为核武器国家没有认真履行裁军义务使它们感到失望、愤怒。美国外交政策引起的普遍失望感也弱化了美国的领导能力，使之无法调动不扩散努力背后更广泛的国际压力。

总之，不扩散机制对于美国和国际安全来说是有价值的，它对遏制扩散发挥了作用。但是，只有采取视野更为广阔的战略，它才能够处理最难的问题，而这样的战略通常是由美国和其他几个大国制定并付诸实施的。那么，这些大国的政策对于机制的未来演变就发挥着核心作用，美国的核武器政策尤其关键。

美国、核武器和负责任主权

自《不扩散条约》诞生以来，核威慑和条约规定的裁军义务之间就一直存在着一种张力。在冷战期间，威慑重于裁军导致了无理性的军备竞赛，双方的能力都已经远远超出了相互毁灭的水平。自冷战结束以来，美国和俄罗斯都没有令人信服的理由继续维护核武器。虽然大幅裁军不会削弱威慑力，但是由于对核武器在维护国际安全中发挥的作用没有清晰的认识，所以裁军行动失去了活力。

克林顿政府曾经以渐进的方式，有力地应对了这个问题。克林顿及其顾问们认识到，冷战的结束是一个分水岭，美国和俄罗斯都不再需要庞大的核武器库。他们很快就意识到了前苏联境内核武器、裂变材料以及核技术控制不力可能造成的后果，于是联合当时的参议员山姆·纳恩（Sam Nunn）（佐治亚州民主党）和参议员理查德·卢格（Richard Lugar）（印第安纳州共和党）维持强有力的两党基础来应对这个问题。克林顿政府付出了巨大努力，说服新成立的乌克兰、白俄罗斯和哈萨克斯坦放弃了苏联解散时留在它们领土上的核武器。政府官员参与了非常严肃的谈判，将原定于1995年底到期的《不扩散条约》进行延期。克林顿签署了《全面禁止核试验条约》，但是没能说服国会批准该条约。当时美国政府愿意参与《禁止生产裂变材料条约》的谈判。

但是，克林顿政府从未就核武器在冷战后的作用问题提供过令人满意的解释。核武器还是威慑吗？如果是，它威慑的对象是谁？核武器是可以使用的武器吗？它与灾难性恐怖主义这种新型威胁的关系是怎样的？这些都是很难回答的问题，在回答这些问题时反应太慢的不仅仅是美国。美国在欧洲和亚洲的关键盟友直到今天还在美国的核武器保护下寻求自身的安全，但是对于它们防范的对象是谁，以及在苏联威胁已经不存在的情况下，核武器是否还是合适的工具，它们并没有形成共识。因此，没能采取更果断的裁军行动，美国有责任，世界上的其他大国也同样负有责任。

在布什政府领导下，美国的信念是，核武器是全球反恐战争的工具，这种态度与《不扩散条约》的裁军义务之间产生了更大的分歧。布什政府认为，现在俄罗斯已经不再是坚不可摧的敌人了，因此核武器基本丧失了威慑意义。布什及其顾问们很快就贸然断定，威慑不会对恐怖分子或者那些可能帮助恐怖分子的国家起作用，这是他们制定预防性战争和政权更迭政策的重要理论依据。

布什政府确实认为，核武器落在流氓国家手中就会变成威胁，于是同时制定了两项政策：导弹防御和威胁进行预防性战争。布什政府还暗示该战略包括使用核武器。导弹防御成了美国—俄罗斯关系的主要特点，给美国与俄罗斯就其他问题（包括伊朗问题）进行的谈判增加了巨大成本。而威胁进行预防性战争以推动政权更迭则已经刺激了那些可能会受到美国威胁的国家，正如我们所看到的那样，它们谋求建立新的反美联盟，并建立它们自己的核威慑体系。

这项政策的成本太高，影响太大。破坏核武器禁忌，也就破坏了不扩散共识，弱化了不扩散机制。尽管不扩散机制受到了批评，但它对美国和全球安全是有贡献的，在未来若干年内我们仍将非常需要这个机制，尤其是在应对一些棘手问题的时候。要从不扩散机制中受益，就要从根本上调整美国的核武器政策，承认现实，并以负责任主权原则为基础使之适应后冷战的世界。

加强应对

需要采取什么措施来保证这一领域的国际架构更为有效呢？基于负责任主权原则的政策大概会是怎样的？

有两个步骤是关键且必要的。首先，必须重振对《不扩散条约》的共识。各国必须根据核责任标准兑现自己的现有承诺，核武器国家，尤其是美国，必须带头。第二，随着有核国家和无核国家之间不扩散共识和信任的重建，要就新的负责任主权标准进行谈判，调整不扩散机制以应对当前的挑战。

重振共识

2007年，前国务卿亨利·基辛格（Henry Kissinger）和乔治·舒尔茨(George Shultz)、前国防部长威廉·佩里(William Perry)和前参议员纳恩提出倡议，建议为奥巴马总统重建美国在裁军方面的诚信创造空间。[22] 他们再次发出消除核武器的号召，认为领导人应该认识到自冷战以来世界已经发生了重大变化，核武器在保障国际稳定方面的作用已经减弱。他们认为，在当今世界上，核武器实际上制造了不稳定、突出了脆弱性、鼓励了扩散，并因而增强了使用核武器的可能。基辛格、舒尔茨、佩里和纳恩等支持大幅度削减美国和俄罗斯的军备，但是他们坚持认为唯一真正降低核武器身价的办法就是消除核武器。

目前没有人知道没有核武器的世界会是什么样子。大多数呼吁核裁军的人都认定，只有拥有核武器的国家才有责任义务。但这显然是不对的。因为任何一个国家出现了核爆炸风险，这个世界就会出现比现在强大得多的国际强制干预、监控和检查。高强度干预和监控的对象并不仅限于拥有核武器的国家，而是包括所有国家。

今天，维护上万件核武器不仅危险而且代价高昂，如果大幅减少这些武器，我们一定会拥有一个稳定的世界。但是在将核武器削减为零之前，每一个国家都要有信心，相信这么做真的会使我们大家都更加安全。有几个考虑是最重要的。首先，我们不知道武器数量大幅下降或者完全削减会带来怎样的风险、诱惑和不安全。尽管在冷战期间曾就这个问题开展过研究，但当时的基本假定是两极世界，稳定被假定为美国和苏联之间相互威慑的结果。如果世界上核武器数量不多，但八、九个国家都拥有核武器，并且有几十个国家具有潜在核武能力，那么稳定又该如何界定呢？[23]

其次，我们要建设一个无核世界，但不想回到20世纪的前半期去。那时国家之间战争频发且极具毁灭性。核裁军必然会遭遇常规武器的减裁问题。新体系和政策必须保证无核的世界不会使国家感到发动常规战争更加安全。

最后，还有一个与第二点考虑相关的问题。核裁军最终会遭遇集体安全问题。那么用什么来保证那些处于不安全地区的国家获得安全，例如以色列，或者那些生活在核武器国家的核保护伞下的国家获得安全，如日本？什么样的集体机制能为那些拥有核威慑力或者生活在延伸的核威慑力下的国家提供足够的信心呢？

我们提出这些问题，不是因为我们对于基辛格等提出的倡议表示怀疑，而是要指出现在就应该去研究这个问题。我们应该把注意力集中在第一批待削减的导弹上，而不是最后一批。美国必须重点采取五项措施，列举如下：

1. **单方面削减武器，并激活与俄罗斯的双边减裁行动。**美国和俄罗斯是目前世界上拥有核武器数量最多的国家。两国都承认它们的核武器库在后冷战时代意义不大。美国首先进行单方面削减武器，随后两国进行双边减裁，这样可以在一夜之间大幅降低核危险，为不扩散机制注入新的活力。

美国和俄罗斯之间现有的军备控制协议是《削减战略武器条约》，它将于2009年12月终结。2002年，布什政府与俄罗斯签署了《莫斯科协定》，两国承诺到2012年以前，将各自准备在军事行动中使用的战略弹头数量削减到1700—2200枚以下。然而，两国并没有强烈的意愿去销毁那些撤下来的核弹头，而且也没有限制未部署的或者作为储备的弹头的数量。结果是，美国将会保留大约4000个弹头，而且还不算在条约规定保留的弹头之列；俄罗斯可能保留的数量也大致相当。并且，该协定没有核查条款。

没有核查机制的协议只有在相互信任和信心度比较高的关系中才会起作用。如果放任不管，让《削减战略武器条约》到2009年到期，那么在美俄双边关系再度紧张之时，就不会再有什么手段可以对两国的核武库进行核查。近来美国计划在捷克共和国和波兰部署导弹防御系统，因此尤其要考虑到美俄关系可能再度紧张的因素。虽然美国说这是针对伊朗的流氓威胁的防御体系；但是俄罗斯反驳说拦截机可以被用来对俄进行先发制人的打击。一方面，一个重要的军备检查机制溃败了；另一方面，美国和俄罗斯的互不信任又在升级。这两方面结合起来不仅是危险的，而且会造成整个国际社会的不稳定。要获得初步成果，简单的办法就是双方达成协议，解除核部队警报。

2. **批准《全面禁止核试验条约》。**美国批准《全面禁止核试验条约》是恢复《不扩散条约》可信度和活力的关键一步。美国在1995年签署《全面禁止核试验条约》是为了换取无核武器国家同意无限期延长《不扩散条约》，实际上就是承诺永远不发展核武器。而且禁止核试验对于核大国的地缘政治至关重要。全面禁止核试验增加了有核国家发展核武器的难度，亦称“水平扩散”。《全面禁止核试验条约》孤立了野心勃勃谋求获得核武器的国家。全面禁止核试验对于想以民用项目为平台来发展核武器的国家所造成的影响是最大的。任何一个机构，如果试验了核武器，就会立刻被发现，并将引发非常大的国际压力迫使其放弃该项目。

3. 启动一项新的外交倡议，达成《禁止生产裂变材料条约》。该条约的目的是禁止生产用于核武器和其他核爆炸装置的裂变材料。条约将允许生产用于非爆炸目的的高浓缩铀和钚。禁止生产裂变材料，禁止试验，会使得制造新的核武器异常复杂化，有助于限制全世界的核武器数量。尤其重要的是，它能约束亚洲的军备竞赛，降低中东地区获取核武器的压力。该条约还能把其他拥有核武器的国家带入到这个机制中来，如印度、巴基斯坦、以色列和朝鲜。

克林顿政府于1993年首先在联合国大会上提出了签署《禁止生产裂变材料条约》的主张。这个提议获得了普遍认同。后来，联大于同年通过了一份决议，呼吁各国签署一份“非歧视性、多边的、可有效核查的国际条约，禁止生产用于核武器或其他核爆炸装置的裂变材料。”[24] 1995年3月，日内瓦裁军大会（Geneva Conference on Disarmament）授权一个委员会开始就条约进行谈判。到目前为止已经有了大量的谈判记录和材料，只要大国具备政治决心，达成《禁止生产裂变材料条约》是可能的。

除中国外，所有核武器国家都已经自愿暂停了可用于制造武器的裂变材料的生产，相信中国也已经这样做了，只不过没有公开宣布而已。中国的参与是一个至关重要的因素，关系到该条约是否能取得进展以及取得多大进展。印度已经申明支持这个条约，但是如果中国不参与，那么印度也不大可能参与。此外，巴基斯坦也表示支持，但是如果印度不参与，它也不会参与。印度、巴基斯坦和以色列一定都在生产裂变材料，用于自己的核武器开发项目。

2004年，美国在《禁止生产裂变材料条约》上的立场发生了变化。布什政府宣称，虽然他们赞成签署条约，但是不再支持该条约的核查措施。布什政府官员认为检查成本太高，会牺牲核心国家安全利益，而且在监控守约行为方面并不会产生实效。不过，现在推动新的外交谈判应该有可能能制订一些措施，针对现有储备和多余的裂变材料实现某种形式的核查。至少有可能制定一个一揽子核查方案，这有助于信心建设和条约目标的实现。在过渡期内，争取使相关国家同意暂缓生产裂变材料，为核查细节的谈判创造政治空间。这样一个倡议可以在16国集团框架下展开，并有可能打破现在的僵局。

4. 采取“不首先使用”政策，确认消极安全保障。自冷战结束以来，美国在是否有权对无核国家使用核武器的问题上发出的信息非常混乱。这些信息不仅与《不扩散条约》规定的国家责任精神相违背，而且也夸大了各国面临的不安全、鼓励了扩散。美国发出的信号也许会导致这些国家做出这样的判断，即减少自身脆弱性和对攻击进行威慑的唯一办法就是开发或者获得核能力。采取“不首先使用”政策有助于降低核武器的重要性，加强美国的反恐战略。因为核武器制造的是无分别的恐怖，所以“不首先使用”的政策与否定恐怖主义的合法性是一致的。

5. 使有核武和无核武的国家都参与进来，共同评估“削减为零”的活动。为了表明探索实施全面核裁军的意愿，美国应该与其他核武器国家进行接触，分析怎样才能建成一个没有核武器的世界；要实现无核武器或者几乎没有核武器下的稳定，应采取哪些必要措施。同样重要的是，美国还要与没有核武器的国家进行接触，看看它们的反应。例如，如果制定政策取消核保护伞，日本会作何反应？美国的思想库已经开始在做这方面的工作了，这些工作还必须向官方渠道延伸。

责任的新标准和不扩散的新工具

不扩散机制在未来的健康发展取决于是否能重建共识，这是该机制的基础。但是正如我们所看到的那样，现有机制不足以应对21世纪的挑战，必须要制定新的责任标准，对机制进行适应性改造，而将新标准付诸实施需要新的工具。

一些无核国家认为《不扩散条约》的第四条赋予了国家对燃料周期各个环节进行技术开发的权利，包括浓缩。但是，以现在的技术条件，铀浓缩和钚回收能力的开发已经离制造核武器相当接近了，而且这样做还不会违反《不扩散条约》的规定，这是非常危险的。

开发核武器的最大障碍是制造或获得裂变材料，即高浓缩铀或钚。大多数用于核电站的铀燃料都只浓缩到4%。为了达到制造武器的级别，需要对铀进行进一步浓缩，将同位素U-235的比例提高到接近或者大于90%的水平。回收过程就是将钚从已用的反应堆燃料中分离出来的过程，也用于生产裂变材料。

大多数国家的小型商业核能项目既不需要完全浓缩能力，也不需要回收能力。在大多数情况下，浓缩和回收的成本确实很高，没有什么经济价值，让人望而却步。有十个国家具有铀浓缩能力，但是目前运营商业性核电站的国家有31个，其中大多数的浓缩铀供应都依赖进口。

由于获得铀浓缩或回收能力在经济上大多属于不负责任的行为，而且这种活动都会大大增加扩散风险，所以需要有一个政策解决方案，保证那些开发民用核能的国家能够获得核燃料供应，但又不用建设铀浓缩能力。至少应建立激励机制，说服各国不要从事铀浓缩或回收活动。国际原子能机构总干事巴拉迪（Mohamed ElBaradei）建议，应建立一个国际燃料库并将其置于国际原子能机构的控制之下。[25] 这个计划需要将俄罗斯包括在内，因为俄罗斯是燃料供应国，也是安全的储备和回收方，这个项目将带给俄罗斯巨大的商业利益。

这样一个燃料库建成后，各国就不需要自己生产裂变材料，也免除了这一部分生产成本，降低了获得裂变材料的风险。国际原子能机构要发挥核心作用，因为它的专业性和公正性为获得燃料提供了非常重要的信誉保证。所有这些措施都将阻碍国家开展浓缩活动。

但是，假以时日，随着《不扩散条约》共识的重建，各国履行现有承诺的意愿加强，所有国家都应该重新考虑对于第四条的解释问题，即是否应该赋予各国不可剥夺的权利去掌握目前只有非常有限的国家掌握的燃料周期过程。换言之，在以负责任主权定义的国际秩序中，不可剥夺的权利与不可推卸的责任是相伴相生的。当世界上的核武器数量变得越来越少、核燃料价格便宜，且国际原子能机构保障供应时，我们可以设想一下，各国政府可以在未来的《不扩散条约》评估大会上进行谈判，对《不扩散条约》第四条重新进行解释并就此发表声明，以更恰当地应对第二个核时代的威胁。同样，《不扩散条约》成员国应强制执行《附加议定书》。

例如，伊朗强调，根据《不扩散条约》第四条，只要向国际原子能机构进行了申报，那么它就完全有权利获得所有核技术，这是不可剥夺的权利。但是这个权利必须要与伊朗应尽的责任义务相平衡。只有在国际原子能机构能够就有效安全保障制定标准并予以实施的情况下，民用核项目才受到《不扩散条约》的保护。在伊朗问题上，国际原子能机构必须要提供可信的保障，即伊朗的申报是全面、准确的，伊朗没有未申报的核材料和活动。

无论我们多么有信心，标准化的核查也不足以完成这个任务。伊朗和朝鲜的违规行为和隐匿历史使我们想到了一个重要问题：国际原子能机构真能下定决心去核查吗？在试图了解伊朗过去和现在开展了哪些活动时，国际原子能机构常常受到限制，因为伊朗基本不想合作。伊朗可能感到害怕，如果将自己在2003年以前开展的活动完全暴露出来，会导致安理会的进一步惩罚，也许惩罚措施还会包括剥夺获取浓缩技术的权利。如果国际原子能机构不能解决伊朗问题，那么就应该严格遵照《不扩散条约》的解释，合法地剥夺伊朗在国际原子能机构的保护下获得核技术的权利。必须要使不守约的成本高于合作和守约的成本。

最后，在负责任主权构成的世界中，应该没有一个国家能够钻核控制系统的空子。一旦发现国家不遵守或者违反了《保障监督协定》，就应将其置于一个不同的类别中，与履行义务和守约的国家加以区别。机制要能够对各国区别对待，这样，违规的国家获得核技术的权利就无限期地取决于国际原子能机构是否能够证明它没有欺骗。采取了这样的办法，朝鲜就无法脱逃了。实际情况是，朝鲜获得了核技术能力、发展了秘密武器项目、被发现没有遵守条约义务，然后又行使了条约第十条规定的权利，退出了《不扩散条约》，但却保留了朝鲜在作为《不扩散条约》成员时就已经获得的技术。在更为公正的体系中，像朝鲜这样的国家只有首先放弃或报废核硬件，才能退出《不扩散条约》。

在重建《不扩散条约》的共识之后，还需要深化该条约。如果未来的《不扩散条约》评估大会不再像过去一样受到责难，就可以成为一个交换意见的场所，使我们对《不扩散条约》的理解能够适应当前和未来的挑战。

结 论

2009年，奥巴马总统有机会回答一个关键问题：在后冷战的世界里，核武器在军事上仍然无法使用，那么美国应该采取怎样的核武器政策？新政府对这个问题的回答将在一定程度上决定是否有可能建设基于负责任主权原则的国际秩序。如果新政府确认，保留这些武器的唯一理由是防止其他人使用，那么就可以采取几项行动推动不扩散共识的重建。美国可以采取单边行动，大幅削减现有的核武器库，可以恢复与俄罗斯的双边武器减裁进程，可以承诺争取批准《全面禁止核试验条约》，可以引导讨论，探讨如何减少核武器的总体数量并同时保证维护国际秩序，可以提出一些很严肃的问题，研究建设无核世界的可能性。

通过重振不扩散共识，在核领域建立更强有力的负责任主权规范，奥巴马政府可以降低现有威胁的危险系数，这个威胁自60多年前核时代开启以来就一直存在。通过合作，美国可以帮助建立相关标准和机制，应对第二个核时代，使美国和全球安全大受裨益。

第六章

生物世纪的安全

在新兴的生物领域，新知识、技术及其应用推动着社会转型，就像19世纪和20世纪工业革命和信息革命引起社会转型一样。在生命科学领域，革命性的发现有可能重塑世界的方方面面，如卫生与健康、食品生产、能源、气候变化和经济学等，可以减少致命性疾病、开发新燃料、生产更多的粮食、延长人们的寿命、提高生活质量。

然而，对早前的技术革命历程留下的教训我们并没有引起重视，这是十分危险的。世界上两个顶尖的生物武器专家警告说，“据我们所知，所有具有军事价值的重大技术，无一例外，都被大量用于敌对目标。”[1] 对于负责任主权的一个重大考验就是，推动生物技术革命为人类造福，保证对其进行控制，避免造成危害，如国家、恐怖分子或犯罪分子的故意滥用，制止致命病菌的事故性释放。

我们需要生物技术为人类造福，以应对种种自然界的生物威胁。医生、护士和公共卫生官员同病原体和细菌作斗争，这些病原体和细菌每年夺去千百万人的生命，而这些人大多生活在世界上最贫困的地区。很多战斗在最前线的健康卫士担心病原体和细菌正在赢得这场战斗。传统抗生素失去了作用，新抗生素还迟迟不能取而代之。肺结核和葡萄球菌感染产生了种种新的抗药性，给发达国家和发展中国家都构成了挑战。平均每年最少要出现两种新的致命性传染病；在过去30年里出现的致命性传染病包括艾滋病（HIV/AIDS）、严重急性呼吸综合症（SARS，以下简称非典）、埃博拉病毒、西尼罗河病毒和禽流感。一位专家警告说，可以百分之百肯定的是，在未来几十年里，世界将面临一种新的致命性流感，其致命程度堪比导致5000万到1.5亿人丧生的1919年的西班牙流感。[2] 2008年8月，英国政府出版了一份报告，将这种流感列为国民面临的最大威胁。[3]

要应对不断扩大的生物威胁，根本问题是要进行国际合作。挑战在两个层面上。一是建设一个强有力的全球公共卫生机制，它能有效应对疾病爆发、开展地方能力建设，并保障公民的健康和福利。针对可能出现的生物恐怖主义要制订多重应对方案，有效的公共卫生体系应该是其中一个重要的组成部分。随着生物技术的发展，生物恐怖主义威胁会像网络犯罪一样扩散开来，很难进行有效防范；因此需要采取有力的保护措施——建设完善的全球和地方公共卫生系统。

除了抵御疾病和生物恐怖主义之外，我们还面临着第二个层面的挑战，这就是，在推动生物技术进步为人类造福的同时，防止其产生负面作用。生物世纪的安全机遇，就是随着生物技术的应用，改善所有人的健康状况、粮食和能源安全，制定相关安排，既为贫困国家也为发达国家创造福祉。但是目前，我们现有的国际安排不足以利用上述机遇，也不足以打击对生物技术的滥用。科学家、生物技术公司和大学必须参与进来，发挥核心作用，创建一个有效机制，并制定相关措施落实机制安排。

生物世纪：今天和明天

2007年10月，在国际基因工程机器设计大赛（International Genetic Engineered Machines competition）上，一群来自旧金山的高中生利用基因结合技术，创造了一个合成体，也可以称作人造细胞器官。细胞器官相对于细胞来说就像是动物器官（如胃或心脏）对动物的作用——这是一个具有特定功能的结构。为了防止合成体被溶酶体吃掉（溶酶体是负责清理不需要的分子的细胞器官），学生们得创造一个DNA条码，以迷惑溶酶体。他们的创造打开了一扇大门，未来这项技术可能会被应用，如重新编排酵母菌细胞，制作生物燃料。这群高中生由于成绩突出进入了总决赛。总决赛只有六组选手，包括来自加利福利亚大学伯克利分校的学生，他们制作了“细菌血”，或者可以称为大肠杆菌。经过处理，这种细菌可以生产血色素，还可以生产一种化学物质，使细胞在干冻的条件下可以存活下来。另外一组进入决赛的选手是来自斯洛文尼亚的大学生，他们改变了哺乳动物细胞的DNA，制造了一个病毒陷阱，可能有助于对付艾滋病。这次比赛的获胜者是来自北京大学的学生，他们用细菌制造了微型装配线。[4]

这次比赛吸引了世界各地的学生们进行生物装置设计。比赛由麻省理工学院的教授们创建的生物砖基金会（BioBricks Foundation）赞助。麻省理工学院建成了一个DNA库，收集了几千个标准化的DNA序列（即生物砖），可以被用于设计制造新基因机器。根据基金会网站公布的信息，科学家们利用生物砖可以“为活的生物体设计程序，就像计算机科学家设计计算机程序一样。”[5]

在这次竞赛中，有几个方面值得注意。第一，参赛者都很年轻，年纪在17—22岁之间。第二，他们所展示的最前沿的处理控制技术，在几年以前都还被认为是不可能的。第三，他们并没有获得大笔公共或私人的资金投入。最后，他们来自世界各地。生物技术革命是全球性的。

21世纪将因生物世纪而得名，这些年轻科学家的技术突破就是得名的众多原因之一。在过去的30年里，科学家克隆了猪、羊和人类胚胎；利用基因工程制造了人工胰岛素和疫苗；发现了引起癌症的特殊基因；进行了跨种群的器官移植；并且还改变了食物的基因，使之营养更为丰富，改变了植物的基因，使之对病虫害更具抵抗力。在谈到生物技术的潜力时，一位科学家预测说，在20—50年以内，“基因工程食碳树”（genetically engineered carbon-eating trees）可以将环境中的二氧化碳含量减少一半。[6] 在2008年，任何一个人只要愿意支付35万美元，就可以购买到自己完整的基因图。[7] 有几个生物技术公司意图将这一服务的价格降低到1000美元，引领人们进入个性化的药品和疾病预防战略世界。这也会使我们更加接近一位科学家所说的生物技术的家庭化时代，即家家户户对于生物控制技术的熟悉程度就像他们现在对于个人电脑的熟悉程度一样。[8]

不要对此不以为然，认为是科学幻想。想想吧，自20世纪90年代中期以来，生物技术比电脑技术的进步速度要快，而电脑运算能力每18个月就会翻一番。[9] 克里斯托弗·奇巴（Christopher Chyba）是普林斯顿大学的天体生物学家，根据他的观察，DNA合成的速度在15年里增加了500多倍。“脊髓灰质炎病毒于2002年合成，花费了纽约州立大学整个研究团队三年的时间。一年后，马里兰州的生物能源替代研究所（Institute for Biological Energy Alternatives）的一个研究小组只用了两周时间就制造出了一个基因组长度相当的病毒。”[10]

国家科学院（National Academy of Sciences）的一个委员会负责就全球化、生物安全以及生命科学的未来制定一份报告。该报告指出，RNA干扰与合成生物学等技术在委员会完成报告任务期间就已经成熟了。这份报告值得我们认真思考：

> 即便是在几年以前也不可能预料到能取得这样的进展，这说明试图精确地预测未来几年将会出现什么将是徒劳无功的。从而我们得出了第二个结论，那就是，我们的任务，考察目前的技术发展趋势以预测未来面临怎样的威胁，这个任务永远无法结束。我们的报告出版于2006年初，而到了2007年这个报告的某些部分就会过时。[11]

生物技术的新发现也有负面作用。如果制造出来的病菌被无意或故意释放出来，或者利用国家科学院所说的“使能技术”（enabling technologies）去制造武器，如新多样性、定向设计、生物系统控制，以及生物材料强化打包等，就可能会对人类造成巨大的伤害。[12] 令人担忧的科技成就包括：

——合成再造1919年西班牙流感病毒；

——合成脊髓灰质炎病毒；

——合成控制鼠豆病毒，使之更致命。

鼠豆病毒的研制工作特别要引起我们的反思。经合成控制的病毒能杀死曾经注射过鼠豆疫苗的老鼠，这让我们不禁担忧，水痘和人怎么办？合成控制鼠豆病毒是一个意外发现，当时研究者们正在想办法让老鼠绝育，以消灭老鼠。[13] 设想一下，如果生物技术的新发现被用于攻击某个民族或种族，或者整个人类的生育能力，那将会是怎样的情况？

心怀愤懑的科学家、意图造成大规模死亡和破坏的恐怖集团、或者觊觎新的进攻型生物武器的国家都可能会利用生物技术进步的负面效应。也可能在我们不注意的时候，因为安全系统粗劣和不小心污染，造成生物技术进步的负面效应被放大。

生物威胁的性质

各国政府对生物威胁的认识不同，正如它们对本书涉及的很多其他问题的看法不同一样。对于南半球来说，最突出的生物威胁是致命性传染病造成的冲击，在贫困国家这是导致死亡人数最多的因素。发达国家受到几种可能性的威胁：一是有可能爆发致命性传染病，例如，致命性流感重新出现，或者新发传染病大肆传播，如非典；二是其他国家有可能利用有害的生物制剂；三是可能产生生物恐怖主义，尤其是涉及到上文描述的生命科学领域产生的重大发现的生物恐怖主义。

任何促进生物安全的安排都应该以这样一个认识为起点，即生物恐怖主义几乎还没有出现，其效果目前来说还是微不足道的。[14] 虽然我们只是假设在发达国家致命性传染病会造成伤害，但是疾病在发展中国家造成的破坏是真实的，而且每天都在夺去人们的生命。2001年发生在美国的炭疽热袭击导致五个人死亡；而全世界每一秒就有五个人死于传染病。

我们并不是说传染病对发达国家的潜在威胁或者生物恐怖主义的威胁不值得重视，尤其是在生物恐怖主义与生物技术进步相结合的时候，更是要重视的。我们是想强调，如果需要全球合作来有效应对生物威胁，那么国际方式必须也公平地同等应对发展中国家面临的最根本威胁，它们首先要解决的是疾病伤害。[15]

致命性传染病

每年有1500万人死于艾滋病、疟疾、肺结核和霍乱等传染性疾病。[16] 这样的疾病既是贫困的原因，也是贫困的结果。因为水受到污染或者卫生条件太差而患病死亡的人数高达170万。[17] 有一位医生认为，今天的生命科学面临的最大道德问题就是发达国家的人均寿命大约是80岁，而在某些贫困国家，人均寿命已经下降到了30岁左右。[18]

疾病的自然世界并不是静止不变的。据报道，在1940年到2004年之间出现了335种新发传染病，或者以前从未在人身上发现过的疾病。[19] 那些疾病的高发期是在20世纪80年代，但是此后继续以惊人的数量增长。大多都不是产生于人类本身，而是源自动物体；人口高度密集、大量使用抗生素，以及众多的生态和环境因素导致病菌从野生动植物传播到了人的身上。[20] 仅艾滋病这一种疾病就已经导致全世界7000万人受到感染，3000多万人死亡。

传染病与我们在本书中讨论的很多其他威胁都有关系。食品不安全和营养不良使人们更容易患病；疾病和不健康又导致农业生产力下降。在艾滋病、疟疾和肺结核肆虐的国家，经济增长已经下降。国际劳工组织（International Labor Organization）估计，在2006年到2020年期间，如果艾滋病在非洲仍然保持现有的高发率，它将消耗掉经济增长中的1440多亿美元。[21] 其他研究表明，疟疾也有相似的效应，平均每年导致非洲的GDP减少1.3个百分点。[22] 因为公共卫生保健条件太差，贫困又反过来推动了传染病的传播。我们将在后面谈到，贫困本身就是内战的根源，内战摧毁卫生系统、迫使人们迁移，并使得地方社区的承载能力不堪重负，这些因素又导致疾病加速传播。[23] 此外，政府由于不能保证人民的健康，致使其合法性下降，更容易受到叛乱和造反派的冲击。

全球旅游已经高度发达，这意味着美国和其他任何一个国家都面临着风险，都有可能受到新发传染病和全球流感的袭击。（2007年，国际航空旅客人数超过了8.3亿，另外还有12亿国内航空旅客。2006年，仅美国一国接待的外国游客就达到5200万，同年美国人出国旅游次数达到6000万次。）[24] 尽管与欠发达国家相比，发达国家的公共卫生系统可能更完备一些，能够更好地应对可能爆发的疾病，但是对于跨国问题却没有国家防御方案。包括美国在内的任何地方的生物安全水平其实都只不过和全球生物安全水平相当。

尽管在抗击传染病方面需要开展国际合作，但是公平问题成为了阻止联合行动的实际障碍。发展中国家感到愤懑，因为每年全球用于卫生研发的300亿美元中，只有10%用于应对发展中国家的疾病。[25] 2007年，印度尼西亚政府拒绝与世界卫生组织分享禽流感变种样本，他们认为即便从这些样本中研制出疫苗，这些疫苗很可能也到不了印度尼西亚。[26] 而且，为了阻断禽流感所采取的必要措施——所有家禽一概捕杀——也导致亚洲最贫困的农民遭受了重大损失。[27]

生物恐怖主义

由于生物技术和材料的大范围扩散，恐怖集团想办法制造出生物武器的可能性比制造核武器或化学武器的可能性更大。而且已经有证据表明他们有此意图：在基地组织阿富汗训练营找到的文件显示，他们已经进行了生物武器的基础实验。[28] 不过，在恐怖袭击中几乎还没有使用过生物武器。将生物制剂变为武器是很困难的，要进行真正大规模的袭击还办不到。生物恐怖主义很罕见，有人就此下结论说，生物威胁被夸大了。[29] 有分析说，美国人被闪电击中死亡的几率比炭疽病毒中毒死亡的几率要大235倍。[30]

但是，在一个投入不断加大的世界里，过去的情况并不能保证未来的结果，正是因为生命科学的革命性转型，我们才应该更为关注此事。关键是要制定政策、创建制度、帮助保障转型安全，并同时针对自然和人为的疾病爆发建立强有力的全球公共卫生防御体系，无论疾病在何处爆发，以何种方式爆发，我们都能应对有方。

建立国家项目，培养病菌

据透露，在20世纪90年代，苏联、伊拉克和南非等几个国家制订了大规模进攻性生物计划。[31] 在苏联，经过科学实验已经进入了作为武器的炭疽病毒大规模生产阶段；1979年，一小部分炭疽病毒意外泄露导致斯维尔德洛夫斯克（Sverdlovsk）镇上至少64人死亡。[32] 苏联科学家还进行了基因转移和改造试验，目的是摧毁人类免疫系统，并利用转基因病菌产生自体免疫。当时在动物身上进行了实验，致命性几乎达到百分之百。[33] 1995年7月，萨达姆·侯赛因政府对联合国武器视察员承认，有一个大规模的进攻性生物武器项目；视察员随后拆除并摧毁了伊拉克申报的设施，也拆除了其他一些未申报的设施。[34] 20世纪80年代，南非种族隔离政权试图研制出一种使黑人妇女绝育的疫苗，结果失败了。[35] 如果问到生物技术进步的负面作用是否会被利用的问题，那么答案是其负面作用已经被利用了。

根据《生物武器公约》(*Biological Weapons Convention*)，国家有建设生物防御系统的合法权利。这意味着，国家可能会开发用于进攻的生物制剂。但是，对于进攻和防御的界定不是客观的，定义在很大程度上取决于对意图的判断。为了应对生物恐怖主义和生物技术扩散造成的日益严重的威胁而扩大生物防御项目，可能会加剧知识和材料转向的潜在威胁。根据接触渠道和研究的性质，参与国家项目的科学家也可能构成严重威胁，因为他们能够以国家安全的名义不受控制地接触病菌和技术。被控实施2001年炭疽病毒袭击的美国科学家布鲁斯·艾文斯（Bruce Ivins）似乎就是这么干的。

关键问题是，在国家生物武器项目中我们是否有可能见到20世纪90年代发生在核武器项目上的事，即流氓国家的武器科学家利用自己的知识和技术建立扩散网络。20世纪90年代，美国和英国担心南非生物武器项目中的一位顶尖科学家将机密卖给了利比亚。现在大约有400多所美国研究机构能够接触到活的生物武器制剂，14000多位个人获得批准进行相关处理。在他们当中，或者世界上其他地方的科学家当中，会出现A.Q.卡恩生物武器网络的成员吗?

生物技术

目前，这个行业的全球增长创造出的年均财政收入超过了600亿美元。在世界各地的成千上万个实验室里，科学家们正在利用最新技术，了解疾病的成因，以便进行预防和治疗。在农业、动植物生物学，以及能源领域，也在开展相似的活动。与生物技术一般没有什么关系的其他学科（纳米技术、信息技术和材料科学）也被整合进来，在生命科学领域产生了新的应用技术。

生物技术的进步大大扩展了致命性制剂的储备库。随着对传染病和免疫系统机制的了解不断深入，有可能产生基因定制制剂（genetically tailoring agents）。研制出“秘密”病毒的可能性增加，这种病毒可以被秘密引入到某个人群的基因组中，日后通过一个信号或者“定制的”疾病病菌引发，按命令袭击给定人群的基因组。[36] 根据克莱尔·弗雷泽（Claire Fraser）和马尔科姆·丹多（Malcolm Dando）的观察，这种可能性代表着“潜在进攻能力大小的排名变化”。[37] 现在，微生物基因组数据库不断扩大，就好像是提供了一个危险基因的零部件清单，可以从中进行挑选，做出最致命的组合。滥用大规模数据的危险是存在的，这些数据库收集了特定人群的遗传学信息，公开发布危险病毒的完整序列也同样是有风险的。

生物技术的变革速度之快，使我们面临着前所有未有的威胁，这要求国际组织具有较高的敏感度。今天，生命科学和相关技术的能力已经改变了可能之事的性质。发现的速度越来越快，从根本上改变了威胁的图谱。要准确预测未来几年会发生的事情也许都是徒劳的。

大量责任落在了企业和科学家身上，一定要让他们了解在生物战争中滥用生物技术或者恐怖分子滥用生物技术可能会造成的危害。在这个行业里，不负责任、不加重视，就有可能产生严重后果。然而，对于生物技术的潜在危险表示担忧的科学家大多都承认，对于生物技术的负面作用还没有形成一致的科学认识，只要一提到可能需要制定相关法规应对科学或科学应用的滥用问题，就会有很多人反对。

有一点是可以理解的：对于那些每天都在遭受疾病折磨的人来说，生物技术进步得再快也不为过，对于可能产生的能治疗这些疾病的科学发现提出警告似乎是错误的。另外，当人们对科学研究和科学公开进行质疑的时候，科学家们常常表现出一种下意识的不满反应，他们的这种反应是很危险的。

是否能实现生物技术的巨大潜力取决于人们对技术的信心和信任。我们现在正站在起点上，人们对于生命科学的走向已经产生了普遍怀疑和不信任。在全世界开展的调查表明，人们对于转基因食品和种子的安全性非常不放心，如果发生涉及生物技术的事故性或故意性灾难事件，这种不信任就会加剧。

负责任主权和生物威胁

正如本书讨论的其他问题一样，是否能解决生物威胁问题取决于各国能否普遍做出承诺，兑现负责任主权标准，这将为建设有效机制提供有益的基础。这里我们要集中讨论三个重要协议:《生物武器公约》、《国际卫生条例》(*International Health Regulations*)和《联合国大会第60/1号决议》(*UN Assembly Resolution 60/1*)。这几个协议共同界定了目前生物领域的国家责任。主权责任包括拒绝开发进攻性生物武器、防止境内集团或个人获得危险的生物武器、在致命性疾病爆发的时候开展合作、在全世界进行地方卫生能力和公共卫生能力建设、努力减少贫困国家的疾病并消除其后果。

《生物武器公约》

有证据表明，早在几千年以前，几个文明中就都出现过排斥使用生物武器的现象。在20世纪，出于对第一次世界大战中使用的化学药剂和生物制剂的恐惧，各国签署了《日内瓦议定书(1925)》(1925 Geneva Protocol)，禁止在战场上使用类似的生化制剂。《禁止细菌(生物)及毒素武器的发展、生产及储存以及销毁这类武器的公约》[*Convention on the Prohibition of the Development, Production and Stockpiling of Bacteriological (Biological) and Toxic Weapons on Their Destruction*，下文简称《禁止生物武器公约》]于1975年生效，有162个国家签署了这个公约，149个国家予以批准。该公约就国家责任作了如下规定:

——禁止开发用于军事进攻的生物制剂；

——禁止类似制剂在国家间进行转让；

——禁止处于国家管辖之内的任何个人开发生物武器；

——促进用于和平目的的科技情报、设备和材料的交换。

尽管该公约并没有预见到生命科学领域的革命，也没有预见到未来的武器研发可能建立在不同的科学发现的基础上，但是公约的措辞方式意味着该公约适用于该领域的新发展及其在生物武器上的应用。

而且，《禁止生物武器公约》确实提出了建议，既然政府有责任禁止其管辖范围内的任何人开发生物武器，那么它们就必须承担起责任来，保障生物技术的安全和保卫工作。

这样一种责任在1998年签订的《制止恐怖主义爆炸国际公约》（*International Convention for the Suppression of Terrorist Bombings*）中也可以推断出来。《制止恐怖主义爆炸国际公约》要求各国“在各自的国内刑事法中将制造、爆炸、传播和释放生物制剂或武器定为犯罪行为”。

《国际卫生条例（2005）》

负责任主权原则在国际卫生领域已经确立起来了。早在我们所谓的全球化时代之前，政府就知道，灾难性传染病无论在何处爆发都会造成国际性的后果。1951年，世界卫生组织成员国通过了《国际公共卫生条例》（*International Sanitary Regulations*），重点解决的是边境控制问题，以防止五大疾病的传播，它们是霍乱、瘟疫、天花、伤寒症和黄热病。1969年，第一个《国际卫生条例》获得通过，为上述疾病的报告和应对建立了法律框架。

到20世纪90年代，公共卫生专家认识到，1969年条例不足以保障全球健康和安全。第一，法规没有覆盖到的新发传染病构成了挑战。第二，人们发现边境控制不能有效对付疫病的爆发，因此，还得进行彻底的疾病监控和应对，重点是迅速派专家进行干预，在源头进行诊断并阻止进一步爆发。第三，信息技术的变革意味着世界卫生组织不能再仅仅依靠政府报告疫病了；与很多国家的卫生部相比，互联网可以更早地提供令人担忧的迹象和症状。

2005年，《国际卫生条例》被彻底修改。2005年条例要求国家努力预防并控制传染病的爆发，保护公民免受其害，并与世界卫生组织和其他国家开展合作，共同应对对国际公共卫生构成威胁的（自然发生或人为造成的，意外发生或有意制造的）事件。

2005年条例是国家间的普遍性协议。各国必须向世界卫生组织报告对国际公共卫生构成威胁的现象，包括实验结果、风险来源和类型、病例数和死亡人数、影响疾病传播的条件，以及已经采取的卫生措施。各国还必须制订国家应对计划，在传染病爆发或者发生感染事件的情况下，在入境口（机场、港口和陆地过境点）与医院、卫生服务人员和组织，以及政府卫生机构开展协调行动。

各国应开展相互合作，发现并应对卫生风险，这包括提供技术合作和后勤支持、建设公共卫生能力，并调动财政资源，在面临卫生灾难时采取有力的应对措施。各国必须相互帮助，制定国内法，保证有效执行卫生条例。

为了了解负责任主权原则在公共卫生领域已取得的进步和进步速度，可以想一想，当世界卫生组织从1996年开始努力推动就1969年《国际卫生条例》重开谈判时，一位法律专家对当时的计划提出了质问，认为“抗击新发疾病在科学上和医学上是必要的，但是国家可能不愿意协商一致去承担这个任务”。[38] 这位专家后来有了正当认识，认为重开谈判后出台的2005年条例“利用国际法为公共卫生服务，是一个重大进步”，它“规定了严肃的责任，会对主权产生重大影响”。[39]

《联合国大会第60/1号决议》

2005年的世界首脑会议是联合国大会的一个高级别全会。在这次会议上各国领导人就发展、安全、人权和联合国制度改革制定了决策。这次会议还评估了在实现《千年发展目标》的过程中所取得的进展。《千年发展目标》是各国在2000年通过的到2015年必须实现的一系列目标，包括将儿童死亡率降低2/3、将生育死亡率降低3/4、普遍实现生殖卫生保健，以及采取大量措施抗击艾滋病、疟疾和肺结核。

这次首脑会议产生的成果是《联合国大会第60/1号决议》，它强调需要采取国际行动，推动发展中国家的能力建设，帮助实现与卫生相关的千年目标。所有国家都有责任增加投资，改进发展中国家的卫生系统基础设施，包括保证这些国家有足够的卫生工作者、管理系统和供给，使它们能够在2015年前实现《千年发展目标》。各国还必须努力改进投资战略，提升发展中国家卫生系统的能力。各国应投入一定资金，用于学术和产业研究，研制疫苗、杀菌剂、诊断箱和治疗药物，攻克重大流行病、热带病和其他传染性卫生风险，如禽流感和非典。最后，《联合国大会第60/1号决议》强调了《国际卫生条例

（2005）》的重要性，呼吁各国继续保障落实条例规定的责任义务。

评估国际架构

各国政府现在面临一个挑战，它既是一个多面性威胁，也是一个重要机遇。在应对挑战时，国家已经构建了重要资产，可以帮助它们提升生物安全，其中包括世界卫生组织，这是一个能力很强的突发疫病第一紧急应对机构，也是一个强有力的协调机构，协调全球和国家对流行病采取的卫生措施；也包括《国际卫生条例（2005）》，这是一个对国家责任作出了明确规定的普世性协议，要求国家开展合作抗击突发传染病，并建设强有力的全球公共卫生系统；此外，还有《生物武器公约》，这项公约的基础是长期以来人们对于将疾病或病菌用作战争武器的排斥。然而，目前的国际架构在范围和回应能力上都显得不足，还没有充分利用私营部门和科学家的力量去应对这个不断变化的挑战。

世界卫生组织

从1990年到2008年，世界卫生组织实现了重大转型。过去它身陷危机，虽曾试图发挥自己的作用以迎接全球化带来的卫生挑战，但却没有成功；而现在它获得了全球的尊敬，成了捍卫全球公共卫生的核心行为体。它在这期间的表现说明，需要强有力的领导，预先为迎接挑战做准备，并采取有力行动让国际组织在危机中发挥作用。

世界卫生组织起初只是一个技术性机构，工作范围比较狭窄，仅限于疾病控制。20世纪60年代，世界卫生组织消灭了天花，获得了重大成功。[40] 但是，很少被人提及的是，在那期间，世界卫生组织也曾试图在全世界范围消灭疟疾，这场运动早期获得了一定成果，但后来以失败告终。20世纪70年代，世界卫生组织得出了一个恰当的结论，针对不同的疾病需要采取不同的战略，药物和免疫领域取得的成就不足以弥补公共卫生基础设施薄弱引起的缺失。到20世纪70年代末，世界卫生组织及其总干事马勒（Halfdan Mahler），将基本卫生服务——尤其是公共卫生基础设施建设和为贫困国家提供服务——作为世界卫生组织的核心任务。世界卫生组织领导的两个倡议——婴儿配方国际标准和基本药物条例——与包括美国在内的几个主要的富国产生了冲突。然而，现在回顾起来，世界卫生组织很显然是走到了前沿，那些问题都是后冷战时代我们要面临的全球卫生挑战的前兆。

冷战结束时，世界卫生组织虽然仍然领导着全球卫生保健工作，但却退回到了狭窄的医疗技术问题上。这种急剧的倒退正好发生在新任总干事中岛宏（Hiroshi Nakajima）就职的1998年，这真是一个灾难性的选择。中岛宏带领世界卫生组织进入了一个官僚政治密集、士气低落、饱受腐败无能指控的时代。

世界卫生组织的迅速衰落正好发生在卫生状况最糟糕的年代。1988年大约有700万艾滋病例。世界卫生组织艾滋病项目主管乔纳森·曼（Jonathan Mann）博士于1990年辞职。在谈到辞职原因时，他提到，中岛宏对自己的工作进行了无理干涉，并且自疫情爆发以来，世界卫生组织缺乏战略和强有力的领导，使之最终发展成为最危险的全球流行病。[41] 联合国于1993年创建了全球艾滋病项目（Global Program on AIDS），该项目从世界卫生组织手中夺取了控制权，使世界卫生组织成为了这个大范围多边项目的小小的参与者。[42] 到20世纪90年代，世界银行在全球卫生领域的分量可能都比世界卫生组织要重。

艾滋病不是唯一一个世界卫生组织处理不当的新发传染病。1994年，印度重现瘟疫。中岛宏在处理疫病时明显能力不足，导致世界卫生组织的声望落到了谷底，甚至连它的传统强项防治传染病工作都受到了怀疑。[43] 1998年，世界卫生组织成员国选举产生了一位精力充沛的新总干事，她就是布伦特兰（Gro Harlem Brundtland），她曾三次出任挪威首相，是一位职业医生。

布伦特兰在世界卫生组织进行了几项重大改革，但是我们在这里只想重点谈一件事：她使世界卫生组织重新成为协调应对致命性传染病等问题的全球领导。首先，在布伦特兰领导下，世界卫生组织倡导了一项改革，从国际卫生改为全球卫生，卫生问题超越了国界。世界卫生组织将《国际卫生条例》的修订列为第一要务，努力弥补旧条例在适应全球化时代的公共卫生要求时的不足。在布伦特兰领导下，世界卫生组织建立了全球疫病警报和反应网（Global Outbreak Alert and

Response Network），在致命性疾病爆发时协调各方的应对行动。最后，世界卫生组织重新扮演了倡导者角色，强调基本公共卫生，强调需要提升地方、国家和全球能力。

难题：非典。虽然没能有效应对1994年爆发的疫病，但是世界卫生组织在九年以后应对非典、阻止其进一步蔓延时证明了自己的价值。非典首先于2002年底出现在中国南方省份广东的某个地方，随后在几个城市爆发。1月31日，一位病人患上了高传染性的非典，在辗转三个医院进行治疗的过程中，传染了大约200人，被感染的大多是医院工作人员。世界卫生组织通过电子报告系统收到了非典爆发的消息，随后启动了全球疫病警报和反应网，向中国政府询问疫情。中国确认爆发了传染性疾病，那时已经有300人被感染，广东已有5人死亡，但当时将疫情归因于一种常见的细菌，因此不恰当地降低了警告程度。

2003年2月21日，非典传播到了中国大陆以外的地区。当时，有一位中国大陆的医师将住在同一家香港宾馆的12位客人感染了。在24小时内，那12个人坐飞机分别抵达了新加坡、越南、加拿大、爱尔兰和美国，在全世界制造了多达8000个病例。

2月28日世界卫生组织驻河内医师卡洛·厄巴尼（Carlo Urbani）博士报告，有一位病人出现了高热和非典型肺炎的症状，随后全球应对机制启动。全球疫病警报和反应网向河内和香港派出了调查和控制小组。在香港，发现神秘的致命性传染病的消息不断传到互联网上。厄巴尼博士本人亦受感染死亡。

根据国家科学院对这次应对措施的评价，世界卫生组织于3月12日发布了全球警报，“描述了在香港和河内爆发的尚未命名的呼吸系统疾病，并在全世界建立了监控系统。3月15日世界卫生组织发布了第二次警报，对疾病命名、列举其症状，并建议旅行者对非典保持高度警惕，如果出现了非典症状或者去过非典疫情出现的地区，应向卫生工作人员报告。此后，又发布了两份警报，建议机场对旅客进行筛查，建议旅行者避免到非典疫情出现的地方去”。[44] 避免到被感染的地区去旅行的警告是“该组织历史上发布的限制性最强的警告”。[45]

3月，全球疫病警报和反应网利用安全通信在九个国家的11个实验室之间创造了一个虚拟网络，加快了对病因的确认。一个月以后，疾病被确认了。

全球疫病警报和反应网成功完成了任务，中国卫生官员与世界卫生组织通过合作阻止了疫情的蔓延。成功的关键是发出了这样一个警报，“如果非典在中国境内得不到控制，那么就没有机会在全球范围控制非典造成的威胁。”[46] 在全球疫病警报和反应网进行第一次协调期间，中国同意合作。但是，中国的应对速度仍然很慢，这让全球疫病警报和反应网的专家们很失望。4月16日，世界卫生组织公开批评中国病例“报告不足”。中国的反应快了起来。4月20日，一场战胜非典的“全民战争”打响了，包括卫生部长在内的几位官员因为对疫情反应不力被解职。在接下来的两个月里，中国卫生官员努力阻止疫情蔓延，并在6月底实现了这个目标。

2003年7月5日，距离全球疫病警报和反应网对厄巴尼博士从河内发出报告作出回应仅4个月多一点，世界卫生组织宣布非典疫情被攻克。非典传播到了世界上6大洲的39个国家，使8000多人受到感染，其中报告死亡病例近800人。这场传染病给疫情最严重的国家造成的经济损失预计达到400亿美元。美国国家科学院的医学研究所（Institute of Medicine）认为，应对非典的国际努力取得了重大成功：“应对非典的公共卫生反应机制质量高、速度快、效力大，完美地超越了过去所有应对国际性突发传染病疫情的反应机制，证明十年来全球公共卫生网络取得了重大进步。”[47]

这个案例中很关键的一部分就是总干事布伦特兰推动世界卫生组织发扬了自主性，发挥了影响力，远远超过了其授权和使命范围。非典并不在现有的《国际卫生条例》规定的范围之内，但是世界卫生组织还是要求合作、公开应对疫情。在没有获得法律授权的情况下，布伦特兰发布了几份旅行警告和建议，还受到了一些成员国的批评。

世界卫生组织的积极行动先是被容忍了，后来受到了赞扬，并最终被庄严载入了2005年谈判达成的新《国际卫生条例》，因为在全球化和相互关联的世界里，全世界的政府都直接面临着卫生威胁的挑战。中国在这个事件中发挥了至关重要的作用；中国认识到，在开放的国际体系中，自身的经济利益面临风险；认识到如果反应不力，就会受到并不想要的全球关注；认定自身的安全和繁荣要求合作应对这场疫情。

非典也显示了全球疫病警报和反应网的智慧。该网络是一个由60个国家的140个技术合作伙伴组成的联盟，在日内瓦的世界卫生组织内进行协调。在那里，该网络一周七天，每天24小时地运行着一个情境室，监控着全世界爆发致命性传染病的情况。全球疫病警报和反应网利用网络途径，依靠快速通信，在中国政府报告之前就发现了非典；在24小时之内它就在世界卫生组织的支持下组建了一个国际调查小组。非典是该网络处理的案例中最为人们所熟知的一个，其实在2000年到2005年间，它总共应对了70个致命性传染病疫情。

不过，国家科学院研究所警告说，虽然对非典的斗争取得了成功，但是其中也有几个问题值得警惕。例如，国家能力使用过度：在多伦多出现了两种不同的非典疫情，公关卫生官员穷于应付，陷入了困境，当局只好向美国求救。在美国，疾病控制中心处于应对危机的最前沿，但是很快就发现自已战线拉得太长，专家和科学家太少。

此外，因为非典是一种致命性疾病，所以和流感还不完全一样。非典的传播速度比流感要慢。全球疫病警报和反应网的一位官员承认，非典给网络造成的压力已经是网络所能承受的极限了，网络没有足够的能力去应对一场大规模的流感。由于人们对这样的大规模传染病非常担忧，所以世界卫生组织才在全球发挥领导作用，协调各方努力，做好了应对准备。它建立了一个特殊的协调机制，安排专人负责监控并应对禽流感。

《生物武器公约》

《生物武器公约》的权限非常有限，只包括国家开展的生物武器项目。与核公约和化学公约不同，《生物武器公约》没有核查机制，无法证明国家是否守约；这就意味着它不可能发现欺诈行为，因此也就不具备威慑欺诈行为的效力。所以，在很长时间里，该机制无法阻止苏联和伊拉克开发精密生物武器，这是机制的重大失败。

然而，即便存在一个核查机制，也不清楚这个机制在发现违约行为方面究竟能具有多大的效力。将非法的进攻性生物武器项目与合法的防御性研究区别开来本来就是很困难的，这使得核查困境加剧。此外，还有一个实际问题，就是如何开展能产生实效的视察活动。即便有了这样一个进程，条约各方还是不大会相信，核查真的能抓住欺骗者。我们想在此重申本章的一个核心思想，即随着生物技术实验变得越来越普遍——从个体企业和个体科学家到个体家庭都在做这方面的实验，发现进攻性生物武器项目只会变得越来越困难。而且，在一个充满商业竞争的世界里，无论是国家还是产业界都在争相利用生命科学的前沿技术，都不会牺牲自己所有的绝密商业信息。

加强《生物武器公约》的种种努力大都失败了。美国拒绝签署2001年的核查议定书，声称议定书中的核查程序不会产生实效。来自产业界的重大反对意见使得美国不同意牺牲绝密商业信息；美国还争论说，扩散分子可能会利用这个协定书削弱澳大利亚集团等国际出口控制机制。澳大利亚集团是一个由41国政府组成的团体，对可能用于生物武器的制剂和技术制定了严格的出口和货运限制规则。例如，伊朗就曾提出，作为《生物武器公约》的签约方，它应该获得许可，开展所有生物材料的自由贸易。

虽然在就监控技术提出的建议中，有些可能是有用的，但是很多专家都同意美国政府的观点，即核查机制存在重大缺陷。执行视察任务的官员数量太少，而且缺乏基本技能，他们被派到现场的时间不会太长，不足以产生可靠的发现。

不仅如此，美国还强调《生物武器公约》成员国应该采取措施，加强自己的国内立法，建立行为标准，以促进生物安全。然而，这种个体化的做法有一个问题，那就是没有制定各方都接受的生物安全国际标准。在缺乏一致标准的情况下，国家立法可能力度不足。虽然国家立法可以作为第一步，但是在建立生物安全国内法的时候如果没有高标准、没有广泛的全球参与，那么规则和条例很可能就是拼凑出来的，会产生明显重大的法律缺口，从而使那些死硬的扩散分子或者恐怖分子有隙可乘。

架构的缺口

传统的武器控制协议对生物技术的安全和保障所具有的价值非常有限；可以作为应对这个挑战的多层次解决方案中的一层，但也只是薄薄的一层而已。依然存在的问题是：生物安全和保障缺乏普遍标准、数据不足、非国家行为体的作用没有界定，以及谁将会参与技术进步的最前沿工作，他们所构成的威胁是什么。

生物保障（细菌工作）。世界卫生组织将生物保障定义为防止意外接触到细菌或者细菌事故性释放的实践活动。在很多情况下，各种机构和研究中心都很清楚需要采取这样的措施，但是它们认为不必要承担遵守规则的义务。例如，在美国，政府资助的组织必须遵守疾病控制中心和国家卫生研究院制定的生物保障指导方针，但是对于其他机构来说，就不是强制遵守了。制定国家生物保障条例可能会具有效力，但是让各国政府在这个领域制定自己的标准，机制的效力不一定能全面加强。

生物安全（排除未经授权的接触制剂、技术和知识）。虽然《生物武器公约》的签约方被禁止制造生物武器，但是个人一般都可以不受限制地拥有具有威胁性的生物制剂。不是所有国家都制定了法律，将个人开发、生产和使用生物武器的行为定性为犯罪。1996年《生物武器公约》审核大会“强烈敦促”各国通过刑事立法，禁止进攻性生物武器研究。然而，截至2001年，在45个向联合国提供了相关信息的国家中，只有27个国家表明它们已经在这方面有所作为，而98个国家都没有提交任何形式的数据资料。我们想再次强调的是，如果让各国自己采取行动，结果可能不会令人满意。

在产业界和学界，实验室研究人员可能对生物保障问题比较熟悉，但是他们一般不太了解生物安全的概念——例如，需要加强现场安全措施、制定细菌接触和转移条例，甚至还要对他们所有的库存细菌或毒素进行监控。科学家们往往认为这样的措施是效力低下、强加于人的，或者说这些措施成本太高，甚至认为妨碍了研究，这种观点导致人们对他们的价值观产生了怀疑。因此，各机构（包括研发机构在内）的生物安全自我管制可能不够，可能有必要建立包括立法在内的正式的政府监督安排。不过这样的条例必须经过与科学家协商后再制定，因为如果条例能够通过并生效，他们正是执行条例的人。

只有少数几个国家特别针对生物安全问题进行了立法，并且，和生物保障一样，也不清楚让国家各自确定自己的标准是否合适。如果没有一致同意的普遍标准，只能导致较弱的立法。尽管个体国家的自我管制也许会促进某些国家的生物安全，但是这本身并不能打击那些不守约的国家。

数据不足。世界上大量的实验室都拥有危险细菌或者毒素，或者正在开展相关研究，但是没有数据显示实验室的确切数量。而且，没有关于研究过致命细菌的生物科学家的完整记录，也没有任何设计精良的全球架构去跟踪确认危险微生物或关键设备；结果是，对于全球转让的规模与数量根本不得而知。

《生物武器公约》提出了一些自愿性措施，可以弥补上述某些数据空白，但是，经实践证明，这些措施的效力出乎寻常的低下。在1986年《生物武器公约》审核大会上，成员国同意提供有关生物研究、高级生物安全实验室和疑似疫情的年度数据。1991年，《生物武器公约》成员国进一步达成一致，向联合国提供更详细的数据，提高守约透明度。在数据交流的第一个十年期间，大多数国家没有提交过一次数据——甚至连报告表的“无申报”框也不勾一下。[48]

非国家行为体。传统武器控制措施，例如《生物武器公约》，几乎只关注国家项目。虽然国家项目仍然很重要，但是非国家行为体的活动应该引起更多重视。今天，我们需要制定一项战略集中对付恐怖分子，使他们无法获得相关知识和材料，在他们发动袭击之前就阻断他们的网络。显然，我们做得还不够，还不能跟踪私营部门开展的有可能产生危险的生物科学项目。在国家和国际层面，察觉不法行为以及调查可疑活动的体系还不完备，这是极其糟糕的。

密切关注威胁的演变。随着生物技术的进步，它在进攻性生物武器上的应用可能也会进步。今天，我们也许可以做到如下几点：加强生物制剂对抗生素的抵抗力、改变它们的抗原性，或者转换它们相互之间的病原性。这样做可以让那些生物制剂更难被发现、诊断或治疗，增加它们的军事价值，从而也加大了开发进攻性项目的诱惑力。如果新一代进攻性生物武器项目真的开始开发，那么在10年或者20年以后，随着基因革命在全世界得到强化和扩散，又可能会发生什么呢？

国际机制必须要具有灵活性，能随着技术的发展发生演变。由于技术的普遍开发和利用，机制应要求有机会察觉并对不法行为采取行动的科学家、大学和企业积极参与，但是也不能单纯依赖自愿参与。如上文所述，单纯依靠自愿参与是不明智的。因此，生物技术安全机制要求从上到下、从下到上都清楚有力，建立既有广度又有力度的回应体系，这样才能获得成功。

加强对生物威胁的国际反应

生物构成的安全威胁是多样的，包括新老传染病、可能出现的新发疾病、国家或恐怖分子利用疾病为武器，以及故意或事故性释放生命科学领域的革命性发展所产生的新细菌或新制剂。尽管威胁具有多样性，但是无论抗击哪种威胁，都必须要具备以下几个共同要素：强有力的全球、国际和地方公共卫生系统；在面临国际关注的公共卫生突发事件时国家愿意与其他国家和国际组织开展合作；强有力的推动合作的世界卫生组织。

与我们在本书中讨论的其他威胁一样，防范是我们的基本目标。在疾病自然发生时，世界卫生组织已经证明，可以采取行动，制定战略，尽量降低下一次流感的致命性。但是在面临生物恐怖主义的威胁时又该怎么办呢？也许，生物技术革命将使得我们不可能采取完备的防范措施。但是，我们可以做的是制造困难，让那些想要利用生命科学达到邪恶目的的集团和个人更难实现他们的目标。普遍采用强力安全程序，建立安全文化，可以尽量降低事故性释放灾难性细菌的风险。

有两个挑战是显而易见的。第一，需要以全球公共卫生系统和强有力的国际合作为基础，建立牢固的防御系统，这一点是没有争议的。世界卫生组织经过艰苦工作，形成了《国际卫生条例（2005）》，在抗击禽流感斗争中发挥了重要作用，全球疫病警报和反应网在对抗非典中表现突出，这些都使得世界各国在建设公共卫生安全保障方面形成了高度一致。现在需要做的就是全面实施2005年条例，进行必要的能力建设，保证条例的成功执行。

第二，建立新的国际机制，提升生命科学和生物技术的安全和保障，这一点是有争议的。上文已经提到，生物技术产业是全球性的、多样的、分散的、竞争性的，而且在不断发展。科学家和产业界对限制措施非常愤怒，前者担心失去科学探索的自由，后者担心丧失市场先机。同时，一般大众对于生物技术革命的关键产品不信任。而且，很多国家的政府没有修改它们对生物武器威胁的评估，所以无法适应日益加快的技术变革。

新的生物技术安全和保障机制要注意与现有国际机制区别开来。要进行有效管制，而不是过度管制。该机制必须使产业界、科学家和公众都参与进来。我们可以大致描绘一下该机制的特点：制定生物安全和生物保障的普遍标准；普遍实行国家立法在国内进行行业管制；建立科学家和行业行为标准；收集有关研究类型和研究人员的信息；了解科学进步及其可能产生的危险性；建立一个信息分享中心。

建设这个机制的第一步是构建科学共识、国际信任和知识，这些都是形成对问题的共同认识、激发必要的集体应对行动所必需的。

开展能力建设，全面实施《国际卫生条例（2005）》

要实现世界卫生组织所说的公共卫生安全，就要建立强有力的疾病防御体系，这依赖于强力监督、国际和地方的准备程度，以及国际和地方的应对行动。世界卫生组织坚持认为，这样的防御体系必须包括“政府、行业、公共和私人金融机构、学界、国际组织和市民社会。”[49]《国际卫生条例（2005）》对国家的主要责任进行了详细规定：

——加强国家疾病监督、预防、控制和应对体系；

——加强旅行和运输中的公共卫生安全；

——加强世界卫生组织的全球预警和应对体系；

——加强对特定疾病风险的管理。[50]

要执行这些规定，发达国家就要对贫困国家予以援助，帮助它们建设国家卫生系统；这就要求各国政府必须参与全球合作，与其他国家以及世界卫生组织一起应对引起全球关注的突发公共卫生事件。

这里缺失的重要一环是很多发展中国家的地方能力建设。各国政府、国际组织和非政府组织都有一个普遍的愿望，就是在发展中国家与疾病作斗争，利用大量私人资源，如比尔和梅琳达·盖茨基金会（Bill and Melinda Gates Foundation）的资金，实现这个目标。但是，正如劳里·加勒特（Laurie Garrett）所说的一样，在过去几年里开展的各种卫生项目中，很多项目面临的主要是升级问题和可持续性问题。解决这两个问题的关键是要利用地方上训练有素的卫生工作人员，为穷人提供卫生设施，并获得可靠的资金维持项目运行。[51] 我们还不知道，是否可以通过分部门进行的办法来加强发展中世界的基本公共卫生，只以卫生保健为目标，或者还是要进行涉及范围更大的治理体系改革，这是我们在第九章中将要讨论的主题。

2008年，世界卫生组织呼吁各国政府和非政府组织将重点从基本卫生保健转移到治理改革上，提升国家公共卫生体系。[52] 作为实现目标的第一步，世界卫生组织应利用《国际卫生条例》，为捐赠者提供一个战略性的框架，将传染病项目都整合到总的公共卫生系统中，帮助发展中国家从别国借鉴最佳经验，建设有效力、可持续的能力。

建立全球机制的步骤

自2001年拒绝签署《生物武器公约》核查议定书以来，美国在生物武器控制问题上的立场是，放弃具有法律约束力的多边解决方案，让国家采取自愿行动。然而，对其他一些国家来说，最终目标仍然是建立一个多边谈判形成的、具有法律约束力的核查机制。

欧盟成员以及拉丁美洲和加勒比地区领导人，于2002年5月发布了一项政治宣言，强调他们“相信后一个公约——《生物武器公约》——能得到强化的最好办法就是，打造一个具有法律约束力的工具，对禁止开发、制造和储存生物和毒素武器的情况以及销毁进行监督”。[53] 然而，在走向2006年《生物武器公约》审核大会的过程中，很多国家开始超越了这个协议，认识到要提高《生物武器公约》的效力，靠辩论是不够的。辩论的内容涉及到是否应该进行核查，以及应如何进行核查，但辩论不知道会走向何方，各方意见分歧也很大。

美国需要重新加入到这一领域中去并重现领导作风，推动生物安全的一系列多边行动。这么做不仅不会削弱《生物武器公约》，而且还会大大推动实现建立多边的、具有法律约束力的核查机制的长远目标，这也是很多国家的最终目标。

可以采取几个渐进性步骤，提高企图获得技术能力制造生物武器的恐怖分子的成本，使得非法活动更容易被察觉。如果全面实施这些步骤，就会为建立全球机制奠定基础。

首先，美国可以启动与16国集团以及其他在生物技术领域负责任国家的对话，就标准进行谈判，加速采取统一国家行动，改善生物安全和保障。作为第一步，需要列出清单，将可以用来制造武器的细菌、毒素和新技术进行归类，按紧急程度进行排列。清单会随时间发生变化，需要建立一个机制保证常规评估活动，不仅仅是对细菌进行评估，而且还要评估未来研究和“下一代制剂”的发展趋势，并鉴别出有可能直接应用于生物战争的知识和技术。第二，针对精选的细菌和毒素建立共同模型，以制定使用、迁移和监管链条例。在开展上文建议的对话的过程中，要邀请科学家和生物技术从业者作为伙伴，共同制定标准和惯例。

以谈判达成的标准为基础，16国集团可以通过国家法律法规建立强制执行标准。保证一致同意的标准得到落实的唯一方法就是各国要建立国家管制机制，对处理危险细菌和参与转基因生物体研究的机构进行监督。我们想再次强调，科学家和生物技术行业的参与是至关重要的，他们的参与对于发现并制止违法行为都有着重要意义。虽然管制性监督是必要的，但是也需要以相关措施为补充，例如建立行为标准和最佳操作准则，以及开展专门培训等，以提高生命科学和生物技术行业的自我管理。

管制的目标是保护合法的科学和商业探索、研究和操作，使主管部门更容易发现违法活动。这就要求政府对合法机构进行登记，并对学院、研究部门、行业和政府组织的活动申报进行审核。需要再次说明的是，报告的目的不是要限制合法活动，而是要填补数据缺口，使政府能更精确地打击违法活动。

从长远来看，在16国集团和负责任国家之间达成以国家法律法规为支撑的协议，可以作为走向普遍性国际机制的重要一步。16国集团需要做工作，鼓励更多其他国家通过这个协议。一些国家甚至都还没有进行相关立法，还没有将个人开发、制造和使用生物武器定性为犯罪活动。保证建立全球机制的最后一步是建立国际机构，协调并推动各国的立法和执法、更新标准，并建立正式机制，分享有关可疑活动的情报。

这种方式并不是完美的解决方案，但它的重点是登记合法活动、发现违法活动，这使得无论是团体还是个人都更加难以利用生物技术进步去达到邪恶的目的。如果全球都采纳这些强制性的做法，就能填补一些空缺，使生物恐怖分子钻空子的机会更小，而且还能提高进攻性能力建设的成本。

成立"政府间生物技术安全委员会"

没有信任和科学知识就无法开展合作，可以首先采取两个步骤来加强信任、提高知识水平。第一，从阻止全球变暖的战斗中学习经验，建立"政府间生物技术安全委员会"（Intergovernmental Panel on Safety of Biotechnology）。这是一个独立的科学团体，就像政府间气候变化委员会一样。它的任务是客观分析并评估在卫生、食品、农业、能源和安全领域出现的生物技术发现存在的风险。荣获2007年诺贝尔和平奖的政府间气候变化委员会是基于两个原因建立起来的：一是将对气候变化最准确的科学判断带到辩论中，防止辩论高度政治化；二是使全世界的科学家参与进来，尤其是发展中国家的科学家，进行全球科学评价和评估。来自世界各地的科学家都有机会向政府间气候变化委员会提交同行评估过的研究成果，提请委员会考虑。这样就建立了一个论坛，可以开展系统性的辩论，并培养科学共识。结果，政府间气候变化委员会的评估报告发挥了极其重要的作用，它使来自全球各地的科学家们建立了相互信任，还提供了人民和政府可以信赖的关于气候变化的知识。

人们对于生物技术安全以及应对其风险的适当措施持有不同意见，就像是20年前人们就气候变化进行辩论一样。例如，去年威尔士王子认为转基因食品绝对是一场环境灾难，否定了所有转基因食品，但是英国的首席科学家却宣布，这样的食品是世界解决饥饿问题的关键。在非洲，过去几年里，由于在文化上对于生物技术持有怀疑，一个国家的首脑在他的国家已经处于饥荒的边缘时拒绝了转基因食品援助；一位地区长官拒绝发放脊髓灰质炎疫苗，导致了全球性的疫病爆发。

在生物恐怖主义领域，也存在相似的意见分歧。国家科学院的一个委员会可能在生物技术的主要风险问题，尤其是各种重要实验上意见一致，但是它的发现和判断还没有进入科学辩论的主流。

政府间气候变化委员会已经在从事气候研究的科学家之间、在科学家、政府官员和非政府主义的倡议者之间搭建了政策网络。为了在生物技术领域也获得成功，我们可以建立一个相似的机构，借鉴政府间气候变化委员会的经验，保持科学开放性、保持对话，更重要的是，要保证严谨的科学态度、保证同行评估、保证客观性，将是该机构最根本的承诺。

“和平DNA”项目

虽然建立政府间生物安全委员会可以大大增进对问题的理解和相互信任，可以支持国家合作，提升生物技术安全和保障，但是，另外一套方案也可以帮助我们实现安全目标。这就是，建立一个“和平DNA”项目，如果发展中国家在新兴的生命科学产业执行较高的安全和保障标准，那么就可以帮助他们进行生物技术专业知识和能力建设。

生物技术革命有可能改善世界上贫困人口的生活，而要打消这一切也是再容易不过的。有些人试图把耗资数十亿美元的新研究说得毫无价值，他们说这种研究不会产生什么重大影响，认为其实大多数穷人的卫生和健康问题只要采用很简单的技术，通过长期投入就能解决。

这种说法是错误的。是将资源投入到高科技解决方案中，还是投入到简单技术的继续应用中，我们不能在二者之间进行选择。我们建议，应加强国际承诺，建设地方和国家卫生系统，并对传染病进行监控和治疗，所有这些措施可以改善数十亿人的卫生和健康状况。生物技术进步在这里也可以发挥作用。盖茨基金会委托一个由世界各地的顶尖医生和科学家组成的委员会，设想并列出一个理想产品清单，这些产品应可以对世界上贫困人口的卫生和健康产生巨大影响。[54] 以下仅是他们所列清单中的部分产品：

——不用冷藏的疫苗；

——不用针的疫苗注入系统；

——新疫苗；

——遗传学战略，使传播疾病的昆虫数量整体下降，或者使它们不再具备传播疾病的能力；

——在一种主要植物中，创造出所有生物利用度最好的营养素；

——新药和投放体系，最大程度降低抗药微生物产生和发展的可能性。[55]

“和平DNA”倡议是加拿大的麦克劳克林—罗特曼全球卫生中心（McLaughlin-Rotman Centre for Global Health）提出的。该倡议警告说，目前，全球打击生物恐怖主义的斗争与合法的生物技术研究是相互冲撞的。[56] 他们认为，需要建立一个科学家网络，由这些科学家推动生物技术研究去解决发展中世界的疾病、饥饿和贫困问题，并警惕生物技术被滥用。他们认为，关键是帮助穷国进行能力建设，使它们能参与到生物技术革命中来，提升它们利用生物技术进步解决与之最相关的卫生问题的能力。投资并推动全球的生物技术开发将会创造一个更好的环境。在这个环境中，建设专家网络打击生物恐怖主义，需要首先发现企图滥用生物技术的行为。

结　论

就像20世纪的核能一样，21世纪生物技术的发展可能会给人类造成生存危险。就像20世纪的计算机技术一样，生物技术及其应用将会广为传播并走入千家万户。其后果无论是利或是害，都有着很高的可能性。趋利避害，给发展、安全和负责任主权国家提出了前所未有的挑战。无论是政府的严格管制还是行业和科学的自我管制，单靠一方面的努力是不会成功的。新的国际机制要使科学界和产业界都积极参与进来，建立国家法律法规和适当的国际标准。科学界和产业界要帮助强制执行这些法规和标准，划清合法活动和违法活动的界限。应开展国际合作，分享信息、监督执行和守法情况，并更新威胁评估标准。

第一步必须是建立共同的进步基础。20年前，在气候变化问题上，没有足够的全球共识和科学共识把这个问题推向前进。那么现在，构建全球共识和科学共识就是我们面临的紧迫任务，必须立刻着手去完成。生物技术的负面效应所构成的威胁日益加剧；如果在共识达成之前，威胁变成了现实的危险，那么我们的对策很可能会遏制生物技术的健康发展。

同时，我们还面临着防务的挑战——抵御疾病的伤害，抵御生物恐怖主义可能造成的破坏。二者都要求建立强有力的全球卫生体系，进行有力的监督和回应。二者都要求建立国家卫生体系，为地球上所有国家的公民都提供充分的卫生保健服务。建设上述体系的全球倡议可以为发展和安全提供双赢的解决方案。

然而，在世界上大多数地区，这样的倡议只能是在人们齐心协力结束持续内战和重建失败国家的时候才能获得成功，而内战和国家失败都是公共卫生的灾难，会大大降低地方卫生保健能力。我们将在下一章中探讨如何应对内战和国家失败的挑战。

第七章

管理民事暴力和地区冲突

失败国家既是国际秩序崩溃的原因，也是其表现形式。民事暴力往往与国家无力维持法治或造福于民密切相关，而且加剧了如恐怖主义和致命性传染疾病等跨国威胁的产生。民事暴力往往跨越国界，将地区和国际行为体也卷入其中。当今的阿富汗、刚果、伊拉克、科索沃、黎巴嫩和苏丹便是例证：人民因此丧生、国家前景黯淡、地区间矛盾激化、国际制度的信誉遭到质疑。

如今，国际社会对于内战及脆弱国家的态度和政策已发生巨大变化。暴力事件一旦发生，人们便期待国际社会出面斡旋并达成和平协议。协议一经签署，则期望维和人员予以实施。扩大斡旋范围，加大维和力度在全球已显成效，例如在萨尔多瓦、危地马拉、莫桑比克、利比里亚、塞拉利昂、科特迪瓦以及东帝汶等国都取得了重大成功。

目前，对维和人员的需求达到有史以来最高水平——据估计，当前共有18万维和人员在20个冲突地区进行维和行动。[1] 然而，过去十年维和行动发展迅速，使得维和能力达到极限。此外，虽然维和行动日益增加，但有效的和平建设却没有取得相应的进展。为此，维和投入有可能付诸东流。

与此同时，民众则期望国际行为体能行之有效的阻止内乱。这直接要求国家负责任地行使主权，实现其承诺保护深陷大规模暴行的受害者。

可以说，维和行动已达到高潮，即将退去。当前，联合国部署的军力已超过其历史纪录，而前次纪录则发生在波黑战争时期。由于联合国丧失信用，其部署能力大幅下降。如果联合国在黎巴嫩或达尔富尔——或联合国部队在非洲其他主要行动地区——遭遇重挫，它将遭遇同样的信誉扫地和撤退。同样，北约在阿富汗承受的压力可能令同盟领导人认定，他们不应涉足欧洲以外的行动。而非洲联盟在苏丹和索马里的尝试可能打击其未来参与维和行动的积极性。如此一来，维和行动的发展可能会迅速发生逆转，其规模将无法保证它们能继续维持下去。

这将对国际安全和美国利益极为不利。非洲维和力量锐减，将导致业已结束和处于半休战状态的战争重新燃起，并引发人道主义灾难。同样，非洲逐渐建立持久的安全保障机制以应对未来冲突的努力，也将遭到破坏。如果从黎巴嫩撤军，将动摇中东地区的温和派政府，从而给恐怖组织开辟新的避风港。而北约在阿富汗的重创则表明即使联合国和北约联手，也无法维持一场为支撑一个脆弱国家而进行的大规模维和行动。

本章将讨论民事暴力和地区冲突的威胁，并对当前国际社会应对威胁的能力进行评估。其中，对联合国安理会及其各行动组织的分析则显得尤为重要。过去几年安理会行动的合法性越显突出。不仅如此，现实情况表明对于有效应对冲突，联合国的作用不可或缺。在此，我们将重点讨论四个问题：加强国际行为体预防民事暴力和调停冲突的能力；巩固并加强维和力量；大力推进国际体系帮助弱国进行治理能力的建设，尤其是在法治领域（包括预防冲突和冲突后重建）的能力建设；以及增强应对大规模暴行的机制。实施这些方案不仅能提高国际冲突管理的能力，而且有助于反恐和防扩散目标的实现。

对威胁的评估

冷战结束以来，国内战争已大幅减少。战争次数在1993年达到巅峰，而到2005年，内战已减少了约40%。[2] 以最先进方法来衡量战争的强度以及战争的后果（诸如难民和境内流离失所者的数量等因素），可以看到，随着战争次数的绝对减少，其规模也随之降低。

然而，这一普遍趋势掩盖了不同地区之间的重要差异。在20世纪90年代的大部分时间里，非洲大陆是这个良好格局中的唯一例外，比如卢旺达等国就饱经内战和死亡。世纪之交，非洲因战乱丧生的人数超过了世界上其他所有地区的总和。[3]

这之后，出现了几种不同的格局。积极的方面是，自20世纪90年代后期以来，非洲发生战争的次数和世界其他地区一样开始呈现下降趋势。[4] 然而，中东的冲突有所增加，国家间战争的次数在长期保持低水平后有所上升。这些消极趋势相互关联，而且与美国自"9·11"事件以来针对中东的军事态势和政策变化有着直接联系。

此外，一些迹象也表明前景令人堪忧。首先，若干幅员辽阔、人口众多的国家面临严峻的政治动荡（如巴基斯坦）[5]或遭遇体制瓦解（如尼日利亚）。[6] 随之产生的经济、人道主义和安全方面的巨大影响将波及其他国家。问题是，国际体系既缺乏能从动荡根源入手尽早采取措施的有效机制，也没有能够及时发现引发冲突苗头并主动予以应对的机制。其次，中东的各个冲突地区日益相互关联：如伊拉克的教派和恐怖主义暴力；伊朗在该地区地位的上升；巴以冲突；巴勒斯坦内部矛盾以及黎巴嫩和叙利亚之间的争斗等。[7]（由于该地区冲突造成的后果相当严重，我们将在第九章单独讨论。）而在世界其他地区——例如在非洲之角——类似的次区域冲突也给本地区和国际安全带来新的挑战。

威胁的相互关联以及对美国和国际安全的影响

内战往往跨越国界，给邻国带来不稳定，并产生大量难民流。战争一旦爆发，即使表面上已经结束，也极有可能引发新的战争。有记录显示，如果一个国家在过去五年内发生过战争，那么该国极有可能爆发新的战争。大约三分之一经历过内战的国家在达成和平协议的最初五年，都面临冲突再起的危险。[8]

此外，我们还需要面临人道主义和道德问题。一旦冲突管理失败，就有可能引起广泛的灾难，甚至导致大规模人权的践踏或杀戮的发生。正如我们在达尔富尔见到的那样，国际体系制止这种暴行的能力十分有限。

而且，冲突还会带来其他的安全威胁。比如中东和中亚地区，内部冲突频发，加上国家能力不足或十分脆弱，使得跨国恐怖主义的威胁十分严重。致使恐怖分子有机会拥有核原料——南亚地区也面临同样危险。该地区国家间矛盾和冲突可能导致核扩散。在非洲，国与国之间发生小规模战争，虽说不一定造成重大的国际安全威胁，但是内战和国家崩溃不仅导致人道主义危机，还会滋生国际犯罪网络和毒品贩卖。冲突中备受削弱的非洲国家，成为武器扩散和跨国恐怖主义活动的主要中转站。

阿富汗冲突就很能说明问题。苏联于1989年撤军之后，对阿富汗问题不闻不问，导致国家制度瓦解，政权落入塔利班手中。塔利班又转而为被逐出苏丹的基地组织头目奥萨马·本·拉登提供了藏身之所。美国2001年入侵阿富汗并击溃塔利班政权之后，由于冲突管理机制的不健全加上重建努力的缺失，致使阿富汗成为世界上最大的鸦片供应国；塔利班卷土重来并对中央政府和秩序造成致命威胁；阿富汗和巴基斯坦交界处的部落区成为塔利班和基地组织新的藏身之地，他们利用这一基地恢复力量；部落区的冲突对巴基斯坦的稳定构成威胁。巴基斯坦人口众多，可以说是一个十分脆弱、并拥有核武器的国家。其一旦瓦解，将会给本地区和美国以及国际安全带来梦魇般的后果。

“9·11”事件之后，布什政府将防范来自失败国家的威胁置于国家安全的首要关切：“美国正遭遇失败国家带来的威胁，其程度远高于征战国家给美国带来的威胁。”[9] 从长远来看，建立一套行之有效的体系符合美国和国际社会的共同利益。这一体系能有效预防冲突、冲突一旦发生便能予以调停和处理、能在冲突之后帮助重建、增强稳定、并有助于在冲突前后加强执政能力以实现法治和公共秩序的稳定。

民事暴力和负责任主权

主权国家之间关于冲突的规则已十分完善。《联合国宪章》本身已规定各国有责任避免国家间的战争，并呼吁国家用仲裁等和平手段解决纷争。除非用于自卫，否则不得使用武力。这些条款适用于国家之间的战争。正是因为如此，联合国自1945年成立以来，虽然成员国数量已翻了两番（从51个增至192个），但国家之间的战争次数却始终保持在极低的水平。就内战而言，规则性问题变得更加复杂，而国家责任和国际责任之间的关系同样错综复杂。传统意义上，国内暴力属于本国主权范畴。然而，这些规则正在发生变化。例如在联合国《2005年世界首脑会议成果》（*2005 World Summit Outcome*）中，成员国承认"每一个国家都有责任保护其国民不受种族屠杀、战争罪行、种族清洗和反人类罪行的伤害。该项责任要求各国使用适当和必要手段，预防上述罪行并防止引发上述罪行。成员国承认此项责任并以此作为行动准则。"[10]

但是，如果说"负责任主权"建立的前提是，主权国家必须对超出本国国界并威胁到全球安全的行为承担责任，那么内部冲突所带来的特殊挑战恰恰在于，国家本身正是战争中被攻击的一方或是参与发起战争的一方。因此，为了定义"保护责任"，《2005年成果文件》也强调了外部行为体应承担的具体责任：帮助各国履行其责任；发展国家执政能力；通过外交、人道主义和其他和平努力保护人民免受种族屠杀、战争罪行、种族清洗和反人类罪行的伤害。最令人瞩目的是，联合国大会申明，当一国当权者"显然无法保护"其国民时，"我们准备通过安理会，依据包括第七章在内的联合国宪章，采取及时果断的集体行动。"[11] 这是联合国对于一国无力承担其保护责任时，在必要情况下将使用武力介入的表述方式。

然而，这不过是充分说明我们选择了"理应怎样"而不是"将会怎样"的模式。虽然采纳"保护责任"在概念上有了长足的发展，但在达尔富尔等问题上这种概念还没有体现为行动，也未能努力保证联合国或其他组织具有"保护能力"。而且发达国家也没有做出履行其"建设责任"的可信承诺。

国际反应

冷战时期，超级大国之间的竞争制约了国际社会解除内战的努力。在非洲和亚洲，美国、苏联以及中国分别支持不同的派系，努力不让各自庇护的对象失败，结果导致战争延长，有的甚至持续了几十年。在中东，联合国安理会试图停止冲突，从而防止战争升级和美苏直接对抗。自冷战结束以来，以联合国和北约为首的国际组织以及日益活跃的欧盟和非盟都在冲突管理中发挥着更大的作用。

预防：内战和国家间战争以及政府解体

在联合国，秘书长加利和安南利用20世纪90年代比较开放的政治氛围，设计了一系列外交手段来解决可能发生和业已发生的冲突，并制定了预防和管理政策，包括建立预警机制等。秘书长办公室任命了数十名特使和特别代表通过斡旋结束冲突或监督实施和平协议。联合国安理会越来越多地使用制裁等政策手段以促进冲突预防和管理目标的实现。安理会还和地区组织进行实情调查使命，并授权采取预防措施。[12]

在那段时期，其他行为体也更加积极地做着预防和管理冲突的种种努力。地区组织和国家采取了与联合国相同的做法，包括任命特别代表或总统特使。[13] 非政府组织也参与其中，往往专注于某一个具体领域或行动。虽说20世纪90年代的斡旋努力大都寿命短暂、且计划不周和缺乏经验，但近来，像挪威和瑞士的努力以及像人道主义对话中心（Center for Humanitarian Dialogue, 总部设在日内瓦）那样的非政府组织所取得的成功，都显示出预防和管理已走向成熟。欧盟高级代表的出色工作，对于建立不以联合国为工具的危机应对机制提供了极为重要的思路。

由于暴力冲突和长期重建代价高昂，国际社会亟须加强能力建设，以尽早发现冲突和地区不稳定因素并采取有效措施予以应对。否则，冲突和紧张局势将逐步升级，最终引发大面积暴乱。然而，推行预防政策并不容易。摸清并预见政治行为体在任何情况下的行动和战略本身就困难重重，而专为上述目的建立的国际机制（将在下面的章节讨论）在许多方面都有待改善。

加强长期或“结构性”预防。冲突管理中最棘手的挑战来自预防国家失败。具有讽刺意味的是，一旦战争爆发，国际行为体就有政治机会使用调停、威胁制裁和维和等工具结束冲突——有时要耗到精疲力竭，但有时则会更快些。然而在战争爆发前，国家主权这个保护盾很难被突破。各国政府常常抗拒外界对国内政治和经济问题的干预，即便在国内局势日趋紧张的情况下也是如此。

非洲的经验教训得来不易。2005年在联合国关于成立和平建设委员会（Peacebuilding Commission）的谈判中，非洲谈判者提出了关于这些教训的看法，认为和平建设委员会除了在冲突后发挥作用，还应当在冲突前也发挥预防作用。用一位非洲大使的话来说，“我们为什么只能等到战争爆发后才能向国际社会寻求帮助进行司法改革或是加强治安建设？”近年来，一些拉美和加勒比国家也不动声色地向联合国请求帮助，以加强其预防民事暴力的本国能力和机制建设。

这位非洲大使关注对法治建设的援助是十分明智的。尽管冲突和贫困紧密相关——据统计，在任意五年中，低收入国家就有14%的几率爆发内乱——但贫困和战争之间的因果关系却十分复杂。[14] 某些世界上最贫穷的国家（如马拉维和坦桑尼亚）就成功避免了内乱。贫困和战争之间存在多个干扰因素：如经济发展不平衡、[15] 本国经济对可开发自然资源的依赖程度、[16] 国内社会与种族关系的性质等。但从长期来看，预测贫穷国家发生内乱最准确的指标是其政权的性质和政治过渡的进程。[17] 简言之，有效治理是关键因素。

当然，这不包括把消除贫困从长期预防手段中去除。因为，当国家资源低于一定水平时，即使政府有最好的出发点，也没有能力有效或负责任地治理国家。在第九章中，我们将探讨消除贫困和建设国家能力整体战略中的几大要素。

不过，那是一项需要一代人来完成的工程。在过渡时期，很多国家依然面临冲突和国家崩溃的危险。这要求我们密切关注政府和安全部门的改革，并在增强法治能力方面进行投入，同时安排能降低冲突风险的进程。

当然，治理方式的改革往往是政治变革和政权转型的重要组成部分。所面临的挑战在于这类转型常常危机四伏。那些倡导将民主化作为改革途径的人士不断看到，由专制体制向民主体制过渡实际上提高了短期内发生冲突的风险。[18] 当然，也存在能够降低冲突风险的改革路径。

国际行为体试图在支持或促进治理改革或政权转型的同时，避免引起冲突。它们面临两个十分不同的障碍——既缺乏强有力的工具支持国内改革需求，又不足以左右对改革持抵制态度的政府。

过去的八年表明认为民主可以从外部强加的观点是多么愚蠢。虽然这一点应该不言自明，但鉴于最近存在将民主推进和军事干预结合在一起的现象，我们需要对此予以重申。当然也存在极端例外，比如投降之后，日本的民主制度就是美国在战后占领日本时强加的。如果不是这种情况，民主只能从内部产生。

从这几年的经历中，也从联合国及其他推动或支持民主的多边机制一直以来的努力中，我们还得到了其他经验教训。一个来之不易的宝贵经验是，民主化是一个长期过程，涉及社会和政治制度的方方面面，包括公民社会的发展和政治文化的转型。民主不能只同选举混为一谈。另一个经验是，在乌克兰、塞尔维亚和南非等几个重大问题上，美国对民主化的支持都十分关键。尽管如此，地区机制（如果存在的话）既能达到政治文化的渗透，也能带来双边努力所没有的合法性。国际机制的作用也很重要。关于联合国，常常忽略的一点是，20世纪70年代以来，90多个国家发展成为民主国家，其中大多数的民主转型得到了联合国发展部门（联合国开发计划署）和选举部门（Electoral Assistance Division，选举援助司）的大力支持。冷战结束以来，维和行动以及欧盟的上升机制也发挥了同样的作用。联合国民主基金（UN Democracy Fund）和开发计划署/经合发组织民主治理伙伴计划（UNDP/OECD Partnership for Democratic Governance）的建立表明，深化此类工作大有潜力；联合国开发计划署理事会将推动民主治理作为该机构的核心职能，这也让我们看到更多未来发展的希望。

在最棘手的情况下，也就是当有关国家有外交能力抵制来自联合国和西方国家的压力、其经济也主要依靠国内生产和地区贸易而不是外部援助时，地区和地区大国的作用就显得尤为重要。津巴布韦和缅甸的情况就是如此。无论是好是坏，邻国和地区大国都将对此产生重要影响。没有地区大国的支持，美国或西方国家试图实现政权更替的努力很难成功。

首先，这要求在主要地区行为体和西方大国都参与的16国集团内开展工作，制定预防国家失败的共同战略与方法。但实际操作中仍有不少限制。至少在短期内，西方大国和新兴国家对于将民主作为一种预防冲突的工具会有不同看法。不过，在东南亚国家联盟内部，印度尼西亚主张该组织应在民主问题上更加果断。因此，我们还是可以看到这方面的潜能。然而，在短期到中期内，对民主转型的支持很可能仍将只是西方捐助国和地区及多边机构之间的双边行动。西方各捐助国联合研究，共同倡议将使之更具力量。

然而，加强政权稳定、预防国家崩溃，符合未来16国集团成员国的共同利益。虽然南非极不情愿向津巴布韦的罗伯特·穆加贝施压，使其按国内压力进行民主改革，但是一旦津巴布韦崩溃，内战爆发，对南非也不会有利。同样，中国和缅甸也存在类似的情况——中国对缅甸施加压力，使缅甸政府在镇压佛教僧侣示威游行之后，最终接受了联合国指派特使易卜拉欣·甘巴里（Ibrahim Gambari）。巴西对于避免海地政权崩溃、维持其运作，也有同样的利益关系——前者在联合国自2004年以来在海地的军事行动中占主导地位。维持稳定是各国的共同利益，正是基于这一重要的出发点，使各国能够加强治理改革、强化法治，不仅在宏观政策范畴，也在具体事件中建立问责制，并就此重要性达成更广泛的共识。不过，我们也不能低估在16国集团内就上述问题达成一致的难度，而在没有地区大国协助的情况下想要取得成效也非易事。

加强双边和多边能力建设支持治理改革和政治转型应预先考虑到国内各行为体的需要和要求。这一点很大程度上已经存在。例如，欧盟在民事领域的作用越来越大；联合国开发计划署积极回应有关国家支持其治理和机构改革的要求；联合国维持和平行动部（UN Department of Peacekeeping Operations）新设常备警力部队和法治与安保机构办公室；双边行为体也越来越多地在法治与治理改革中投入必要的民事力量。

这方面，碰到的主要障碍在于官僚主义对效率的影响。例如，经合组织规定用于法治领域改革的费用——尤其是用于安全部门改革的费用，不能计入0.7%的海外发展援助项目，因而这部分开销面临政治和官僚机构的压力。但是，随着对这些开销以及与国家崩溃相关的安全风险政治认识的提高，新的克服这些障碍的政治兴趣已经出现。

改革双边发展机构的难度则更大。这些机构的治理仍然以极度缺乏连贯性、竞相“打招牌”和过时的商业运作为特征，而且比在传统领域的发展改革更明显地体现了这些特征。无论如何，人们越来越认识到这些特征所产生的后果，开始为克服改革面临的行政和技术障碍开辟新的空间。在阿富汗的经验教训充分显示低效发展机构让我们付出更大的代价。这一点，或许从美国前驻阿大使扎洛米·卡里札德（Zalmay Khalilzad）和阿富汗前财政部长阿什拉夫·甘尼（Ashraf Ghani）的态度中可以看出。在国家能力建设方面，他们对美国和其他双边及多边行动批评有加。实际上，甘尼已经令人信服地阐述了进行彻底改革的必要性，并已描绘出实现此项改革的路线图。[19]

短期或“实际可行的”预防。即使冲突预防的长期努力最终能取得成功，也需要至少一代人的努力才能充分实现。但在此之前，有效应对业已发生和即将发生的冲突，是义不容辞的。

就短期冲突预防而言，通常涉及派遣特使。就此，分析人士往往倾向于回到联合国的路子上。然而，以往的经验告诉我们，对于这一点需要谨慎，至少需要加以改进。

虽然联合国在开展维和行动和停止内战方面发挥着主导作用，但在防止内乱方面却毫无优势可言。实际上，一项针对联合国政治事务部（UN Department of Political Affairs）2003—2004年度的研究显示，没有任何证据说明联合国在预防内乱方面发挥了有效作用。[20] 联合国在努力调停内乱时障碍重重。此外，《联合国宪章》在一些问题上保持了沉默，例如民主治理和维护少数派权利的问题、缺乏可遵循的有关如何与非国家行为体打交道的原则和规定，以及一些政府排斥斡旋等。

其实出现这种情形不足为奇。即使在最理想的情况下，也难以阻止某些政府和潜在的反叛分子发动战争，就连那些比联合国更为强大的调停者也难以做到。然而在阻止内战这一方面，地区组织似乎有更好的表现。例如，欧洲安全与合作组织、欧盟和北约为防止塞族和阿族在马其顿爆发冲突尽其职责；欧盟在乌克兰阻止冲突爆发中尽心尽力；英联邦在斐济两次政变后为防止冲突升级付出了努力；还有美洲国家组织在拉美为挫败政变、化解哥伦比亚和邻国间的冲突尽其所能；以及非盟和西非国家经济共同体在几内亚和多哥等地为挫败政变和防止冲突发挥了作用。而联合国则在预防国家间战争中有更好表现，例如20世纪90年代后期阻止伊朗和阿富汗开战，以及前几年仲裁尼日利亚和喀麦隆之间的纠纷等工作。

出于策略性考虑，防止冲突的外交行动往往不动声色，因而很难对具体行动或组织机制的有效性进行考量。然而，根据现有评估显示，相比其他战略而言，使用软硬兼施的手段能更为有效地防止致命性冲突。问题是如何加强各国际组织之间的协调以及如何让邻国从中发挥作用。

调停

一直以来，联合国在调停内战方面更为得心应手，突出的例子有萨尔多瓦、莫桑比克、危地马拉以及尼泊尔的内战。而现在，一旦暴力发生，政府、地区组织、国际组织和非政府组织快速解决冲突已不足为奇。因此，自冷战结束以来，与过去两百年相比，更多的内战以谈判方式得以结束。2006年《人类安全简报》（*Human Security Brief 2006*）[21]的数据则显示，由于国际维和与外交努力的扩大，暴力冲突的发生减少了，尤其是在撒哈拉以南非洲地区的冲突也因此而大幅度下降。考虑到用于调停努力的投入并不高，这的确是一个不小的成就。

这里有两个极为不同的模式。一种是通过谈判达成全面和平协议以停止内战（通常通过秘书长的斡旋或其他第三方的外交努力）。另一种是强制停火（通常由安理会执行）或者暂停敌对行为来中止国家间的战争。

联合国具备以谈判方式达成和平协议从而停止内战的有利条件。联合国拥有其合法性和公正性，具备将当事各方召集在一起、制定原则及惯例标准的能力（例如，制定规则杜绝联合国调停员接受对违背人权行为的集体赦免）。联合国还在诸多国家进行开发和实施人道主义项目并从中积累了不少经验。但是，联合国也有其严重的不足之处。比如在最近的几起事件中，联合国没能做好保密工作（因此破坏了其外交努力）。联合国代表在与非国家行为体包括已被确认为恐怖主义分子团体开展对话中也遇到了困难。越来越多组织严密、资金充裕的非官方团体参与斡旋，本身就说明联合国斡旋能力的不足。[22]

就强行中止敌对态势结束国家间战争而言，联合国依情况不同既具备有利条件也存在不利因素。如果安理会五个常任理事国（中国、法国、俄罗斯、英国和美国）中有一国直接参战，毫无疑问该国将有能力阻止联合国的任何的行动。另一方面，各国寄希望于寻求只有安理会才具有的合法性，因此，安理会所拥有的优势不可小视。

安理会在处理国家与非国家行为体之间的战争时面临更大的挑战，比如2006年夏发生在以色列和真主党之间的战争就是如此。由于安理会没有能力对真主党这样的非国家行为体提出要求，哪怕只是委托处理都难以做到，最终，（经美国和联合国共同斡旋）[23]安理会只能依靠黎巴嫩政府实施了对真主党的控制权（仅限口头而已），才使冲突得以平息。在某些情况下，秘书长或许能进入真空地带，与非国家行为体和各政府展开斡旋。但出于政治上的限制，秘书长在这种情形下也不能和该组织见面，更不用说谈判了。（不过，在联合国部署维和部队之前，法国作为牵头方，还是与真主党进行了悄悄的谈判。）

过去的经验说明了加强跨机构能力建设的潜在好处。以巴尔干半岛和利比亚为例，在对其施加外交压力或威胁使用武力的同时，取消其经济援助，能有效地使当事各方回到谈判桌前。1999年，由于美国和澳大利亚从中协调部署维和部队，加上国际货币基金组织威胁中止对印度尼西亚的经济援助，阻止了东帝汶的大规模屠杀。要想有效调停，必需制定正确的战略规划并随时调整，因此要准确把握冲突的性质、参与各方以及外部手段的合法性和有效性。[24]

一直以来，联合国在调停工作上都面临着资源不足的问题。举例来说，在2005年的世界首脑会议上，192个成员国共同认为提高秘书长在调停中的参与力度十分重要，并由此创立“调停支助小组”，总共包括两名工作人员和六名顾问。相比之下，仅仅在针对波斯尼亚的“代顿进程”中，美国的工作人员就超过了200余人。[25]

冲突后和平维持

冲突管理一旦成功，随之而来的是部署维和人员以协助各方落实和平协议，防止冲突出现反复。因此维和不仅仅是军事手段，而是冲突管理和预防行动的继续，只不过是换了一种方式而已。维和是更广义的冲突后进行重建、保持稳定及建设和平的必要平台。其核心是在各方认可的法律框架下延伸国家权力。

维和行动在过去十年里日益成为举足轻重的工具。20世纪90年代中期，由于维和行动没能在波斯尼亚、卢旺达和索马里奏效，人们似乎对此失去了信心。尽管如此，国际社会在多个动荡地区(包括西巴尔干、西非地区、中非大湖地区和大中东地区)开展游说并强制推行和平进程，从而开辟了维和行动的新篇章。从2000年1月到2007年1月，联合国部署在世界各地的军事人员和警力从18600名迅速增加到82000名,而且到2008年有望增加至100000名以上。由北约、欧盟和非盟等地区组织部署的力量经过一段时间的逐步下降后，又呈上升趋势。仅2006年，由上述地区组织部署的兵力就从53000名增加到70000万余名。2008年初，全球的兵力已超过160000名。

当然，与美国能投放到全球的军队人数相比，以上数字就显得微不足道了。尽管如此，在饱受冲突蹂躏的地区，来自联合国和非联合国的和平行动仍然能发挥重要作用，从而实现短期稳定，为更长期的和平建设与重建制定框架。比如在达尔富尔地区，国际社会无疑在道义上有义务采取行动。这些地区还包括可能成为恐怖分子避风港的地方(如阿富汗和索马里)、国际犯罪活动猖獗的基地和通道(如海地)以及受美国地区政策关注的重点冲突地区（如黎巴嫩南部地区）等。

虽然上述问题直接关系到美国的政策，但经验表明这些问题常常能够通过多边合作得以解决。如海地过去一直是美国重复干预的对象，而今，由巴西牵头的拉美国家联合部队，正以联合国的名义积极开展维和行动。在阿富汗（截至2008年中），加拿大和欧洲各国通过北约输送的兵力在62000人的国际军队中约占28000人。[26] 2006年在黎巴嫩南部地区爆发危机后，欧洲各国随即承诺派遣维和人员进入该地区。不仅如此，就连土耳其和卡塔尔在内的地区行为体、以及那些致力于国际和平与安全的国家也纷纷参与其中，当中还包括中国和印度尼西亚。在经历了许多外交摩擦之后，非盟、欧盟和中国终于决定在达尔富尔地区建立一支非盟—联合国混合部队。这也是美国一直以来不顾苏丹反对，坚持推动的方案。

在这些例子中，维和行动能够为国际安全做出双重贡献。就行动本身而言，它们为冲突地区直接提供了安全保障。就政治意义而言，不论是通过北约这样的军事联盟还是通过临时特别联盟，维和行动为冲突管理建立了国际合作的框架。这也给美国提供了对维和行动抱有信心并通过维和行动树立信心的动力。美国还履行“保护责任”来帮助面临种族灭绝或大屠杀的人们，确保其拥有“保护能力”。

维和行动主要在非洲进行。非洲是联合国维和行动的核心地区，联合国75%以上的蓝盔部队都部署在非洲；而在大中东地区，联合国和北约一共部署了70000名维和人员。在这两种情况下，“混合”维和行动都已成为国际社会日益选择的方案。所谓“混合”，指的是两个或两个以上的国际组织或多国行为体同时或先后履行部署职责。这个过程往往不易操作：参与机构通常力求保持自己的指挥系统独立运作。尽管如此，也有机构组织在一段时期内接受统一指挥，像联合国、欧盟和欧洲安全与合作组织之间自1999年以来在科索沃的合作就是如此。这样一来，国际社会在应对危机之时又多了一分灵活。而诸多“地区维和编队”的相继出现又增强了这一灵活性，这些编队的任务是在邻国部署维和人员，以防止冲突向周边国家的扩散。比如联合国部署在西非海岸、中非大湖区、苏丹和非洲之角的部队就是如此。

维和行动开始频显成效。兰德公司对当前八项以联合国为首的维和行动进行了研究，其结果显示，其中的七个国家依然保持着和平。[27]在海地和东帝汶的第二次维和行动中，尽管资金严重不足，政治形势错综复杂，加上刚果问题仍未解决，联合国的维和行动仍然取得了进展。然而，许多问题再次出现，尤其是棘手问题，包括派遣适合的小分队和调动初期资金进行恢复建设。要保持现有水平的联合国军事人员实地维和一项，就要求每年轮换大约13万到14万名士兵。尽管联合国得以拥有足够的步兵来维持眼下的维和行动，但却很难得到更多的特需装备，例如直升机和轻型装甲车等。这些装备对于在像刚果（金）和苏丹达尔富尔那样恶劣的环境里开展有效的行动十分必要。除此之外，联合国还缺少能迅速部署新部队的远程空运装备。

这些困难不只是联合国才有。2006年和2007年，北约指挥官都在公开抱怨缺少特需装备，尤其是直升机。非盟派往苏丹的部队遭遇了极为严峻的考验：非盟部队在该地区只有轻型武器，而那里的众多民兵却拥有大量的重型武器装备；2007年，非盟7000人的部队只有不到

30架直升机；除此之外，人员短缺导致部队无法按时进行轮换。2008年，一些非盟部队几个月拿不到薪水，表明为长期开展维和行动寻找并提供必要的资金便利是非盟面临的又一大挑战。

然而，联合国面临的一个特殊问题是：北约部队事先对自己行动任务非常清楚，而多数联合国部队却不一样，事先并不知道要执行什么样的联合国任务，所以这些部队几乎没有接受过任何预培训。为解决这个困难，联合国一直以来都在讨论是否要建立后备部队，这方面已经取得了一些进展，尤其是欧盟已经建立了为执行联合国命令而准备的后备作战部队。印度等主要派兵国都表示愿意为联合国行动提供事先指定并接受培训的后备部队。但各捐助国（其中主要是美国）还未就后备部队的筹款机制达成一致。不断增加的维和行动也给各个相关国际组织总部的工作人员带来不小压力，尤其是联合国和非盟。到九月为止，联合国维和部只有555名文职人员来管理维和行动——尽管别的部门有管理人员予以协助——总部工作人员和实地维和人员之比为1∶149。非盟的数字则有所不同。但据估计，2007年全职处理维和事务的人不超过10到20人。北约的情况则要好一些。总部工作人员和实地维和人员之比是1∶4。总之，正是资源最少的组织（如联合国和非盟），其维和行动却最有可能增加。[28]

最后，联合国在实施多方面任务时受到制约。无论是为了协助内战后实施和平协议还是为了应对国家解体，维和行动都不只是为了完成政治和军事任务；大约自20世纪90年代末期以来，维和行动（尤其是安理会开展的维和行动）通常涉及治理和能力建设、法治和司法建设、警力管理以及经济运转等。这样多方面的维和行动不仅有助于军事稳定，而且在理论上也有助于实现更广泛的稳定和重建任务。联合国维和行动在执行上述任务时面临许多现实问题。的确，广义的国际和平建设机制在力度上远比不上当前狭义的维和机制。

和平建设或恢复国家能力建设

和平建设旨在创造良好的和平环境，使冲突地区在维和部队离开之后仍能保持长期的和平。和平建设人员寻求创建有效的公共制度，就依法治理的框架达成共识。和平建设不仅包括军事维和，而且也必然涉及发展和制度建设。以我们对有关进程的了解，足以把握我们能够做些什么增加实现持久和平的机会。

首先我们必须了解一般导致和平建设失败的原因。从安全角度而言，可能是因为未能遏制反对势力的破坏；从政治角度来看，或许是未能解决和平协议中的未决问题；从“国家建设”角度来看，也可能是未能建立起必要有效的当地力量并取得维持和平所必需的合法性。

从积极面来看，国际社会从反复积累的经验中汲取了大量的教训。首先，和平建设是一个需要时间的过程。要了解该过程的实质、应具备的国际技能和必要的当地力量，就必需考虑和平建设的五个要素。也许这五个要素会同步发挥作用，也许一方面的进展会碰到另一方面的倒退。然而，要让和平持续下去，就需要这五个要素在一定程度上都取得进展。尽管如此，每一个要素的相对重要性必然会根据冲突的不同而不尽相同。

1. **实现稳定**。冲突之后的首要任务是实现稳定。在缺少广为接受的法治情况下，保障和平并恢复社会法律和秩序是维和人员义不容辞的责任。除了通过维和行动以保障基本安全之外，还必须满足人道主义需求并让人民对未来充满信心。其关键目标是：要通过重新提供社会基础服务和刺激本地就业来创造经济机会，避免人民重新走向战争。首先必须让敌对双方解除武器、实行复原并重新融入社会。必须在当地采取政治行动以实现确实有效的治理。通常选举被看作是切实必要的步骤。然而，过早进行选举可能带来不利。时机不当的选举会使先前交战各方在旧伤未愈之时又开始相互竞争，且有可能使战犯或军阀盘踞于政府部门。

2. **加强基础设施建设、建立法律和民主治理制度以及市场经济体系**。总体而言，帮助国家奠定社会发展的基础，实现平稳过渡，这一过程最为耗时也最为错综复杂。必须制定并实施法律法规，用新的治理理念培训人员，对必要的基础设施进行投资，并将治理理论和培训转为实践。诚然，面临的挑战涉及方方面面：包括经济能力建设（如创建市场、银行体系、税收体系以及切实可行的财政计划等）；政治制度建设（如政党建设、发挥作用的议会以及负责任的执政机构等）；实行法治（包括宪法，立法、法官、律师和监狱制度等）；向非军事力量移交安全机构的控制权（包括警察、军队、新的国防和内务部等）。冲突过后，社会寻求如何从“强制秩序”过渡到基于自由、开放和竞争的秩序。完成这样的过渡需要时间，需要当地人当家做主。

3. **培育公民社会**。虽然外部力量无法在当地建立起公民社会，但是它们可以向媒体代表、民间组织、商业团体、环保倡导者以及其他能够发展社区利益并阻止权力滥用的群体提供培训。在有些情况下，妇女的作用举足轻重。因为在保健、教育以及水土资源利用等问题上，妇女往往采取务实的立场，这有助于培养起信任的环境。

4. **解决历史问题**。说到底，从暴力中逐渐恢复的社会，必须首先解决最初引发冲突的问题。如果不这样做，这些问题可能会再次浮现并导致冲突循环发生，使得几乎近一半的冲突后国家又再次陷入困境。 其根本问题可能包括：政治排斥、种族或宗教团体迫害、对官方司法体系缺乏信任、大范围贫困、腐败严重、失败的国有企业、收入不平等以及因水土资源引发的纷争等。问题是，解决冲突起因本身就可能引发混乱。比如国有产业的私有化会增加失业并引起政治动荡。惩治腐败导致前社会精英利用金钱和影响来破坏政治过渡。这样，摆在面前的一项挑战就是在保障稳定的同时把握解决问题的时机和方法。

5. **恢复国家能力建设**。确切地说，内战对国家权力构成严峻挑战。如果战争旷日持久，尤其发生在贫穷国家，那么即使战争结束，这些国家也无以实行法治、提供和管理公共财产、实行基本的经济调控或提供社会基础服务和福利。恢复国家权力是确保稳定和重建的关键所在，必需从签署停火协议后就立即着手投入。迄今为止，联合国和欧盟及其他机构提高法治能力的努力是局部的、不全面 的。秘书长办公室对联合国建设和平能力的一项调查即显示，公共管理改革在联合国各项能力建设中最为薄弱。

在整个过渡阶段，采取一定措施能加大成功的把握。在其他条件相同的情况下，和平协议必须采取书面形式，期望必须表述清晰，任务必须切实可行。[29] 确保人身安全是经济和政治发展的前提。[30] 尽管必要的武力是实现和平的保障，但在缺乏和平协议的条件下动用武力是不可持续的。

资源丰富的国家更有可能重蹈冲突的覆辙，因为它们能够调动资金来支持战争。所以从一开始就必须对财富加以管理。和平建设必须包括制订一项计划以应对资源管理的问题。[31]

和平建设要求重新定义国家与公民之间的关系。如果公民不信任其“新国家”，它就不会成功。因此，国际组织必须从一开始就让当地人民参与其中，让他们行使自己的权利。此外，帮助当地进行能力建设需要时间。虽然国际社会愿意为此投入财力和部队，但是由于耗时过长，往往令国际社会不愿承受。再者，为了使过渡时期从实现稳定到其他阶段，其进展速度更快，当地人民就必须发挥更大的作用。[32]

成绩评估：总体趋势

虽然联合国以及范围更广的国际和平建设行动已经取得了一些重大成功，但是还有太多的行动不尽如人意。其中有政策原因，但更重要的是建设和平行动结构松散、协调不良、通常缺乏清晰的目标。

在联合国和平建设委员会于2005年正式成立之前，联合国一直没有专门协调其秘书处、各机构和各部门之间有关建设和平行动的组织。联合国安理会对动用武力和维持和平负有其责，但对与建设持续和平至关重要的机构却疏于监督。

和平建设委员会虽然在名义上有很大权力，但对于本应发挥的作用，它充其量只算是温和、能力有限的委托机构。2008年中期，该委员会只参与了四个试点国家（几内亚比绍、布隆迪、塞拉利昂和中非共和国）的行动。也是在2008年中期，联合国只为建设和平保障办公室配备了20个职位，而和平建设委员会的职员也由该办公室提供，这相当于所有维和人员总数的百分之二。[33] 即使该办公室能发挥协调作用，调动起整个联合国系统的力量，一旦要同时管理多个国际和平建设行动战略计划，这将是其力所不能及的。

由于一直以来协调能力跟不上，与联合国和平建设行动相关的机构倾向于独立运作。维和部人员编制最多，因此在诸多行动中，例如2005年在海地，该部开展了十分有效的和平建设行动。同样，联合国开发计划署、联合国人道主义事务协调办公室（UN Office for the Coordination of Humanitarian Affairs）以及联合国难民事务高级专员（UN High Commissioner for Refugees）和世界银行分别在不同地区发挥了一致作用。联合国通过“统一行动”模式在整合联合国机构方面取得了很大进展。这一模式任命发展与人道主义协调员为行动副总指挥，成为联结政治与安全行动以及发展与人道主义行动的工具。但是，这一模式有其局限性，最为突出的是参与和平建设的关键行为体——如主要的双边捐助方、地区组织和发挥重要作用的国际金融机构——都不在其中。我们的目标应当是在当地建设协调有效的投放能力。

在大规模行动中，联合国的整体投放能力常常受到限制，尤其是派遣非军事人员协助国家建设的能力往往不足。2007年，在全球为维和行动部署的4967名非军事人员中，只有很少一部分人（不足100人）受雇从事治理工作。[34] 其中专门为该项工作招收的技术人员少之又少。（尽管在有些情况下，比如在科索沃，欧盟和欧洲安全与合作组织等机构也为联合国行动调派了大量人员。）这样说似乎夸大了形势的严峻程度，因为整体人员编制应该包括联合国开发计划署危机预防和恢复局（UNDP’s Bureau for Crisis Prevention and Recovery）、人权事务高级专员办公室以及相关机构的工作人员——但即使加上所有这些人，全球总数也不会超过两位数。这样看来，不能为刚摆脱冲突的国家提供法治和建设国家的核心能力是整个冲突管理体系的严重缺失。

从好的一面来看，自20世纪90年代初以来，通过提供选举监督、协助国家选举进程和宪法的制定，维和行动在帮助数个冲突后国家实现民主过渡立下了功劳。其不足之处在于，建设公民社会机制从而深化民主化进程内涵的能力还比较薄弱。

处理棘手问题

国际上处理所谓“棘手问题”的能力尤为不足。这些问题规模大，战略意义高，要求大量资源的投入和许多重要行为体的参与。在伊拉克，除13万至16万美国和其他国家部队外，美国的拨款和伊拉克的石油基金提供了价值数十亿美元的资源。即便如此，战略上有效地调动、部署及协调这些资源与人员本身就构成巨大挑战。管理棘手问题向预防、调停、维和以及和平建设行动提出了更多挑战。

在具有重要经济、军事和外交能力以及重大战略意义的国家，预防或管理冲突所面临的挑战尤为复杂。当危机涉及大国时，主要国家必须优先考虑更广泛的优先领域，如反恐、能源、贸易以及地区稳定。各国也总是需要对公众压力做出反应。这些考虑会使眼前的冲突预防和管理目标显得无足轻重。主要大国之间的利益竞争也会阻碍国际组织或机制制定政策。

但是，必须努力克服所有挑战，因为今后要管理冲突就必须在全球范围内开展合作。目前，当务之急是采取紧急措施在维持伊拉克已取得的脆弱进展的同时，推进解决巴以和黎以冲突。虽然中东危机的某些具体领域最终恐怕仍需借助武力加以解决，但军事手段不能解决中东的多方面危机。无论是凭美国自身的力量，还是依靠联合国现有的地区机制，都无法应对这个长期危机的诸多方面。但是，我们绝不能对其置之不理。

伊拉克问题和阿富汗问题尤为棘手，美国在解决这些棘手问题时扮演了主要角色，而联合国只是发挥了次要作用。伊拉克问题之所以难以应对，是因为它不仅经历了内战，同时又经历了国家失败，还因为美国在当地的存在遭到普遍反对。经验表明，在内战背景下建设和平，首先需要签署和平协议。尽管光有和平协议并不足以确保实现和平，但却至关重要。[35] 由于伊拉克是一个陷入战争的失败国家，在没有外部调解的情况下，各方派别不可能达成政治解决方案。即使能够达成协议，也有必要依靠外部力量创造稳定环境，以确保当地各方在和平建设上取得进展。

如果在国内冲突或国家失败或两者并存的情况下，同时发生大规模暴行，那必将构成更为严峻的挑战。过去几年中，联合国试图调动力量对抗这种暴行的发生。联合国大会于2005年通过了“保护责任”概念，安理会则于次年批准了措辞更为谨慎的版本。

即使在缺乏这一原则的情况下，北约也已采取行动制止发生在科索沃的暴行。当时，安理会由于俄罗斯威胁使用否决权而无法采取行动。但这个例子的特殊之处在于，它发生在欧洲，并且欧洲大部分国家——以及其他各大洲的不少国家——都支持采取必要行动。自那以后，若干非洲国家——尤其是卢旺达——以及少数拉丁美洲国家和亚洲小国逐渐接受了主权行使伴随着责任这一基本原则。但是，一些非西方大国仍然对这一概念持明显的紧张态度。

保护责任原则在苏丹达尔富尔地区得到首次测试。有关事件反映出在这个崇高原则下行动会碰到的困难。2007年8月初，安理会经过反复讨论，授权向达尔富尔地区派遣27000名维和人员以制止正在发生的暴行。这是安理会做出的重要回应，但这已经比最初的呼吁晚了至少两年时间。而且从2007年到2008年，这些士兵的派遣工作进展极其缓慢。派遣士兵并非总是这么缓慢，联合国曾在两周内向南黎巴嫩派遣了12000名精兵强将。但在达尔富尔，联合国行动受阻的原因有：后勤力量不足；供给路线不堪重负（达尔富尔距最近的港口2400公里，而且通往该地区的道路路况十分糟糕）；西方国家不愿意提供攻击型直升机等高端装备；最主要的是，苏丹政府不愿意妥协，无论是在坚持只接受全非洲部队方面，还是在阻碍部署对增强地面部队机动性至关重要的设备方面，都是如此。

这是失败吗？的确从多方面来看，这确实是失败；但是我们也应看到，2005年初向达尔富尔派遣部队是不现实的，当时苏丹政府肯定不会接受。再者，国际维和部队可能在苏丹遭到苏丹军队的抵抗。在这种情况下，会造成什么样的人道主义后果？能拯救或失去多少生命？如果没有美国的全面干预，任何保护部队都无法在苏丹政府不同意的情况下部署地面兵力，更不用说坚持作战。这是对西方国家承诺的保护责任的严峻考验，就看它们是否愿意派兵加入为苏丹组建的多国精锐部队。

然而，在形势不那么棘手的情况下，既然联合国负有保护责任，它就应该具备保护能力。最近维和人员在动用武力方面已日益强大。联合国的授权涵盖保护平民的条款，并视其为理所应当的责任。例如，联合国部队在海地和刚果（金）东部果断打击武装团伙，取得了显著成功。但是当维和人员需要打击拥有强大反攻能力的反对派时，他们却遇到了难题。在与真主党就近作战问题上，联合国成员国在同意派兵之前，在安理会就确切的参与规则进行了艰苦讨论。由于在动用武力时受到警告以及对伤亡的恐惧，北约在阿富汗的行动和欧盟派往刚果（金）协助联合国部队的行动受到阻碍。

对使用武力的顾虑会继续影响各国政府向维和行动派兵。联合国和北约通常把向对立的武装分子动用武力及保护平民纳入常规行动中。但是，不少国家（比如一些欧洲国家和日本等）对于其部队参与实地战事有着严格的规定。例如，在阿富汗，在参与国际安全援助部队(International Security Assistance Force)的37个国家中，只有美国、英国、加拿大和荷兰这四个国家在赫尔曼德省(Helmand)前线部署了维和部队，而那里的战斗最为激烈。到目前为止，这四个国家的伤亡人数占了绝大多数。如果它们继续承受如此不成比例的损失，国内的抗议示威就会上升。

由此可以看出，在应对这些棘手问题时，现代维和行动的能力有明显不足。即使伊拉克和阿富汗并非超常规的挑战，它们还是深刻考验了美国能力的极限，同时在阿富汗的行动也考验了联合国和北约的能力。对此，我们应当从不足中汲取经验教训，以切实加强多边维和能力的建设。

这让国际社会实际上别无选择。在有关国际机构面临人口众多的大国崩溃之前，国际领导人必须加强维和及人道主义能力建设。首先，这种能力的增加应该让现有的维和行动更为成功。随后再，（最好通过增加预备部队资源）大幅度提升这种能力，从而使国际社会可以应对至少一起大规模的灾难。

教训与变革

就像我们在本书中讨论的，解决当前的跨国威胁不仅需要各国政府有合作的意愿，而且，各国必须发展一种责任感，不仅为本国公民的福祉负责，也要为其政策产生的影响和别国公民的福祉负责。需要持续关注并为政策工具提供足够投入，才能改革国际体系的能力，使之避免冲突、阻止冲突波及邻国，并在极端情况下应对大规模杀戮。

要在冲突后立即着手和平建设和执行法治，必需要有充足的安全部队作保障。在波斯尼亚和科索沃，维和部队与人口的比例分别是19比1000和20比1000。而在伊拉克和阿富汗，这一比例分别只有7.5比1000和1.5比1000。[36] 因此，在伊拉克和阿富汗随后发生叛乱并不出人意外。一旦维和部队失去对使用武力和犯罪行为的控制，叛乱分子就有机可乘。

当地安全部队必须负起维持法律和社会秩序的责任，然而，建设它们的能力需要时间。在阿富汗，建立新的国防部和内政部势在必行，但是，这样的改组尤其是重建警察部队起初并未见效，这使建立有效的当地治安能力拖后了至少三年时间。尽管如此，维护持久和平唯一可行的战略是在法治框架下建立有效的国家制度——而国际应对机制恰恰对此最不擅长。

尽管和平建设人员在一定阶段必须把责任移交给当地机构，使之在体制内有利益关系，但是，在法律基础薄弱且政府内缺乏制衡机制的情况下，贸然举行选举非但不能解决问题，还会引起新的问题。如果交接过程失当，会有利于多数派团体，导致权力落入军阀或罪犯手中，或者制定的法律存在像伊拉克宪法那样的漏洞，则会成为引起动乱的根源。

要让人民真正感受到社会的进步，就必需创造就业，建设基础设施。但这必须基于大批平民能够自由往来和自由行动。假如没有安全感以及和平保障，就不可能取得进步。反过来，如果我们不能调动民众的力量重建家园，又会削弱安全保障。如此就陷入了当前不堪重负的和平建设体系的两难境地。

维和行动规模日益扩大，复杂程度也日益加深，必需强调国际社会以多边方式持续发挥作用，而不是提供权宜之计，从而确保其切实有效。美国和其他国际行为体面临着一个战略选择：或是在不投入新资源的情况下，不断给联合国、北约和其他国际组织提出新要求，超越现有运作系统的界限；或是抓住契机，加强合作，以更好地实现维和行动的一致性。

纵观整个维和行动，我们相信，联合国安理会和联合国维和部队承担着主导作用。一直以来，联合国开展行动的大部分资源，不管是部队、资金还是外交界重量级人物均来自于各个成员国。联合国安理会是决定维和行动合法性的至关重要的机制，而且联合国秘书处则能起到关键的促进作用——正如它在黎巴嫩所发挥的作用那样——组织成员国开展有效的联合行动。在下面小节中，我们将探讨联合国如何在应对危机中发挥促进作用；如何加强北约的维和功能；主要捐助国怎样才能在预防国家失败和促进重建方面目标更加明确；以及我们需要多大的后备力量才能实施保护能力。我们在预防与调停、维持和平以及建设和平三方面提出我们的建议。

预防与调停

在第九章里，我们会讨论国家能力建设、有效治理以及消除贫困所必需采取的一些行动。但是，对短期预防的投入也同样必不可少。

加强国际组织间的协调。加强与联合国各政治机制之间的联系和主要金融机构之间的联系，（尤其是世界银行、国际货币基金组织和双边捐助方等）有助于制定战略发展规划，将经验同实际行动结合起来，以防止国家解体。联合国安理会和秘书长可以有效运用这些方法。如遇全球发生冲突或大范围暴力时，秘书长则可以利用好手头工具，在施加外交压力的同时，引入奖惩机制。

建立联合行动方案小组。美国、英国以及其他主要西方捐助国针对未来可能发生的冲突进行早期预警分析和制订行动方案。这些各自为政的努力往往形成各自独立的战略，预警方式通常不能引起注意。因此，建立一个联合行动方案团队，将有助于发展共同战略、引起对预警的更多关注，从而采取协调一致的危机预防措施。

增强联合国调停与政治分析能力。联合国政治事务部应当接受重组并进行适当的人员编制调整。[37] 该部应有能力领导联合国的斡旋或支持联合国批准的斡旋行动。秘书长参与预防行动，而政治事务部则为危机预防战略提供政治分析。政治事务部应当在建设和平行动之前和之中发挥主导作用，包括为建设和平行动、政治过渡以及培养当地能力制定政治策略。建设和平保障办公室应当全方位领导制定建设和平战略，其中包括使用政治手段。

“预先”培育关系。冲突管理中的个人因素往往举足轻重，没有政策或机制可以替代领导人之间的关系。在冲突高发地区，美国总统、联合国秘书长、欧盟高级代表和相关地区组织的领导（尤其是来自非盟、美洲国家组织和东盟等）可以采取深思熟虑的措施，与其他能够在危机发生时帮助管理冲突的领导人建立关系。

支持非正式外交力量。2008年初，科菲·安南在肯尼亚备受争议的大选之后采取的斡旋行动防止了暴力的进一步升级。这一例子凸显出非正式外交的重要作用。此次事件中，安南成功的关键在于，联合国秘书长潘基文，美国国务卿赖斯以及非盟的全力支持，旨在向各方表明他们会支持安南协商的任何解决方案。于是，面对统一的国际战线，肯尼亚总统和反对党领袖最终达成协议。还有，安南同样得到了由人道主义对话中心、联合国政治事务部以及联合国国家工作队高级官员组成的综合办公室的支持，为整合资源支持单个斡旋行动开创了先河。

维和行动

通过建立起有效的维和以及和平建设能力，加大冲突后实现和平、确保稳定的投入力度，能最有效防止新一轮战争的爆发。

缓解维和特需装备的紧缺问题。运用军事和外交激励机制，美国与其捐助伙伴应当通过军事合作和外交努力建立起各国专门执行和平任务的力量，既要强调维和培训，也要获得更多的特需装备（例如运输直升机等）。所需资金可以通过军事援助协议获得，但条件是它们必需成为联合国和其他和平行动预备部队的一部分。比如欧洲现有的维和行动安排就体现了对联合国的支持，以及在努力发展非洲预备部队的同时，将重点放在能提供高质量的特需装备上。

解决维和行动战略航空运输能力不足问题。美国与其伙伴可以通过发展自愿资助（或部分补贴）的运输支持体系来减少维和行动的后勤保障问题。这一体系可以建立在现有的北约和欧盟在达尔富尔地区给予非盟的支持以及类似的美国和欧洲在其他地区提供支持的基础上。维和任务规划者和潜在的运输供应方将共同对维和需求进行评估和能力确认，以作为该体系运作的基础。

提高北约组织多维行动的能力。北约维和行动由于缺乏民事和政治力量而备受困扰。而发展综合策略的初步行动一直磕磕碰碰，有必要加速推进。可以通过改进北约和欧盟规划机制之间不协调的关系加以实现。这样，北约可以更大程度地凭借欧盟目前不断壮大的民事力量开展维和行动。

为制订战略计划以及联合安排维和行动建立各机构间的制度框架。为了给上述动议所需要的维和资助提供总体指导，美国与其伙伴应当强调和平行动战略规划要采取三步走方式:(1)向缺乏资金的联合国和非盟规划部门增加国际资助;(2)召开各机构间和政府间正式和非正式会议,以商讨制订维和行动的战略计划;(3)加强混合行动中各指挥部之间的联系,并为此制定长期运行框架,比如建立一个"常设协调处"进行监督,并通过常规行动对这些能力进行检验,这方面已有先例可循。

为非盟和其他非洲维和行动创建更加完善的资助体系。依靠现有的美国、欧盟和其他捐助国提出的倡议,优先专门为在非洲的维和行动和能力建设新建一项长期基金,但必需明细资金的去向和报批程序。应当特别关注为行动规划和能力建设提供资助,然而,目前这方面的资金最为缺乏。

促成为开展和平行动建立军队间和政府间交流的指导原则。基于近来的经验,美国与其伙伴应当为制定维和原则进行公开讨论提供便利,尤其关注应对暴力威胁等问题。目标是建立一个共同遵守的原则,至少应为联合国、北约、非盟和欧盟这全球四大维和力量所适用。

拓宽预备役体系的维和力量。拓宽联合国和地区组织预备役维和力量势在必行。联合国必须拥有五万名维和人员或五个军事行动旅接受待命,才有能力及时而有效地应对和平建设任务。在非洲已经计划为非盟维和需要建立几支后备部队。另外,欧盟也为联合国行动快速部署维和部队建立了联合后备营,并于2007年在刚果(金)第一次投入使用。要强化这一能力,要求各国或地区组织为联合国部队指派维和人员,并保证这些人员可随时调用。联合国将负责制定行动标准,在国家或地区层面提供高质量的培训。

在全球建立目标为30万人的维和力量。在现有18万维和人员的基础上净增约12万人,这一增长目标是现实可行的。可以通过诸如全球和平行动倡议等已有的项目,以及重新组织北约国家的武装部队,加上新派兵国如中国和印度尼西亚等国越来越多的参与,来实现这一目标。

和平建设

只有同时加大和平建设工具的投入力度,才能使维和行动的投入切实有效。

建设联合国战略规划能力，并由国家和地区力量作为补充。应当对联合国和平建设委员会进行改造，使之成为协调和平建设战略规划、整合不同捐助国能力和资产的独立部门。这一团队至少需要由150名全日制工作人员组成，分别来自建设和平保障办公室、联合国秘书处各部门、相关的联合国组织以及联合国开发计划署危机预防和恢复局等，目标是拥有规划和同时协调五项主要任务的能力。每个任务拥有20名核心人员，外加50名总部的工作人员用于整理资料、建立程序、运行培训项目并管理整体维和行动。

一旦建设和平保障办公室建立起核心职能部门，该部门应当成为主导制定多边和平建设行动战略和规划的国际机构（除非某个地区或国家明显更适合承担这一任务）。建设和平保障办公室应当在总结最佳国际经验的基础上，提供规划框架和分部门任务清单，来为捐助国间进行规划打下共同的基础。[38]

作为联合国行动的一部分或与联合国同时承担维和任务，各国和地区机构需要建立与之匹配的能力以监督协调行动。

建立一支应对部队实地执行维和任务。联合国必须拥有一支任何时候都可用于协助当地维和行动的核心队伍。该队伍至少由1000名专家组成，包括联合国秘书长的高级代表以及核心技术部门人员。他们来自联合国各部门、各署、各国政府以及非政府组织和其他机构，必须做到能随时待命。此外，联合国内部应当具备规划并建立任务结构的能力，其目标是有能力在接到命令30天建立起协调一致的实地维和行动处。

此外，国家和地区机构必须建立起与之相应的应对力量，以保证其有效的行动能力，这往往是协调工作最为关键的层面。

打造广泛的国际网络为项目实施提供技术人员。除了维和人员，联合国应当维持大约由两万名经过培训的警察、警察培训官和法治专家组成的网络，这一网络通过国际后备人员系统予以支撑，由国家及地区组织共同建立。这些执法人员能在60天内部署到位。联合国应当完善并扩大与之签有协议的合同方、非政府组织和其他为维和行动重点领域提供服务的数据库，旨在随时都能找到可靠的当地人才。

地区和国家机构也应当建立起自己的后备人才库和合同网络，以随时参与多边行动的协调工作。

为联合国和平建设行动建立20亿美元的可用基金。我们需要建立这样的基金，以便一旦接到联合国安理会的授权就能快速调动力量执行和平建设任务。通过较早调动力量，快速部署将缩短行动的时间并节省开支。该基金只资助为和平建设任务进行的快速部署，而维和部队的开支将仍由现有机制资助。根据每年实际支出的统计，基金应能支持为期六个月的计划外和平建设任务。各国应分摊基金的资金来源，因为所有国家都从中受益。这一机制能有效遏制冲突外溢和国家失败。本地区和国家机构也应当建立相似的机制以迅速部署和平建设力量。

结论

假如没有美国的积极参与和大力投入，以上所述都不可能实现。自然，仅有这些投入还远不能满足实际需求。许多其他国家，包括新兴大国，也能为推动国际冲突管理的努力做出重要贡献。欧盟已经成为上述行动的主要政治和经济行为体。值得一提的是，英国首相戈登·布朗呼吁建立一支能确保稳定的部队并加强尽早重建的能力。本章中的许多建议都可以帮助加强这种能力的建设。英国在领导联合国进行重要改革方面有着卓越的纪录，尤其是在人道主义领域，而且英国可以借助美国和其他国家的支持继续领导这一系列的改革。

最后值得强调的是：联合国各成员国继续认为预防、斡旋、维和以及和平建设是该机构的关键职能。因此，在这一领域进行改革，要保持南北共同参与，加强对有效冲突管理共同利益的认识。奥巴马总统需要关注一系列问题，不过这一问题也许比较容易取得进展。美国应当尽早显示出它愿意和联合国冲突管理机制合作并加大对其投入——并随时支持和引领这方面的改革——为国际合作注入活力。

第八章

打击跨国恐怖主义

进入20世纪以来，恐怖主义已经成为了战争和意识形态斗争中司空见惯的现象。21世纪初，基地组织是全世界面临的最为恶劣、危害最大的恐怖主义。虽然恐怖主义的威胁常常被夸大，但是像基地组织这样的恐怖主义网络有可能获得核武器和生物武器，对美国和国际安全构成了严重威胁。

无论一个国家多么强大，也不可能靠与跨国恐怖主义单打独斗来保卫自己的安全。恐怖主义网络通过全球经济的裂缝实现人员、资金和物资的跨国流动。只有在金融流动、情报和警事行动方面开展广泛合作，并同时弱化恐怖主义的社会政治吸引力，才能降低我们面临的风险。涉及核武器和生物武器的恐怖主义是最危险的，需要采取最广泛的合作来应对。

反恐斗争涉及负责任主权的四个层面。有效的反恐战略要求各国（1）履行普遍义务，不资助、支持或帮助跨国恐怖主义；（2）为境内情况造成的境外影响承担责任；（3）为国民的福祉负责，逐步消除恐怖主义风险；（4）进行能力建设，以履行责任义务。能力建设强调了一个重要概念，即强国基于自己的利益总有动力也有责任帮助弱国。如果各国想要建设一个能帮助自己抵御境内的恐怖主义的国际体系，那么就需要所有国家共同努力，携手合作。这就要求在防御链条最弱的环节上也要进行能力建设。

美国曾遭遇了历史上规模最大的恐怖袭击，同时美国又是全球性大国，应该在合作打击恐怖主义活动中发挥领导作用。在“9·11”恐怖袭击发生后，美国立刻获得了所有大国和大多数阿拉伯国家的广泛支持，对基地组织进行了猛烈打击。在“9·11”之后的几个月里，在国际和地区层面，联合国和地区组织都焕发出新的活力，努力填补基础性规范、法律和制度建设的空白，更有效地打击恐怖主义。

但是，伊拉克战争摧毁了团结的局面和统一的目标。美国提出“全球反恐战争”的口号和策略，为了给伊拉克战争正名，将之说成是反恐战争的组成部分，这些做法使美国失去了阿拉伯和穆斯林世界的支持，造成了美国在人权和民主化等关键问题上的损失。在这些问题上美国立场的弱化导致反恐斗争力量减弱，破坏了更大范围的应对其他共同威胁的合作。

如果美国的政策立场不变，全球反恐战争的信誉和能力将陷入困境。如果要往前推进，美国应采取四个方面的政策：展开专门行动和外交活动集中对付基地组织及相关集团；支持国家打击各种恐怖组织的行动，这些行动应以执法和法治战略为基础，以人为本；致力于降低恐怖主义的社会和政治吸引力；将美国的反恐斗争并入到强有力的国际反恐合作框架中。

当前的国际机制推动各国采取国家行动和集体行动打击恐怖主义，具有全面性，但是不具备权威性。现有的16个联合国公约和协议、联合国安理会决议、联合国大会一致通过的反恐战略，以及各种地区宣言和公约，对国家责任做出了越来越明确的表述。但是，在这些文件中，只有联合国安理会的决议具有权威性。在建立有效机制、加强地方反恐能力建设或支持国家反恐战略方面，还鲜有作为。此外，随着各种行为体大量增加，很难做到协调一致。在行动方面也没有达成共识。

正因为各种正式机构都在开展反恐战略和行动，呈现出混乱的局面，所以八国集团成为了一个有用的场所，它推动战术性的反恐合作、执法和融资，并孕育新的非正式合作工具，如反扩散和集装箱安全倡议（Proliferation and Container Security Initiatives）。[1] 尽管八国集团的工作因为在南半球（Global South）（包括非洲、中美洲和拉丁美洲，以及亚洲的大部分国家）中缺乏广泛的合法性受到了一定的限制。

恐怖主义对21世纪的安全和秩序构成了重大威胁，理应采取计划更加周密、行动更加有效的应对策略。我们支持这个主张，即打造一个新工具，帮助国家扩大反恐战略的规模，提高质量。这样一个工具或组织，应以现有条约和国际框架为基础，能够为国家行为制定标准，当然如果能够监控国家行为就更理想了。该组织要有效运作，就要建立在联合国现有机制的基础上，如联合国毒品和犯罪问题办公室（UN Office on Drugs and Crime）。该组织在运行中应该强化联合国安理会在应对国际和平与安全威胁中的核心作用。尽管这个组织的形式可以是多种多样的，但是如果能够按照难民事务高级专员的模式，建立反恐能力建设高级专员制（High Commissioner for Counterterrorism Capacity Building），那么其有效性和合法性就能更好地结合在一起。

针对不断演变的恐怖主义威胁建立更有效的应对机制并不是一件容易的事。但是，随着美国采取新政策，各国共同努力建立共识——首先是在新的16国集团范围内，[2] 然后再扩展到更大范围的联合国成员——这个目标就能够实现，这项工作也有助于弥合更多国家之间的诸多分歧，而这些分歧会对美国和国际安全构成危害。[3]

评估威胁

关于恐怖主义的数据严重不足，对于恐怖主义起因的分析也充满争议。[4] 部分原因是国际社会一直试图为这个多样性显著的现象找到单一的解释。恐怖主义有多种形式，如萨拉菲斯特瓦哈比式的激进极端主义（Salafist Wahhabism，一种极端保守的伊斯兰主义）在全球范围进行基地组织行动，纳萨尔派在印度北部的一些邦开展有针对性的地方恐怖活动。正如战争的形式因开战的原因不同而各异一样（大国战争、国家间战争、国内战争、民族统一战争、分裂战争等），恐怖主义的形式也各不相同，我们没有理由去假定恐怖主义的原因都是一样的。

此外，要解释恐怖主义，必须要解释几种完全不同的行为体的态度和行动，其中包括：恐怖组织的高级领导；追随者，尤其是那些参与行动的人；一个群体中的支持者；或支持恐怖主义的国家。即便同在一个恐怖主义阵营，这四类行为体的动机也可能不同。例如，伊朗支持哈马斯在加沙采取行动，显然是因为它想要打击美国在该地区的影响。但是哈马斯组织的领导层实行恐怖主义是因为他们想要对抗以色列，想让人们看到他们是巴勒斯坦民族运动的领导。同时，参与恐怖行动的人动机也各不相同，有的是因为领土被占领而感到耻辱、愤怒，感到未来没有希望，有的是为了通过“殉教”让自己的家人获得大量金钱补偿。公众支持哈马斯的原因有很多，但是最主要的似乎是对巴勒斯坦当局腐败无能的不满。可以说，不同的原因或因素在不同程度上影响了上述各类行为体。

贫困导致恐怖主义？如果是这样，那么恐怖主义应该是肆虐于第三世界，罕见于富裕地区。但事实上，每个经合发组织成员国都经历过恐怖主义，不仅有本土产生的，也有进口的，而只有一小部分欠发达国家遭遇过恐怖袭击。当前，恐怖主义与中等收入国家相关度很高。[5] 并且，相关研究一再表明恐怖主义头目，甚至恐怖活动分子，一般都比普通人受过更良好的教育、收入更高。[6] 尽管如此，也有一些案例（如尼泊尔）说明，贫困和不平等，以及被政治进程边缘化，也是导致人们支持恐怖组织的原因。[7]

宗教信仰驱动恐怖主义？覆盖世界上90%的穆斯林人口的调查数据显示，答案是否定的。政治，而非宗教，似乎才是恐怖行动的驱动力，即便对萨拉菲斯特组织来说也是如此。[8] 宗教并不能说明，谁是激进派，谁是温和派。那些许可发动“9·11”袭击的人是出于政治动机，而很多人谴责“9·11”袭击却是基于宗教立场。一些基地组织头目看起来的确是出于宗教信仰而发动了袭击。然而，在这个问题上还是要非常谨慎。将萨拉菲斯特瓦哈比主义（在沙特阿拉伯和基地组织头目中占主导地位）说成是恐怖主义的原因，就严重夸大了它的作用，忽视了千百万瓦哈比人，甚至是那些与恐怖主义没有任何瓜葛的萨拉菲斯特人。同样，巴勒斯坦民众对哈马斯的支持率在2005—2006年间上升，不是因为巴勒斯坦人对宗教更虔诚了，也不是因为他们的宗教观更极端了，而是因为哈马斯看起来不是那么腐败，似乎比巴勒斯坦当局信誉度高一点。巴勒斯坦当局已经丧失了民心，它既不具备治理能力，也不能有效地展开与以色列的谈判。安巴尔省的伊拉克人起初支持基地组织是为了反对美国占领，后来看到基地组织的暴行后就不再支持了；支持或放弃支持都不是出于宗教原因。

剥夺人权助长了恐怖主义？也许有一定道理。最近的一些证据表明，在当前的恐怖主义浪潮中，有很大比例的恐怖主义头目和活动分子来自政治自由受到限制的国家。一个非常重要的事实就是，当前大量恐怖主义活动发源于中东，包括基地组织、穆斯林兄弟会（Muslim Brotherhood）和其他地区网络，而该地区的人权状况是最差的。[9] 但是人权问题如何解释第二代穆斯林参与伦敦和马德里的重大恐怖袭击事件呢？抑或是在1968—1977年间肆虐德国的巴德尔·迈因霍夫集团（Baader-Meinhof Gang）的恐怖活动呢？

军事占领导致恐怖主义？有很多人都非常赞同这个观点。当然大规模自杀式恐怖活动和外国的领土占领有很高的相关度——例如，在巴勒斯坦领土，在伊拉克和斯里兰卡——不论相关群体的宗教信仰是什么。[10] 而另一方面，哥伦比亚的一些组织几十年来发动的恐怖袭击就不涉及任何被占领土问题。同时，军事占领也无法解释基地组织在约旦或土耳其发动的恐怖袭击。[11]

由于参与恐怖活动的动因不同，必须要根据不同恐怖网络或恐怖运动的具体状况制定不同的反恐战略。恐怖威胁不是单一的，而是多种多样，各不相同的。例如，东亚的恐怖主义主要涉及种族—民族斗争和宗教少数派（如泰国和菲律宾的恐怖活动）。[12] 在印度北部边境，恐怖活动与意识形态左倾、生产力不发达，以及与世隔绝有关（如尼泊尔、阿萨姆和孟加拉的恐怖活动）。

使这种差异更加复杂的是各种集团的次级组织与基地组织时有战术性合作。在有些地方，如在伊斯兰祈祷团（Jemaah Islamiyah）制造的巴厘岛爆炸中，相关证据表明两个组织之间有直接战术合作。另一方面，在马德里火车爆炸袭击中，又没有证据显示基地组织和实施恐怖袭击的当地组织之间有直接战术合作。在马德里袭击事件中，看起来基地组织只是起到了激励作用，并没有直接参与行动。

基地组织及其分支

基地组织是一个非常独特的现象，它对美国和国际安全构成了特殊威胁。大多数恐怖组织都将自己的活动与特定的领土或意识形态斗争联系在一起，而基地组织与恐怖主义的关系却迥然不同。恐怖主义不只是基地组织的战术，而且还从根本上涉及该组织的身份、目标和战略。并且，基地组织的目标——美国、美国利益、美国盟友、联合国和全球秩序的基本结构——都是战略目标，不是有限目标（尽管基地组织除此之外还有一个额外的、更核心的目标，即推翻世俗的阿拉伯政府，尤其是美国支持的政府，包括沙特阿拉伯、埃及和巴基斯坦）。

布什政府声称伊拉克战争已经大幅削弱了基地组织的力量，说“我们与他们在那里作战，从而避免了战争在这里爆发。”暂且不论这番话对公众外交是多么的不管不顾，在萨达姆·侯赛因政权垮台后的一段时间里，布什政府的论断似乎确实有些道理。从基地组织的公开表态和截获的通信来看，在其阿富汗伙伴塔利班被击溃后，该组织确实是集中力量在伊拉克同美军作战。[13]

但是，截至2007年7月，美国国家情报委员会（National Intelligence Council）发布的关于基地组织的《国家情报评估报告》说明，美国占领伊拉克导致的后果之一就是基地组织在伊拉克建立了一个主要的分支机构。[14] 该《报告》估计，这是目前基地组织最强大的分支机构，能直接对美国发动攻击。到2008年年中，美国增加军事投入，支持“逊尼觉醒”（Sunni Awakening）运动，使得打击伊拉克基地组织的斗争取得了进展；但是该斗争是否能继续向前推进还有待观察。《国家情报评估报告》称，入侵伊拉克还导致产生了一个训练营，它培养着以基地组织为榜样的具备知识和经验的新一代圣战者。最后，该《报告》指出，入侵伊拉克分散了美国的注意力，使之无法集中力量在主要战场，即在阿富汗和阿富汗—巴基斯坦边境，对基地组织和塔利班作战。

最后这个后果是最危险的。塔利班和基地组织核心机构现在都在安全的避风港里复活了，重新获得了攻击能力，继续对美国构成威胁。而且，它们对巴基斯坦制造的挑战也日益严重。巴基斯坦是一个人口众多的穆斯林国家，对于西亚和核武器的稳定具有举足轻重的作用。[15] 甚至是在2008年的政治和经济动荡爆发之前，布鲁斯·赖德尔

（Bruce Reidel）就已经在为本项目撰写的论文里将巴基斯坦称为“世界上最危险的国家”。[16]

基地组织已经发展成为了三个不同的机构或三种不同的现象：（1）保存下来的核心，仍由本·拉登核心圈子领导，以瓦齐里斯坦（Waziristan）及其周边地区为基地；（2）有联系的附属机构，包括在行动上联系密切的机构，如伊拉克基地组织，还有在财务或后勤上联系比较松散的机构；（3）组织原则和号召力，不仅对其他几个打着基地组织旗号的集团有号召力，而且对日益广泛的政治和文化反美主义具有号召力。反美主义运动的吸引力越来越大，这股号召力不是将人们吸引到一个核心组织，甚至也不是引向萨拉菲斯特吉哈德，而是引导到一个捍卫伊斯兰、反对美国所代表和推动的现代化和全球化的事业中。另一方面，《2007年人类安全报告》（*2007 Human Security Report*）的摘要表明，除伊拉克以外，全世界的恐怖袭击数量已大幅下降。[17]

与其他威胁的联系

一般性的恐怖主义和特定的基地组织恐怖主义都与其他威胁相互关联。国家的核扩散使恐怖分子更有可能获得制造核武器所必需的材料和技术。国内和国家间的冲突，包括占领，进一步煽动了恐怖组织培育的不满情绪，这可以被恐怖分子利用来进行人员招募和动员。国家能力受到侵蚀也会使恐怖分子受益。如果国家对边境控制不力，而且地处运输路线上的国家国力较弱，而且运输便利，那么非国家行为体非法买卖核材料和技术的能力就会增强。弱国往往不能提供基本的社会服务，如普及基础教育，这样就留下了一些真空，使得与极端意识形态组织有联系的社会组织能填补这些真空。此外，弱国往往没有能力实施领土控制，留下了权力和安全真空，恐怖主义可以利用这些真空在那些国家建立安全的避风港，储备训练设施，使之成为发动恐怖袭击的基地。

回应战略

鉴于恐怖组织的多样性，应制定具体的地方战略，使之成为反恐的主要组成部分。我们从阿富汗、伊拉克和先前的反恐行动中吸取的教训是，应该吸收地方战略，形成一种多维度的反恐模式（布什政府最近认识到了这一点，但是可能还没有将之付诸实践）。[18] 反恐战略的核心要素必须包括以下几点：

——弱化对恐怖组织的支持，应根据具体情况，采用政治、人权、社区开发和其他战略；

——孤立恐怖组织的支持国，提高其支持成本，可利用地区以及国际法律和政治机制，孤立、惩罚并最终制裁支持恐怖主义的国家；

——铲除安全港湾，可采用各种手段，包括使用维和能力与和平建设能力，恢复政府对失控领土的控制；

——采取高级执法行动（而非军事行动），防范、威慑并抓捕恐怖头目；收集情报；冻结恐怖分子的金融资产；

——依靠社区解决地方支持问题，可利用社区领导、教育系统以及其他方式，降低社会环境对恐怖行动的支持力度；

——保护人权。

任何反恐战略都要遭遇一些困境，这是不可避免的。有的时候，反恐行动别无出路，只能和那些恰好是赞助、支持，或者至少是援助恐怖集团的政权合作。最困难的情况莫过于，执政者表面上支持反恐，但表现不太积极，而且还对国家的政治生活进行威权统治，压制人权。在这样的情况下，地区和次地区行为体往往可以建立关系、联系渠道和文化联系，并开展一些其他工作，这些工作都是美国和国际层面的行为体不太可能开展的。应发展地区执法和反恐能力，支持上述工作。

为什么要转变美国政策

2008年的美国总统大选引发了一场辩论，人们争论的是全球反恐战争究竟是一个实实在在的战略，还是仅仅是个口号。我们认为，二者都是，而且发挥的作用都是消极的。作为一个口号，全球反恐战争的外交作用是消极的。作为一项战略，它使得宽泛的全球关切胜过了具体的地方战略；本应采取多维度的回应方式，但是它却不恰当地强调了其中的军事维度；它催生了战争思维中最坏的方面，但是却没有赢得国内或国际支持；并且，它还分散了对基地组织及其直接支持者的集中打击。“全球反恐战争”这个提法最多也就是一个政治工具，一些美国政客利用了它，但是，事实证明在美国国境之外这样的政策是无法正常操作的，也是具有破坏性的。

最乏力的一项美国政策是试图铲除失败国家和弱小国家中的恐怖主义。在阿富汗，美国对军事能力和国家建设投入不足，腐败泛滥且国际回应不足，还有与巴基斯坦关系不好等因素，都弱化了国家的中央权威。在伊拉克，美国入侵后没能建立法律和秩序，加上对国家建设和重建规划重视不足，这些都为叛乱和恐怖组织的活动创造了有利条件，其中包括伊拉克基地组织。在巴基斯坦，过于强调采用军事行动解决恐怖问题，忽视了民主进程，导致对巴基斯坦总统穆沙拉夫领导的政权的政治支持下降。穆沙拉夫于2008年8月被迫辞职，巴基斯坦产生了政治和制度危机，为恐怖分子破坏稳定的活动进一步创造了机会。索马里是又一个战略失败的例子。

美国将反恐主义与中东战略相结合，导致美国与其他大国及新兴国家之间产生了深刻的嫌隙。所谓的“全球反恐战争”的口号并不得人心，再加上与伊拉克的联系，这些因素破坏了各国反恐目标的一致性。反恐本来是促进美国、主要大国、西方世界以及中东和亚洲的现状国家团结起来的因素，现在却变成了一个分裂因素，在美国与其传统盟友、新兴大国和绝大多数其他国家之间产生了分歧。反恐在全世界助长了反美情绪，美国未来的领导前景变黯淡了。[19] 也许最令人担心的是美国的反恐政策、伊拉克政策和中东政策不但不得人心，而且还给人一种不公正的感觉。人们感到美国的伊斯兰政策是不公正的，这种状况造成了一些国家的穆斯林少数族裔，尤其是在西方的少数族裔，从忠于他们入籍的国家转向忠于乌玛（ummah，伊斯兰的全球“国家”）。在一些国家，特别是英国、法国和西班牙，这导致了穆斯林少数族裔对于“激进”伊斯兰的支持度提高，因为他们认为只有激进伊斯兰才有可能对所谓不公正的美国政策构成阻碍。[20]

这种趋势是有问题的，考虑到基地组织的性质，问题就更严重了。基地组织的直接目标是政治目标，需要地方支持。基地组织及其附属机构还必须要能藏匿在当地的社区中，并在社区中活动。如果没有这些社区的帮助，包括阿拉伯世界中当地社区的帮助，打击或者遏制基地组织的战略都不大可能获得成功，2007—2008年在安巴尔省采取的行动就证明了这一点。当时，伊拉克的基地组织已经犯下了种种残暴的罪行，地方组织站在美军一边，共同予以打击。然而，目前美国政策在中东很不得人心，这使得美国和这些社区被异化开来，异化程度之深甚至导致这些社区同它们自己的政府也相互异化了，因为政府是美国反恐战争的盟友。

自"9·11"以来，美国的人权行为——在关塔那摩和阿布格莱布的行为，以及政府的"非常规引渡"（extraordinary rendition）政策——也削弱了美国的领导地位。这尤其令人遗憾，因为越来越多的证据表明，基地组织之所以能招募到活动分子，它所必需的国内民众支持之所以还在上升，最主要不是因为贫困或其他原因，而是因为这些人被剥夺了公民权利。

在这些问题上失信于民，损害了美国的核心安全利益。近来最突出的一个事例来自巴基斯坦。五年前，美国对穆沙拉夫的支持是该政府的重要资产；到了2008年，美国对穆沙拉夫的支持却成了致命的伤害。美国人的撑腰反而削弱了穆沙拉夫的力量，也削弱了各方对其反恐斗争的支持，导致美国影响巴基斯坦政策的能力急剧下降，就更不用谈影响其民主变革了。[21] 简言之，尽管在过去七年美国制定了密集的政策，集中力量开展反恐斗争，但是，国际恐怖主义却不但没有被削弱，反而还进一步加剧了对美国和国际安全的威胁。

美国是唯一一个其政策具有全球影响力的国家。对于反恐斗争来说，有效的美国政策即便不是充分条件，也是必要条件。美国政策将成为一个重要因素，关系到在那些直接受害的国家中开展的反恐行动是得到推动还是受到限制。美国可以发挥积极影响，提供资金、政策支持、情报和战术合作，支持地方战略。另一方面，美国政策也可能削弱国家行动的合法性，因为在有些地方，如果人们认为地方社团的领导人与华盛顿关系太近的话，就会推翻他们。但是，正是那些地方领导人发挥着非常关键的作用，没有他们的帮助，就无法消除对恐怖主义的支持。

美国的新政策应包括四个核心要素：

1．更将其战略和口号从一般性的“反恐”战争，转到具体的针对基地组织及其附属机构的战争上来。这将涉及：在阿富汗继续开展针对基地组织的进攻性行动，包括对该行动投入必要的资源、给予必要的重视，以及制裁那些对基地组织活动提供了支持或帮助的个人和国家。

2．更有求必应，支持地方战略，打击地方和次地区恐怖集团或恐怖网络。在基地组织之后，打击的重点应该是四组活动，根据重要性打击的先后顺序大约是：黎凡特（地中海东部）、南亚和东南亚、非洲之角，以及拉美的三国（巴拉圭、巴西和阿根廷）交界处和安第斯地区。

3．更继续改进美国在双边层面的反恐战术合作，包括执法人员、情报收集人员和融资调查员的合作。这个核心要素的另外一个方面就是建设多边能力支持这些合作。在近期，能力建设可以通过现有的八国集团框架来进行，长远来看，要通过本书倡导的16国集团框架进行。

4．更参与广泛的外交努力，推动实现中东和平与稳定。这么做将有助于改善美国和国际反恐斗争的政治环境，从其他方面来看也是有益的（第十章对这个问题进行了详细讨论）。

除了转变反恐政策之外，美国还必须重振核不扩散机制（第五章），在国际努力中发挥领导作用推动生物安全和生物保障，在一定程度上降低恐怖分子使用生物武器的风险（第六章）。支持冲突管理机制（第七章）也会附带着为反恐斗争创造有利条件。

反恐与负责任主权

在规定国家在地区层面应尽的反恐责任方面，我们已经取得了重大进展。尤其是自“9·11”以来，很多组织，如美洲国家集团、欧洲安全与合作组织，以及亚太经济合作组织论坛都通过了领导人宣言、联合声明或其他类似的文件，表达了对反恐的承诺。

在全球层面也有进展。“9·11”后两周，联合国安理会就通过了第1373号决议，[22] 要求成员国加强立法、加强边境控制、加强政务协调，并加大打击恐怖主义的合作力度。决议对所有联合国成员提出了一般性的反恐责任要求，超越了现有的只对签署方具有约束力的公约和协议。第1373号决议吸收了各种不同条约中的规定，那些条约并没有获得普遍支持，尤其是联合国制定的《制止向恐怖主义提供资助的国际公约》（*International Convention for the Suppression of the Financing of Terrorism*）。决议将这些规定吸收进来，使之对所有国家都具有约束力。

2004年，联合国安理会以同样的方式通过了第1540号决议，[23] 要求所有国家（1）对企图开发、获取、制造、拥有、运输、转移或使用核、化学或生物武器及其投递工具的非国家行为体不提供任何形式的支持；（2）为此制定并实施适当、有效的法律法规；（3）实施国内控制，防止核、化学或生物武器及其投递工具的扩散。安理会就这项决议成立了一个委员会，报告上述规定的落实情况，并号召有能力实施上述规定的国家，帮助那些需要帮助的国家建设基础性的法律法规以完成决议规定的责任义务。作为一项相关决议，联合国大会于2005年通过了《制止核恐怖主义行为国际公约》（*International Convention for the Suppression of Acts of Nuclear Terrorism*）。[24]

联合国安理会决议的优势在于，它可以要求所有国家采取相应行动。但是，让安理会就这样的行动进行“立法”还是激起了比较强烈的反对。反对不仅仅是针对特定的决议，而且还针对安理会本身的作用。很多在反恐活动中发挥着重要作用的国家，对安理会有抵触情绪，因为安理会不经过严肃磋商就以授权的方式对它们的国内事务指手画脚。在呼吁安理会改革其工作程序和成员构成的情况下，这种“立法”行为的确变成了改革的试金石。

2006年，联合国大会在时任秘书长科菲·安南的敦促下，通过了《联合国大会反恐怖战略》（*General Assembly Counterterrorism Strategy*）。该战略以秘书长报告为基础，[25] 制定了非常全面的责任规定。第一套责任要求国家（和国际组织）针对恐怖主义扩散的原因采取措施，这些原因包括：旷日持久的冲突；不实施法治；违反人权；种族、民族和宗教歧视；社会经济边缘化；以及缺乏良治等。这些措施特别要注意将实现联合国《千年发展目标》作为消除贫困和改善恶劣条件的手段，因为这类条件方便了恐怖分子的招募活动，或者使人们产生同情心为他们提供藏身之所。

第二套措施规定了国家防止和打击恐怖主义的责任，国家不应为恐怖活动提供方便或提供资金，不应鼓励或容忍恐怖活动，不应为恐怖集团提供安全的避难所。针对那些支持、推动或参与了恐怖行动的谋划、筹备、融资或犯罪的人，各国还应在引渡和起诉方面开展合作。

第三套责任要求各国相互支持，加强防止和打击恐怖主义的能力建设，分享技术信息和经验应该是内容之一。最后一套措施要求各国保证任何参与恐怖行动融资、策划、筹备或犯罪的人都将受到国内刑事法庭的起诉或者被引渡到另外一个国家接受起诉。刑事起诉必须考虑到罪行的严重程度，但也要遵守国际人权标准。总之，这些地区和全球的宣言与战略协定部分建构了反恐的主权责任框架。

此外，还有一个新兴的国际规范，它蕴涵于联合国大会战略文件中，而且实际上在所有地区宣言中都普遍涉及。它要求国家努力解决冲突（包括占领在内）、打击极端主义、消除贫困，并且从其他方面入手解决那些使恐怖主义获得大众支持的议题。不过，这个规范并未要求各国承诺扩大本国的政治参与，但是政治参与至关重要，因为不允许人们在社会中发挥作用是导致恐怖主义获得政治支持的重要原因。

国际责任标准或行为规范在这个议题上是最落后的，即如果出现不遵守国际公约或者甚至不履行具有约束力的安理会决议的情况，应该采取怎样的惩罚措施。对于在何种情况下可以使用武力打击可能或实际发生的恐怖行动，也缺乏指导原则。

国际反恐架构

要有效应对基地组织威胁和一般性的恐怖活动，我们就要开展广泛的国际合作和基础设施建设。需要加强能力建设，授权并支持打击基地组织的行动；建设国家反恐能力，支持地区反恐战略；建立有力的法律和规范框架；进一步界定国家责任；支持情报和融资方面的战术合作。

支持针对基地组织的进攻战略

1999年，联合国安理会通过了针对基地组织和塔利班的金融制裁决议。此前，联合国安理会已经通过了决议，谴责基地组织在1998年坦桑尼亚和肯尼亚爆炸中的作用，并要求塔利班政权交出奥萨马·本·拉登。在1999年决议中，联合国安理会回顾了塔利班拒绝交出本·拉登、拒绝停止为恐怖分子训练和其他活动给予支持的情况，并称之为“对国际和平与安全的严重威胁”——这样的措辞表明可能会采取强制措施。这些措施最初仅限于对塔利班的航空管制和金融制裁，后来延伸到包括武器禁运。“9·11”以后，制裁范围进一步扩大，安理会的辅助机构基地组织和塔利班制裁委员会(al Qaeda and Taliban Sanctions Committee)列了一个清单，要求各国冻结清单上所有机构的资产。

与对基地组织的制裁措施联系在一起的旅行限制和武器禁运几乎没有产生什么有效的结果，但是金融制裁导致1亿美元被冻结，大多是在“9·11”后的几个月里发生的。[26] 当然，迫使塔利班交出本·拉登的大目标没有实现，这为“9·11”后采取激进行动创造了条件。

2001年9月12日，安理会不仅谴责了全球恐怖主义和“9·11”袭击，而且声明美国出于自卫有权在《联合国宪章》的框架内采取强有力的回应行动，这确立了一个重要先例。[27] 美国入侵阿富汗期间，联合国秘书长在相关谈判和后期安排中发挥了领导作用。他派出特使拉赫达尔·卜拉希米去谈《波恩协定》(*Bonn Accords*)，在后塔利班时代组建阿富汗过渡政府。为了落实《波恩协定》，联合国建立了一支阿富汗援助团（Assistance Mission in Afghanistan），在阿富汗关键国家制度的建设中发挥了举足轻重的作用。最后，2001年12月，联合国授权赴阿富汗国际安全援助部队（International Security Assistance Force for Afghanistan）遏制并挫败塔利班。该部队呈多边架构，北约成员国和其他40多个国家可以通过这个架构派遣部队参与军事行动。

自2002年以来，北约就在阿富汗国际行动中发挥着核心作用。北约成员国共派遣了5万军人去镇压叛乱，稳定阿富汗局势。北约直接对阿富汗总统和高级官员提供安全保卫，并保证喀布尔及其周边的安全，还在一定程度上保证了其他各省的安全。但是有三个因素制约了北约在阿富汗的工作：一是能力不足，即在某个地区已经安全以后，无法保证通过民间机构进行协调开发援助（或者，用北约的话说，是

"综合"开发援助）；二是协调行动差，即美国领导的盟军和联合国的政治存在之间协调差；三是大量的国家告诫，告诫他们在阿富汗境内怎样使用部队，这些告诫被证明是最麻烦的。有几个北约成员国对于它们的部队被派往何处，以及参与何种战斗都作了具体规定，因此在条件最为艰苦的省份，北约只能依靠少数几个国家派出的军队。

我们可以看到，尽管联合国和北约的行动为稳定阿富汗局势做出了非常重要的贡献，但是它们却也都有在困难地区执行维和行动与和平建设行动时的普遍弱点。阿富汗当局继续腐败执政，尤其是阿富汗警察系统的腐败，削弱了国家制度的合法性和权威性。结果，后来局势出现了逆转，而且塔利班还在巴基斯坦西部的无人管辖地区建立了一个避难所，这些因素导致塔利班复活，尤其是在阿富汗和巴基斯坦的边境地区。这一变化也导致巴基斯坦局势更加动荡。

巴基斯坦的情况说明多边工具具有严重的局限性。迄今，在巴基斯坦的反恐行动中，没有什么重大的多边参与，也没有重大的多边行动去支持其国内稳定。[28] 如果巴基斯坦的局势进一步出现动荡，也许在基地组织发动组织有序、目标明确的袭击后，对国际行动会产生巨大的需求。但是，这只不过说明在两个关键问题上国际安全机制具有局限性：一是支持地方权威的反恐行动；二是防止出现失败国家。无论是联合国，还是大多数地区机构，目前都没有适当的工具去支持国内行为体的反恐行动。此外，防止国家走向失败的国际机制没有得到充分发展。特别是联合国，它在历史上就遭遇过重大困难，很难参与到大国或者有外交影响力的成员国的事务中去，巴基斯坦就属于这一类国家，它非常脆弱。所有这些可能看起来都是对多边制度的责难，但是我们应该想到，即便是在布什总统直接参与的情况下，美国也没有形成一致的、有效的阿富汗或巴基斯坦政策。[29]

针对一般性的恐怖主义威胁采取行动

下文将提出几条战略建议，我们认为这些战略对于有效打击恐怖主义是非常必要的。

建设国家能力。因为反恐是一个非常敏感的内部问题，国际机构的任何干预行为都容易招到强烈抵制。为此，加强地方能力建设和支持地方战略必须成为有效行动的核心。但是，支持地方反恐行动的国际能力也非常欠缺，尽管加强所有国家的反恐能力建设实际上几乎是国际议程的首要议题。

由于联合国成员在中东冲突问题上意见分歧，所以没有几个反恐议题能够免受这一分歧的影响，但是加强能力建设就是不受影响的议题之一。联合国安理会的反恐委员会（Counter-Terrorism Committee）（根据联合国安理会第1373号决议成立于2001年）本应发挥领导作用，确认所有成员国的能力建设需要，帮助国家区分需要的优先次序，并寻求捐赠国和捐赠组织以提供必要的援助。但是，反恐委员会成立近六年了还没能完全实践自己的使命，因为它缺乏资源和技术专长，也没有得到捐赠国和受援国的广泛政治支持。联合国毒品和犯罪问题办公室发挥了不大但却很重要的作用——大体以自愿出资为基础——帮助一些国家进行了有效的反恐立法和培训。国际原子能机构也帮助过一小部分国家，特别是帮助前苏联境内的一些国家建立了有效的边境监控系统，打击放射性材料或核材料的走私。

2003年，美国认为反恐委员会工作缺乏实绩，于是推动八国集团建立了一个反恐行动小组（Counter-Terrorism Action Group），协调主要捐赠国的援助投递问题。然而，反恐行动小组和八国集团一样，是一个以特别行动为基础的政治机制，没有永久秘书处，也不具备永久能力。它在南半球缺乏必要的合法性，无法协调全球、多边和非军事性的反恐行动，还没有产生实质性的成果。

反恐行动还面临着资金方面的挑战。大多数捐赠国对于海外发展援助都有预算，但是这些预算开支是受到限制的，只能将预算用于那些被经合发组织认定为“发展”的项目。通过数额更大的军事预算来进行开支往往会将项目的性质转向军事方面。为非军事安全领域的国际合作行动出资也还不是大多数政府预算中的一个常规组成部分。虽然在经合发组织中曾经有过相关建议，即建立一个新的预算类型并予以跟踪，将该预算用于国际合作以应对共同的全球性威胁，包括恐怖主义，但是这个建议没有获得什么进展。[30] 加强民警力量进行反恐似乎是有道理的。但是即便从历史上看，在后冲突的背景下比在正常的发展背景中资金来源更为灵活，对于警察机关的投入还是严重不足。

支持地方行动。反恐能力建设是一回事，而制定有效的地方反恐战略又是另外一回事。国家需要支持以实施反恐战略，但是地区或国际组织却基本指望不上。国际体系没有常设机制或有效机制去支持这一领域（或其他任何领域）的警事工作，或者执行反恐调查的法治制度。国际体系也没有任何机制可以作为储备库，积累最好的实践经验或者最好的反恐战略战术训练。国家可以寻求双边援助。例如，美国联邦调查局和英国的苏格兰场在必要时曾协助一些国家开展特殊调查，但是这样做可能会付出高昂的政治代价。有两个例外，一是联合国毒品与犯罪问题办公室帮助国家进行反恐立法，二是安理会的反恐执行局就联合国安理会第1373号决议相关问题进行经验推广。但是正如前文所述，二者都有很大的局限性。

建构法律法规框架。在过去四十年里，国际社会试图劝说相关行为体放弃恐怖主义，这种做法推动并实现了大量法律工具的建设。由于对恐怖主义的全面定义仍然缺乏共识，所以只能将特定行为确定为非法。联合国大会和联合国特别机构通过了16个国际公约，这些公约大多都将特定的恐怖主义定性为犯罪，例如袭击特定交通工具或设施、袭击特定人群、绑架人质、将特定物质或设施用于恐怖主义目的、资助恐怖主义活动，以及爆炸等。[31] 这些公约又通过7个地区性公约得到补充，为建立反对国际恐怖主义的全球规范奠定了重要基础。

这些措施与法律工具是相互补充的，后者提供了全面应对有组织犯罪的措施，尤其是非法毒品买卖和洗钱，这些活动常常与国际恐怖主义有联系。上述公约通过相关规定，例如对毒品贩子和罪犯的引渡，以及转移审理等，使开展国际合作成为可能。

然而，这些条约还没有得到各国的普遍遵守。尽管自“9·11”以来，加入和批准多边公约的情况有大幅度上升，但这主要是因为“9·11”引起了各国对威胁的足够重视将之列入了国际议程，而不是因为美国发动了全球反恐战争。然而，截至2004年6月，仍有大约1/3的联合国成员没有批准关于恐怖分子融资和恐怖爆炸的两个公约，而这两个公约对于国际反恐活动至关重要。[32] 进而，对于国家遵守各种条约义务的情况也几乎没有任何监控——我们还会回过头来讨论这个问题。

支持战术合作——融资和执法。自“9·11”以来，也许组织得最好的全球合作是在融资和执法领域，尽管合作是非正式的。例如，国际刑警组织（Interpol）进行了重大变革，加强了对反恐警事合作给予支持的能力。现在它能发出通告逮捕恐怖嫌疑分子。[33] 它还建立了恐怖嫌疑分子全球数据库，开发了最先进的全球通信系统。不过，很多国家还没有能力加入到这个系统中来，而另外一些国家担心情报泄露，还不太情愿与国际刑警组织分享敏感情报，更愿意进行双边合作。[34]

八国集团的里昂—罗马打击犯罪与恐怖主义小组（Lyon-Roma Anti-Crime and Terrorism Group）成立于“9·11”袭击之前，是一个专家组成的小组。它将八国集团的司法和内务部官员联系起来，现在已经成为了一个关键行为体，尤其是在酝酿旅行和边境控制安全纲领方面发挥了关键作用。八国集团成员国通过这个小组开展合作，已经在执法和边境安全等多个领域建立了反恐标准，其中很多后来都被联合国机构吸收，如国际民航组织（International Civil Aviation Organization）。罗桑德（Rosand）指出，里昂—罗马小组已经成功地清除了阻碍合作的障碍，包括各国政府内部的障碍。[35] 之所以能做到这一点，是因为在八国集团进程中国家高层领导的参与为各国政府内部和政府之间的合作以及跨政府合作创造了激励措施和机制。

因为对八国集团机制及其下属小组的参与是非正式的、灵活的，这样就使得各领域的专家都能够参与进来，所以与正式的多边机构相比，八国集团能够更快地产生具体成果。但是，八国集团采取轮值主席制，而且也没有秘书处，这些因素使之无法进行必要的跟踪，保证倡议的可持续性。此外，八国集团在南半球也缺乏广泛的合法性。

对全球反恐合作的新认识已经延伸到了反恐怖融资领域。在美国的压力下，国际金融机制通过了反恐标准，建立了特别工作组来发布这些标准。在经合发组织的资助下，组建了金融行动特别工作组。该工作组针对恐怖融资和洗钱制定了一系列政策建议，努力开展工作促使这些建议被采纳，并且已经获得了很大成功。尽管金融行动特别工作组置身于经合发组织内，但是它的影响力要大得多，因为它评估所有国家的金融脆弱性并提供改进建议。它还明确表明它只公布那些不守约国家的银行系统的弱点。由于各国担心自己的银行在国际金融交易中被列入黑名单，所以都采取行动听从金融行动特别工作组的建议。国家机制因此大为改观，从而创造了一个更有效的国际体系，防止利用银行系统进行恐怖融资。最近的创新性行动是建立埃格蒙特集团（Egmont Group），该集团由国家金融情报部门组成，目标是加强恐怖融资信息共享，提高金融透明度。[36]

泛而言之，金融行动特别工作组的影响体现了几个最大经济体的影响，这些经济体的影响力是通过市场发挥的。尽管它们并没有获得正式授权去到全球层面制定政策，但是当它们采取联合行动时，就能创造巨大的激励机制，促使国家守约，原因非常简单，就是世界需要这些国家的市场。

将人权与反恐联系起来。否认人的基本权利与恐怖组织获得支持并能招募到人员是有关系的，鉴于此，保护人权和反恐行动应该是相互促进的。但是，事实情况往往不是这样。因为反恐战略本身可能就根本不考虑人权。此外，人权机制也存在一些弱点，这使得二者难以互助互生。

大量的反恐能力培训是通过双边方式进行的。即使民主国家提供了这样的援助项目，其反恐支持措施也不会自动强调保护人权。战略问题往往会起到干预作用。自2001年以来，美国大幅提高了对外援助和反恐支持的力度，但是几个受援国的人权记录都非常糟糕。例如，美国对乌兹别克斯坦的援助曾在2001年以后大幅上升，但是在2005年5月安集延市（Andijan）爆发大屠杀后下降了，当时，乌兹别克斯坦违反人权的状况引起了国际社会的关注。[37] 当上海合作组织（Shanghai Cooperation Organization，成员国包括中国、俄罗斯、哈萨克斯坦、吉尔吉斯斯坦、塔吉克斯坦和乌兹别克斯坦）决定展开反恐行动时，人们甚至更有理由对人权状况表示担忧，因为该行动包括与伊朗的合作。

美国在与独裁政权建立反恐合作关系时忽略了人权问题，这严重削弱了美国在人权和民主化问题上的一般性立场。但是，这并非意味着，与独裁政权合作开展全球反恐行动就是一件容易的事。我们必须经常性地与人权纪录很差的政权开展合作，但是这样做本身就会强化一种认识，即为了安全可以牺牲人权和民主标准。美国和国际社会必须找到一个解决方案，维持看似相互对立的政策——支持人权和本土民主运动，并与国家当权者（有时是独裁者）合作反对恐怖主义。走出困境的唯一出路是对于二者的矛盾性保持开放的态度，明确目的，并同时认识到民主必须是内部驱动，而不是外部强加的。

这个问题不能从抽象意义上去解决，而是必须到条件最困难的地方去解决，这就是中东。以埃及为例，埃及是阿拉伯和中东国家中的领袖，是推进中东和平进程中必不可少的伙伴，在很多国际论坛上都是强有力的一个行为体，包括在联合国、非洲联盟和《不扩散条约》，因此我们有很多国际对话伙伴都认为如果不把埃及包括在内，16国集团将很难在全球事务中发挥我们所期待的影响。但是埃及也是一个缺乏民主自由的国家，它为穆斯林兄弟会提供帮助。穆斯林兄弟会是一个非常强大的网络，它横跨整个阿拉伯世界，为恐怖组织提供金融和政治支持。从外部推进民主改革的努力，包括布什政府的《大中东伙伴倡议》（*Greater Middle East Partnership Initiative*），对于埃及国内的人权或民主改革几乎没有产生任何影响，而且还导致了开罗对美国反恐和不扩散政策的强烈对抗。教训是什么？唯一可以采用的战略是长远战略，承认稳定和反恐目标在短期内相互关系紧张，并认识到从长远来看，那些目标和民主改革及人权原则将同时实现。我们将在第十章的建议中谈到这个战略，即在大中东建立地区稳定机制，在中期内同时实现稳定和经济政治改革的目标。

如果推进人权与反对恐怖主义的机制和制度能够联系起来并且相互促进，如果推进人权的整体机制是强有力的，那么就更容易走出这个困境。现在，不仅从人权的角度来看存在问题，而且从反恐的角度来看，也存在问题。

保证守约。金融行动特别工作组能有效展开工作，这是因为不守约的行为会被公之于众并产生巨大的金融成本，大多数政府及其私营部门都不愿意承担这样的后果。没有几个国家可以承受得了其他金融机构将自己的银行系统拒之门外的状况。不过，促使国家遵守其他国际反恐标准的保障机制所具有的局限性就要大得多。

具有同等重要性的是联合国安理会的反恐委员会。国家要向反恐委员会汇报它们的守约情况。在成立初期，反恐委员会在全面执行其使命时受阻，无法验证国家报告的质量或精确性。不过，经过安理会成员国之间，以及安理会与联合国秘书处之间长达数月的争吵和谈判，安理会建立了一个更接近实体的机构，即反恐怖主义委员会执行局。该机构现在有自己的职员，并且被授权开展实地考察，监控成员国对1373号决议的执行情况。当然，考察和监控都是在有限的范围内展开的：反恐委员会只能就国家是否建立了相关法律法规和机制下结论，无法对国家是否全面落实了这些措施进行判断。

还有一个局限性更大的例外情况，那就是受委托进行的两年一次的联合国大会反恐战略进展评估。尽管这种评估从原则上讲可以曝光不守约的国家，但是在实际操作上，联合国秘书长既没有资源也没有权力去开展必要的调查。在国际制度层面进行进展评估是可能的，但是在国家层面就不可能，而核心责任恰恰就在国家层面。

执行。问题更大的是执行。如果安理会得到可靠消息，掌握了国家违反国际协议标准的情况，它又该怎样去保证国家遵守协议、执行标准呢？

在利比亚、苏丹和阿富汗三个案例中，安理会在掌握了国家支持恐怖组织或直接参与恐怖行动的证据后，采取了制裁措施。制裁对利比亚和苏丹产生了效果，帮助它们实现了政策转变。然而，这个门槛是很高的。在此之下，国际体系没有任何工具去促进国家遵守条约义务、指认不守约的国家或者针对长期不守约的国家制定哪怕是有限的制裁措施。而这也仅仅涉及联合国安理会有限的几个决议。至于联合国大会通过的大量的综合性战略，甚至都没有提到执行的问题。

从理论上讲，反恐委员会可以公布它对国家执行情况的调查结果，建立一个“点名羞辱”的机制。但是，在实践中，以协商一致为基本工作原则的反恐委员会不太可能达成一致走到那一步。因此，在至关重要的监控过程中产生了重大缺口——我们将在本章中提议成立一个新组织，也许这个组织能完成任务，填补这个缺口。

使用武力。以武力为反恐工具怎么样？联合国安理会第1368号决议谴责了“9·11”袭击，并表现了联合国与美国的团结，但是它同时特别指出，根据《联合国宪章》第51条的规定，成员国有自卫的权利。实际上，安理会是发出了一个信号，如果美国采取军事行动作为对袭击的回应，那么根据自卫条款的规定，军事行动是正当的，而且会得到安理会的支持。这些听起来好像是理所应当的，但是联合国通过决议，并参与进来，帮助恢复推翻塔利班后的阿富汗政府，实际上就意味着联合国建立了一个先例，即如果一个国家窝藏了恐怖集团，而该集团又对恐怖袭击负有责任，那么对这个国家进行军事打击是合理合法的。

关于先发制人打击恐怖主义的问题就更为复杂了。尽管第51条规定并没有提到先发制人，但是人们根据法律惯例普遍认为，出于自卫，国家有权对于即将发动的袭击进行先发制人的打击。尤其是因为有了阿富汗这个先例，所以人们自然就会推出这样的结论，即根据《联合国宪章》，对于一个支持恐怖行动的国家使用武力，以便对即将发动的恐怖袭击进行先发制人的打击是合法的。我们面临的挑战是，由于在收集和分享情报，以及对恐怖组织进行评估方面本来就有困难，所以难以确凿地判定袭击是否即将发动。

在组建预防性武力（preventive force）问题上，意见分歧更大。预防性武力是一种军事手段，即在袭击迫近之前发动进攻，摧毁恐怖集团的袭击能力。发动此种进攻是基于两个因素：（1）恐怖主义拥有核装置或生物装置，能造成重大破坏；（2）如果威胁进行回击，未必能对这样的恐怖集团起到威慑作用。布什政府在其2002年的国家安全战略中采纳了预防性武力原则也是基于上述逻辑。[38] 因此，国家可能真的有理由在恐怖集团的威胁逼近之前就采取行动。

我们在第三章中已经讨论过，这比最初看起来的要更困难、问题更多。很少能出现这样的情况，即军事打击可以精确到个人或者特定的集团。更难得出现的情况是，这样的打击足以被称为反恐的“胜利”。我们在伊拉克和阿富汗已经看到，反对恐怖集团的战斗可以将局外行为体拖入持久战，那些斗争往往比简单的反恐战争要复杂得多。在阿富汗，打击塔利班的斗争涉及毒品、腐败和贫困。在伊拉克，打击基地组织的斗争仅次于一场内战。即使武装斗争是必要的，也必须同时支持本土警务和反恐能力建设，并且往往还要支持治理能力建设。要想在这样的情况下获得成功，就要建立国际和地方伙伴关系，内部要有政治意愿去改良治理、推行法治，并获得国民的支持。

换句话说，武力本身不是有效的反恐手段。针对特定目标进行外科手术式的打击很少能行得通，更难以起到决定性的作用。在需要使用武力的时候，如果地方没有能力实行法治，那么武力往往不足以在反恐斗争中产生重大意义。

弥补不足：建立一个新的反恐机构

现有架构在几个关键问题上存在不足：(1) 机制不足，不能帮助国家进行能力建设，实现反恐目标和要求；(2) 工具不足，这些工具应支持国家制订和实施地方或次地区层面的反恐战略；(3) 对于国家履行条约义务的情况监控和报告不足；(4) 共同措施不足，对于不履行联合国安理会决议的国家没有共同的惩罚措施。此外，自"9·11"以来，反恐行动激增导致加强合作和协调整合的呼声越来越大。改革派特别呼吁建立一个更有效、更合理的反恐组织。

塞巴斯蒂安·艾因赛德尔(Sebastian Einsiedel)和埃里克·罗桑德(Eric Rosand)在研究了反恐架构的弱点和协调问题后指出：

> 尽管恐怖主义继续制造全球性威胁，而且全世界的反恐活动都在增加，但是，仍然没有一个专门致力于反恐问题的国际机构，而几乎所有全球性问题都有专门予以应对的国际机构，更不用说安全问题了。随着恐怖袭击在全球的继续，随着"9·11"以来反恐项目和倡议在全球、地区和次地区层面以及不同的实质性领域中的扩散，随着联合国在反恐领域的不平衡表现。[39] 需要填补制度空白已经成为了明显的事实。

新反恐组织的功能

在这个问题上，多少有一点雄心壮志。若论最保守的目标，那么新机构可以提供论坛，使在国际上发挥领导作用的行为体在一系列反恐问题上开展合作，包括扭转日益严重的极端化和极端主义。极端主义实际上助长了伊斯兰恐怖主义，而目前还没有一个针对伊斯兰恐怖主义的具有广泛代表性的、有效的论坛。新机构可以成为协调反恐技术支持的中心，帮助国际社会更好地利用有限的资金和技术。新组织可以改进参与反恐活动的国家之间以及各多边机构之间的协调、合作和信息共享。最后，新机构还可以在某些欠缺标准的领域，制定全球反恐标准，帮助那些可能成为恐怖分子避风港的国家认识并克服自己的脆弱性。[40]

新机构也可以致力于雄心勃勃的目标。它可以监督整个联合国全球反恐框架的建设实施过程，可以监控国家履行条约义务的情况；确认不履行条约义务的国家，并且——在极端的情况下——提出相应的行动或制裁方案；对于坚持不履行条约义务的国家，发布检查报告，并且/或者将不履行条约义务的国家报告给安理会提请采取适当行动。[41] 这样一个机构要积极与非政府组织进行接触，为它们创造一个提意见和建议的机制，利用非政府组织的分散化网络以及它们收集数据的能力，保证人权问题成为反恐议程的核心。

要完成这些雄心勃勃的任务就要通过一个综合性的反恐公约，这份文件卡在联合国的法律辩论中已经好些年了——其实是可以向前推动的，前提是巴以问题要取得进展。从短期来看，缔结一份新条约并以此为基础建立一个新组织的前景并不乐观，所以我们不能再等了，必须尽快加强能力建设、加强对国家行动的支持。

这样一个组织可以建立在联合国框架之内，也可以建设在联合国框架之外。如果想限制成员范围的话，后者会更容易一些，但是代价是巨大的。比如说，新组织不太可能具有联合国授予的合法性，也不太可能在各国中间推动包含所有议题的战略，这些国家可能不愿意加入一个新机构，但是却在反恐斗争中发挥着重要作用。新机构还会削弱安理会在应对国际和平和安全面临的威胁方面所承担的责任（和义务）。[42]

经过对不同模式的反复权衡，我们认为，最有可能产生有效变革的措施就是，依照联合国难民事务高级专员的模式，建立联合国反恐能力建设高级专员制度。16国集团可以就这个制度的相关要素预先进行谈判，然后再将之提交给联合国大会作进一步谈判和决策。

高级专员制介于联合国秘书处各部门和单独机构之间，具有以下几个优势。首先，高级专员理事会可以对所有符合条件的成员国开放，这些国家必须完全遵守全部现行反恐公约和条约，并证明自己履行了反恐责任。这种做法将会创造一个自主选择的国家群体，这些国家承诺打击恐怖主义，但是其行动基础是反恐国际标准，而不是临时的政治条件。新公约和新条约通过后，可以将之作为竞选高级专员理事会的必要条件。由于该团体很可能会具有政治、地区和宗教多样性，而且是一个以条约为基础的联合国机构，所以其政策和能力会获得较强的合法性，那些对美国支撑的反恐战略感到不舒适的国家，尤其会认可其合法性。该机制的设置应有利于培育各国对联合国大会所制定的战略的认同，从广义上来看，有利于各国通过并遵守联合国反恐公约和条约。

高级专员制是联合国纳入常规预算的机制之一，但是其规则和体系使之比秘书处自身的管理更加高效。高级专员制一般能够对行动性资源和项目进行更有效的管理。简言之，如果领导得当，高级专员制可以将预计可以拿到的资金与高效灵活的管理最好地结合起来。

高级专员是联合国的高级职员（副秘书长级），由秘书长提名，但是要经理事会通过。联合国反恐能力建设高级专员在联合国体系内将占有重要的政治分量，可以协调各方的能力建设工作、改进培训，并协调其他在反恐议程上举足轻重的联合国机构和国际机构。高级专员也会具有政治地位，可以与非政府组织接触，能评估非政府组织的研究报告，对它们的建议进行跟踪，并将建议转化为能产生实效的项目。

该机制的建立标志着一个重大变革，它改变了多边机构，尤其是联合国机构，在应对全球恐怖主义问题上一贯的临时性和即兴反应的做法。该机制的建立标志着联合国项目所特有的制度竞争和分歧至少会有所弱化。最后，它还为联合国提供了一个制度框架，具有必要的政治合法性和技术能力，可以发动并实施大范围的反恐倡议活动。

此外，该机制还有助于改进大约70个不同的正式或非正式机构之间的协调与合作，这些机构目前都在进行反恐斗争。[43] 这个新机制可以吸收一些现有能力并使之合理化。它可以去政治化，加强目前反恐行动中的技术能力建设，并在此过程中，对那些缺乏必要的制度能力、无法有效应对复杂演变的威胁的地区给予优先考虑。最后，它可以采取通盘措施来应对威胁——措施包括制定相关战略，铲除恐怖主义存在的根本条件。

新的16国集团的催化作用。如果美国牵头重塑国际反恐架构，将需要很长的一个过程去打消其他国家的疑虑，表明它重建国际秩序的承诺是真诚的。支持在联合国架构下建设新的全球反恐机构，不仅能保卫美国和其他国家在面临恐怖威胁时的安全，而且还将明确表明美国的反恐决心。

但是，单靠美国一国之力无法将重塑国际反恐架构。我们在第三章中提出建立一个新的16国集团架构，在这里我们看到这个16国集团能够发挥催化剂的作用。我们认为16国集团在一定程度上可以作为一个信心建设论坛，通过成员资格的地区平衡得到加强。它可以在八国集团的基础上，实现反恐战术合作，可以解决合作的政治局限性问题。我们建议16国集团成立一个针对具体问题的“负责任集团”，使之与更多相关国家开展合作。在应对恐怖主义问题上，我们完全有理由建立这样一个论坛。

16国集团成员国可以就新的反恐能力建设高级专员的相关要求进行预谈判，建立牢固的基础，并在此基础上进入建立该机制所必需的联合国大会的谈判程序。16国集团之间的广泛共识有助于保证谈判产生成果，构建支持和合法性，但又不会偏离效力和效率的核心要求。

结　论

16国集团倡议可以延续并扩大此前的八国集团反恐行动的范围和合法性。如果一个国际架构既强大又高效，那么它就有助于提高反恐责任标准、建设国家反恐能力，并支持地方战略。

不过，这些措施是否能产生实效在很大程度上取决于一些更大的问题，如推动发展、建设有效的国家能力以及推广人权和民主等。我们会在下文中谈到这些问题：首先了解经济建设中面临的挑战，经济是和平与安全的基础；然后再谈推广民主的问题。在本书的最后一部分，我们将考察大中东地区，在这里基地组织与大量一般性的恐怖主义以及政治改革复杂交错，它们相互之间的斗争对美国内外的核心安全构成了挑战。

第九章

加强经济安全的支柱

20世纪30年代的全球经济危机和第二次世界大战催生了布雷顿森林体系和关贸总协定。当时，44个国家决定创建布雷顿森林体系和关贸总协定，以促进经济稳定与和平。布雷顿森林体系的总设计师哈利·戴克斯特·怀特（Harry Dexter White）曾说："没有深层次经济合作，主要国家间……必然会发生经济战，并在更大范围内引发军事战争。"[1]

六十余年过去了，也许国际安全威胁已发生实质性的变化，但怀特的观点依然具有说服力。面对21世纪的安全威胁，要促进未来几十年的繁荣，就需要开展国际合作，建立有助于贸易金融制度保持开放而稳定的国际机制，增加抵御金融震荡的能力，并使几十亿人口摆脱贫困，确保平等分享全球化的成果。

必须引导国际机制及其所培育的国际合作进入新的经济领域。新兴经济大国如中国、印度、海湾国家、巴西、墨西哥及许多东亚国家崛起，改变了全球资本集中和自然资源消费的格局。随着经济全球化和一体化的进一步发展，国际金融和贸易体系的不稳定正影响着越来越多的国家。美国2008年的次贷危机和金融危机表明，一个部门或一个国家的经济灾难有可能对全世界产生影响。因此，有必要不仅在国家层面而且在全球层面进行有效的监督管理。

曾充分利用国际贸易和金融体系的国家获益巨大。但由于人们对不稳定及全球化对国内产品和劳动竞争力的影响感到恐惧，保护主义趋势上升，可能使贸易自由化无法取得更大的进展。本来国际贸易体系的进一步发展将开始令穷人也能从全球化中获益，但上述情况却出现了。虽然过去十年全球经济繁荣发展，但是撒哈拉以南非洲、中东和西亚的大部分人却被落在后面。[2] 从绝对意义上看，21世纪之初，许多国家的情况比它们在20世纪60年代要糟糕。在这些国家，贫困仍然对人民造成直接威胁。全球每天有三万人死于贫困。[3]

贫困的周期性影响还对全球稳定构成直接和即时的挑战。极端贫困既是国家脆弱的原因也是其后果，破坏了国际体系最基本的组成单位。[4] 贫困削弱一国实施良政的能力，降低人力资本的价值，引起对不平等的抱怨，而且挑战个人自由和尊严。治理不善的穷国最没有能力维护本国公民的利益或以合作态度参与国际社会的事务。换句话说，它们最没有能力满足作为负责任主权国家的条件。

随着资源短缺、人口增长和气候变化等问题愈加严重，消除贫困、促进善治、并使有关国家融入稳定、繁荣发展的全球经济将越发复杂。联合国预测，到21世纪中叶，世界人口将达到100亿。鉴于石油、粮食、水、土地、能源乃至吸收碳排放的“大气空间”都十分有限，世界将面临严重的经济和社会调整问题。[5] 2007年和2008年，粮食短缺已然在数十个国家引起社会动荡。短缺问题，以及应对短缺问题的能力建设战略，显得日益重要，很可能成为可持续发展的核心议题。

促进并维护经济安全将有赖于以下四个相互关联的支柱：（1）稳定的金融体系；（2）能够使穷国获益的开放而富有活力的贸易体系；（3）更为强劲有效的国际援助；（4）改进治理和民主制度。

这四个支柱相互依赖才能取得成功。全球化带来了前所未有的财富，但国际社会需要建立机制确保世界上的穷国也能利用这些财富。同样，国际体系必须能够从破坏所有国家取得进步的冲击和危机中迅速恢复。国际援助对于帮助各国积累人才和基础设施以开发国际市场至关重要。但是，除非受援国进行有效治理、消除不平等并对其公民负责，否则援助也将白费。风险、机会以及伴随而来的责任需要分担，在公共和私营部门之间分担，也在主要大国、新兴大国和发展中国家之间分担。

负责任主权和经济安全

世界贸易组织（以下简称世贸组织）多哈发展回合谈判（简称“多哈回合”或“多哈”）于2008年7月破裂，这是自20世纪30年代以来主要国际贸易谈判的第一次失败。这表明，在一个权力更加分散、利益更为多样、各经济体之间的关系更为多元且并不总是互补的国际经济体系中，维护这一体系变得错综复杂。同样，2008年秋季的金融危机表明，国际信用市场相互依存，监管不力蕴涵巨大风险。各国需要紧急行动起来填补制度空白，否则权宜之计和保护主义会使我们更难以找到对富国和穷国都有益的全球解决方案。正如“负责任的主权”这一理念所揭示的，要避免经济不稳定、有效促进繁荣，各国有必要对因国内经济行动而产生的外部影响负起责任来。除了履行国际货币基金组织（International Monetary Fund）和世贸组织现有的承诺，世界领导人还需要清晰地提出对于行使经济主权责任的新理解：需要达成新的协议以加强国内的金融管理；建设一个开放且具有包容性的国际贸易和金融体系，从而实现经济利益的最大化；提高弱国加入到有关安排中来的能力。美国将扮演一个新的角色：不仅仅是领导者，而且是接受其他成员国监督的参与者。

责任始于美国国内

美国2007年至2008年的次贷和金融危机敲响了警钟，使人们注意到美国国内监管环境的漏洞以及全球新经济的积极面和消极面。[6] 一些经济学家认为，亚洲和其他新兴国家市场蓬勃发展，足以使其避开美国经济危机的影响。[7] 但是，2008年，我们在中国进行咨询时发现，决策者越来越担心中国无法避开美国的冲击或者在美国需求继续萎缩的情况下找到新市场。2008年2月，印度当地的高科技企业告诉我们，美国经济的放缓动摇了投资者对依赖美国外包企业的信心。2008年9—10月间的金融危机迅速且不可避免地成为全球性危机：欧洲银行陷入困境、亚洲市场跳水、俄罗斯股票的市值损失超过三分之二。世界主要大国和新兴大国开始呼吁彻底整改布雷顿森林体系、建立新的监督和问责机制。

然而雪上加霜的是，我们的国际经济体系存在深刻的结构性弱点。当今的经常性账户不平衡和未来预期的不平衡可能产生经济不稳定，其规模将是几十年来最大的。[8] 2000—2005年期间，美国债务占国内生产总值的比重从14%增长到25%；与此同时，日本、中国、其他亚洲和欧洲经济体以及能源出口国则存在巨额经常性账户盈余。[9] 如果美国希望降低其对债权国的依赖和脆弱性，就必须对国内赤字和消费支出负起责任。美国的债权人对此也负有责任，因为有意削弱美国经济将破坏其产品的最大单一市场。

逐步建立负责任的经济主权制度，也要求纠正善意的错误，如造成2008年粮食危机的生物燃料补贴等。从2005年到2008年，主要粮食如稻子、玉米和小麦的价格激增180%。[10] 粮食危机的原因之一是主要产粮国如澳大利亚和乌克兰发生干旱减产。金融和社会方面的压力使影响进一步恶化：全球人口增加、气候变化使农业用地减少、新兴经济体收入水平上升导致肉类消费增加（作为饲料的粮食消费随之增加）、保护性关税使粮食贸易减少、能源价格大增造成机械化农业生产出来的粮食价格进一步上升。虽然对于其具体影响还存在争议，美国补贴生物燃料的做法无疑挤占了原本用于粮食生产的土地，加剧了全球危机。由于穷人收入的绝大部分用于购买食品和水，因此他们在危机中受到的影响最为深刻。

对于世界上大多数国家而言，危机的影响并不意外。美国经济的成败至关重要。假如美国获得成功，世界上其他国家的日子也会好过。尽管如此，其他国家影响美国政策的能力却十分有限。显而易见，美国实施有效的监督和管理符合全球利益。但如果认为美国是全球重大危机的唯一来源，那就是目光短浅。新的资本集中可能产生新的脆弱性。新兴经济体的监管环境将很快变得像美国的监管环境一样重要。保持稳定的政策取决于各国的行动，但大多数新兴经济体的财政和货币干预政策工具还没有经受过考验。世界六大银行中，中国已占三家。[11] 不过，日本是亚洲唯一声称能与美国货币政策能力相匹敌的国家。因此，对于美国而言，在全球层面对国际经济和金融体系进行有效监管将是一项明确而长期的保护性任务。

国际货币基金组织可能会承担一部分监管责任。该组织对国际金融体系的稳定拥有广泛的监督职能。尽管如此，其建议执行力仅限于借款国——而国际货币基金组织2007年全球借款总额仅为六亿美元，主要以向穷国贷款的形式出现。[12] 20世纪90年代苏联解体后的经验表明，即使在穷国和转型国家，有条件贷款并不能代替本国就良好的经济政策达成共识。因此，全球金融架构面临诸多挑战，越来越需要主要经济体在全球层面施以压力、参与监管和对话。各国必须共同执行良好的经济政策，保持全球稳定。与此同时，民族国家制定并执行此类政策的主权权利必须得到尊重。

对国际秩序的责任

“二战”后的国际经济体系始于关贸总协定，继而发展为世贸组织，并辅之以世界银行和国际货币基金组织的监督和投资。本章后段将讨论的2002年《蒙特雷共识》(*Monterrey Consensus*)，建立了国家减贫责任的基本标准，发达国家和发展中国家就政策改革和全球商品、技术、资本以及服务市场准入达成协议。专项机制如金融行动特别工作组则制定了开放而安全的国际银行体系准则。所有相关机制则要求各国承诺进行国内立法，遵守国际规则，促进稳定，提高可预测性。

随着2008年中期多哈回合的失败，改进国际贸易和金融规则的努力停步不前，令人质疑国际社会是否有政治能力管理好国内经济竞争力的转型，并同时维持对经济繁荣至关重要的全球市场。实际上，多哈回合已经就其20项议程中的18项达成一致，这一事实更反映出谈判的重要性。[13] 多哈谈判未能成功是因为印度和中国要求在农业方面获得保障，这证明国际贸易环境已发生根本变化，西方再也不能独自确定规则。新兴国家要求获得更多的经济权力并且有能力影响行动进程，他们必须同时承担更大的责任，承认繁荣的国际经济符合其自身利益并且可能需要他们的妥协。

但是，多哈回合最主要的教训在于，如果各国想利用贸易政策弥补本国诸如教育不足和社会保障性差等结构性弱点，它们就会做出在国内和国际上都损害自己的决定。对各国政府来说，首要的是对其公民负责任，但这种责任要求它们理解国内政策和全球趋势之间的动态关系。

虽然多哈回合失败了，也许正是在多哈回合失败之后，国际贸易制度面临的挑战在于，如何制定规则并促使所有国家采取负责任的行动，使国际经济治理体系保持开放、富有活力，并且能够从短期波动中迅速恢复。

建设责任

负责任主权负有“建设责任”，即鼓励各国稳定发展、实施良政、在本国消除贫困并作为负责任的利益攸关方参与国际社会。2008年发表的国家脆弱指数表明，世界上失败并且极弱的国家绝大部分也是世界上最穷的国家。[14] 贫困破坏国家保护环境的能力，如森林砍伐——例如，木柴燃烧排放的二氧化碳占全球排放总量的24%。[15] 不仅如此，贫困也会加剧疾病的传播。根据世界卫生组织的数据，世界上90%的疾病发生在中低收入国家，而这些国家用于卫生保健的支出仅占全球11%。贫穷、脆弱、没有法治的国家——或者欠发达国家以及部分治理不善的中等收入国家——很容易成为恐怖组织的训练场，成为恐怖分子通过跨国犯罪进行融资的有利场所。[16] 虽然发达国家并未正式表明对此承担责任，但显然，有效提高欠发达国家的治理能力符合发达国家的长远利益。发达国家必须要承担一定的责任，一方面可以保障自身利益，另一方面这也是跨议题国家协议责任的一部分，对于管理全球威胁是必不可少的。

各国参与全球贸易和金融网络的能力对于促进发展和消除贫困至关重要。1981年，每天收入不足1美元的中国人占中国总人口的64%；而到2001年，这个数字降至17%，这在很大程度上与中国融入全球经济有关。但是，日益扩大的贫富差距、持续贫困以及使地区整体落后的市场，这些现象则表明现有制度本身不足以实现繁荣。要与贫困作斗争，穷国需要采取切实可行的政策。与此同时，富国需要帮助穷国改善政府运作体系，使之能有效参与全球市场。

国际社会应对全球贫困体现了这种双重责任。2000年9月，联合国千年大会在纽约召开，与会代表通过了八项千年发展目标。目标承诺国际社会将采取一系列行动，大幅度减少贫困、疾病、儿童死亡率和环境恶化，同时改善产妇的医疗、教育和性别平等。第八个目标是穷国和富国之间为实现上述七个目标而缔结的契约，要求加大发展援助，减免债务和实现贸易自由化。[17] 而后在2002年3月，世界领导人在墨西哥蒙特雷召开发展融资国际大会，并签署了《蒙特雷共识》。发达国家接受自己应承担的责任，并承诺鼓励私营外商直接投资。《蒙特雷共识》还重申了联合国的长期目标，即官方发展援助达到国民生产总值的0.7%。[18] 另外，发展中国家承认自己的责任，承诺改善治理和人权状况、加强反腐、研究和技术引进。

近年来，对于减贫政策的辩论常常错误地陷入千年发展目标的追随者和《蒙特雷共识》支持者之间的争论。一般认为，关注实现千年发展目标的人更重视增加援助额，把援助当成解决贫困问题的银弹，并强调发达国家未能履行援助承诺。而反对者则引用《蒙特雷共识》，认为除非受援国进行政策改革，否则援助影响甚微。然而，经济增长和不平等的趋势则表明，问题远远不是援助或贸易那样简单。世界经济，特别是发展中国家，过去20多年间的增长几乎是最快的。2008年，全球赤贫人口（每天生活费不足1.25美元）为14亿（每四人中有一人），而1981年则为19亿人（每两人中有一人）。尽管如此，有数据表明在减贫方面，地区差异巨大。自1981年以来，东亚的贫困人口减少了近80%，而撒哈拉以南非洲的贫困率仍然保持在50%。[19]

显然，战略性地使用所有工具以消除贫困变得十分必要。这些工具包括我们提出的四个支柱：通过稳定的金融体系获得国际资本、开放且富有活力的贸易体系准入、行之有效且有的放矢的官方发展援助，以及在穷国建立强有力的政策和治理。事实上，对经济安全的分析表明，我们不仅需要这些支柱消除贫困，而且需要它们维持世界经济的稳定和繁荣。

国内和国际市场的经验教训

在跨国环境下建设经济安全是一个动态进程，涉及国内和国际两个市场及如何监管两个市场。获得（用于产品生产的）全球资本、技术和劳动力以及（用于出售这些产品的）国际市场，使富裕民族国家

（如美国、欧盟、日本）、新兴经济体（如中国、印度、巴西）和能源大国（如海湾国家、俄罗斯）迈向了成功。但是，这些全球市场推动的竞争同时也可能产生混乱，因而有人呼吁实施保护主义和孤立主义。更为糟糕的是，那些无法获得有关市场准入的国家无力实现经济增长，从而使贫富差距进一步扩大。本节分析国家政策和全球市场动态关系的经验教训，明确国际体系需在哪些领域加强努力，从而表明我们的努力方向。

加强金融监管和有的放矢的投资

虽然过去20年全球经济增长迅速，但全球性的金融困难也曾带来三次危机——2008年秋天的全球金融危机、1997年扩散到俄罗斯和拉美的亚洲金融危机，以及2001年网络经济泡沫的破裂。放松市场监管带来了繁荣，但也导致风险进入先前受到保护的领域。

许多经济学家认为，未来的系统性危机将来自全球经济不平衡——特别是美国的经常性账户赤字——及其对美国和全球经济可能产生的灾难性后果。而最关注全球失衡的人则担心美国赤字会使资本突然停止流入美国，造成大量抛售美元，从而导致美国和全球经济的“硬着陆”。[20]

承担经济治理职责的国际机构未能跟上当今世界经济及经济一体化的发展变化。我们必须对现有制度进行改革，使之能够预先采取措施处理并应对系统性金融风险，鼓励各国对影响到全球经济体系的经济行动负起责任。需要确立制度，把监管和早期预警与激发活力及鼓励创新结合起来。对于最贫穷的国家而言，来自国际机构的净资金流入正在减少，这意味着穷国在进入国际资本市场方面得到的帮助更少。

国际金融机构的组成并未反映世界经济中新角色的崛起。据专家预测，到2050年，全球经济的繁荣多半将由新兴工业化国家创造，其中包括印度和中国。到那时，世界金融的中心将可能转向亚洲。[21] 透明和健全的监管是处于不同发展阶段的经济体的共同利益，包括新兴经济体。它们必须接受来自外部的金融监管以维持其自身的经济增长。反过来，这些新兴大国在经济治理方面则必须拥有更大的发言权——包括国际金融机制的“理事”权和机制的领导权。

联合国开发计划署署长凯末尔·德尔维什（Kemal Dervis）曾这样表达他的关切："巴西和印度在国际货币基金组织和世界银行理事会的投票权比欧洲的一些弹丸之国还少，这似乎不大对劲儿……而在国际机构内就高级管理职位做出重大决定时，'新兴南方'也只有发挥极小作用的份儿，这看起来也有问题。"[22]

理想的结果是，国际货币基金组织和世界银行成员国在2008年4月通过初步改革措施的基础上，继续前行，给予新兴和发展中经济体以更大的发言权，从而建立信心，为公共利益实行更严格的监管。假如不这样做，可以预料，新兴国家或地区集团将建立自己的专门治理机制而不让现有的主要大国参与。没有治理改革，国际金融体制很可能萎缩，其重要性和影响力将大大下降，进而损害所有人的利益。

全球贸易和国家竞争力

过去20年来，全球贸易已成为经济增长的主要动力。例如，在经济增长迅速的东亚和太平洋地区，贸易占国内生产总值（以下简称GDP）的比例从1990年的47%增加到了2006年的87%。[23] 支持自由贸易的人认为，自由贸易传播思想、提高生产率、利用规模经济和减少贫困，是世界经济增长的关键动力。但是，建设开放而富有活力的贸易体系，必然要遭遇一些国内政治问题，如保护享受补贴的部门、就业竞争、劳动公平和环境法规等。贸易谈判素来具有政治性，而在谈判过程中，发展问题往往偏居末座。

劳动力市场的全球化使有关问题更为复杂。例如，一个赢利的公司如果能够在海外雇佣劳动力的话，它就不一定能保证增加本国的就业。[24] 美欧领导人越来越倾向于保护主义，哪怕只是本国的重要选区存在暂时性失业。在全球经济不稳定的情况下，存在这样的风险，即各国在税率和法规上"竞相压价"以吸引投资，进而造成贸易不公平的印象。[25] 反过来，对发展中国家至关重要的服装和农产品，富国则予以征收高额的进口关税。

无疑，实施积极的出口型战略的国家都取得了进步。全球化给了这些国家前所未有的机会获得资本、技术和市场。2006年，商品和服务出口占中国GDP的38%，是十年前的两倍。[26] 印度过去很大程度上对全球经济实行封闭政策，其商品和服务贸易占GDP的比例也从1990年和1991年的16%上升到了2006年和2007年的49%。[27] 与之相比，2006年，商品和服务出口仅占低收入非洲石油进口国GDP的25%。[28]

实现长期经济安全面临的挑战在于建立一个把穷国包括进来的全球贸易体系。但这件事说易行难。2001年11月启动的多哈回合在世贸组织谈判历史上首次把发展中国家的优先关注的议题纳入议程。多哈回合的失败是由于印度和中国希望更好的保护其农民不受农产品进口浪潮的冲击——这一冲击很可能来自巴西或其他新兴经济体。这一事实本身表明，即便是那些从开放的全球贸易体系中获益最大的国家也有可能形成新的保护主义同盟。[29]

全球市场意味着全球竞争，这就产生了两类矛盾。第一类是本国产品和劳动力面临的直接错位，不论是美国的纺织业、印度的农产品还是中国内地或台湾的装配工厂都是如此。第二类是为弥补第一种错位而必须创造高附加值工作机会所带来的压力。这就意味着，不仅要使工人在不同部门间流动，而且要给他们提供新技术培训，后者需要时间并且还常常需要工人改变工作地点。这种转型进程如果受阻将会妨碍创新和增长。但是，假如忽视短期成本将会拉大国内的贫富差距，这对政治家而言是致命的。未来，如果多哈回合取得成功或者各国达成后续协议，穷国将进入目前由中国、印度和其他新兴经济体所占据的竞争激烈的市场，由此引起此轮谈判失败的两类矛盾也将随之愈发尖锐。

世界银行行长罗伯特·佐利克警告说，如果不阻止经济上的孤立主义，我们“将收获全球化的损失而不是利益”。[30] 如果对孤立主义的抵抗导致全球产生大量不同的双边或区域性协议，那么我们之前所警告过的“竞相压价”将更有可能出现。对国际领导人而言，国家和全球市场与竞争力之间的必然联系将使贸易成为他们最想回避的问题，但为保持其经济活力，这恰是他们万不可忽视的问题。

提高援助质量、增加援助数量

要消除全球贫困，就不能忽视与全球市场建立联系的重要性。但也需要针对穷国和穷人面临的诸多不同现实采取更有针对性的做法。

全球70%的穷人（每人每天生活费只有或不足两美元）还生活在中等收入的经济体中。[31] 他们的困境反映了基于市场发展的残酷一面——国家内部收入差距拉大。要缩小贫富差距，就需要改进政策和有效治理。[32]

国际社会在援助数量和质量方面都没能信守承诺。因此需要持续大幅度增加援助才能实现2005年八国集团在英国鹰阁（Gleneagles）峰会上所提出的到2010年实际增加500亿美元援助以实现千年发展目标的承诺。2007年，发展援助委员会（Development Assistance Committee）成员国提供的官方发展援助总净额为1037亿美元，比2004年（鹰阁峰会前）高150亿美元，但按照峰会承诺，这一数字在2010年必须达到1300亿美元。[33] 根据《蒙特雷共识》，经济合作与发展组织22个捐助国中有16国已实现或即将实现将国民生产总值的0.7%用于官方发展援助的目标；澳大利亚、加拿大、日本、新西兰、瑞士和美国六国没有达标。[34]

许多人指出，美国是资助实现千年发展目标缺口最大的国家，占未兑现援助总额的几乎一半。如果美国把国防预算的十分之一花在对外援助上，其扶贫资金总额就会翻一番。美国国民生产总值用于扶贫的比例持续下降已有几十年了，而且实际支出仅占美国不断承诺数字的一小部分。[35]

另外，大多数官方发展援助并没有转化为项目和发展计划可用资金。援助资金常常用于特殊目的，如债务减免、人道主义和紧急救援、技术援助花销（例如支付在发展中国家工作的西方人的工资）、行政花费和粮食援助等。2005年直接援助穷国的可用净援助（通常叫国家可规划援助）为380亿美元。[36] 在这些“实际”数字中，2005年官方援助减少了5.1%，为1997年以来首次下降。如果不包括用于伊拉克和阿富汗的国家可规划援助，2005年国家可规划援助的绝对值要低于1981年。由于官方发展援助和国家可规划援助之间出现缺口，撒哈拉以南非洲遭遇了最为沉重的打击。2005年，撒哈拉以南非洲接受了121亿美元的国家可规划援助——与过去几十年相比，几乎没有增长。[37]

应扩大援助协调机制，使之包括新兴经济捐助国并且反映私人资本流动。国际援助体系在减贫方面还应更好地利用私人资本流和其他非传统捐助方的资金。来自中国、印度、泰国、土耳其和巴西的双边发展援助正在增加，很可能改变国际援助格局。私人资本从企业合作流入慈善活动，其资金已达到全球官方发展援助总额的两倍多。2006年，华伦·巴菲特（Warren Buffett）向比尔和梅琳达·盖茨基金会（Bill and Melinda Gates Foundation）捐款370亿美元，使盖茨夫妇当年提供的捐助资金超过了美国世纪挑战账户集团（Millennium Challenge Corporation）。[38]

最后，捐助治理也是一项挑战。随着大量新的公共和私人发展行为体的出现，援助也变得越来越分散。目前，通过新的双边捐助国、非政府组织和企业慈善家提供的援款额已经高于传统官方渠道。[39] 多边援助机构（大约230家）已超过捐款国和受援国之和。[40] 而每一个援助提供方都有自己关注的领域、目标和支持者，结果给受援国带来巨大的协调负担。在受援国当地，发展援助机构往往用高工资雇用当地最好的人才，而受援国政府也要花宝贵的时间和有限的能力协调捐助方提出的种种条件。经济合作与发展组织2005年发表了《援助实效问题巴黎宣言》（*Paris Declaration on Aid Effectiveness*）试图改进援助的协调性，但由于世界发展援助格局日益繁杂，其收获甚微。

治理、政治和贫困的循环

托尼·布莱尔主持的非洲委员会（Commission for Africa）由非洲和国际专家组成。该委员会2005年向八国集团提交的报告强调，国家运转方式越来越被认为是影响赤贫国家发展的最重要因素之一。保罗·科利尔（Paul Collier）认为，要想使世界上最穷的十亿人口脱贫，政府治理不善是最大的挑战，必须予以克服。[41] 实现千年发展目标要求政府能够为其公民提供服务，保护人权并促进经济发展。良政对于制定有关政策以应对不平等问题、使脆弱和失败国家保持稳定至关重要。同样，管理来自外部的压力和冲击，诸如阻碍经济发展、对稳定构成威胁的气候变化以及资源短缺问题，也需要良好的治理。

冷战期间，虽然美国花大笔钱讨好苏丹、扎伊尔、索马里、菲律宾和埃及等伙伴，但对其可持续发展却收效甚微。现在的刚果民主共和国（即以前的扎伊尔）、苏丹和索马里等国是2008年非洲最大的不稳定来源。抚今追昔，教训是显而易见的：在不良政策环境中投资是浪费资源，还会进一步巩固掌权者的地位，使腐败行为更甚，执政能力更弱。正如拉里·戴蒙德（Larry Diamond）所强调的，掌权者天生倾向垄断权力而不是限制权力。[42] 一旦他们的权力地位牢固后，没有权力挑战，掌权者就会限制经济竞争以使他们自己而不是整个社会从中受益。[43] 向这样的国家承诺提供资源往往只会助长恶行。

世界上大约有30%的赤贫人口生活在脆弱国家。[44] 到2015年，预期这些国家的赤贫人口将比1990年上升50%以上。[45] 治理不力的脆弱国家，有些还处于冲突中，很可能是实现发展的最大难题。很显然，这些国家根本就不具备必要的治理能力，不能满足其人民需求、吸引私人投资或进入全球市场。在这种情况下提供的援助可能会被浪费。但是，只在穷国实现有效治理后才提供援助的做法只会带来持续贫困。这些国家需要帮助来改变其表现。要保持进步，来自外部的支持必须有助于加强本地的能力建设。

有关治理对发展影响的研究表明，更好地治理可以带来大量的“发展红利”。[46] 从长期看，将治理能力从相对较低水平提高到平均水平可以使人均收入提高到原来的三倍，还会降低婴儿死亡率和文盲率。[47] 从1970年至2000年，撒哈拉以南非洲国家年人均增长率几乎为零，但在实施良好治理、进行更好的宏观经济管理从而获得更大规模债务减免的国家带动下，开始以年均5%的速度增长。

同样，民主和发展之间的关系也十分重要，原因之一是民主国家鼓励问责制和良政。虽然有人质疑威权国家如新加坡和现在的越南是否为发展中国家提供了另一条政治道路，但总体而言，民主国家比专制国家表现更好。[48] 良治有助于消除贫困、提高生活水平。过去十年，世界银行集团全球治理指标项目（Worldwide Governance Indicators Project）研究表明，改进治理能鼓励发展，而不是阻碍发展。治理每提高一个标准差，婴儿死亡率就会下降三分之二，收入增加三倍。研究还发现，良政会全面提高发展援助的有效性。[49]

从另一个角度看，治理良好的专制国家——特别是那些遵守法治、执行契约、并让市场推动经济发展的国家——能够维持经济增长，但它们是例外而不是规律。根据弱国指数（Weak States Index）界定的极弱国家中，60%都是“不自由”的国家。在趋向更稳定的国家里，民主国家居多——80%的发展中和新兴经济体都是“自由”国家，只有3%是“不自由”国家。[50]“中国模式”的吸引力在于保持政治控制。但是，按照中国模式，也需要使其经济自由化、增加竞争、加强法治和惩处腐败。正如中国和新加坡现在开始经历的那样，随着时间的推移，自由市场和受限政治之间将产生实际的张力。

随着人们越来越认识到经济发展、良政和民主之间存在相互关系，官方和非政府捐助方已经开始把支持良政和发展问题结合起来。传统的援款捐助方如美国的国际开发署（Agency for International Development）、英国国际发展部（Department for International Development）等欧洲机构以及联合国开发计划署每年提供十多亿美元用于良政援助。[51] 数以百计的国际非政府组织、基金会和私营企业也开始在促进民主方面开展工作。

许多地区和国际组织也将民主援助作为自己工作的核心组成部分。联合国则通过其开发计划署和选举援助司支持自1974年以来出现的90余个民主国家中的大多数向民主过渡。而民主共同体（The Community of Democracies）则是一个由100多个民主国家和正在走向民主的国家组成的政府间组织。2007年，民主共同体在《民主、发展和减贫巴马科部长会议共识》（*Bamako Ministerial Consensus on Democracy, Development and Poverty*）中强调了民主治理的重要性，表明，“民主治理对于减贫和支持平等及可持续发展至关重要”。[52] 2005年7月，时任联合国秘书长科菲·安南宣布设立联合国民主基金。这一想法是乔治·W.布什总统在2004年首先提出的，现在已经得到了141个国家的支持。民主治理伙伴关系是经合发组织的新项目，获得联合国发展计划署、美洲国家组织和经合发组织30个成员国的支持，旨在帮助走向民主的国家找到利用最佳国际经验的合格捐助方。

当然，发展中国家和捐助方也正在学习如何将民主和治理援助纳入有效的发展战略，正像世纪挑战账户集团的成功之处和局限性所表明的那样。如果发展中国家在诸项独立、透明的政策指标上实现目标，如公平执政、为人民福祉投资和鼓励经济自由，世纪挑战账户集团就会履行投资。[53] 世纪挑战账户集团提供大额、长年资金承诺，其目的是加强激励措施，使有关国家有更好的表现。世纪挑战账户集团的局限性在于，那些达不到最低标准加上治理不力的发展中国家被排除在外。

一个相关问题是，在受到冲突影响的国家促进治理改革也构成挑战，尤其是在建设本土安全结构方面需要投资的冲突后国家更是如此。正如第七章所提到的，由于国际发展体系无序，在某些情况下支持建立有效警察部队、实施法治和对安全机制进行民主监督的能力十分有限。如果没有基本安全和实现政治稳定的前景，投资和经济发展就会滞后。但这方面也面临挑战，根据经合发组织制定的国际发展支出指导原则，安全领域改革所需资金不能计入政府承诺的0.7%的官方发展援助。另外，尽管民事安全制度是法治的基础，但包括美国在内的许多捐助国对于把发展援助用于改革民事安全制度方面存在法律上的限制。

更为复杂的是支持民主的政治气候。促进民主的努力已经陷入政治分裂的泥潭。比起任何其他因素，美国在伊拉克的言行都更使民主促进同使用暴力及单边行动更迭政权联系在一起。许多国家认为，支持民主的国际干预侵犯国家主权。一些国家批评美国（在关塔那摩和阿布格莱布监狱）违反《禁止酷刑和其他残忍、不人道或有辱人格的待遇或处罚公约》（*Convention against Torture and Other Cruel, Inhuman or Degrading Treatment or Punishment*）、有选择地支持选举结果（如拒绝接受哈马斯在巴勒斯坦领土上选举获胜），甚至在支持（埃及的）民主运动方面发出混乱的信号。这些批评者推断，对美国而言，打击国际恐怖主义的全球努力比民主和人权更为重要。在这种情况下，许多欧洲以及其他捐助方常常避开那些支持民主的项目。如果承担了那一类项目，他们更倾向于在改善治理方面进行相对更为技术性和“安全”的干预，如改革公共服务和帮助制定预算。

良政和民主在消除贫困、促进国际繁荣和稳定方面的作用将考验负责任的主权国家。努力实现这两个目标符合民族国家的利益。当国家治理有序且实行民主，地区和国际行为体最为安全。但是，假如没有威权主义国家和穷国领导人的合作，援助和进步将不可持续。有时候，也许任其失败看似合乎情理，但在一个相互关联的世界，其后果将过于严重。

迈向全球经济安全

加强全球经济安全并没有一个简单而宏大的解决方案。我们在本章中论证，全球经济安全有赖于四个支柱：稳定的金融体系、能够使穷国获益的开放而富有活力的贸易体系、更为强劲有效的国际援助，以及改进治理和民主制度。如果各国致力于实施主权责任来加强这些支柱，它们将为全球经济增长和稳定创造条件。

16国集团可以在这方面发挥作用，虽然它常常以较小规模的“责任团体”形式实行运作。16国集团参与各国际金融机构、联合国以及世贸组织，将有助于建立促进信任的合作格局。比起西方捐助国而言，新兴经济体与许多弱国或面临失败危险需要改变政策的国家有着更强的贸易关系，可以通过这种关系发挥影响力。

领导力与凝聚力

为了在各国之间和国家内部之间加强领导力与凝聚力，我们建议设立持续且前后一致的经济繁荣议程处。目前并不存在这样的建制。联合国系统内存在一些促进繁荣的工具，另一些则在联合国系统之外。联合国在经济繁荣方面发挥领导作用，自然应有经社理事会（Economic and Social Council）发挥主导作用，正如安理会是安全问题最权威的部门一样。但无论我们的咨询对象是来自发达经济体还是发展中经济体，其反应都颇为一致，提到经社理事会时，他们往往会流露出不屑一顾的神情。我们发现捐助国中没有一个支持经社理事会发挥更大的作用。尽管，发展中国家代表不愿意公开说不，但他们的想法则颇为相似。因此，合乎逻辑的做法是建议废除经社理事会，但这样做又会在外交上引起发展中国家的不满。毕竟，它们认为自己在国际金融机构中几乎没有发言权。无论其影响多么无足轻重，如果废除经社理事会将使它们失去属于自己的发言席。

另外，众多在跟踪和指导国家经济政策方面存在利害关系的平行机构，使问题更加复杂化。[54] 而且，没有一个实体全面评估各机构、捐助方、新兴及发展中经济体的政策及做法对贸易、金融和发展所造成的综合影响。各个机构职能分散，缺乏一个强有力的能把整个体系凝聚在一起的机构——用以统合各种减贫努力的核心机构。

我们建议以2010年千年发展目标首脑会议为行动目标，成立名为"经济繁荣高级研究中心"。该中心应早在首脑会议召开前由联合国秘书长和世行行长牵头建立，成员由世界银行、国际货币基金组织、联合国开发计划署、世贸组织、经合组织、联合国儿童基金会以及联合国经济和社会事务部领导指定。该中心应与全球顶尖研究机构建立关系，并充分利用其专业知识。联合国秘书长和世界银行行长将指定一位国际名人领导该中心，中心秘书处可以由成员机构借调人员组成。虽然中心将独立运作，发挥类似于央行评估和制定金融政策的作用，但其最大的制约是，中心不能独立制定政策。

高级研究中心将对金融、贸易和发展领域各行为体的研发和分析进行评估并提出建议，找到共识；发现消除贫困的因果趋势；评估特定国家的贸易、金融和发展措施之间的相互关系；就保护主义的压力和补救措施进行调查；呼吁关注脆弱国家和经济趋势，统合捐助国和受援国行为的各项指标。该中心还可以综合利用现有的有关千年发展目标及其融资情况的报告来设立"贫穷钟"（poverty clock）。"贫穷钟"的概念由我们布鲁金斯同事霍米·卡拉斯（Homi Kharas）提出，意在体现各个国家和地区整体贫困率随时间变化的情况。[55] 该贫穷钟还能追踪投入与政策的变化——例如官方发展援助流的变化、投资趋向、新技术、贸易格局以及治理行为的变化——并根据有关数据就特定国家和地区减贫所需的工具提出建议。

中心工作将在国际货币基金组织和世界银行年会上讨论。这是一个恰当的论坛，世界金融和发展领袖都将与会。其间可以召开特别会议，邀请民间组织出席。讨论结果可提交2010年千年首脑会议，首脑会议上将展望最后五年必须实现的千年发展目标。

当然，人们有理由对此持怀疑态度。好比说，虽然政府间气候变化委员会帮助各方就全球变暖问题达成共识，但离硬科学越远，就各种问题和补救措施达成共识就越困难。话虽如此，目前各种分析相互矛盾，却没有一个论坛或机制来达成共识，这必然导致各方出现更多的分歧。

此后几节中，我们将提出加强四个经济安全支柱的建议。

支柱一：稳定的金融体系

国际金融体系的目标应当是促进稳定、提供可预测性、提高透明度，并在危机出现时进行有技巧的管理。在20世纪90年代，新兴市场是产生动荡的主要原因，但到了2008年，它们成了资本和稳定的重要来源。未来，那些资本大量集中、监管有限、管理金融危机的能力和经验也有限的国家和地区面临的风险最大，如部分亚洲和中东国家。要在脆弱领域加强国际监督和审查，有关国家将寻求在国际经济机构管理方面获得相应的发言权。对于穷国而言，挑战在于准入和能力。在如下建议中，16国集团或相关子集团在国际货币基金组织和世界银行框架内进行战略战术协调，同时提出建议，供相关机构执行主管获得共识。

重新定位国际货币基金组织职责。国际货币基金组织必须进行调整以提供监督、预警和危机管理，并提高其在金融改革方面与富国和穷国政府一道工作的能力。除了对美国、欧洲、日本和其他对整个体系具有重要影响的国家加强监管之外，国际货币基金组织还应进行更严格的监管，包括对缺乏金融危机管理和控制经验的新兴经济体的政策进行独立和透明的监管。国际货币基金组织应吸收全球金融管理的最佳做法，制定标准，并报告各国规范和管理金融机构和市场的情况。

理想的做法是，国际货币基金组织应当在可能出现全球金融危机时发挥预防性作用，在危机全面爆发前就系统弱点向国际社会提出警告。国际货币基金组织可以促进对话、进行深入分析和独立评估，从而在危机中担任各国之间“诚实的中间人”，并以最佳实践为基础提出政策建议。另外，在维持全球稳定和增长的同时，国际货币基金组织应继续领导地区和国际谈判确保解决全球失衡问题。

确定世界银行投资目标。虽然世界银行的使命是支持落后于全球经济发展的穷国，但世行在全球发展方面的传统领导作用已经遭到削弱。世行可以同像中国和私人捐助者这样的新兴捐助方建立关系以增进其运作的有效性。世行应重新把工作重点放到其相对优势的领域：比如促进具有包容性和可持续的全球化，特别是帮助发展中国家与全球经济接轨。除此之外，世行还应当帮助新兴经济体缩小国内贫富差距。在气候变化方面，世行的作用将十分关键——与新兴经济体共同分担清洁技术的成本、为穷国的能源基础设施投资，同时帮助各国在适应战略方面进行投资。

世行在帮助有关国家进行冲突后的复苏方面也承担着重要任务。世行行长佐利克把援助受冲突影响的国家列为世行的六大优先任务之一。在解决冲突方面，世行尤其通过与联合国发展小组（UN Development Group）的伙伴关系及世行/联合国发展小组冲突后需求评估进程，与联合国建立了有效的关系。此外，世行还与联合国和平建设保障办公室（UN Peacebuilding Support Office）及联合国维和部（UN Department of Peacekeeping Operations）进行了越来越多的合作，其工作与冲突后恢复和发展战略挂钩。接下来，世行应当采取措施加强其在冲突地区工作的有效性，迅速部署具备冲突问题专长的常驻团，该团有权监督并支配托管基金，并加快贷款申请进程。

扩大经济治理的代表性。随着资本重心从欧美向其他地区转移，国际货币基金组织和世界银行的合法性及有效性将取决于它们是否有能力反映新兴和发展中经济体的利益。[56] 这也符合传统经济强国的利益，它们将从更加严格的监管中获益，监管对象包括新的具有影响力的经济体。

2008年4月，国际货币基金组织进行了调整，依据经济规模、储备和其他标准，重新分配投票权和分摊会费。尽管如此，新兴经济体的投票权仍未充分反映其经济和政治实力。同时，传统的实力格局仍然主导最高职位的选择——如美国人主持世界银行，而欧洲人则掌门国际货币基金组织。为反映未来经济实力的相对变化，国际货币基金组织需要制定一个符合其长期治理目标的再平衡公式。[57] 同样，世界银行的合法性也因其过时的份额、投票权和职位分配所削弱。在维持主要捐助国领导地位的同时，世行应当给予其重点客户（如发展中国家）以及新的捐助国更大的发言权和投票权。

布鲁金斯的同事科林·布莱德福特（Colin Bradford）和约翰斯·林（Johannes Linn）提出的解决方案将是一项“大宗交易”。首先，美国放弃其在国际货币基金组织和世界银行的否决权，换取欧洲放弃部分份额、投票权和职位。美国在两个机构都拥有否决权已经不合时宜，一旦被操纵，将损害而不是促进更广泛的美国利益。[58] 欧洲的份额应重新划分给新兴和发展中国家，特别是亚洲国家。其次，按照布莱德福特和林的建议，美国和欧洲应当放弃其对两个机构的固定领导。欧洲已表示愿意不再永久担任国际货币基金组织总裁一职，但不愿意首先采取行动。最后，作为一揽子计划的组成部分，所有利益方应接受本节此前的建议，视监管为国际货币基金组织重新定义的职能之一。

实现金融“软平衡”。美国对外借款膨胀对竞争力和经济安全构成威胁。危机的前景将是硬着陆：投资者抛售美元资产，美联储被迫提高利率，全球增长放缓。“把一切交给市场”的政策风险重重。当然，如何重新刺激储蓄并使美国经济承担财政责任的问题应当由众多经济学家来解答。然而，作为国家安全问题，奥巴马总统应该鼓励市场及货币实现软平衡，以解决美国对其国际债权人欠下的巨额债务。就美国国内而言，这意味着减少需求。在国际上，美国需要与中国及其东亚贸易伙伴就汇率政策进行谈判。如果只是对中国货币重新估值，将会使赤字在亚洲内部转移。[59] 要管理相关谈判，各方需要一个诚实的中间人；这将是对国际货币基金组织作为地区谈判主办方的首次考验。

支柱二：开放而富有活力的贸易体系

2008年多哈回合的失败表明，国内政治会制约国际贸易谈判。在美国大选（2008年11月）、印度大选（2009年5月）和新的欧盟委员会产生（2009年晚些时候）之后，在2010年以前，国际贸易谈判不大可能取得重大进展。但是，世界贸易大国仍需现在就开始为未来达成全球贸易协议确定基调。实现建立一个使穷国获益的开放而有包容性的贸易体系这一根本目标仍然至关重要。要取得成功，这一体系必须帮助有关国家在竞争力方面实现痛苦的内部转型。

维持对全球贸易协议的承诺。多哈回合失败带来的冲击以及为避免失败所做的种种努力表明，各国隐约认识到有必要使穷国加入到国际贸易体系中来。有人认为，像美国及巴西这样的关键角色应当重新关注地区和双边协议的谈判。这样做虽然在短期看来理由充足，但这有可能使注意力不再停留在更为广泛的全球议程上。双边协议的增加已然使贸易协议的谈判和执行更为艰难。此外，造成全球协议受阻的跨国问题，如农业补贴和工业保护，将继续在双边和地区层面蔓延。还有人认为多哈回合已永久死亡，对这一观点的最好反驳就是证明各国仍在继续要求通过全球协议解决双边无法解决的跨国问题。[60]

当然，不应当放弃2008年谈判已经取得的进展。世贸组织总干事帕斯卡尔·拉米（Pascal Lamy）应当公布通过谈判已经达成协议的18个贸易领域（总共有20个领域）。[61] 即使没有正式的法律地位，这18项成果应该成为新一轮谈判的起点，以免重回老路。届时，即使有些国家从这18项成果中后退，更好的办法是在进入下一轮谈判时做出澄清，并迫使有关国家就偏离达成一致的立场做出解释。

我们的主要贸易伙伴——从16国集团的贸易小组开始，该小组由美国、欧盟、印度、巴西和中国的贸易部长组成——必须清楚表达他们期望2010年开始新一轮的贸易谈判，并且不允许留下任何不确定的空间。鉴于这些国家将决定贸易体制的实质，因而应首先建立一个程序，就阻碍达成共识的问题委托专人开展研究，并提供政策选择。他们应该展望新领域并考虑潜在的问题，比如气候变化等领域，为碳含量在出入境方面进行的调整可能导致新一轮的保护主义。

奥巴马总统还应该争取批准美国与哥伦比亚、巴拿马和韩国签署双边贸易协定。虽然这看上去与重点关注全球协议相互矛盾，但既然已经获得其他国家对美国出口产品开放其市场的承诺，批准上述协议符合美国的利益。韩国国内持续发生反对进口美国牛肉的大规模抗议。哥伦比亚正逐步控制毒品贩子和游击队，需要为其合法产品获得市场。巴拿马自由贸易区将有助于美国与其建立长期战略军事和商业关系。如果美国不能履行谈判达成的符合其自身利益的协议，美国领导未来贸易谈判的信誉将遭到打击。

将贸易调整性援助作为国家和国际优先考虑。最近的研究表明，我们不能总是把失业归咎于贸易：美国制造业90%的失业来自公司因技术进步而裁员。[62] 但即便是贸易在失业方面背了黑锅，随着各国竞争力水平的升级，经济转型仍然会影响全球工人，导致社会陷入痛苦，政治遭遇致命打击。因此，主要贸易经济体应当切实把该问题置于国际议程。

如果经济繁荣高级研究中心得以成立，这将是中心的理想课题。考虑到时间的延搁，世贸组织、世行和国际货币基金组织的领导人应着手成立特别委员会研究贸易对失业工人的周期性影响，总结全球有效贸易调整性援助项目的经验教训，为国家行动提供最佳经验，并就可能的国际机制提出建议以帮助各国管理此类过渡。16国集团的贸易和财政部长们应对这一步骤给予有力支持并呼吁就此在国际货币基金组织和世行年会上进行讨论。举例而言，委员会可以评估世界银行集团多边投资担保机构能否为吸收失业工人的企业提供贷款便利。如果全球贸易谈判如我们所建议的那样在2010年正式恢复，贸易调整措施应当列入议程。

就美国国内而言，奥巴马政府必须重新利用（美国劳工部就业和培训司管理的）贸易调整援助（Trade Adjustment Assistance）项目，而目前该项目未能充分支持向新工作过渡或由此产生的成本。[63] 例如，对失业工人而言，每周260美元的收入补贴低于贫困线；本人支付的医疗费用平均为补贴的两倍；而找工作和搬家补贴也不能超过1250美元。[64] 要推动自由贸易，总统和国会还须提出措施扩大教育和培训，提高过渡期的收入和医疗补贴以及找工作和搬家的补贴，并大幅提高固定工资差额补贴。

以贸易促发展。为促进发展制定的综合贸易政策，应包括向所有最不发达国家提供零关税、无配额的市场准入，在同一个框架下简化并统一各种地区性项目。该政策可以借鉴《非洲增长与机遇法案》（*Africa Growth and Opportunity Act*，2000年首次经签署成为法律）的经验，但应避免该法案的最大缺陷：由于石油占非洲对美国全部出口的90%，因此其好处只有一小部分非洲国家能够享受。[65] 美国决策者可能担心此类倡议对本国厂商带来影响。但是，如果向所有最不发达国家提供零关税、无配额的市场准入，对美国的几个产业而言，如纺织、服装和制糖业，其可能的影响只不过是收入减少了不到1%。[66] 此外，“以贸易促发展”项目还能关注促进“贸易援助”事宜，也就是帮助有关国家解决“境内”制约，使其利用贸易机会的能力得到提高。贸易援助对最不发达国家而言尤其重要，而大部分最不发达国家位于非洲，它们面临贸易基础设施和海关服务落后的问题。[67]

支柱三：为减贫提供行之有效的国际援助

如前所述，国际援助本身还不足以帮助有关国家摆脱贫困。接下来我们将讨论目前面临的挑战——如何组织国际援助使其资金流充足且目标明确，在国家治理得当的情况下能产生有效的结果。以下建议的核心是保持监管并重点监管援助的数量和质量，确保援助能够帮助有关国家进行能力建设，使之能够与国际贸易与金融市场建立联系。

制定国家发展战略。减贫战略文件对有效发展至关重要。此类国家战略往往以立场文件的形式出现，能够根据特定目标组织捐助方，从而确保其提供的援助针对受援国面临的挑战。这种国家战略对于制订以国家为基础的实现千年发展目标的计划也至关重要。2007年，13%的最不发达国家存在有效运作的框架，另有67%已采取重要步骤制定战略。[68] 在没有国家战略的情况下，有关国家政府应当与联合国常驻代表和世行国家负责人共同主持磋商进程以制定战略。[69]

履行资金承诺。如前所述，如果把阿富汗和伊拉克排除在外，国家可规划援助已然下降。这对撒哈拉以南非洲地区而言伤害尤为沉重，因为国际援助占该地区所有流入资本的2/3。

经济繁荣高级研究中心应就捐助方的表现做出最终评估。作为第一步，中心应首先关注国家可规划援助，使全球总量从2005年的380亿美元增加到2010年的600亿美元。给予撒哈拉以南非洲的国家可规划援助额应当在目前的水平上翻一番，达到300亿美元。第二步是利用受援国同行的评议加上高级研究中心的评估，以便到2015年实现《蒙特雷共识》提出的条件：受援国政策改革取得透明进展，捐助国实现其国民生产总值的0.7%用于发展援助。上述步骤的基础是本章前文所提到的必须对国际金融机构，特别是世界银行进行改革，同时改进穷国的治理以刺激贸易和投资。必须对所取得的进步进行一揽子评估——如援助、市场和国家政策如何相互配合、共同发挥作用。

美国对外援助翻一番并使之更加有效。如果美国按照其长期奉行的价值观采取行动——如消除全球贫困和不平等、支持建立民主以及保护人权和人的尊严，则有望重塑国际声誉。布什政府2009年度财政预算要求将383亿美元用于民事外交和外援。[70] 与此相比，总统要求为国防部核心预算提供5150亿美元，这还不包括伊拉克和阿富汗战争的费用。[71] 按照国际援助占本国国民生产总值比例计算，美国在经合发组织22个捐助国中也居于末位。[72]

如果奥巴马总统承诺到2012年第一个任期结束时将美国民事外交预算翻一番，这将表明民事——而非军事——工具是建设一个安全繁荣的国际社会的优先手段。他可以提升美国的“发展资源库”，使之达到外交和国防的水平，促使美国国际开发署更加切实高效、资源充足，使国务院拥有更好的人力和财政资源保障。

诚然，资金本身翻一番十分必要，但仅此还不足以解决问题。过去几十年的发展经验表明，减贫需要采取多种手段——包括贸易、援助、政治激励措施和安全。新政府必须更好地协调美国各机构之间的发展行动。富有创新的千年挑战账户集团主要针对在客观指标上有所进步的国家，使表现好的国家可以获得更多的资源。但这种做法并不适用于脆弱国家。对于这些国家而言，其优先任务是克服阻碍治理和法治的关键障碍。

要建设自己的能力，美国必须加大投入，加强在发展中国家实际存在的力度。美国各驻外大使必须对其使馆提出的发展援助计划负责。派往有关国家的团队必须把援助、政策和外交结合起来推动经济增长和可持续发展。在华盛顿，与执行外援任务有关的22个政府机构必须协调一致。在很多情况下，这就意味着阻止一些机构从事出发点虽好但却无实际意义的项目。最彻底的改变应当是，奥巴马总统向国会建议共同修改《对外援助法案》，重组使援助分配分散化的不同账户。

加强捐助各方的协调一致。联合国开发计划署和世界银行应当深化努力，制定自我监管指导原则以帮助包括非政府组织在内的所有捐助各方进行协调。让联合国开发计划署和世界银行承担这一工作合乎情理，因为这两个组织在世界各国都设有代表处，并共同合作建立了就国家需求和战略计划进行联合评估的工具。未来目标是确保外来援助支持本国发展战略，减轻东道国政府与数十家（如果不是上百家的话）官方和非政府捐助方打交道的压力，防止发展中国家公共和私人部门的杰出人才流向捐助方。

捐助方协调进程应自上而下推动，并以实际经验为基础。就像经济政策的领导权一样，联合国经社理事会本应负责启动这一进程，但却缺乏国际信用。联合国开发计划署和世行可以从各地区选择15个国家，指示其驻各国代表处召集所有官方和非政府捐助各方与受援国政府一起碰头，吸收各方基于实际经验的建议。联合国可以总结其最初的经验教训，开启"一个协调一致的联合国"的进程。但这一进程只有超越联合国本身才能产生影响。目标是到2010年颁布官方和非政府捐助方以及受援国都承诺遵守的指导原则。

支柱四：加强治理和民主制度

支持良政和民主使国家承诺和国际行动之间存在固有的矛盾。问题并不在于要求穷国致力于负责任的治理。对穷国而言，在治理上进行投资的机制是存在的——通过国际组织（联合国开发计划署、世行和经合发组织）、双边捐助方（如美国国际开发署、美国世纪挑战账户集团和大多数欧洲援助机构），和数十个非政府组织和半独立的机构。面临的挑战在于同治理不善又机制脆弱的国家打交道，特别是面临内部冲突的国家，如缅甸、柬埔寨、津巴布韦、几内亚、苏丹、刚果、海地和乍得。针对这一群体，我们的目标应当是：改变激励机制，使掌权者将国家利益置于个人利益之上，无论这些掌权者是在政府内部还是在政府之外；在关键部门培育本地能力，特别是能够发动较大范围系统变革的法治和警务部门；并且改变民主由外界予以强加的错误观念。

加强地区问责制和斡旋机制。各区域组织能更好地避免关于侵犯主权的争论，而且通常更熟悉地区安全、经济和政治挑战。非洲联盟、美洲国家组织、欧盟和北大西洋公约组织已经把良政和民主准则作为其成员的标准，为实行问责制奠定了本土基础。由于担心别国反唇相讥，邻国一般不大相互批评，这曾经影响了非洲统一组织（African Unity）的发展。但变化是可能的。非洲联盟在2008年肯尼亚选举欺诈后采取了积极态度，避免了一场更大的危机。非洲联盟在津巴布韦选举舞弊问题上产生分裂，而且南非立场软弱，这些都令人颇为失望。尽管如此，非洲联盟并未放弃，仍在寻求恢复津巴布韦的政治进程。

在缅甸，相对较弱的东南亚国家联盟也说服缅甸对国际社会开放，使联合国和非政府组织能够提供人道主义援助。各地区组织应当认识到它们的关键作用并在必要时接受国际社会的支持。

扩大地区和国际同行审议。欧盟一直在对其现有成员和新成员进行透明和持续不断的审议。2001年，非洲国家创立了非洲发展新伙伴计划（New Partnership for Africa's Development），朝着这一目标迈进。他们相信，非洲国家需要为良治奠定基础，并找到监督和推动有关承诺的手段。新伙伴计划启动了非洲同行审议机制（African Peer Review Mechanism），在民主和政治治理、经济治理和管理、公司治理以及社会经济发展等领域对参与国政府进行定期审议。审议工作由非洲人承担，由非洲名人小组予以监督。虽然这一进程不甚理想——有时过于缓慢也不够尖锐——但毕竟是走向问责制的第一步。

"邻国影响"原则应当在国际上予以推广。非洲人有机会通过在强化监管方面起表率作用来引领这一进程。非洲发展新伙伴计划可以与非洲开发银行、联合国开发计划署及世界银行一道建立一支包括学术界和民间组织代表在内的国际同行审议队伍。此外，还可以邀请其他国际组织如欧盟和美洲国家组织参与其中。同行审议将使顽固国家更难找到借口称其被迫接受"外来价值观"。

强化并推广专业知识。我们并不缺少对治理和民主的国际行动进行评估的国际机制。例如，世界银行学院和透明国际为反腐败制定的评级标准广受尊重。贝塔斯曼基金会也就所有国家的治理和民主情况出版年度报告。

但眼下并没有一部现成的关于治理和民主实践的经验、教训及标准之合成。在这方面，经合发组织的民主治理伙伴计划已打下初步基础，其与经合发组织、联合国开发计划署和数家地区组织的关系有助于推广相关工作。要提高其可信度，有必要让非洲联盟和发展中国家参与其中。国际民主和选举援助研究所（International Institute for Democracy and Electoral Assistance）是一家专门研究民主制度和进程的政府间组织，应该邀其参与这一网络。在帮助专业知识转让方面，民主治理伙伴计划应当与联合国民主基金建立正式财务关系，从而充分利用其与众多联合国成员国的关系。如果经合发组织能够维持这样一个广泛的网络，它将为经合发组织高收入成员国之外的推广工作开创有用的先例。

加强对冲突后国家治理的支持。正如我们在第七章中所论述的，除了需要对法治、治理和政治转型给予支持外，脆弱和失败国家还需要安全援助。联合国维和以及建设和平行动在这方面有不少经验。联合国开发计划署应当在此类过渡情况的治理方面发挥领导作用。该署地位独特，可以跨越两个不同的方向——其一是联合国维和部的维和行动和警务职能，其二是世界银行和其他发展组织帮助一国在紧急情况下首先保持稳定、之后过渡到本地的制度建设。特别考虑到警察在为经济发展创造法律条件方面发挥着重要作用，因此，应对经合发组织的有关指导原则进行修改，将提供警务支持作为官方发展援助的一部分。

重构民主议程。《世界人权宣言》是联合国创始文件之一，仍然是关于民主实践最强有力的国际声明，得到联合国其他宣言、公约和规定的响应。将促进民主植根于《世界人权宣言》本身再次向全世界表明，民主权利并非“进口概念”。而且，大众的确是能够接受这种观点的。虽然近来对美国促进民主的方式有所反感，但世界上大部分人仍然渴望民主政府。[73] 这使奥巴马政府有机会重构民主和良政的议程。首先，新政府必须恢复美国在全世界的名声并承诺按照国际制度行事，包括接受《日内瓦公约》，拒绝使用酷刑和关闭关塔那摩监狱。

民主成为外交政策的核心其最大的挑战来自大中东地区，这个主题我们将在第十章展开。这是一个复杂而困难的议题，只有在各国承认提倡民主，同时与非民主体制打交道这样的前提下才能驾驭该议题。民主按照其定义不能被强加，而必须来自一个国家内部。要使民主力量发展，就必须有其活动的政治空间。与此同时，各国必须让相关非民主政权参与到如下领域中来，如反恐、中东和平、能源供给及地区安全，因为国家在这些领域中发挥着关键作用。政治上处理问题的唯一方式就是放弃非善即恶的观点，承认我们的世界充满灰色的过渡地带。

实际操作上需要更深入细致地理解推行民主的真正含义。首先是认识到有效的民主依赖于政府各部门及各级政府之间的制衡以及政府与民间社会之间的制衡。需要建立法律框架指导法治。国家必须垄断武力的使用，这就意味着政治进程中应杜绝使用实际上的准军事力量。政治进程参与者的选择和继任必须通过选举方式进行，避免“一人、一票、一次”的现象。如果这些因素不能全部到位，选举就不会产生真正民主，因而最终可能遭遇搁浅。与此同时，其他政治进程因素将取而代之。

结　论

过去二十年展示了全球化的潜力和风险。其积极面在于，人们能够从全球获得思想、资本、劳动力和技术，使得创新和繁荣成为可能。其消极面在于，错误的影响会波及全球，有可能使政府垮台并引起严重混乱。

领导权对于继续建立一个更加稳定和繁荣的全球经济必不可少：首先，领导权应该来自美国，因为其经济规模庞大，也因为全球的大部分失衡由美国造成；其次，领导权应该来自16国集团的领导人，因为他们必须维持一个开放而具有包容性的贸易体制；再次，领导权应该来自新兴经济体，因为它们愿意开放市场接受监管，这将在脆弱领域建立信心；最后，领导权应该来自发展中国家自身，因为脱贫不能依赖别人。《蒙特雷共识》始于发达国家与发展中国家之间的治理伙伴关系：“我们致力于在各级实行良策、善治及法治。”[74] 这种伙伴关系正是负责任主权这一概念的关键所在，是共同致力于促进贸易、融资、债务减免、援助和技术合作的基础。

2000年，《联合国千年宣言》指出，“我们今天面对的核心挑战是确保全球化成为对全世界所有人都积极的力量。”[75] 今天，伙伴关系比2000年更为重要。那些从全球化进程中获取积极力量的国家和被全球化落下的国家之间的差距已越来越大：两股力量以不同的速度向不同的方向发展着。除非主要大国采取主动，建立伙伴关系，建立能为全人类带来繁荣所需的制度，否则，没有哪一种套路能够缩小这种差距。

美国应发挥主导作用，同时与主要和新兴大国之间进行有力的合作，这就是本书展望的建立更为广泛秩序的基础。金融危机将考验这一秩序，也许会为采取行动提供动力。在本书第三部分，我们将分析另一个直接的挑战——这就是大中东地区的连锁危机，如不对此采取行动，它将威胁国际安全和繁荣。在本章结束时我们强调这一问题的紧迫性。

第三部分

秩 序

ORDER

第十章

最棘手的难题：大中东地区

前述威胁并非凭空想象，它们真实存在并日益加剧。而在大中东或是西亚地区，威胁尤为严重。[1] 从黎巴嫩、叙利亚、巴以危机到伊拉克、伊朗、阿富汗和巴基斯坦，该地区面临的安全挑战都可能对整个体系造成影响。这一地区存在着各种威胁，既有国内冲突和国家间冲突，又有跨国恐怖活动和核扩散。地区动荡外溢以及对美国中东政策的极度不满也外溢出去，对整个亚洲、欧洲和非洲之角乃至全球经济的稳定造成了影响。总而言之，这一地区可作为案例，研究各种跨国威胁对全球安全体系构成的挑战。本章将讨论以负责任主权概念为基础的新地区安全观在推进中东地区和平与安全方面可以发挥怎样的作用。

对任何旨在通过地区层面、多议题外交努力支撑并维持地区稳定的地区和国际战略而言，美国的作用仍然不可或缺。虽然美国在乔治·W.布什政府任内大部分时间里，在伊拉克问题上尝试单边主义手段，同时忽视对巴以冲突的政治斡旋，但现在美国必须转变政策，参与持久和可预见的国际合作。既然解决地区冲突、消灭恐怖主义，以及创造有利环境促进经济增长，符合该地区各国的共同利益，那么就需要各国都做出政治妥协，以产生可持续的成果。要承担这一风险，各国必须相信美国将继续参与地区事务。尽管，以色列的安全和能源安全关乎美国的核心利益，也将继续左右美国对地区事务的参与，但美国在制定中东政策和立场时，更为广泛的框架与磋商将有助于有关各方分担责任并创造新的外交机遇。

其他国际行为体——特别是联合国、欧洲大国、俄罗斯、印度、中国以及几个关键的穆斯林和阿拉伯国家——也具有重要地位。其政治影响，资源和安全部队在稳定伊拉克与阿富汗局势，寻求解决伊朗问题并推动巴以冲突问题取得进展方面不可或缺。尽管上述国家在大中东地区利益各异，但稳定地区局势、遏制核扩散和恐怖主义符合其共同的长远利益。虽然没有哪个国家在影响力方面堪与美国匹敌，但每一方都能有助于寻求解决问题之道——或者，反过来，阻碍其实现。地区稳定符合上述国家利益，美国必须对这一点加以利用。

中东问题取得进展将在全世界范围引起反响。在征询意见过程中，印度、中国、拉美、东亚和欧洲国家政府领导人反复向我们强调，中东地区是国际安全紧张的症结所在。许多国家政府对华盛顿的中东政策深恶痛绝。对单边主义的忧心忡忡往往反映出对美国中东政策的不安，其主要特征是外交努力不足和协商的缺失。另一方面，要使美国在战略中更重视协商对话，邻国和主要大国就需要与美国共同携手稳定局势，而不是在美国因政策失败自食其果时，作壁上观，不闻不问。

如果美国加强战略协商，其对伊政策可能首先获益。美国要有效稳定伊拉克局势，必须获得地区国家的支持。2007—2008年的冬天，伊拉克暴力事件显著下降，这一态势需继续下去。正如贝克和汉密尔顿在伊战报告中所建议的那样，不论伊拉克局势的好转是否归功于美国的大幅增兵，要进一步稳定安全形势，必须加强“外交攻势”。[2] 缺少这一努力，伊拉克的政治体制就难以充分恢复并带来持久和平。加强外交努力，意味着需要与伊拉克的各个邻国保持接触，它们能够推动，也可以阻碍伊拉克政治进程。

如果在伊拉克加强外交努力能够加大美国对该地区的投入力度，美国则可以利用这一契机为构建大中东地区安全体系打下基础。首先可以建立各种机制，加强地区稳定并促进地区的政治改革。事实证明，包括联合国在内的国际组织在应对中东危机方面比预防危机更为得心应手。必须找到更为有效的途径来推动和平变革，防止该地区演变成为大国冲突的导火索。要实现这一目标，不仅需要联合国和其他国际组织具备危机管理的能力，也需要构建一个能保障长期稳定的地区制度。

换言之，巩固安全局势可以产生更大作用。作为起步措施，它可以进一步推进负责任主权观念，带来持久稳定与繁荣。指望一国本着对本国人民和邻国负责任的态度实现秩序将遥遥无期，但努力构建一系列服务于这一目标的地区体制和安全制度无疑最为重要。

如果在伊拉克需要加强外交努力，那么在阿富汗，需要加强的则是政治、发展和稳定安全方面的综合努力，唯有如此，国际社会对阿富汗的政策才能取得成功。这必须包括北大西洋公约组织和联合国的参与。阿富汗可能很快成为奥巴马政府关注的焦点，以此可以证明新的关系已经建立起来，这也是对多边体制应对棘手问题能力的重要考验。

在征询意见过程中我们发现，评判多边组织的主要标准是其处理最棘手问题的表现。从评估角度来说，这样的评判具有误导性，从规范角度而言，其有失公允。但从政治角度来讲，这的确是无法更改的事实。联合国在布隆迪或塞拉利昂出色的维和工作对于人道主义状况和非洲的安全形势具有重要意义，但却不会对华盛顿、布鲁塞尔或开罗的政治支持产生任何影响。相比之下，联合国或北约在处理类似黎巴嫩或阿富汗这样棘手问题的表现则会对政治支持产生影响。今后，支持构筑强有力多边体制的人士需要证明，对多边体制的改革和投入能够有效地应对棘手问题。这就是我们的忠告，本章主要阐述的是，我们在本书中提出的建议如何帮助大中东地区建立起更加稳定的地区秩序。

当代危机的方方面面

“9 · 11”袭击事件发生后，美国在大中东地区曾一度发挥着无以匹敌的影响力，甚至主导着地区事务，同时，在打击基地组织的斗争中也获得了国际社会的广泛支持。叙利亚等国与美国在打击基地组织的过程中开展了反情报合作。《波恩协议》签署后，伊朗也与美国联手稳定阿富汗局势。塔利班的迅速瓦解使基地组织处于守势，也将美国的实力和决心体现得淋漓尽致。那时，以巴冲突似乎也看到了解决的希望，鼓舞着各方采取新一轮的外交努力，乔治 · W. 布什总统发表的“愿景声明”尤其值得关注。该“声明”随后在四方（美国、联合国秘书长、欧盟和俄罗斯）达成的和平路线图中获得支持，并得到了两项联合国安理会决议的支持。[3]

然而，这一支持在整个地区和国际社会对伊拉克战争及此后美国对伊拉克占领的反对声中土崩瓦解。伊拉克战争的影响与“9·11”事件后美国对埃及和沙特阿拉伯态度的冷淡造成了中东政治格局的深刻变革，而这种变革并不是朝着2004年初布什政府提出的“新中东”的方向前进。相反，到2006年，整个中东地区已陷入了多方面的危机。

正在形成的地区危机

美国推翻侯赛因政权，导致该地区的均势被重构。而该地区危机的核心就是争取在均势重建过程中生存或获益。伊朗和美国是最有能力从地区秩序重建过程中获得更多地区影响力的国家，而结果将对沙特阿拉伯、埃及和其他国家产生巨大影响，更不用说对伊拉克平民的影响。目前该地区之所以冲突不断，其两大推手是美国和伊朗及其各自盟国，双方都想在政治和军事上占据上风。总体看，该地区危机很可能使美国、以色列以及逊尼派政府站在伊朗及其盟友的对立面上。

虽然“9·11”之后伊朗与美国在阿富汗问题上进行了合作，但是，伊朗违反《不扩散条约》，继续秘密推进铀浓缩项目。在这一地区，伊朗的这一举动被认为是朝着发展核武器能力方向迈出了一步。[4] 可以说，即使在国际原子能机构和联合国安理会开始关注之后，伊朗仍继续从事铀浓缩项目，其初始动机仍有防御的成分。布什总统指责伊朗和伊拉克以及朝鲜同为“邪恶轴心”国。此外，伊朗看到美国军事力量推翻其他无核国家并驻扎到其边境上。内贾德当选伊朗总统加剧了这一紧张局势，特别是他威胁要摧毁以色列。随着美国深陷伊拉克，伊朗的战略演变成更广泛的钳制美国并在该地区挑战美国的力量。在伊拉克，伊朗加强了对什叶派反叛组织、政党和政府官员的支持。在阿富汗，伊朗革命卫队开始向东山再起的塔利班提供行动支持。伊朗向真主党提供行动支持，最终酿成2006年以色列和真主党的战争。伊朗还加大了对大马士革的巴勒斯坦伊斯兰圣战组织和哈马斯的支持力度。[5]

分析人士认为，这些组织与伊朗的联系使得该地区的逊尼派和什叶派日益分裂。也有人说，该地区什叶派又重新抬头，谋求超越旧有的阿拉伯民族主义网络，并且已经使该地区的逊尼派精英——包括美国最重要的阿拉伯盟友——处于守势。[6] 这一点意义重大。当然，该地区还存在一些重要的方便同盟，特别是跨教派的反美同盟。一个明显的例子是，逊尼派基地组织支持什叶派真主党与获得西方支持的政党在黎巴嫩争夺权力。

直到2006年，为了对付伊朗及其国家盟友，沙特阿拉伯和其他逊尼派政府还试图建立跨区域联盟，甚至愿意与以色列进行心照不宣的合作。[7] 正如“9·11”之后一样，该地区的逊尼派政府，特别是沙特阿拉伯，提出如果以巴危机有一个公平的解决方案就可能与以色列关系正常化。最近，利雅得还重申沙特和平倡议，并与以色列一同出席了2007年11月在马里兰州安纳波利斯召开的外交会议。

但是，这些最初联盟的发展由于伊拉克战争的影响变得错综复杂。沙特阿拉伯可能意识到加强与美国的联盟来对付伊朗可能会带来地缘政治利益，而另外又要处理国内民众对这一立场的不满。沙特决定邀请伊朗总统内贾德于2007年12月赴麦加朝拜，而此前一个月，安纳波利斯会议刚刚举行。这表明了地区局势的复杂程度。

土耳其也是左右为难，既要维护它与美国的战略关系，又担心伊拉克问题引起动荡。在美国走向伊拉克战争的过程中，美国在土耳其公众心中地位下降，土耳其政府也因此拒绝美国使用其领土作为进攻伊拉克的基地。2007年7月，土耳其在土伊边境部署大批军队，使美土关系更趋紧张。五个月后，安卡拉又对伊拉克境内库尔德工人党分子进行了一系列有限越境军事袭击，致使紧张局势升级。但是，华盛顿通过支持土伊边境不受侵犯避免了美土联盟进一步受到破坏，同时也遏制了军事冲突。

在黎巴嫩、阿富汗以及情况有所不同的巴基斯坦，战术性的同盟正在形成，以挑战美国军队和美国支持的政府。形式上，它们体现为伊朗支持真主党和塔利班，但有着更广泛的群众性的基础。[8] 2008年秋，这一事态最令人担忧的一面是巴基斯坦西部地区政治安全危机的恶化及其对阿富汗的影响。随着塔利班在巴基斯坦边境地带安全落脚，越境袭击事件持续不断，这不仅引发了人们对巴基斯坦自身反恐战略的质疑，也削弱了联合国与北约引导阿富汗建立有效政府的能力。

核扩散危机

地区危机在几方面与更广泛的国际安全问题相联系——首先是地区核扩散危机。2006年3月，国际原子能机构将伊朗核问题提交联合国安理会，认为伊朗开发铀浓缩项目违反了《不扩散条约》。2007年11月，美国《国家情报评估报告》认为，伊朗虽已暂停核武计划，但仍在继续发展铀浓缩能力。2006年，伊朗拒绝了5＋1（五个安理会常任理事国，即中国、法国、俄罗斯、美国和英国，再加上德国）提出的保证向其供应燃料的建议，引发了人们对其寻求铀浓缩能力动机的质疑。[9] 尽管伊朗2008年中期开始对外交努力表现出兴趣，但该地区各国基本上都认为它有核武器野心。

对伊朗核威胁的普遍认识正在使整个中东和北非地区走向危险的核军备竞赛。[10] 伊朗、沙特阿拉伯、巴林、阿联酋、也门、叙利亚、约旦、埃及、突尼斯、利比亚、阿尔及利亚、摩洛哥和土耳其要么已经拥有某种形式的民用核项目，要么已宣布有意开发民用核项目。[11] 一旦伊朗获得了核武器，其他国家基本上都会效仿，从而引发核大国在这一地区展开新一轮博弈，这将使印巴之间的核紧张局势相形见绌。

恐怖威胁

“9·11”以来，美国中东政策的目的一直是在该地区遏制恐怖主义威胁。可以说，对恐怖主义就事论事的关注产生了适得其反的效果。尽管其核心政策目标是防止出现更为致命的恐怖主义威胁，但在某些情况下，却最终是在该地区助长了恐怖主义组织及其支持者。

美国在大中东地区反恐政策的问题之一是没有认识到该地区国家所面临的主要威胁并采取相应措施。美国低估了阿富汗塔利班和基地组织的抵抗力，将注意力、部队和资源从稳定阿富汗局势移向了伊拉克战争。美国忽视了土耳其对库尔德工人党的关切，等认识到这一点时几乎已为时过晚，把本来大有希望得到稳定的伊拉克库尔德地区推向战争的边缘。[12] 在黎巴嫩，美国没有制定出反击真主党把持该国南部，乃至全国政治的战略。在上述几个方面，美国由于忽视了该地区国家所面临的最重大威胁，不可避免地丧失了后者对其反恐重点的支持。

相反，在穆沙拉夫任总统期间，美国处理与巴基斯坦的关系时，就事论事地关注恐怖主义没能取得持久效果。2008年2月议会选举期间，针对穆沙拉夫执政党的政治声讨体现了其疏远温和派人士的程度之深，对穆沙拉夫的怨恨也随之转移到了美国身上。[13]而巴基斯坦新政府与穆沙拉夫在巴阿边境地带反恐战略方面刻意保持距离，这助长了塔利班和基地组织在阿富汗境内、巴阿边境以及巴基斯坦国内的死灰复燃。如果阿富汗再度崩溃，它将构成严重威胁，但其危害程度还远不及巴基斯坦可能出现的严重动荡，因为巴基斯坦拥有核武器，而且还与阿富汗、印度、中国和伊朗接壤。

在约旦河西岸和加沙地带，哈马斯通过与伊朗支持的设在大马士革组织的合作在行动上得到加强。由于缺乏可行的政治进程，而且2005年夏以色列撤出加沙之后经济崩溃，哈马斯在政治上得到巩固。在黎巴嫩，真主党迅速从2006年与以色列的战争中恢复。当然，在黎凡特地区（地中海东部地区），恐怖主义的国内政治基础更为牢靠，与海湾地区更为明显的国际恐怖主义有所不同，但二者之间相互联系日益增加。

正如第八章所阐述的，伊拉克的危机使该地区普遍极端化，成为了孕育恐怖组织的温床，同时也刺激了世界各地满怀怨恨的穆斯林加入上述组织。从全球范围来看，中东地区的紧张局势和美国造成或未能解决这种紧张局势的现实——特别是由于伊拉克战争的影响以及布什政府2007年前拒绝参与有关以巴冲突的政治谈判——使建立更为有效的反恐体系的努力陷入僵局。要使任何国际反恐倡议发挥有效作用，以穆斯林为主的国家之间的合作至关重要，但与美国合作的国家却并未收获任何回报。相反，人们把与美国密切的反恐合作同美国在穆斯林世界执行的政策所产生的最严重失败和失误联系起来，使那些被视为美国盟友的领导人背上了政治债。

经济风险与机遇

国际能源价格2008年9月前创下历史新高，此后剧烈波动，有可能对经济、社会和政治产生巨大的破坏性影响，其后果还未显现。前所未有的财富和国内国际经济发展水平的巨大差异，一方面激起了成功者政治上的期待，另一方面也使自身生活鲜有改变的人们产生怨恨。[14] 国际油价从2003年的每桶27.69美元飙升至2008年的每桶140多美元，只是在全球经济衰退导致消费需求疲软后才跌至每桶60美元左右，在这一过程中，部分中东地区已经发展成为繁荣的经济中心。比如，根据国际货币基金组织的统计，沙特阿拉伯国内生产总值上升了1300多亿美元，而卡塔尔的人均国民生产总值已超过七万美元，位居世界第三位。[15] 而现在，能源资源丰富的国家必须面对它们不适应的预算拮据的状况。

尽管在其他发展中国家，经济增长往往伴随着经济、社会与政治改革，但是许多中东国家几乎没有发生什么变化。[16] 在许多中东国家，收入差距依然严重。专制统治者的权势成为推进全面可持续发展政策的障碍。改革举措对有着密切政治人脉的商业精英构成威胁。[17] 历史上，石油收入往往使专制统治得到加强，更易于收买政治异见人士，强化中央集权。

该地区人口结构也将出现重大变化。2008年，15岁以下人口占阿拉伯世界总人口的37.1%。随着这一代年轻人在未来20年间进入劳动力市场，需要创造8000万个就业岗位。[18] 这一需求是在失业率不断上升的背景下出现的——在中东地区，年轻人的失业率约为世界平均水平的两倍。[19] 石油资源虽说日益减少，但仍然有助于应对人口激增的状况，不过政府集权意味着只有少数人可以获益。此外，如果全球性衰退长期持续，石油财富就难以跟上年轻人口给社会服务和劳动力市场造成的压力。精英的权势、收入差距的扩大和年轻人口大幅上升造成了地区动荡，而该地区对于全球能源供应和国际金融体系的稳定至关重要。

然而，实现稳定并非没有机会。如果该地区能够利用其财富，妥善处理金融危机，并采取合理的社会政策，就会处处发现机会。要取得积极结果需要同时进行政治、社会和经济改革，包括实行政治变革，促进竞争和问责制，遏制腐败，解决平等问题，促进政治自由。同时也包括推进经济改革，促进对经济发展停滞国家的投资，使能源依赖度较高的国家扩大经济多元化。现阶段采取正确的发展政策可以为中东地区走向繁荣和稳定铺平道路。[20]

外交危机

中东不断加深的危机和美国在处理地区安全问题上的无能形象侵蚀了美国在该地区和全世界的外交地位。在历史上，该地区各国政府和人民对美国持两种态度——厌恶其主导地位但却依赖其提供的安全保护伞。美国在伊拉克运气不佳，此后伊朗实力地位上升，美国对巴勒斯坦问题不闻不问，所有这些情况使人们越来越感到美国虽然强大却缺乏政治能力，难以在这一动荡的地区实现稳定。这一最糟糕的认识，使该地区各国政府既采取自助的态势（比如寻求核项目）又尝试反美言论和作交易。现在，只有伊朗的威胁能使美国的传统盟友仍然站在一起，但是，这种盟友关系其实是脆弱的。在该地区以外，由于美国政策不得人心，情况变得更为复杂，美国在一系列问题上的政策目标都难以得到外交支持。

正在形成的能源政治冲突

中东地区日益成为美国、中国和印度争夺能源并争相与能源供应国发展关系的焦点地带。美国仍然是这一地区最重要的消费国并占据霸主地位。但中国在伊朗与沙特阿拉伯的投资正在扩大，印度也在寻求获得中东地区的石油与天然气，而印度能源进口的75%正是来自中东地区。这些努力表明，大国在能源博弈中可能产生紧张关系。

中东的石油与天然气生产几乎完全由国有企业垄断。中国、印度和美国对该地区能源生产进行投资时，需要与本地企业进行合作。虽然现实存在的局限性限制了天然气供应的市场范围（液化天然气将最终改变这一状况），但上述投资仍然增加了全球石油和天然气供应。原则上，所有能源进口国都获益于这些投资，因为投资增加了全球供应。认为外国投资者把资源都“锁起来了”，这是一种误解。从美国的视角出发，政治关系紧张的根源在于中印两国与包括伊朗和苏丹在内的能源供应国的关系；而从国际视角来看，其根源在于美国与沙特阿拉伯和其他海湾国家的关系。这些商业利益使有关努力复杂化，比如，针对伊朗核武器项目形成共同的国际立场或在达尔富尔部署维和人员等。

第二个问题与能源财富和价格的剧烈波动有关。在最近油价下跌前，天文数字般的油价赋予了伊朗和其他中东国家前所未有的国际政治经济影响力。这种财富使伊朗得以抵制国际社会要求其提高核计划透明度方面的呼声，也使中东国家的主权财富基金成为全球金融体系的参与者，甚至影响到了华尔街老牌金融机构的正常运作。此外，剩余财富仍可以使海湾地区的能源生产国在气候变化领域发挥独特作用。如果它们将财富用于投资开发矿物燃料的替代物上，就能为自身经济多元化打下基础。相反，如果这些国家反对作为全球应对气候变化战略组成部分的碳定价政策，将会使已经步履维艰的新国际协议谈判进一步复杂化。

美国应改变政策进行接触

没有哪一位美国总统可以避免与中东地区保持接触。威廉姆·J.克林顿和乔治·W.布什在结束总统任期之际均在以巴问题上提出了个人的外交倡议。尽管克林顿政府一上台就参与了中东和平进程，但克林顿的戴维营倡议提得太迟，因此劳而无功。同样，布什2007年提出的安那波利斯倡议也必将无果而终。奥巴马总统最好早作打算，当有不错的结局。当前，美国现行的中东政策不仅破坏了其地位声望，而且还使该地区盘根错节的各种危机失去了控制，可能会损害美国与其他在该地区拥有利益的大国——特别是俄罗斯、印度与中国——的关系，并削弱现有的国际安全机制，在防扩散和反恐领域尤为如此。

在本项目的咨询活动中，我们时常发现，希望美国回归多边主义的呼声反映出人们对美国重拾中东外交的期待，特别是期待美国与伊朗进行直接谈判并认真致力于以巴和平进程。对于2007年11月安纳波利斯会议的普遍支持表明，美国在该地区采取积极政策将可能获得外交成果。相反，如果美国在人们心目中的印象无法改变的话——如漠不关心对穆斯林至关重要的问题（巴勒斯坦问题、地方恐怖主义威胁和经济发展）以及在其他问题上（如伊拉克与阿富汗）束手无策，美国将在这一拥有重大利益的地区深陷泥潭。公众的愤懑甚至使这一地区的民主政府都难以甚至不可能支持美国的外交政策，在伊朗等危机方面如此，在诸如反恐、防扩散等更广泛的问题上也是如此。[21]

当然，善意的外交倡议在中东常常被葬送。但幸运的是，在该地区内外的领导人中，几乎没有谁说，只对能产生立竿见影的倡议才给予支持。相反，他们在看美国是否会坚持其承诺。这一承诺的要素已经存在。如前所述，美国仍然在这一地区发挥着重要影响。如果美国两党能够明确表示共同支持中东长期战略，美国将会获得重要的信任和影响力。虽然民主党和共和党在大中东地区的政策存在严重的不一致的地方，但我们认为在以巴等问题上仍有重要延续性。

与安那波利斯进程类似，参与中东和平进程应成为美国大中东战略的一部分。以巴危机与包括黎巴嫩局势动荡在内的许多其他问题相互影响。正如没有叙利亚和以色列的参与，黎巴嫩问题就无法解决；没有对伊拉克的地区性管理，就无法与叙利亚达成协议；而不解决伊朗的野心问题，就无法实现对伊拉克的地区性管理等。要以广阔的地区视角，制定地区参与策略，应对中东各种相互交织的危机，这对解决任何一个特定领域的冲突都是至关重要的。

即使这一战略包括其他各方或者必须使其他各方参与进来，它仍应由美国领导。虽然美国现行政策颇不得人心，但美国仍然是能够确保该地区有效安全机制的唯一大国。确实，美国提供可靠保证的能力已经受到损害，但该地区内外没有任何一个国家有能力替代美国。在这里和其他地方一样，美国的单边政策肯定是不够的，美国需要与其他方面进行接触，认真听取它们的意见。然而，在动员该地区和国际社会制定管理和解决现存危机并防止其恶化的战略方面，美国是唯一有能力的大国。

在落实上述政策方面，美国必须面对艰难选择。如果美国不希望与叙利亚发生危机，就必须审视自己是否有足够多的胡萝卜和足够可靠的大棒，来促使叙利亚接受联合国为调查黎巴嫩总理哈里里2005年遇害案而建立的法庭。该法庭是安理会在黎巴嫩政府请求下设立的，各种迹象表明该法庭将会指出叙利亚参与了此事。如果美国希望德黑兰无核，那么作为条件就必须提出，在有关进程结束时的确有可能与伊朗建立外交关系，正如布什政府向朝鲜所承诺的那样。如果美国希望以巴危机得到解决，甚至如果美国只是希望确保以色列的安全，就必须与阿拉伯国家进行接触以找到更为可靠的机制，从而获得为哈马斯投票的那部分巴勒斯坦民众的支持，与之达成交易。[22] 如果美国希望在阿富汗——即打击基地组织的真正前线——取得胜利，那么美国及其盟友就必须正视挑战的严峻程度并提供足够的资源。如果美国希望伊拉克局势稳定，就必须在地区和国际层面开展外交努力，将其置于与军事战略同等重要的地位，并向伊拉克人明确表示，即使伊拉克各派之间不愿实现内部和平，美国也不会无限期无条件地在伊拉克驻军。

发挥多边机制的作用

在疲于应付该地区不安全局势时，美国会发现，国际社会的帮助具有重要意义。多边组织在政治、维和、核扩散和人道主义援助等领域的表现令人信服。

政治方面

解决该地区冲突的努力需要依仗外部政治机制，特别是联合国机制。联合国在该地区的政治作用主要有两个方面，这两方面结合起来时最为有效。第一，联合国安理会常常使维和方面的进展变成法律文件或者为达成和平协议设定条件——在阿富汗、黎巴嫩和以巴前线都是如此。第二，联合国高级政治特使直接协助各方谈判缔结协议或者为支持或改变有关政权调动国际支持。最明显的例子是阿富汗问题特使卜拉希米、黎巴嫩问题特使勒厄德—拉森（Terje Roed-Larsen），以及后来在巴格达恐怖袭击中遇难的伊拉克问题特使德梅洛（Sergio Vieira de Mello）。在解决阿富汗和黎巴嫩问题时，美国外交积极支持了联合国的努力，但让联合国发挥公众领导作用的策略性决定使联合国获得了地区和世界范围内民众的广泛支持。

把现场外交与联合国安理会的法规活动结合起来特别有效。在黎巴嫩和阿富汗，这种结合促成了多项政治协议的诞生（前者是结束叙利亚占领，后者是在塔利班倒台后建立临时政府），而上述政治协议则成为国际外交的基石。以巴问题则没有实现这种结合：自1948年拉尔夫·本奇（Ralph Bunche）在联合国安理会决议支持下促成阿以停火协议以来，联合国尚未在以巴问题上发挥任何安理会授权的政治作用。在伊拉克问题上，联合国也是直到最近才开始发挥作用。但即使是在阿富汗和黎巴嫩问题上，安理会决议仍然是地区和国际外交和冲突管理努力的试金石。

因此，联合国的政治作用有时至关重要，有时则显有限，部分取决于授权和关键特使及秘书长的人选，但根本上取决于安理会是否授权联合国发挥强有力的政治作用并将其与实际外交努力相结合。我们认为，该地区可以更为广泛地使用联合国的政治机制，包括在伊拉克也是如此。

维和

该地区维和的历史漫长而复杂，并常受到败绩和丑闻的困扰。另外，维和行动也不时发挥了稳定的作用，特别是在叙以边境。[23] 北约在阿富汗根据联合国授权部署的国际安全援助部队，在遏制塔利班和为阿富汗政治经济重建构筑坚实基础方面发挥了关键作用。然而，它还远未达到预期水平（见第六章）。[24] 尽管阿富汗政府没有北约的支持难以维持安全局势，但北约也难以保障阿富汗全境的安全。即使塔利班无法卷土重来，也足以造成混乱，而只要其能够肆无忌惮地干扰国际机构的工作，后者就无力扶持阿富汗重建进程。虽然缺少北约和联合国，阿富汗局势将进一步恶化，但当前的参与模式也不具备可持续性。

在黎巴嫩南部的行动中，联合国一度只能无奈地观察各种违反行为。但2006年夏以色列同真主党战争结束后，联合国进行了全面改革，维和行动的装备得到加强，能够在以黎边境上保障安全。战争之后，美国提议先在该地区进行裁军再部署北约部队保障稳定，但均被黎巴嫩和阿拉伯国家拒绝，他们坚持要求联合国派遣维和部队。联合国绕过其内部官僚体系，依靠提供部队的国家直接派兵，结果以令人吃惊的速度向以黎边境派遣了大批维和部队。这一行动开始恢复以色列对多边维和的信心，有可能为未来该地区的维和行动排除了一大障碍。[25]

核扩散

国际原子能机构监督和分析伊拉克核局势的作用因其在20世纪80年代后期未能准确地发现伊拉克新的核武器项目而受到损害。由于人们的政治注意力都集中在制裁和受到丑闻玷污的石油换食品机制上，国际原子能机构后来的成功在很大程度上被埋没了。事实上，在2003年伊拉克战争爆发前，联合国核查机制对萨达姆·侯赛因核项目的分析是准确的。该机制与制裁相结合，从1992年到2003年间成功遏制了伊拉克大规模杀伤性武器的计划。

在伊朗核问题上，尽管国际原子能机构在伊朗发挥的监督作用并没有总是得到全面支持，但却得到了广泛认可。有了国际原子能机构在实地的核查，我们才得以了解关于伊朗核能力的许多信息，而在伊拉克进行核计划的同样阶段，我们却一无所知。但有时，国际原子能机构在伊朗的外交努力有时也使事态复杂化。

人道主义援助

人道主义援助行动是该地区部署的涉及范围更广的冲突管理工具之一。自1946年以来，联合国在西岸、加沙以及周边国家一直维持着大规模的以联合国近东巴勒斯坦难民救济和工程处（UN Relief and Works Agency）为代表的人道主义援助。虽然难民救济和工程处不时陷入政治争议，总体上看，它对维护该地区社会条件所作的贡献得到广泛承认，特别是以色列的承认。[26] 自从2000年起义爆发以来，联合国扩大了对巴勒斯坦人民的人道主义支持。最近，联合国难民事务高级专员和其他机构还开始向新增的250万伊拉克难民提供支持。

多边机制的不足

在国家建设和反恐方面，国际机制在大中东地区较之其他地区效力更弱，这反映出那些机制在全球运作时存在的不足。现阶段没有强有力的国际机制能够加强国内反恐能力。同样，尽管可以借鉴联合国安理会在影响黎巴嫩政治转型方面的经验教训，却没有国际机制能明显有效地处理动荡的政治转型。如果在2007年拥有更为有效的机制适用于巴基斯坦的话，它们也许会产生重要作用；不管怎样，2008年新一届巴基斯坦议会当选议员呼吁联合国对贝·布托（Benazir Bhutto）的遇刺进行调查，这一进程如果得以通过，将需要进行临时设计，因为这是无先例可循的。

可以设想一种可靠的国际机制——联合国与北约在其中共同发挥作用——促成巴基斯坦与阿富汗合作，共同制定反恐和加强国家建设的战略。如果没有这一机制，阿富汗极有可能最终沦为失败国家，或长期依靠国际部队，而永远无法铲除国内动荡的根源。巴基斯坦在国内和地区范围内将成为一个越来越危险的国家。在如此复杂的形势下，美国已经发现自己无法单枪匹马地获得胜利。

另外，我们在第七章中指出，冲突后重建的国际机制存在缺陷。这些缺陷在大中东地区特别明显——尤其是在阿富汗和黎巴嫩，上述两国由于国家建设和经济重建滞后，为那些挑战中央政府的反对派增加了活动空间，这是非常危险的。如果阿富汗某些地区安全形势无法得到改善，任何重建工作都难以达到理想效果。当然，如果起初国际社会的应对措施更为有力、及时和专业的话，本可以使阿富汗得到稳定，并巩固和改善2003年和2004年已经好转的安全局势，使重建工作得以开展，特别是在喀布尔得以开展。现在，已完成重组的塔利班正在与毒枭相勾结，使实现上述任务变得更为艰巨。在黎巴嫩，2006年黎以冲突以来，国际社会和本国政府都无力在南部快速发挥服务职能，这实际上是将另一方面的明显胜利拱手让与真主党——不仅是在抗击以色列方面，同时也在指挥部署战后重建工作方面。

在伊朗，更为有效的多边手段可以对伊朗政府的核计划施加压力。比如，过去五年来若能建立起国际核燃料库并就加强国际原子能机构核查达成共识，本可以表明国际社会对待伊朗的标准与对待《不扩散条约》其他成员的标准是一致的。俄罗斯2005年提出帮助伊朗在国内进行浓缩铀活动，如果这一提议是现行机制的一部分的话，本可以发挥更大的作用。在这一机制下，核燃料库可以允许伊朗在国内保留浓缩计划，同时将燃料周期中最为敏感的部分置于国际社会手中。更有力的核查有助于防止伊朗的欺骗行为。这一机制的国际性质不仅仅针对德黑兰，也不应仅仅被视为西方削弱伊朗的策略，它有助于缓和伊朗国内对此的反对。如果伊朗仍不愿接受，其意图将大白于世，也将使联合国安理会更有可能采取有效行动。

国际维和行动在选择上具有局限性，这也制约了该地区的政策。除北约部队外，目前仍然欠缺可靠、装备训练有素并处于待命状态的后备部队。当前，在伊拉克境内，可以选择长期部署美军，这可能在当地、地区层面和美国国内产生复杂影响；或削减美军规模，这可能致使邻国干涉或使伊拉克国内暴力活动升级。派遣北约部队在政治上缺乏可行性，而派遣联合国部队则缺乏操作上的可能性。

地区机制的作用

考虑到伊拉克对于地区安全至关重要，而该地区安全对于国际安全又必不可少，美国实现伊拉克的稳定，将对整个国际体系产生影响。美国与伊拉克的邻国和其他大国进行接触的效果将会影响到建立持久地区架构的基础。

因此，建立能够确保该地区基本稳定的地区架构，并为此寻求投资是非常必要的。从根本上说，任何此类架构都应该承担更多的责任，包括改变目前该地区部分国家欠发展的状况，以及处理有关政治改革的棘手问题。但在中东地区达成一系列可行的政治谅解和制度安排需要克服困扰整个地区和美国政策的政治困境。

布什政府提出的中东政策旨在传播民主。中东伙伴计划的目标在于推动实现民主化进程，美国支持伊拉克、阿富汗和巴勒斯坦境内的选举也同样是为了实现这一目标。[27] 但在一系列复杂后果面前——如埃及伊斯兰政治分子通过选举强化自身地位和哈马斯在巴勒斯坦赢得选举——加上对中东北非恐怖主义网络和能源价格高企的日益担忧，美国不再把改革作为头等政策目标。这一状况致使该地区的改革派人士孤立起来，几乎得不到任何有力的国际外交支持，进而促使其今后在信任国际民主支持者方面更为谨慎。此外，在伊朗和叙利亚播撒民主种子的努力也徒劳无功，与美国的任何联系都可能使当地组织失去公信力乃至被彻底查封。

乔治·W.布什为其继任者留下了下列难题：尽管政治自由对于中东的长期稳定依然至关重要，但美国已经丧失了作为民主倡导者的公信力。在伊拉克、阿富汗和关塔那摩的酷刑，阿布格莱布的溃败，已经使美国呼吁国际规范的行为成为一出闹剧。美国的干预政策使人们对其扩展民主的努力产生反感，这种行为会被他人视为自私之举，旨在将外部的价值观强加于人。奥巴马总统将不得不直面这一观点，捍卫民主，并将其作为一种价值观加以培育，但同时也要明确表示，民主的基础必须是内生的。即使美国的议程无法避开反恐、能源安全、防扩散和解决地区冲突问题，也必须要与该地区国家进行接触，即与其他方面合作，以履行对本国人民、邻国和更广泛的国际社会的责任。这些责任已明确写入联合国的《阿拉伯社会发展报告》（*Arab Human Development Report*）之中。[28]

对于中东国家领导人来说，重点是稳定而非改革。在他们看来，改革意味着改变政权，他们可能对其加以抵制或利用其控制政治改革的空间和节奏。[29] 合作的动力是在解决迫在眉睫且更广泛的地区政治问题上取得进展，最重要的是建立巴勒斯坦国；消灭跨国恐怖主义威胁；解决导致不稳定的边界争端；以及削弱伊朗通过真主党、哈马斯和伊拉克什叶派盟友发挥的影响力，这一点对阿拉伯领导人尤为重要。中东各方均不愿看到破坏稳定的核军备竞赛，但如果大中东地区14个国家所宣布的发展民用核能计划超出生产供本国使用的核能的话，任何领导人也不愿在这一竞赛中落在最后。

新的地区倡议所面临的挑战是要调和各种各样同时出现又时而相互矛盾的利益与现实。美国难以一下子改变自己在中东国家改革者和领导人心目中的负面形象，但一种办法就是要听取保持外交接触的呼声，可以从阿以和平问题入手。改革政策不能从议题中消失，否则数百万理想幻灭的穆斯林就会不可避免地逐步选择越来越极端和不容忍的表达形式。解决地区政治纷争符合阿拉伯国家、美国和以色列的利益，但各方要求相去甚远。防止恐怖主义和核扩散应该是各方的共同利益。

所有上述因素均指向双轨进程。第一轨道是旨在解决危机的地区外交努力：以巴问题、伊拉克的未来、黎巴嫩和阿富汗的冲突，以及与伊朗的危机。如果能在第二轨道就保证有关各方安全的地区性机制进行具有包容性的谈判，那么第一轨道进程获得成功或推进的几率将大大增加。同时，对该地区几个国家的政府而言，此类对话有助于使各方认识到，实现地区稳定符合其切身利益，而这正是当前所缺乏的。上述对话应涉及美国与伊朗关系最终正常化的前景问题，而在这一目标上的重要进展与其他方面的进展是相互关联的。

第一轨道：地区外交努力与责任共担

第一轨道旨在使局势降温，为在几方面加强合作做好准备，包括中东和平进程及阿富汗、伊拉克和伊朗等棘手的地区。

中东和平进程。布什政府2007年11月决定在安纳波利斯召开由包括叙利亚在内各方参加的国际会议，以激活濒死的中东和平进程。在新一轮暴力形势下，在不断面临放弃外交努力的诱惑时，持续推进这一进程对地区稳定而言具有重要意义。几乎划定2000年塔巴谈判协议框架的“克林顿参数”反映在了支撑安纳波利斯会议的《阿拉伯和平倡议》之中。[30] 当时，由美国两党支持的就中东和平进程进行长期接触的政策基础的确存在。

以16国集团的重要成员为核心的“朋友小组”有助于进一步推进中东和平进程。各方不仅需要鼓励、支持和偶尔施压，也需要认识到，国际社会将做出可靠承诺，保持接触并为实现和平提供所需的部队和资源。巴勒斯坦和阿拉伯国家将会寻求这一更为广泛的合法性，将其作为接受以色列进程的一部分；以色列会寻求由美国担保的明确的国际保证，那就是定居仍然可行。“朋友小组”中阿拉伯和穆斯林人口占多数的成员国可以保证哈马斯接受或至少不阻挠和平谈判及签署协议。

再者，如果以巴达成协议，其执行不得不面对巴方治理能力大幅度下降的现实，而双方也都可能有人对协议进行破坏。没有可靠的多国部队承担维和行动和过渡期的行政管理职能，任何协议都难以落实。长期以来，以色列一直原则性地拒绝在西岸和加沙部署国际部队，但最近联合国驻黎巴嫩临时部队和欧盟在加沙边境开展联合行动带来的积极效果正在改变以色列对这一问题的看法。我们的分析表明，确实有可能部署由联合国授权（尽管并不一定非由联合国指挥）的可靠的国际部队来承担过渡期的行政管理和维和任务以协助落实以巴和平协议。可能处于土耳其领导下的“朋友小组”可以开始为这一工作制订行动计划。该小组可帮助确保获得必要的联合国政治授权和阿拉伯国家联盟的支持，以促成有关方面做出必要的派兵和资金援助方面的承诺。最后，该小组可以为这一协议提供政治担保。

阿富汗。国际社会在阿富汗成功恢复方面拥有巨大利益。北约在阿富汗的行动获得了联合国授权，同时是在阿富汗政府的要求下进行的。对于阿富汗人民而言，这是在遭遇近30年战火之后的重建机遇。这一努力如果失败将表明，国际社会无力帮助新生民主国家克服遗留的贫困和恐怖主义问题，同时也将为塔利班和基地组织再造藏身之所，进一步破坏巴基斯坦的稳定，并造成人们对国际安全体制严重的信心危机。

2008年中，北约在阿富汗的军事力量需要得到加强以打破该国南部和东部地区动荡和经济停滞的恶性循环。即使塔利班无法据守某些地区抗击北约，孱弱的阿富汗政府军，腐败的警察部队和有限的北约力量也会制约长期重建工作。第一个前提是要有充足的国际部队和阿富汗武装力量对关键地区进行控制，从而为重建工作创造机遇。在阿富汗政府军能力壮大前长期驻军的承诺同样至关重要。要获得必要的军事力量，北约与中国应考虑在阿富汗安全问题上进行前所未有的合作。中国在海地已经显示自己有能力开展复杂的行动，也因此可以在阿富汗在维护边境安全等方面做出贡献。由于印度和巴基斯坦之间政治关系紧张，印度几乎不可能在阿富汗部署维和人员，这可能会使中国成为加强现有国际力量以应对阿富汗缺乏安全保障的最为可行的选择。

获得美国明确支持的联合国必须与阿富汗领导人就打击腐败展开合作。据估计，阿富汗经济总量的27%属于非法性质，其中毒品产业占据最大份额。[31] 美国在禁毒方面施加的压力并不持久——因为缺乏其他生活来源，毒品种植者再次转向毒品生产。由于无法消灭毒品，美国的声望受到了影响，而联合国和北约必须领导各方就制定新战略达成共识。联合国与北约秘书长可以共同任命国际安全、治理和开发领域的专家组建“名人小组”。该小组将致力提出建议，为阿富汗和国际社会制定统一框架来打击腐败和毒品交易，并解决替代性生活来源问题。同时将制定具体标准对进展情况进行评估。

支持阿富汗政府进行能力建设的民事力量也需要得到根本性加强。阿富汗政府机构人力资源的严重匮乏需要国际社会提供富有技能的民事人员对当地行政人员进行培训并提供支持。联合国秘书长特别代表可以在喀布尔与阿富汗有关方面以及捐助方一起进行国家规划工作。而后者需要为民事规划团队提供类似他们对所期望的军事行动团队给予的资金支持。

伊拉克。大多数国家把伊拉克视为美国深陷的泥潭，不希望在伊拉克问题上与美国协调政策。但整个中东地区和世界上大部分国家需要直面的事实是，伊拉克的失败将引发逊尼派与什叶派的冲突，使伊拉克沦为失败国家，成为滋生恐怖主义的温床，导致450万人流离失所，同时进一步扰乱国际能源市场。美国与国际社会都对该地区稳定十分关切，这一点为合作提供了空间。

上述合作可以从联合国与美国在16国集团支持下携手加强外交努力为切入点。这一努力旨在通过政治手段解决伊拉克问题。美国2007年至2008年期间的增兵行动的确减少了暴力活动，但更值得关注的是，逊尼派民兵与美军的合作也在减少。此外，什叶派民兵已经宣布与美国停火。美军当前扮演着两大对立派之间稳定器的角色——即反对什叶派主导国家且实力日益强大的逊尼派民兵组织和服从于抑制逊尼派的美军的什叶派民兵组织。若撤出驻伊美军，很可能点燃伊拉克的国内矛盾。如果美军在伊拉克问题没有实现政治解决的条件下继续驻扎，又可能使美国招致更多的憎恨和不满。这一教训在历史上不乏先例：解决问题的根本出路在于必须达成政治协议，以结束国内冲突并为持久和平奠定基础。

16国集团将支持更具活力的和平进程，但前提是美国与该地区各方进行接触并与联合国进行合作。16国集团可以运用其对伊拉克邻国的影响力，鼓励后者支持或至少不会干扰通过谈判方式解决问题的进程。美国需要统筹协调双边军事外交战略以支持更为广泛的和平计划。在帮助伊拉克国内各派别达成协议的过程中，如果联合国呼吁召开类似阿富汗问题波恩谈判的国际会议，16国集团将需要对问题的解决表示明确的支持。

成功的希望可能不大；也许有关各方在伊拉克冲突中尚未精疲力竭。但即使如此，寻求政治解决的谈判仍可为国际社会在伊拉克问题上的接触奠定基础，特别是在解决难民和流离失所人口问题和防止伊拉克问题破坏整个地区安全局势方面尤为如此。如果16国集团成员国显示伊拉克问题的解决是国际社会的普遍关切，而并非美国一家的问题，将有助于塑造一种更有利于各方达成妥协的环境。

伊朗。支持该地区对伊拉克问题外交努力的16国集团应具备一项新职能，即帮助创建更具成效的对伊朗谈判的框架。谈判结束后将伊朗纳入地区安全框架的前景可以对谈判产生鼓舞。16国集团应向伊朗领导人和人民明确传达将其包容在地区安全框架内的讯息。该讯息将有助于为伊朗国内政治提供一种更为温和的地区环境，使内贾德总统无法混淆视听，因为内贾德所希望的，正是通过鼓动革命热情来抵消其经济管理不力的影响。

伊朗可以决定未来50年国际核机制的性质。对伊朗有核的担忧已经引发了大中东地区各国纷纷着手制订核计划，而伊朗开发核武器必将促使各方争相效仿。[32] 5＋1成员国已经向伊朗表示，后者可以保留民用核能项目，并同意向伊朗提供代替浓缩铀的能源。而伊朗不愿放弃浓缩计划使人们一直怀疑其核计划的最终目的。

要打破伊朗与联合国安理会之间的僵局，美国需要从参与多边谈判转为利用5＋1进程，使其成为与伊朗进行双边对话的基础，正如其把六方会谈机制用作与朝鲜进行双边谈判的基础一样。16国集团有能力在很大程度上加强这一进程。其支持伊朗提出的包括民用核能、燃料保证和乏燃料再处理将会体现出，这一替代计划是可靠的，而不仅仅是西方剥夺伊朗铀浓缩能力的伎俩，同时体现出国际社会对国际核安全战略的共识。

如果伊朗继续在联合国安理会和16国集团的努力面前表现得桀骜不驯的话，通过上述国际机制采取的外交努力将有助于各方联手遏制伊朗的野心并防止中东地区进一步出现核武器扩散。16国集团与海湾合作委员会之间的联系可以进一步推动外交努力，并向伊朗明确表示，如果通过外交手段仍无法解决其核计划造成的紧张关系，那么在中期，通过联合国安理会使用武力仍将作为一种选择。

第二轨道：从解决危机走向地区性安全机制

随着第一轨道提出的谈判取得进展，其将获得另一平行轨道的支持，以探索并提出构建地区安全机制的指导原则。正如其他人指出的那样，我们认为大中东地区可以从欧洲安全与合作会议（Conference on Security and Cooperation，以下简称欧安会）进程中获得宝贵的经验教训。[33] 欧安会启动之时，美苏关系正处于冰点。美苏两国各有数千枚核武器瞄准对方。欧安会进程创建的机制使得美苏得以缓和紧张关系，并与此同时建立了经济和人权对话。

当时，有三组问题摆在欧安会面前：边境稳定、经济合作以及人权问题。而亨利·基辛格外交的首要目标是安全，这一点众所周知。不过，将经济和人权对话放入一揽子计划也具有重要意义，这能使三方面工作相辅相成。正是1975年由欧安会制定的《赫尔辛基最后文件》（*Helsinki Final Act*）在柏林墙拆除和苏联解体后，提出了尊重现有边界和防止领土争端引发战争等原则。尽管效果尚待完善，但对领土完整的尊重使各国获得了促进政治经济发展的政治空间。欧安会议对上述问题的讨论为东欧民主和人权议程的发展做出了重要贡献。最终为有关国家成功转型并加入欧盟奠定了基础。[34]

虽然这种类比可能并不精确，但其基本要素有助于维护中东地区的稳定并为经济和政治改革开辟渠道。与20世纪70年代的欧洲一样，现在，维护稳定——特别是边界稳定——必须占据中心地位。一些阿拉伯国家拒不承认以色列边界甚至不承认后者的生存权，这种状况使维护领土完整的努力进一步复杂化。虽然以往各轮谈判都表明以色列和巴勒斯坦最终都将接受以1967年停火线为基础调整的边界，但是，以色列和最终的巴勒斯坦国之间未能就边界问题达成一致。[35] 同样，在伊拉克问题上，在通过谈判就国内安排达成一致之后，伊邻国很可能接受稳定的伊拉克边界。但是，他们不愿意接受把稳定边界作为国内安排的前提条件。这些要素体现出了双轨战略的重要之处。地区机制的轮廓与参与这一机制的好处将得到明确体现。与此同时，中东和平进程谈判和第二轨道的工作会对彼此产生促进作用。

中东安全框架可以只包括一系列监督和评估标准，或者发展成为地区性组织。结果如何将取决于该地区各国对促进稳定的重视程度，及其是否足以建立起维持稳定的制度能力。从1975年建立以来，至1994年正式成立欧洲安全与合作组织（以下简称欧安组织），欧安会都以召开会议的方式发挥作用。对于中东而言，建立透明框架促进对领土完整的尊重本身就具有积极意义，其作用不应被低估。此外，地区安全框架将降低拥有核武器的必要性，从而对国际社会在该地区的防扩散努力起到补充作用。

16国集团可以作为战略性手段以确保有针对性的国际接触，并以此支持外交努力推动建立地区性安全机制。16国集团的优势之一是具有多元化特点。共同努力促进稳定将巩固该倡议获得的主要国家的一致支持，包括穆斯林国家在内。考虑到与美国合作在该地区国家内部造成的抵制情绪，16国集团中的一些国家可能不愿给予帮助。在该地区一些具体危机方面，各方利益不一，但16国集团的所有成员国与该地区其他国家在防止地区动荡升级、进一步遏制核扩散和防范暴力恐怖活动方面，拥有最为重要的共同利益。一旦中东危机升级、恐怖主义进一步扩展、能源供应与能源价格失去控制、伊拉克陷入长期混乱或者阿拉伯穆斯林世界与西方的紧张关系恶化升级，16国集团的每个成员国以及世界大多数国家的利益都将受损。

在更广阔的周边地带，国际社会在阿富汗努力的失败不仅会为基地组织再次制造藏身之所，还可能造成巴基斯坦危机，同时也将破坏人们对核心国际体制的信心和针对共同威胁所开展的合作。16国集团和其他国家常常表示希望美国能更积极地将他们纳入地区外交努力之中。与此同时，美国也更希望寻求合作伙伴来共同稳定地区危机。

与伊朗间的紧张关系可能造成中东地区阿拉伯国家与伊朗之间裂痕加深，结束这一紧张关系所产生的积极影响将对各方产生巨大鼓舞。重要的是，16国集团能够让伊朗看到一种具有信服力的前景：在这一进程结束时伊朗将被纳入到更为广泛的地区稳定框架之中。欧盟和主要海湾国家提供的经济激励措施将使这一努力更有可能走向成功。

即使地区性安排的重点是安全与稳定，其中期任务也将会是促进经济自由化、能源安全和政治改革，也就是创造条件使当地促进人权和良政改革的积极因素发挥作用。这一转型不会一帆风顺。实际上，诸多类似的挑战曾阻碍欧安组织充分发挥其作用。比如，俄罗斯曾试图破坏欧安组织的选举监督机制，提出使用独联体（Commonwealth of Independent States）的监督人员，而后者解读的选举结果符合执政的地区领导人和政党的利益。可以预计，在中东地区就确保政治透明的途径达成共识将更为复杂。起初，制定新的地区安排可以根据《联合国人权宣言》和其他地区组织的经验确定相关标准。而后，上述标准将随着紧张的谈判而逐渐得到监督和维护。

要使这样的机制切实有效，就必须得到联合国安理会的支持，而安理会也会要求秘书长给予支持。联合国秘书长可以派出特使，或者设立地区外交办事处。一些棘手的问题需要加以解决。比如，地区安全框架是否会替代阿拉伯国家联盟、伊斯兰会议组织（Organization of Islamic Conference）和海湾合作委员会？或者上述组织是否都将作为辅助性实体而被纳入到该框架之中？相比之下，欧安组织并未使欧盟和北约的存在失去意义；相反，它通过建立机制使上述组织的职能得到补充，这一机制使因目标、价值观、体制和能力不同而无法加入上述组织的国家走到了一起。中东地区也需要类似安排：提供一种机制以加强促进稳定的共同原则，并利用这一机制鼓励各国建立一种接触模式，从而以接触为基础打开局面，使制度性安排得到加强。尽管更为理想的是，明确提出建立新的组织性机构，但这样的组织机构也只有在其发展符合自身需要时才能取得成功，而要实现这一点仍然有待时日。

除处理当前危机之外，16国集团和其他行为体也可以协助解决西方与穆斯林世界（主要集中在中东地区）之间导致关系紧张的广泛问题。穆斯林与非穆斯林之间的误解已经造成宗教和种族间的裂痕，进而可能在迫切需要在经济稳定和反恐等问题上开展合作的国家和地区之间，造成危险的分裂。彼此的误解越大，不信任程度就会越高，在无知导致恐惧的国际环境中尤为如此。

在中东地区的咨询给我们的强烈印象是，如果白宫转变策略，就可能弥合这一裂痕。穆斯林占人口多数的一些国家日益发现，基于规则的约束霸权的国际体系符合自身利益。一位伊斯兰世界的领导人曾提出如下挑战：“如果专制统治在国内不能被接受，我们必须期待它在国际层面也同样不能被接受。”[36] 我们认为美国应当接受这一挑战，并采取行动，而后再向中东盟友提出这样的问题：如果坚持国际关系法治化，那么他们在国内是否有理由不实行法治？

西方领导人慢慢意识到他们必须要与穆斯林国家合作以实现反恐和维护地区安全的目标。虽然美国大幅增加驻伊美军数量，但其战略成功与否却取决于美国与伊拉克当地各方的合作。穆斯林与非穆斯林都无法承担相互间日益敌对的后果。16国集团有助于推动对话、促进教育，并以此实现相互尊重，消除宗教上的成见。

有时，简单的话语就能带来不同的结果。比如，应避免使用诸如**伊斯兰恐怖主义**（Islamic terrorism）或**伊斯兰法西斯主义**（Islamofascism）等词汇，这类词汇使穆斯林感到西方把伊斯兰教视为暴力的根源。同时，还需要进一步深入解决根本性问题，包括本书中强调指出的政策——促进中东和平、尊重国际法、就负责任主权概念达成共识等。对于印度尼西亚、土耳其、埃及和印度这些穆斯林人口最多的国家而言，与16国集团领导人进行对话，加强相互理解，可以为国际舞台上的互动定下新的基调，并制订一项行动计划，以推进反恐、扶贫和人权领域的合作。

采取进一步行动

为推进双轨机制，奥巴马总统需要重建两党对中东政策的支持。美国的决策者低估了两党在外交政策上的分歧产生的负面影响。美国政策缺乏延续性正在成为其他国家采取有效政策的根本性障碍，而这些国家原则上愿意参与地区问题的解决。华盛顿政策的摇摆不定驱使该地区国家走向自助和自力更生，包括寻求核武器。而对于那些致力于挫败美国任何既定目标的势力而言，由于美国两党政治导致政策变化，它们也就有一个可行的选择——只需等到美国现行政策发生变化就可以了。

恢复两党对该地区长期政策的共识，将在很大程度上提升美国在该地区的影响。克林顿总统和布什总统的中东和平进程在政策上保持了相当的连续性，这是一项宝贵财富，应在此基础上再接再厉。下一届政府必须尽早参与这一和平进程，只要这一进程持续下去，就可能取得巨大的外交收获。利用两党机制来管理这一进程，例如任命与白宫不同党派的人出任特使，或组建两党联合咨询小组，为恢复两党在地区政策上的共识做出重要贡献。

结 论

中东地区对我们设想的国际秩序是一个重大考验。如果该地区当前的危机进一步升级，将对全球安全产生严重后果。如果中东地区的局势陷入紧张，将造成大国和新兴国家间关系的紧张，而要恢复国际核不扩散与冲突管理机制的公信力，面临的挑战要严峻得多。

尽管如此，进展并非不可能实现。美国有必要对其中东政策进行根本性改革，而这一改变面临着现实机遇。美国需要同其他大国和新兴大国携手合作，但欧洲、中东和世界其他地区的各种迹象表明，积极回应美国战略转变的要求受到了压抑。就这些大国自身而言，它们只能促使而无法担保该地区国家采取负责任的行动。但美国若和其他大国联手采取行动，则将对这一地区产生巨大的影响。尽管这对于包括美国和16国集团成员国在内的有关国家，尤其是该地区的国家而言困难重重，但是各国采取一致行动处理中东危机不仅对于防范未来灾难的发生是必要之举，同时也符合所有协助稳定地区局势国家的中长期利益。

我们在此设想的双轨进程包括针对现实危机采取的直接行动和就长期稳定措施进行的平行谈判，这一进程将形成我们在一系列结论中谈到的路线图，该路线图将重塑世界秩序，维护国际安全。大中东地区所面临的严峻挑战只不过更加突出了建立这一秩序的紧迫性。

第十一章

威胁的紧迫性与我们的选择

实现本书所提出的建议是困难的，建设我们所描绘的秩序的机会也并不多。美国要塑造一个基于负责任主权的世界，在2001年的时候，可能性比现在要大。1993年的时候，这个可能性还要更大。但是，到2012年或者2016年的时候，美国的领导能力可能比现在还要弱。

主要大国之间紧张局面的加剧以及爆发冲突的可能是明显的。全球经济危机可能导致保护主义不断增长，民族主义重新泛滥。如果保护主义和民族主义改变了国际贸易和气候问题上谈判的做法，这种影响就会迅速反映到其他领域，如打击恐怖主义和控制核武器扩散的承诺就会下降。对那些极不负责任的国家，缺少可信的反应，如在达尔富尔实施暴行的苏丹、严重违反人权的缅甸和津巴布韦，寻求获得核武器的伊朗，这种情况严重损害了人们对于国际合作有能力解决这些难题的信心。反过来，采取国际行动解决这些问题的时间拖得越久，政府转而寻求个案解决，甚至采取单边主义行动的几率也就越大，这会进一步破坏国际信任与信心。

全球金融危机的影响不能低估。从2008年秋季开始，金融危机已经在全球造成了成千上万亿资产净值的巨大损失。随着各国经济进入紧缩状态，减少贫困、保证制度性投入以便向全球提供基本公共物品的政治承诺和能力，可能受到削弱。在这种情况下，何谈促进和平与稳定。对增长可能受到抑制的担心，会使限制温室气体排放的谈判复杂化。要想继续向前，领导人就应该把精力集中在那些具有长期效应的措施上面。而且要认识到，制定不出这些措施，会给每个人带来更大的损失。

但是，所有这类问题——主要大国之间的紧张局面、经济危机、保护主义增长、不负责任的国家、在最困难的问题上缺乏协调一致的行动等，都只是本书所讨论的内在问题的表征而已。实际上，它们是由于缺乏基本国际秩序所导致的变化不定和危险混乱的反映。它们也是国际动荡的表现，预示着一个更危险世界的到来。它们叠加在一起向我们发出了警告，确定今天跨国威胁的任务十分紧迫。

这意味着美国外交政策在重建国际秩序上不能自满，以渐进和常规的做法不能应对今天的挑战。面对我们在本书所描述的庞大棘手的日程，决策者可能禁不住想要否认今天挑战的广泛性和复杂性，并用那些老套的言词加以掩盖："要集中在一个或两个核心的问题上"，"我们不可能全都做到"，"有些事情必须要等"。但是，看一看周围：伊朗、阿富汗、巴基斯坦、朝鲜、以色列和巴勒斯坦、黎巴嫩、达尔富尔、全球经济危机等等，还有中国日益上升的影响力、一个重归自信的俄罗斯。这其中哪一个是可以暂时搁置的呢？再就是像全球气候变暖、核裁军与核不扩散、禽流感、灾难性的恐怖主义、防止国家失败等这些问题又怎么办？这就是世界的议程，而且它显然正以闪电般的速度摆到决策者的面前。奥巴马政府必须迅速制定关于2009年12月在哥本哈根召开的关于气候变化联合国框架协议有关各方会议的谈判立场。它也必须就2010年5月召开的下一轮《不扩散条约》审议会议，形成美国的立场。新政府在第一年的行动，也许就会决定世贸组织多哈回合谈判或者一个后续安排是否可以达成。

还有，美国外交政策必须抵制诱惑，防止将复杂议程过分简单化，或试图在过去的确定性中寻求安慰。在相当长的一段时间里，美国外交政策以非黑即白的方式看待世界，到处寻找敌人。2008年，在俄罗斯入侵格鲁吉亚之后没过几分钟，一些评论员就开始欢呼，将这一事件看成是一个例证，说明世界正在分裂成民主和集权两大阵营，美国为一方、俄罗斯和中国为另一方的双方冲突不可避免。他们认为，建立在主要大国合作基础上的国际秩序前景，现在和"二战"前后一样，只不过是幻觉而已。[1]

俄罗斯的入侵行为，并不是大国重回敌对状态的一个迹象。它反而深刻表明，目前的国际秩序正处于一种真空状态。入侵行为是格鲁吉亚在南奥塞梯（South Ossetia）挑衅性军事行动引起的，它本来是可以通过国际冲突的有效管理加以避免。俄罗斯与格鲁吉亚危机，说明了我们较早时期的那个观点，即在缺乏全球秩序与合作的情况下，大国在解决棘手的问题时，往往受到单边行动的诱惑。我们并不是为侵略找借口，而是要深谋远虑防止未来出现这样的情况。

从更根本的意义上说，将民主和集权看成不可避免地要发生冲突的看法，忽视了20世纪国际社会所发生的根本变化。今天的跨国威胁，已经改变了国家为其公民提供安全使其免受伤害的方法。现在，国家的安全与全球安全是相互依存的。21世纪对国际和平与繁荣最严重的威胁，是人人有份的。在可预见的未来，国家的生存和国家体系的生存，取决于政府能否保护其公民免受非国家行为体、全球变暖和流行疾病的现实威胁。

当然，这种相互依存并没有使大国间的战争变得不可想象，也没有使合作成为必然。今天，越来越清楚的是，在缺乏国际秩序的情况下，我们的相互依存正在产生冲突，主要大国在寻求它们各自的需要时彼此碰撞，在共同威胁面前彼此分裂，不能团结，从而导致挫折感不断上升。

但是，历史并不是固定不变的，领导能力和有效政策是重要的，我们的选择是会发生效用的。

各种选择

在本书中，我们描绘了一种基于负责任主权的国际秩序远景。为了实现这一远景，必须再一次借用美国的权力、领导能力和外交，以重建国际秩序。建设这个秩序唯一最重要的创新，就是在主要大国和新兴国家之间建立制度化的合作。我们提出的建立16国集团的建议，可以为负责任主权的谈判注入活力，这一谈判所涉及的是从跨国威胁到全球安全的一系列问题。就负责任主权的内涵达成一致后，将推动各国对国际制度建设的投入，这些制度将执行和监督那些应对威胁的解决办法。对解除威胁的办法产生信心，对联合国改革的承诺及其与地区能力的联系就会加强。当然，积极的联系远不是自动形成的，要想使之实现，主要大国和新兴国家之间的合作关系是决定性的基础。

正如我们在第一章中所强调的，我们在本书中提出的观点和建议，必须用今天的现状加以衡量。与偶尔合作和最大限度自由行动的现行做法相比，这些建议是否会使我们更加安全和更加繁荣呢？当然，也应该把我们所提倡的国际秩序和其他关于全球秩序安排的建议进行比较。这样的建议还有，如照单点菜式的多边主义、建立民主国家协调或民主国家联盟等建议。

照单点菜式的多边主义

我们在书中描述了不同问题领域中的权力分散、权力结构的变化，以及在不同问题上利益攸关方的不同分布情况。这种十分复杂的情况，导致有人主张根据不同问题领域组建国际合作，认为用不着形成一个全面的主导机制或者关于秩序的概念。[2]

今天的国际秩序需要灵活性和创造性，以便团结那些合适的行为体，解决各种问题，对此我们表示同意。但是，由于目前权力的分散，主要大国和新兴大国在大多数问题上一直发挥着超常的作用。在气候、能源、维和、贸易、经济稳定、恐怖主义和核不扩散问题上，可持续的国际行动需要中国和印度的参与。巴西已步入轨道，正在成为解决这些问题中的一个关键行为体。南非由于其在非洲和发展中国家中的分量，在这些挑战中的许多领域中也具有影响。正如我们在第三章中指出的，16国集团成员在不同问题领域里的作用可能是不同的，但是他们往往是那个演员名单中常常出现的人物。如果情况真是这样，16国集团在针对不同问题寻找解决办法的合作上，实际上降低了交易成本。

另外，新兴国家要求更重要的地位和更多的承认，使之与其日益增长的影响力相匹配，这一事实本身就要求超越目前按逐个问题展开的、具有临时性质的伙伴关系。将新兴国家排除在更大的全球治理的主导机制之外，已经导致它们在解决各种问题的论坛中减少了合作。

它们在个案基础上的临时参与，并不是一个有效的替代办法。在解决我们面对的全球问题上，这些国家必须成为解决办法的一部分，因为它们拥有解决这些问题所需要的资源和能力。正如我们在第二章中所指出的，新兴国家在许多问题上拥有阻断的权力。对它们的全面承认和给予更多的尊重，将会减少它们使用这种阻断权力的动机。

照单点菜式的多边主义也有其真正的局限性。各种威胁之间的相互联系，导致一个问题上的政策往往对其他问题产生影响，而且常常是消极的影响。在能源、气候、核不扩散和经济稳定方面，各种解决办法是存在的，但都是基于单个问题的。然而，针对气候变化的政策可能对食品安全产生不利影响，或是可能加剧核扩散的风险。在这样一个世界里，将各种行为体聚集在一起，处理这些问题之间的联系，是我们的职责所在。16国集团就能提供这样的服务，它将帮助在主要大国和新兴国家之间建立新的网络联系，促进跨越问题领域的合作。在解决与政策相关的问题上，网络联系是重要的。当然，塑造网络的办法，原则上是通过长时间里不同制度成员的互动而形成。

最后，还要考虑各问题领域解决方案的一致性问题：对各国的期待究竟是什么？怎样才能使它们服从？怎样才能维持合作？解决特定威胁的方法，必须建立在规则的基础上。这意味着它们必须是经过谈判形成的，而且应该是可预测和可持续的。临时凑合的规则只能导致无效，也缺乏合法性。而没有制度保证落实的规则是不负责任的，也是没用的。这就像是：想要维护和平，却没有维和人员，或是没有能力运送维和人员到达冲突地区；想要监督温室气体排放情况，却没有办法核查各国的报告。其结果将是灾难性的。负责任的主权，是一个超越各问题领域的组合原则，它提供了某种可预见性，而可预见性恰恰是秩序的核心内容。清楚的规则和可行的制度安排，是国际秩序稳固的基本手段。

由于这些原因，我们忽视国际秩序总的制度安排，就等于自担风险。

民主国家联盟

美国两个主要政党的一些成员都主张，建立一个新的国际联盟：

或是民主国家协调，或是民主国家联盟。[3] 这个建议是建立在这样的假定之上的：如果这个世界只是由自由民主国家组成的，那么这个世界就会更安全、更繁荣。从历史上看，民主国家彼此之间不打仗；它们在自由贸易和经济增长上的利益，使得它们之间的经济合作更加容易；它们在促进民主、自由、人权方面拥有的共同价值，使得它们的人民之间更加和睦，友谊更加纯真，而所有这些有助于增进信任和信心。这个最早由德国哲学家康德在200多年前提出的观点，是一个引人注目的长期理想。

然而，将美国的外交政策和国际秩序战略建立在这个理想上面，是荒唐的，因为康德的理想在过去的两个世纪里都没能实现，我们怎么可能在一生的时间里实现这个理想。的确，使民主国家和非民主国家一争高下的企图，在短期内会带来冲突、不信任和敌对，甚至存在着引发第二次冷战的风险。而今天要想减少跨国威胁，其基础就在于国际合作。促进安全、增进繁荣、停止致命性传染病传播、解决全球气候变暖问题，所有这些都要求我们要与那些和我们想法与看法不一样的人合作，这后半句是第一章里我们曾经引用过的富兰克林·罗斯福说的话。

建立一个民主国家协调或者民主国家联盟是一种误导，原因有以下几个方面：第一，它想要解决什么问题不清楚。有些人相信，民主国家协调或者联盟的建立，有助于更容易在使用武力的合法性问题上获得国际支持。但是，正如我们在下面要谈到的，这些倡导者错误地理解了在使用武力合法性问题上的最近的历史。还有人认为，国际制度表现得如此糟糕，说明目前的制度安排没有任何价值，因而需要民主国家对国际政治进行彻底的重构。对此，本书讲得也很清楚，一边倒地谴责国际制度的所作所为，从根本上低估了现存国际合作的程度，而今天的国际合作是更好地解决全球问题的基础所在。

那些既主张民主国家协调也主张民主国家联盟的人也同意，在使用武力以及如何使其合法化的问题上，我们需要新的规则。安理会带来的失望，特别是安理会不愿授权军事行动解决国际和平与安全面临的威胁（例如2003年在伊拉克）、不愿针对大规模屠杀（达尔富尔）行使保护责任，这种情况导致那些支持建立联盟或者民主国家协调的人暗示，合法使用武力的门槛太高了，而确定这个高门槛的又是那些国内合法性比西方民主国家合法性要低的国家。他们援引科索沃的例子，将其作为一种新的可能选择：俄罗斯肯定反对授权对前南斯拉夫动武，面对这种情况，北约就在其所有成员国和欧洲联盟（成员都是民主国家）一致赞成的情况下，违背联合国宪章进行了干预，而这个干预被许多人认为是合法的。

但是，这个说法忽视了我们在第三章提出的关于使用武力合法性的核心观点。科索沃干预的合法性问题，不是来自于民主国家集团同意干预这个事实，而是来自于相关的地区性组织（欧盟）及其军事联盟（北约）认可了这个干预。第二，欧盟给予的合法性得到了核心穆斯林国家提供的合法性的补充。这些国家包括有巴基斯坦、马来西亚、埃及、科威特、海湾国家，以及伊斯兰会议组织。当时，伊斯兰会议组织代表一个穆斯林占人口绝大多数的国家，支持进行干预（伊斯兰会议组织联系小组的主席不是别人，正是伊朗外交部长，他打电话给时任联合国秘书长的科菲·安南，提出伊斯兰会议组织要求采取强有力的人道主义行动）。相反，印度作为世界上最大的民主国家，基本上对在科索沃的行动持反对态度。

这两个方面的因素加在一起，为科索沃的干预提供了压倒性的国际合法性。还有一个关于安理会和这一干预的非常生动但却鲜为人知的故事：在北约进行干预后，俄罗斯错误地认为只有安理会的决议才可以授权合法地使用武力，因而它要求安理会投票谴责北约使用武力的行为。但是，投票结果是12∶3，只有中国、俄罗斯和纳米比亚（民主国家）投票赞成予以谴责。安理会中两个穆斯林人口占多数的国家马来西亚和冈比亚，都投票反对谴责干预。

赞成建立民主国家联盟的人也时常引用另外一个不同的例子，那就是伊拉克。他们声称，民主国家联盟可以为2003年美国领导的入侵行动提供不是来自于安理会的另一种合法性来源。这是难以想象的，因为最直言不讳反对美国干预的两个国家是法国和德国，它们不仅是两个民主国家，而且还是美国的长期盟友。在安理会，墨西哥和智利两个民主国家就反对伊拉克战争。事实上，伊拉克的案例表明，没有任何理由相信，民主国家和非民主国家相比，更可能同意使用武力进行那种困难和风险都比较大的军事冒险了。

一些赞成民主国家联盟或民主国家协调的人，一笔勾销现存国际制度的作用，实际上这些制度中有很多是在成员国资格普遍性的基础上开展工作的。赞成民主国家联盟的人提出，考虑到国际制度已经失败，应该用完全不同的东西取代现有制度，而这基本上不用付出什么代价。

但是，再仔细想想就会知道，代价将是可怕的。联合国有能力启动18项维和行动，动用超过十万人的部队，维和士兵中许多人不是来自民主国家。这些行动和预算需要安理会通过，而在安理会中有两个常任理事国不是民主国家，通常情况下其他几个非常任理事国也不是民主国家。在一个民主国家和非民主国家组成的阵营分明的世界里，我们真的还能拥有这个水平的合作吗？在一个新的从结构上分裂为民主国家和非民主国家的世界里，在提供结束内战这样一种全球公共产品方面，民主国家能保证做出相同的甚至更好的贡献吗？

本书呈现的一个核心观点就是，许多政府能够搁置分歧，在解决全球跨国威胁方面取得进展。《国际卫生条例》就具有普遍性，在致命性疾病传播的情况下，它可以授权进入各国内部展开国际检查，向所有政府下达指令。《不扩散条约》拥有188个成员。很难想象民主国家构成的国际合作就会戏剧性地带来更好的结果，而不是更糟糕的结果。

另一个关键问题是，是否大多数合格成员都想加入到民主国家俱乐部中来。我们在全球进行的磋商表明，情况并不是这样。如果说创建这个组织是为了取代联合国，或者减少联合国的合法性，那么，绝大多数国家都会反对它。在欧洲，对这个建议的反应更多的是冷嘲热讽，认为这不过是美国的又一个诡计，用来暗中破坏国际社会的法治。

即使是欧洲的民主国家都加入进来，这个机制也还需要其他民主国家的参与，否则它看起来不过是一个有着不同名字的北约而已。在全球磋商过程中，我们发现很少人认同这个建议。印度正在不断加深与俄罗斯和与中国的双边关系。它的政策制定者认为，这样的民主国家俱乐部将会加剧而不是减少国际社会的不安全。澳大利亚的官员也表示，在他们看来，目前正处在一个将中国带入国际秩序的关键时期，这样的制度安排只能导致第二个冷战。

也有一些赞成者强调，他们提议的联盟不应该被看成是联合国的替代品。但是，如果民主国家协调或者联盟不是作为联合国的对手，或者授权使用武力合法性的替代场所的话，那么，这样的机制早就存在了。我们在第九章就讨论过，克林顿政府时期就曾建立了一个民主国家共同体。它将民主国家召集在一起，不仅讨论民主治理上面临的共同问题，还就涉及全球的核心政策问题进行组织协调，并通过支持草根运动和市民社会运动，促进民主的传播。在联合国，也存在着一个民主核心小组（Democracy Caucus），那些自认为想法相同的民主国家的大使，可以在这个小组中相聚讨论共同关心的战略问题。事实上，克林顿时期的民主国家共同体的表现，充其量也就是一个后进生的表现，联合国的民主核心小组也很少开会。这个事实说明，民主国家联盟背后的假定是非常有问题的。这个假定认为，民主就可以将那些发展水平不同、历史不同以及优先次序不同的国家联合在一起。

接下来，还有中国。中国的合作与它的领导能力，对于解决本书所讨论的绝大多数跨国威胁来说是必需的，特别是在气候变化、经济不稳定和生物安全领域，更是如此。近20年里，国际关系当中发生的最重要事件，不只是中国力量的崛起，还有中国越来越多地参与国际制度，支持国际秩序。若美国倡议建立一个替代联合国并可以授权使用武力的组织，则会强化中国的民族主义，而不是鼓励正在出现的更加开放与合作的政策变化。民主国家联盟或协调所带来的风险是，那种未来美中冲突不可避免的说法有可能变成自我实现的预言。

以民主国家为基础建立联盟，这个建议接近逃避主义。它试图逃避我们在本书中通篇讨论的复杂的全球挑战，逃避需要面对的世界。在这个世界里，国际秩序是基于规则建立的，美国也需要承诺遵守规则。今天的问题，如果没有非民主国家的系统参与，就难以解决。缓解气候变化、处理与恐怖主义相关的问题、减少贫困，所有这些问题如果没有主要大国的共同努力，就不可能加以管理，而民主国家俱乐部可能会使这些国家边缘化。就伊朗和达尔富尔问题，在美国、中国和俄罗斯之间打造一种有效的联合外交，其困难可想而知。美国和那些看法相同的民主国家集团，如何能够取得更快、更有效的结果，同样也是难以想象的。比如在一个分裂为民主国家和非民主国家的世界上，朝鲜核武器化是不会有解决的前景的。

建立在负责任主权基础上的秩序怎样才是现实的?

支持建立民主国家协调的两位学者在回应批评意见时强调，民主国家是否具有共同的立场和利益，这个问题在很大程度上是不相关的。他们指出，制度能够建构共同立场和共享的利益。[4] 我们同意，制度可以具有那样的效果。但是，我们相信，在16个主要大国中间比在60个到100个民主国家之间寻求共同立场要容易得多。

我们承认，七个大的工业化民主国家就全球性问题达成共同理解，要比在包括俄罗斯和中国在内的16个主要大国之间更容易。但是，就我们对威胁的分析表明，即使是主要工业化民主国家达成一致，也不足以解决今天面临的问题。这种情况，在解决全球经济危机、核不扩散以及气候变化问题上，已经有了清晰的表现。在处理那些难题并从中探寻负责任的执行标准上，也同样是如此。

有些人担心，在国际金融组织或八国集团中接纳新兴国家参与决策，有可能在关键问题上妨碍协议的达成。他们没有想到一点，将新兴国家排除在决策圈之外，只不过是延迟了它们早晚会进来的那个时间点。而且，这种做法通常还会带来另外的问题，那就是在不咨询它们的情况下所形成的任何决定，它们都会从心里产生抵制。在像缅甸、伊朗、津巴布韦、苏丹这样的问题上，在美国、欧盟和日本之间达成一致，肯定会更容易。但是，如果决定不能得以执行和遵守，这样的一致最可能的结果就是没有任何意义。

正如我们已经看到的，对各种难题，像联合国安理会这样的全球性机构所做出的决定，也要在很大程度上依靠地区的核心行为体，它们在引导遵约方面承担着某种重要的责任。地区力量通常与那些不守约的国家的统治精英具有经济上和政治上的联系，而这种联系美国和西方国家就没有。例如，在津巴布韦的对外出口中，南非就占了41.5%，而27个欧盟国家加在一起也不过是占津巴布韦出口的17%。泰国是缅甸最大的贸易伙伴，中国紧随其后排在第二位。这些联系可以起到保护作用也可以起到破坏作用，但是如果没有这些联系，也就没有什么杠杆可以施压或者劝说国家精英，让他们按照国际社会的决定或者西方的政策去做。这一点在朝鲜表现得最为明显。在朝鲜问题上，美国和中国共同合作，支撑了六方会谈的进程。这个进程到2008年在朝鲜去核武化方面，取得了巨大的进展。伊朗问题要复杂得多，但是迄今取得的进展也要求来自中国和俄罗斯的合作。有些人认为，在伊朗问题上，合作的好处虽然不明显，但替代的政策只能是使用军事力量。在我们看来，这样的选择会付出实质性的代价。

负面的或是好坏参半的例子，也能说明问题，缅甸就是其中之一。在缅甸取得的有限外交进展，在很大程度上取决于中国的认识。它认为，由安理会派出的特别代表出面领导与仰光政权展开的国际外交斡旋，而不是由中国直接承受来自外部的对其与缅甸双边关系的持续压力，是符合中国利益的。津巴布韦是另外一个例子，没有南非的领导，意味着与穆加贝总统打交道的国际社会和地区倡议行动就不可能成功。南非的最后调停，至少提供了一种向前推动的可能，避免了一场血腥的内战。

是否能够在困难问题上达成一致，如果从这个视角来评价国际制度，也许我们应该盯住八国集团甚至七国集团不放。但是，如果重视遵约问题和制度的效力，我们当然需要与新兴国家建立深度的合作模式。形成决定也许会比过去更困难，但是决定的执行会变得更加可能。

把16国集团的建立作为一个起点，由此承认全球力量的转移。相应地，传统大国和新兴力量也需要把合作作为其外交政策的中心突破口，而不是一种临时性的装饰。16国集团承载着希望，希望围绕着负责任主权这一前提，在需要合作应对跨国威胁的条件下，形成一种深思熟虑后的重新排列组合的关系。

每个新兴国家都徘徊在关于其世界地位的政策取向的分歧中。每个例子都表明，把新兴国家排斥在国际政治的决策圈之外，强化了那些用传统方式看待其国家利益的派别，加强了他们的地位，损害了那些把合作看成为国家安全与繁荣基础的派别。在中国就是这样，两类不同观点的人之间存在着斗争。一派是那些将美国看成为敌人、把亚洲看成是自己势力范围的人；另一派则是那些相信全球经济不稳定和气候变化是关系到生存威胁的大事，希望中国承担与其力量增长相适应的全球责任的人。同样，印度也是左右摇摆。一方面是印度传统的不结盟外交政策；另一方面则认为印度应该执行一种能够反映自身地位变化的外交政策，也就是承认印度是一个主要大国，同印度与不结盟国家相比，印度与美国有着更多的共同价值。与此相同的情况，还有南非，它也是夹在国际主义外交政策和20世纪60年代不结盟团结运动复兴两者之间。2005年在南非出现的不满情绪，刺激了不结盟团结运动的重新兴起。当时，南非支持西方在联合国改革问题上的一些立场（如建立一个强有力的人权理事会，进行管理改革等），但是，南非所得到的回报却是西方在安理会改革问题上的不作为。这里每个例子都说明，如果把新兴国家排斥在国际政治核心谈判和决策结构之外，那些抵制承担与其崛起力量相当的责任的人地位就会加强。

在上述所有例子中，16国集团的成立可以将国内政治转向全球合作。但是，这种方法在俄罗斯能奏效吗？当然，俄罗斯在2007—2008年的表现，证明新帝国主义的冲动以复仇的形式又回到了俄罗斯。这样，问题就变成了：是孤立俄罗斯，还是继续接触俄罗斯，哪种方法更可能导致在某些情况下的合作，并遏制俄罗斯的侵略性本能。尽管，毫无疑问，国际社会必须谴责俄罗斯军事入侵格鲁吉亚。但是，孤立俄罗斯在短期内只会激起俄罗斯的民族主义情绪，而这个时期正是高能源价格给俄罗斯带来复兴并使俄罗斯变得鲁莽的期间。因此，政策目标的确定应该着眼于从俄罗斯长远利益的角度入手。从长远看，俄罗斯需要技术和资金来维持其能源部门，并使其经济多元化，它也需要进入国际市场。2008年5月到9月，俄罗斯的股票市值下跌了60%，这种情况表明俄罗斯必然担心国际资本被吓跑。而且，范围越来越大的金融危机，甚至导致俄罗斯要求加强对国际金融市场的监管。将俄罗斯带入一个由主要大国和新兴力量组成的更广泛的集团之中，它需要的是负责任的主权，负责任主权也会给它带来好处。这种做法可以更好地鼓励限制俄罗斯，而不是试图孤立俄罗斯。

结束语

我们所提出的秩序更新的路线图，面临着真正的特别是政治上的困难，对此我们非常清楚。主要大国和新兴力量之间的制度化合作，其实质性部分取决于美国外交政策确定一个新的重点和新的风格。当然，也取决于欧洲和日本是否接受桌边席位的调整，以适应新兴力量的崛起。同时，在很大的程度上，也取决于新兴力量是否愿意承担领导责任，将长远利益放在短期技术性优势之上，约束自身行为，而不是骄傲自大、随心所欲。每一个新兴力量在应对共同威胁方面，都有重大的利害关系。但是，如果它采取的行动会影响到稳定的国际秩序的形成，那么它们也就什么也得不到。

让我们再回到本书的开头。关于今天的威胁，我们已经拥有充足的事实和警告。现在我们需要做的，就是面对现实采取行动。应对全球变暖、致命性传染病、灾难性恐怖主义以及创造经济繁荣和稳定的基础，就是更大范围的国际合作。最终消除战争的最好办法，恰恰是创造经济繁荣和稳定。

当然，合作需要领导。它要求领导人向其国民多谈全球的共同利益，多讲需要将国家利益与更广泛的国际议程相结合；要解释当国家与其他国家以伙伴方式采取行动以实现共同目标时，国家反而会更强大，而不会变得更弱小；要坦率申明，国际法清楚表明尊重国家的权利，保护国家自身，尊重国际法只会促进而不会威胁国家的安全。它要求领导人有意愿加强国际联系，超越已经存在的不信任模式；听取不同的意见，并愿意做出妥协。当然，这种妥协不是价值上的妥协，而是技术和方法上的妥协；超越短期国家议程上的分歧，努力就长期解决方法形成共同利益。

国家领导人面临一个选择：他们或是利用这个时刻帮助塑造一个基于规则的国际秩序，这个秩序将会保护他们的全球利益；或者是只好接受国际体系的临时安排，在这样的国际体系中，他们会逐渐丧失塑造国际事务进程的权力。所有行动议程，不可能在两年或十年的时间里完成。但是，我们也不能守株待兔而不去开始建设。我们需要采用新的方式、展开新的合作应对今天的威胁，时间拖得越久，处理这些挑战就会变得越来越困难。

权力与责任并行。我们正面临着一个为跨国威胁时代塑造国际秩序的历史机遇。把握机遇，勿使流逝，这是我们的责任所在。

注 释

第一章

1. Abraham D. Sofaer and Thomas C. Heller, "Sovereignty: The Practitioners' Perspective," in *Problematic Sovereignty: Contested Rules and Political Possibilities*, edited by Stephen D. Krasner (Columbia University Press, 2001), pp. 30–32.

2. 不同的国际民调，其结果有所不同。2006年在以色列、英国、加拿大和墨西哥进行的一次民调显示，被调查者认为乔治·W.布什比金正日或内贾德给世界和平带来的危险更大。69%的英国受访者认为自2001年以来，美国政策使世界更加不安全；参见"International Poll Ranks Bush a Threat to World Peace," *International Herald Tribune*, November 3, 2006。同年，皮尤研究中心的民调显示，许多人认为美国在伊拉克驻军比伊朗核项目对世界和平构成的威胁更大。参见皮尤全球民意调查项目"America's Image Slips, but Allies Share U.S. Concerns over Iran, Hamas" (Pew Research Center, June 13, 2006), http://pewglobal.org/reports/display.php?ReportID =252。

3. Strobe Talbott, *The Great Experiment: The Story of Ancient Empires, Modern States, and the Quest for a Global Nation* (New York: Simon and Schuster, 2008), pp. 324–326.

4. James Goldgeier and Michael McFaul, "A Tale of Two Worlds: Core and Periphery in the Post–Cold War Era," *International Organization* 46, Spring 1992, pp.467–491.

5. Robert Kaplan, "The Coming Anarchy," *Atlantic Monthly,* February 1994, pp.44–76.

6. David M. Malone, *The International Struggle over Iraq: Politics in the UN Security Council, 1980-2005* (Oxford University Press, 2006), pp. 84–113.

7. Ibid., pp. 121–122.

8. 2008年2月，美国国防部长罗伯特·盖茨在慕尼黑的一次演讲中承认，公众对伊拉克战争的反对阻碍了欧洲各国政府在阿富汗问题上同美国开展更加深入的合作。参见Thom Shankar, "Gates Says Anger over Iraq Hurts Afghan Effort," *New York Times,* February 9, 2008。

9. Francis M. Deng and others, *Sovereignty as Responsibility: Conflict Management in Africa* (Brookings, 1996), p. 211.

10. Our formulation draws from Hedley Bull, *The Anarchical Society: A Study of Order in World Politics* (London: Macmillan, 1977), pp. 3–20.

11. Francis M. Deng, *Protecting the Dispossessed: A Challenge for the International Community* (Brookings, 1993), pp. 14–20.

12. Robert Jackson, *Quasi-States: Sovereignty, International Relations, and the Third World* (Cambridge University Press, 1990), p. 197.

13. 关于非洲安全、稳定、发展和合作大会的历史，参见Francis M. Deng and I. William Zartman, *A Strategic Vision for Africa: The Kampala Movement* (Brookings, 2002)。

14. *Report of the International Commission on Intervention and State Sovereignty, The Responsibility to Protect* (Ottawa, Canada: International Development Research Center, 2001). 关于保护责任的幕后故事，参见Gareth Evans, *The Responsibility to Protect: Ending Mass Atrocity Once and for All* (Brookings, 2008)。

15. *Report of the Secretary-General's High-Level Panel on Threats, Challenges, and Change, A More Secure World: Our Shared Responsibility*

(New York: United Nations, 2003).

16. Human Security Center, *Human Security Report 2005* (New York: Oxford University Press, 2005), pp. 22–34.

17. Stanley Hoffman, *Duties beyond Borders: On the Limits and Possibilities of Ethical International Politics* (Syracuse University Press, 1982).

18. Robert Axelrod, *The Evolution of Cooperation* (New York: Basic Books, 1984), and Robert Axelrod and Robert O. Keohane, "Achieving Cooperation under Anarchy: Strategies and Institutions," *World Politics* 38, no. 1, October 1985, pp.226–254.

19. J. Samuel Barkin and Bruce Cronin, "The State and the Nation: Changing Norms and the Rules of Sovereignty in International Relations," *International Organization* 48, no. 1, Winter 1994, pp.107–130; Stephen D. Krasner, "Sovereignty and Intervention," in *Beyond Westphalia? State Sovereignty and International Intervention*, edited by Gene M. Lyons and Michael Mastanduno (Johns Hopkins University Press, 1995); and Stephen D. Krasner, "Compromising Westphalia," *International Security* 20, no. 3, Winter 1995/1996, pp.115–151.

20. 我们所设想的16国集团包括加拿大、法国、德国、意大利、日本、俄罗斯、英国和美国（现有八国集团），加上中国、墨西哥、印度、巴西、南非（现有扩展五国）和印度尼西亚、土耳其及另外一个非洲国家，最有可能的是埃及或尼日利亚。

21. Franklin D. Roosevelt, State of the Union Address, January 6, 1945. 该国情咨文在网上归档于美国总统项目网页：www.presidency.ucsb.edu/ws/index.php?pid=16595。

第二章

1. Fareed Zakaria, *The Post-American World* (New York: Norton, 2008), and Richard Haass, "The Age of Nonpolarity," *Foreign Affairs* 87, no. 3, May-June 2008, pp.44–56.

2. Haass, "The Age of Nonpolarity."

3. Niall Ferguson, "The G-8 Aren't the Only Ones," *Los Angeles Times,* June 11, 2007.

4. 众所周知，美国五角大楼对中国军事力量的分析往往失准。五角大楼的一份最新各国国情报告称，"直到2010年，或更晚时候，中国才能建设起足以击败中等规模对手的现代军事力量。2015年之前，中国不会具备向海外派遣和补给小规模军事力量的能力。2020年之后，中国才能具备向海外军事行动中派遣和补给大规模军事力量的能力。"参见美国国防部长办公室向国会提交的2008年度报告：*Annual Report to Congress: The Military Power of the People's Republic of China* (2008), p. 22。

5. Michael S. Chase, "Balancing China's Budgetary Priorities: Defense Spending and Domestic Challenges," *China Brief* 7, no. 20, October 31, 2007, pp. 3–6.

6. *A More Secure World: Our Shared Responsibility. Report of the Secretary-General's High-level Panel on Threats, Challenges, and Change* (New York: United Nations, 2004), p. 23.

7. Steven Kosiak, "FY 2009 Request Would Bring DoD Budget to Record Levels," Center for Strategic and Budgetary Assessments, update, February 4, 2008 (www.CSBAonline.org).

8. 关于中国的数据来自美国国防部长办公室向国会提交的2008年度报告：*Annual Report to Congress: The Military Power of the People's Republic of China* (2008). 中国对外发布的军事预算为450亿美元。而五角大楼估计其军事预算至少为970亿美元，至多甚至可能为1390亿美元。我们发现，所有对华观察组织都无法接受五角大楼所估算出来的上限。

9. 参见战略研究国际研究所2005—2006年度军事平衡报告，*The Military Balance, 2005–2006* (New York: Taylor and Francis, 2005)。需了解更多信息，可以登陆名为"军事平衡"的网页："The Military Balance" (www.iiss.org/publications/military-balance/ [October 16, 2008])。

10. BBC World Service Poll, 2007 (http://news.bbc.co.uk/1/shared/bsp/hi/pdfs/06_03_07_ perceptions.pdf).

11. Pew Research Center, Pew Global Attitudes Project, "America's Image Slips, but Allies Share U.S. Concerns over Iran, Hamas" (Washington: Pew Research Center, 2006).

12. Pew Research Center, Pew Global Attitudes Project, Global Unease with Major Powers (Washington: Pew Research Center, 2007) (http://pewglobal.org/reports/pdf/256.pdf [October 16, 2008]).

13. Ibid.

14. 参见，比如，关于"法律事务"的讨论——唐纳德·拉姆斯菲尔德及五角大楼的其他主要官员认为，国际法是弱国制约美国的工具。Jack Goldsmith, *The Terror Presidency: Law and Judgment inside the Bush Administration* (New York: W. W. Norton, 2007), pp. 58–63.

15. Gallup Poll News Service, "United Nations Ratings Remain at Lowest Ebb," February 8, 2007.

16. Ibid.

17. 如需了解更多信息，参见"Weapons of Mass Destruction (WMD): Six–Party Talks" (www.globalsecurity.org/wmd/world/dprk/6-party.htm [October 16, 2008])。

18. Stephen C. Schlesinger, "Text of President Truman's Address, Bringing World Peace Parlay to an End," in *Act of Creation: The Founding of the United Nations* (Boulder, Colo.: Westview, 2003), p. 292.

19. Michael Mandelbaum, *The Case for Goliath: How America Acts as the World's Government in the 21st Century* (New York: Public Affairs, 2005).

20. Zakaria, *The Post-American World,* pp. 182–191.

21. Mandelbaum, *The Case for Goliath*, pp. 90–95.

22. Nina Hachigian and Mona Sutphen, *The Next American Century: How the U.S. Can Thrive as Other Powers Rise* (New York: Simon and Schuster, 2008), p. 161.

23. Better World Campaign and United Nations Foundation, *The New American Consensus on International Cooperation: A Presentation of Key Findings from Focus Groups and a National Survey* (November 2007),

www.betterworldcampaign.org/resources/unf_national_survey2007.pdf [October 16, 2008].

第三章

1. 对该问题首次进行深入研究的有Helga Haftendorn, Robert O. Keohane, and Celleste Wallander, eds., *Imperfect Unions: Security Institutions over Time and Space* (Oxford University Press, 1999)。

2. 与本项目平行，我们还从事了一项关于冷战结束以来多边安全架构演变的相关研究。Bruce Jones, Shepard Forman and Richard Gowan, eds., *Cooperating for Peace and Security: The Evolutionof International Security Institutions after the Cold War* (Cambridge University Press, forthcoming).

3. George F. Kennan, *Memoirs 1925–1950* (Boston: Little, Brown, 1967), p. 218.

4. 另一个例子是美国和中国反对建立国际刑事法庭，然而它最终还是建立起来了。

5. Johannes F. Linn and Colin I. Bradford, "Pragmatic Reform of Global Governance: Creating an L-20 Summit Forum", Brookings Policy Brief 152, April 2006, 网络版可见http://www.brookings.edu/~/media/Files/rc/papers/2006/04globalgovernance_linn/pb152.pdf; Alex vans, "A New Global Leaders' Forum: Comparing and Analyzing Recent Proposals", Center on International Cooperation [CIC] Policy Paper, February 2007, 网络版可见http://www.nyu.edu/pages/cic/internationalsecurity/docs/new-globalleadersforum.pdf; Peter I. Hajnal, "Summitry from G-5 to L-20: A Review of Reform Initiatives", Center for International Governance Innovation [CIGI] Working Paper 20, March 2007. 网络版可见http://www.cigionline.org/ community.igloo?r0=community&r0_script=/scripts/folder/view.script&r0_pathinfo=%2F%7B7caf3d23-023d-494b-865b-84d143de9968%7D%2FPublications%2Fworkingp%2Fsummitry&r0_output=xml&s=cc; John English, Ramesh Thakur, and Andrew F. Cooper, eds., *Reforming from*

the Top: A Leaders' 20 Summit (United Nations University Press, 2005).

6. 作为新的气候变化框架协议的一个谈判结果，关于气候变化问题上的秘书处安排可能会有变化。

7. Anne-Marie Slaughter, *A New World Order* (Princeton University Press, 2004).

8. 2005年9月，联合国大会主席曾利用过一个相似的15国集团，以便在最具有争议性的问题上达成一致，这些协议最终在2005年世界首脑会议上获得了通过。其实，这个集团也就是在首脑会议召开前的几天才组建，因而根本就没有机会与更大范围的联合国大会举行反复的谈判，也没有时间使其对塞进这样的协议形成抵制。在G-15国大使会议和更大的联合国机制之间形成一个更加结构化的互动，会较为顺利地通过能带个更好结果的文件。其实，在谈判前期，当时的墨西哥常驻代表巴鲁戈就提出了可以达此效果的建议，但不幸被忽视了。

9.“普林斯顿项目”提到并进一步强化了这个观点。

10. 这里我们试图向读者展示联合国预算进程的细节。通过显示联合国秘书长的主要预算委员会的名称，就可以得到某些启示。其名称是联合国关于行政和预算问题顾问委员会。

11. 在设立独立审计咨询委员会、确立联合国新的道德规范并开始采取步骤将其运用到整个联合国系统、设计新的框架对授权进行评估等方面都有所进展；但在强化内部监管办公室方面，进展受到了阻碍。尽管联合国大会批准了额外的职位，但是它仍依赖于来自办公室或审计中的项目资金，还不能在专业方面有显著的改善。其他的改革也只是部分地得以执行，包括在采购程序上的透明度和人力资源方面人员招聘与人员流动上的改进。

12. 那时候这样的做法是完全符合逻辑的。根据以前的投票规则，美国发现，自己在预算委员会经常被以票数胜出，为那些美国并不支持的各项计划支出最大的份额。

13. 在最基本方面，的确如此，因为向联合国贡献维和部队最多的是发展中国家，因而其国内拥有强大的支持力量，希望确保联合国维和行动既可信又有效。

14. 如瑞典、泰国、智利和南非政府领导一个“四国倡议”，争取对2005—2007年管理改革的支持。尽管从倡议提出至今进展有限，但是各种各样国家的政治支持有助于使其他构架相信美国对于管理改革的兴趣不纯粹是政治的或者是基于美国利益的。

15. 这些方面包括联合国的维和行动、深入现场的政治使命、人道主义协调行动，它们中的每一个都是由秘书处管理的。除此之外，还有世界粮食计划、联合国发展计划、联合国儿童基金、联合国难民问题高级代表、联合国难民救济署、联合国粮农组织，联合国环境计划等工作，也都共同分割联合国涉及深入现场花费的最大部分。每个机构的管理理事会都必须就可信性倡议进行投票，通过是否采纳这一倡议并进行相关的改革。因为这些理事会的代表还要向国家的不同部门（发展、卫生、环境等部门）进行汇报，推动这一倡议的复杂性由此可见一斑。但是，如果美国真正认为这种管理改革应该成为政策的优先考虑，那么它就是有保证的。

16. 提出这个观点的名人小组同意，如果军事力量是行使责任所必需的，联合国安理会就应该这样去做。然而，他们进一步主张，如果在安理会受阻，地区组织同样也可以授权使用武力。2004年，威胁、挑战和变革问题高级别小组在这个观点上采取了模糊的立场。它断定，只有安理会才是决定是否行使保护责任的适当场所。在后来的讨论中，它强调地区组织可以在紧急情况下授权使用武力，但事后应寻求安理会的授权。2005年，联合国大会在接受保护责任的概念时，将对保护责任的行使权交给了安理会。

17. The Secretary General's High Level Panel on Threats, Challenges, and Change, *A More Secure World: Our Shared Responsibility* (New York: United Nations, 2004): paragraphs 190 and 191, available at www.un.org/secureworld/.

18. Ivo Daalder and Robert Kagan, "America and the Use of Force: Sources of Legitimacy," in *Bridging the Foreign Policy Divide*, edited by Derek Chollet, Tod Lindberg, and David Shorr (New York: Routledge, 2008).

19. 详情可见胡佛研究所和斯坦福国际问题研究所于2005年5月25—27日召开的关于预防性力量研讨会。相关消息可见http://www.

hoover.org/research/conferences/3022291.html。

第四章

1. Kevin Watkins, *United Nations Human Development Report 2007-2008, Fighting Climate Change, Human Solidarity in a Changed World* (New York: UNDP, 2008): "气候变化表面上看起来对穷人的生活不会造成灾难性的影响。将任何一个具体事件都直接归因于气候变化是不可能的。但是气候变化会稳步增加穷人和脆弱人群遭受气候打击的风险，不断增加应对策略的压力，假以时日，就会导致人类发展的停顿甚至倒退"（p.17）。该报告指出尽管不总是表现为直接的因果关系，但是气候变化会加剧死亡和贫困：（1）气候变化影响农业生产，因此威胁粮食安全和数亿人的基本生存（pp.17–18）；（2）海平面上升，气候性的自然灾害频发，使千百万人生活在沿海地区的人面临风险（p.17）；（3）气候变化会使可利用的水资源减少，到2080年将会有28亿人居住在缺水地区（p.18）；（4）生态系统变化将威胁30%—40%的现有物种（p.19）；并且（5）气候变化还将影响发展中国家的医疗卫生状况，因为当地医疗卫生设施和能力不足（p.19）。

2. Ibid. "从2000—2004年，每年有2.62亿人受到气候灾难的影响，其中超过98%的人居住在发展中世界"（p.16）。基于此，即便是最保守的估计，也同意这样一个预测，即气候事件将导致未来几十年后有4500万—7000万人将重新陷入贫困。亦参见Intergovernmental Panel on Climate Change (IPCC), *Working Group I Contribution to the Fourth Assessment Report of the IPCC*, Figure SPM7 (IPCC, 2007), p.10。

3. Jim Yardley, "Beneath Booming Cities, China's Future is Drying up," *New York Times*, September 28, 2007, p.5; Jim Yardley and Joseph Kahn, "As China Roars, Pollution Reaches Deadly Extremes," *New York Times*, August 26, 2007, p.3, available at www.nytimes.com/2007/08/26/world/asia/26china.html?pagewanted=3.

4. "Climate Change Front and Center at World Economic Forum," *Environment News Service*, January 29, 2007; 特别参见印度发展委员会

副主席蒙特克·阿鲁瓦里亚的讲话，available at www.ens-newswire.com/ens/jan2007/2007-01-29-01.asp。

5. Natural Resources Defense Council (NRDC), "Consequences of Global Warming," NRDC, July 22, 2008, available at www.nrdc.org/globalWarming/fcons.asp: "2006年的飓风季节是有记录以来最活跃的，即便不把卡特里娜飓风算在内也是如此。在过去的35年里，第五类飓风的数量增速越来越快"（pp. 2–3）。我们不是说气候变化导致了卡特里娜，而是认为气候变化将会对增加和扩大风暴的数量和规模。自然资源委员会指出，这种增长已经出现了。气候变化委员会和联合国的报告（见注1和注2）也证明了气候变化将提高极端天气现象出现的频率。

6. Ibid. 2006年美国西南部和太平洋西北部地区的野火季节也是有记录以来最恶劣的，在这些地区灭火成本不断上升，年均超过10亿美元。事实上，在过去10年里，美国的气温从全国范围看也有明显上升，并对一些地区的农业生产和经济健康发展造成了影响。

7. National Oceanic and Atmospheric Administration (NOAA), "Observing Climate Variability and Change," June 17, 2008, available at www.oar.noaa.gov/climate/t_observing.html: "从1998年到2006年，每一年都是美国有记录以来最热的25年之一，这是一个前所未有的现象"（p.1）。

8. IPCC, *Working Group I Contribution to the Fourth Assessment Report of the IPCC*, Table SPM 6 (IPCC, November 12, 2007), p. 20. 注意，全球平均海平面上升是全球气温升高可能造成的最具破坏性的影响，但是如果二氧化碳当量保持在490以下，气温变化不超过2.4℃，那么海平面上升的趋势在很大程度上是可以被抑制的。See also Table SPM 6, note b, for estimated ppm in 2005.

9. Sir Nicholas Herbert Stern, The Economics of Climate Change: *The Stern Review* (Cambridge University Press, 2007): "大气中的温室气体含量估计已经达到了430ppm，目前还在以大约每年2.5ppm的速度增加"（p.219）。各种估算不太一样，但是几乎一致预计，2008年的二氧化碳当量水平为420—445ppm。

10. IPCC, *Working Group I Contribution to the Fourth Assessment Report of the IPCC*, Table SPM 6 (IPCC, November 12, 2007): “Percent change in global CO_2 emissions in 2050” (p. 20, column 4). 亦参见Alex Evans, *The Post–Kyoto Bidding War: Bringing Developing Countries into the Fold* (New York: Center on International Cooperation, October 2007): “气候变化委员会第四次评估报告（4AR）指出，要将气候变暖限制在2.0℃—2.4℃之间，那么二氧化碳当量的稳定上限是445—490ppm。欧盟领导人认识到，到2050年要将全球排放减少到2000年水平的50%，事实上，从第四次评估报告来看，这简直就是可能出现的最佳状况，该报告发现，气温上升控制在2.0℃—2.4℃所要求的2000—2050减排计划，意味着要减排50%—85%，” p.4。

11. International Energy Agency (IEA), *World Energy Outlook 2007* (IEA, 2007), 可在线购买，www.worldenergyoutlook.org/。

12. Ibid. “世界上的一次能源需求在2005—2030年之间预计将增长55%，年均增长率预计达1.8%。中国和印度的原油进口到2030年几乎要翻两番……矿物燃料仍将是主要的一次能源资源，占2005—2030年总体增长需求的84%，” pp.42—43。

13. Ibid. 亦参见Karen A. Harbert, assistant secretary, Office of Policy and International Affairs, U.S. Department of Energy, “China’s Energy Consumption and Opportunities for U.S.–China Cooperation to Address the Effects of China’s Energy Use,” statement before the U.S.–China Economic and Security Review Commission, June 14, 2007, available at www.uscc.gov/hearings/ 2007hearings/written_testimonies/07_06_14_15wrts/07_06_14_harbert_statement.pdf.

14. IEA, “Projections of Chinese and World Energy Uses, 2025,” *World Energy Outlook 2006* (IEA, 2007), 可在线购买，www.worldenergyoutlook.org/: “中国将不得不新增发电容量13亿千瓦，这比美国的总装机容量还要大。中国的人均排放到2030年将达到欧洲的水平，” p.203。亦参见Harbert, “China’s Energy Consumption,” p. 2。

15. Ibid.

16. 这些百分比不是简单叠加得来的。比如，经过霍尔木兹海峡的石油可能也会经过马六甲海峡。也就是说，至少35%的全球石油供应要经过这些咽喉要道，这个估计是有把握的。

17. Steven Mufson, "Oil Price Rise Causes Global Shift in Wealth; Iran, Russia and Venezuela Feel the Benefits," *Washington Post*, November 10, 2007, p. A.1.

18. Julian Borger, "U.S. Biofuel Subsidies under Attack at Food Summit," *Manchester Guardian*, June 3, 2008, pp. 1, 2, available at www.guardian.co.uk/environment/2008/jun/03/ biofuels.energy.

19. Elizabeth Rosenthal, "U.N. Says Biofuel Subsidies Raise Food Bill and Hunger," *New York Times,* October 7, 2008, p. 1, available at www.nytimes.com/2008/10/08/world/europe/08italy.html? ref=world.

20. UN Framework Convention on Climate Change (UNFCCC), "Fact Sheet: Reducing Emissions from Deforestation in Developing Countries: Approaches to Stimulate Action," no date, available at unfccc.int/files/press/backgrounders/application/pdf/fact_sheet_reducing_emissions_from _deforestation.pdf.

21. Peter Brabeck-Letmathe, "The Water Crisis: Another Inconvenient Truth," *International Herald Tribune*, October 5, 2008, available at www.iht.com/articles/2008/10/05/opinion/ednestle. php.

22. UN Department of Economic and Social Affairs Population Division, "World Population Will Increase by 2.5 Billion by 2050," Press Release, March 2007, available at www.un.org/News/Press/docs//2007/pop952.doc.htm. 根据2007年的修订，未来43年，世界人口有可能增长25亿，从目前的67亿增长到2050年的92亿。这一增长相当于1950年的世界人口总数，并将大多出现在欠发达地区，这些地区的人口将从2007年的54亿增长到2050年的79亿。

23. Parliamentary Office of Science and Technology (United Kingdom), "Access to Energy in Developing Countries," December 2002, p. 1, available at www.parliament.uk/post/pn191.pdf.

24. UN Department of Economic and Social Affairs Population Division, "World Population Will Increase by 2.5 Billion by 2050."

25. IPCC, "About the IPCC: Mandate, Who We Are," available at www.ippc.ch/about/index. htm.

26. UNFCCC, "Essential Background: United Nations Framework Convention on Climate Change" (United Nations, 1992), p. 5, available at http://unfccc.int/resource/docs/convkp/conveng. pdf.

27. Daniel Howden, "UN Calls for 40 Percent Cut in Emissions by Rich Countries," *The Independent*, December 11, 2007, p. 1.

28. United Nations, *United Nations Framework Convention on Climate Change* (1992), p. 1.

29. Ibid., p. 1.

30. Ibid., p. 3.

31. United Nations, *Kyoto Protocol to the United Nations Framework Convention on Climate Change*, Article 1 (1998), p. 4.

32. Ibid., Article 10, p. 10.

33. Joseph E. Aldy and Robert N. Stavins, eds., *Architectures for Agreement: Addressing Global Climate Change in the Post-Kyoto World* (Cambridge University Press, 2007), p.11.

34. 转引自"Greenhouse Gas emissions—Perspectives on the top 20 Emitters and Developed Versus Developing Nations," Climate Analysis Indicators Tool (CAIT) Version 4.0 (Washington, D.C.: World Resources Institute, 2007). 参见eoearth.org/article/Greenhouse Gas Emissions—perspectives on the top 20 emitters and developed versus developing nations。

35. "Rudd Acts to Ratify Kyoto Accord in Australia," *International Herald Tribune*, December 2, 2007.

36. "Carbon Emissions and Stocks, CO_2 Emissions per capita (tonnes)," *United Nations Human Development Report*, 2007/2008, available at hdrstats.undp.org/indicators/237.html. 根据2007年的数据，美国2004年的人年均碳排放估计为20.6吨，中国2004年的人均碳排放估计为3.8吨，印度为1.2吨（预计三国的人均碳排放到2008年都将有所增长，但是最新的可靠数据是2004年的）。据我们计算，即便美国和其他发展中国家采取重大行动，到2050年将碳和碳当量排放减少90%以上，

仅中国和印度两个国家产生的排放，就有可能比2050年二氧化碳年均排放目标的4倍还要多。气候变化委员会和《2007年联合国开发计划署人类发展报告》提出，为实现可持续发展，到2050年年均二氧化碳排放应控制在90亿吨。(气候变化委员会的目标是到2050年将二氧化碳当量浓度保持在535ppm以下；这就要求到2050年温室气体排放至少要在1990年的水平上减少50%，或者在2007年的水平上减少62%—67%。换句话说，全球温室气体排放要从2004—2007年的年均240亿—280亿吨，减少到2050年的90亿吨。) 预计中国人口到2050年将达到14.37亿(参见注38)。到那时中国的人均排放有可能赶上美国和其他一些工业化国家的水平，如果真是这样，那么中国一国的温室气体排放就会达到年均300亿吨。预计印度人口到2050年将达到17.47亿；如果那时印度的人均排放赶上美国的水平，那么印度一国2005年的温室气体排放就将达到359.8亿吨。这就意味着，即使其他国家将排放减少到接近为零，只要中国或者印度其中一国的人均排放增长到接近美国的水平(从目前的增长趋势看，这种情况是有可能出现的)，全球温室气体排放还是会达到年均300亿—700亿吨；而科学家们提出的安全排放水平是到2050年年均排放为90亿吨。

37. *United Nations Human Development Report*, 2007/2008; Population Reference Bureau (PRB), 2008 World Population Data Sheet, "World Population Highlights, Population 2050 (Projected)," p. 3, August 18, 2008. Available at www.prb.org/pdf08/08WPDS_Eng.pdf.

38. "Climate Change: A Moment of Truth," Economist, May 15, 2008. "沃拉先生认为，清洁发展机制提供的优惠资源，反而不利于发展中国家采取简易方法，减少温室气体排放……他举了中国的例子，在中国，有很多政府持有股份的电力公司都在申请贷款，建设天然气火电厂，替代污染大的煤炭火电厂。他认为，中国反正是想要改善空气质量，有没有清洁发展机制可能都会建设更清洁的电厂。但是政府现在可能就会犹豫是否要制定这样的规章制度，因为政府怕违反'补充'规定，拿不到优惠贷款"；Michael Wara, "Measuring the Clean Development Mechanism's Performance and Potential" (Program on Energy and Sustainable Development [PESD], Center for Environmental

Science and Policy, Stanford University, July 2006), p. 8.

39. "A Fresh Start for GEF Reform and GEF NGO Revitalization," presented at the Global Environmental Facility (GEF) NGO Consultation and Council Meeting, Washington, D.C., December 4–8, 2006, available at www.gefweb.org/uploaded-Files/MB%20speech%20Council% 20June. 全球环境基金是一个金融工具和协调机制，它支持联合国的4个环境公约，并为全球环境基金的执行机构（世界银行、联合国环境规划署、联合国开发计划署和资源管理器数据库）提供资源。莫尼克·巴布是全球环境基金的首席执行官和主席，他强调，要对全球环境基金进行改革，对于更大范围的负责应对气候环境问题的各种大小机构也需要进行改革。

40. Peter Haldis, "ConocoPhillips Announces Support Mandatory Greenhouse Gas Emissions Program; Joins USCAP," *Global Refining & Fuels Report*, April 2007, available at findarticles.com/p/articles/mi_hb5630/is_200704/ai_n23646654; Christopher Palmeri, "ConocoPhillips' Own Inconvenient Truth," *Business Week*, April 19, 2007, available at www.businessweek.com/bwdaily/dnflash/content/apr2007/db20070419_165468.htm.

41. Jane Spencer, "Big Firms to Press Suppliers on Climate," *Wall Street Journal*, October 9, 2007, available at http://online.wsj.com/public/article/SB119186622895152448.html.

42. Moira Herbst, "Investors Call on Congress to Go Green," *Business Week*, online, March 20, 2007, available at www.businessweek.com/bwdaily/dnflash/content/mar2007/db20070320_535194. htm.

43. Ibid.

44. Burtraw, Dallas; Kopp, Raymond, "The European Union Emissions Trading Scheme (EU–ETS): A Brief Overview" Resources for The Future, March 20, 2007. 伯绰和科普估计2006年欧盟的限额交易市值为300亿美元，但是无法提供2007年的确切数字，因为2007年碳价猛跌。（在他们写作时，那一时刻的欧盟限额交易价为1.33美元，但是预计到2008年底将涨到20.65美元，因为市场到第二阶段才会稳定下来。）300亿美元是一个保守的数字，到2008年底，市值可能会翻一番，但是因为近来价格波动很大，所以很难具体量化。

45. Warwick McKibbin and Peter Wilcoxen, *A Credible Foundation for Long-Term International Cooperation on Climate Change* (Brookings, 2006).

46. The Pew Center on Global Climate Change, "A Look at Emissions Targets and Regional Initiative," available at www.pewclimate.org/what_s_being_done/in_the_states/regional_initiatives. cfm.

47. Fact Sheet, Energy Independence and Security Act of 2007, "President Bush Signs Energy Bill to Improve Fuel Economy and Reduce Oil Dependence," December 19, 2007, available at www.whitehouse.gov/news/releases/2007/12/20071219-1.html; Fred Sissine, "Energy Independence and Security Act of 2007: A Summary of Major Provisions," *CRS Report for Congress*, December 21, 2007, available at www. energy.senate.gov/public/_files/RL342941.pdf.

48. The Pew Center on Global Climate Change, "Learning from State Action on Climate Change," Figure 7 (May 2007 Update), p. 8. 有些要求到2050年可再生能源的比例高达25%。联邦可再生能源综合标准（renewable portfolio standard）规定，原本不是草案的一部分，并没有包括在2007年12月通过的《能源与安全独立法》中。参见www.pewclimate.org/ docUploads/States%20Brief%20(May%202008).pdf.

49. Environmental Defense Fund, "Environmentalists Sue to Challenge EPA Ruling on Clean Cars," January 3, 2008, available at www.environmentaldefense.org/pressrelease.cfm?contentID =7493.

50. Drake Bennett, "The New Dirty Energy," *Boston Globe*, August 19, 2007, available at pesd.stanford.edu/news/pesd_associate_reports_to_boston_globe_on_unclean_oil_alternatives_20070827.

51. Peter Gelling and Andrew Revkin, "Delegates in Bali for Talks on Climate," December 2, 2007, available at www.iht.com/articles/2007/12/02/asia/bali.php. 注：例如，美国抵制了2008年12月召开的《气候变化框架公约》缔约方巴厘岛大会，在这次会议上发展中国家占据主动，使美国蒙羞，最后不得不表示同意。

52. Frank Biermann and Steffen Bauer, *A World Environment Organization: Solution or Threat for Effective International Environmental Governance?* (London: Ashgate Publishing Ltd., 2005), p. 2.

53. "Energy Supply and Economic Growth, Total Primary Energy Supply per Unit of GDP," *OECD Factbook 2008: Economic, Environmental and Social Statistics* (OECD, 2008), available at oecd.p4.siteinternet.com/publications/doifiles/05-01-02-t1.xls.

54. McKinsey & Company, "Reducing U.S. Greenhouse Emissions: How Much at What Cost?" *U.S. Greenhouse Gas Abatement Mapping Initiative, Executive Report* (McKinsey & Company, December 2007), pp.ix, xii–xvii.

55. IEA, *World Energy Outlook* 2007, available for purchase at www.worldenergyoutlook. org/.

56. IEA, *World Energy Outlook* 2004, available for purchase at www.worldenergyoutlook. org/.

57. 多边投资担保机构和海外私人投资公司这样的机构是用来解决跨境政治风险问题的。各国国内也需要气候变化投资，但是大多数现有的应对气候变化风险的境内机制没有外部影响力。

58. 碳固存被称为是最有希望的减少碳的二氧化碳排放的技术，但是它绝不是万能药，也还远远没有达到商业化的要求。麻省理工学院对碳固存进行的综合研究发现，要使该进程具有商业可行性，需要对每吨碳征税约30美元（其他评估报告，将试点项目的责任成本计算在内，提出的税额还要更高）。除非开展一个为期10年的大型试点项目，确定将大量碳注入地球中会产生什么效应，否则碳固存无法大范围地商业化。如果不提供相应的法律保护，美国公司就不愿意承担碳固存试点项目，而美国国会至今还不愿意提供类似的担保。目前，专家们说，要使碳固存商业化或者投资不亏本，在10年内需要投入64亿美元。没有这笔钱，技术开发和转让就无法继续进行。

59. U.K. Department for International Development (DFID), "Europe for Development: Working with European Union," July 2008, available at www.dfid.gov.uk/pubs/files/eu-isp.pdf. 在2007年春季的欧洲理事会

（European Council）会议上，成员国承诺分担责任，在2015年前建设12—15个碳固存试点电厂，到2020年所有新矿物燃料电厂都应配有碳固存技术。我们在咨询中发现，法国政府对于实现目标表现得特别积极。

60. “World Bank Plans Clean Technology Fund for Poor,” Reuters, February 9, 2008, p. 1, available at timesofindia.indiatimes.com/World_Bank_fund_to_help_poor_cut_pollution/articleshow/ 2769140.cms.

61. “U.N. Launches Program to Cut Deforestation Emissions,” Reuters, September 28, 2008, available at www.reuters.com/article/environmentNews/idUSTRE48N91C20080924?feedType=RSS &feedName=environmentNews&pageNumber=1&virtual-BrandChannel=0.

62. Jim Yardley and Andrew Revkin, “China Issues Plan on Global Warming, Rejecting Mandatory Caps on Greenhouse Gases,” *New York Times,* June 5, 2007, p.1, available at www. nytimes.com/2007/06/05/world/asia/05china.html.

63. Harbert, “China's Energy Consumption,” p. 2; IEA, *World Energy Outlook 2007*.

64. Todd Stern and William Antholis, “A Changing Climate: The Road Ahead for the United States,” *Washington Quarterly* 31, Winter 2007–2008, p.184.

65. Ibid., p. 185.

66. Jason Bordoff, “International Trade Law and the Economics of Climate Policy: Evaluating the Legality and Effectiveness of Proposals to Address Competitiveness and Leakage Concerns” (Brookings, 2008), p. 4, available at www.brookings.edu/events/2008/~/media/Files/events/2008/0609_climate_trade/2008_bordoff.pdf; War-wick J. McKibbin and Peter J. Wilcoxen, *The Economic and Environmental Effects of Border Adjustments for Carbon Taxes*, Brookings Policy Paper, October 2008.

67. Bordoff, p. 4.

68. Ibid., p. 5.

69. Ibid., p. 5, note 6: EPA analysis in Senate bill 2191, supra note 4, at 84.

70. “新的ISO14064标准提供了一个评估和支持温室气体减排和排放交易的工具”，p. 1, press release, International Standards Organization, March 16, 2003。转引自Dr. Chan Kook Weng, Convenor of ISO 14064 Working Group。

71. Ibid., p. 2.

72. 据IEA，*World Energy Outlook 2007*，新兴经济体将占70%，美国的数据和总体百分比还在计算中，估计约为90%。

第五章

1. 这是保罗·布拉肯提出的，参见Paul Bracken, “The Second Nuclear Age,” *Foreign Affairs,* January/February 2000。布拉肯认为，第二个核时代的特征是弹道导弹和大规模杀伤性武器扩散到亚洲国家。我们采用这个提法，指的是在核技术、核能需求、核武器使用规范和向（或者通过）非国家行为体扩散方面发生的席卷全球的变化。

2. “Fool’s Gold,” *Financial Times*, May 31, 2008.

3. Doctrine for Joint Nuclear Operations, Final Coordination (2), Joint Publication 3–12, March 15, 2005, available at www.globalsecurity.org/wmd/library/policy/dod/jp3_12fc2.pdf. 亦参见近来关于北约是否应采纳先发制人核原则的讨论，www.guardian.co.uk/nato/story/0,2244782,00.html。

4. James Acton and George Perkovich, “Abolishing Nuclear Weapons,” Adelphi paper 396 (London: International Institute for Strategic Studies), September 2008。

5. 我们（琼斯和斯特德曼）在2004年和2005年的时候听到过这样的说法。当时，我们在为联合国工作，就威胁评估问题在全世界征求各国政府的意见。有两个巴基斯坦官员都很肯定地说，核恐怖主义威胁是美国捏造的。

6. 美国对武器的组织性控制还是很严的，即便是这样，最近在处理核武器的问题上还是出了问题，国防部长罗伯特·盖茨解雇了几个高级将领，认为他们对安全问题重视不足。

7. 仍然处于核保护伞下的国家和地区包括北约（26个成员国）、日本、韩国和中国台湾。

8. Chaim Braun and Christopher F. Chyba, “Proliferation Rings: New Challenges to the Nuclear Nonproliferation Regime,” *International Security* 29, no. 2, 2004, pp.5–49.

9. Douglas Frantz and Catherine Collins, *The Nuclear Jihadist* (New York: Twelve, 2007).

10. 巴西、中国、法国、德国、印度、伊朗、日本、荷兰、巴基斯坦、俄罗斯、英国、美国。

11. 国际原子能机构成立于1957年，早于《不扩散条约》的签署，但是该机构在执行《不扩散条约》的核心规定方面发挥着最重要的作用。

12. Henry D. Sokolski, ed., *Falling Behind: International Scrutiny of the Peaceful Atom* (Carlisle, Pa.: Strategic Studies Institute, U.S. Army War College), 2008, available at www.strategicstudies institute.army.mil/pdffiles/PUB841.pdf. 国际原子能机构的检查预算从2003年的8900万美元，增加到2004年的1.02亿美元，并于2007年提高到1.08亿美元。

13. 全球伙伴关系的原则是:（1）推动多边条约建设，防止武器、材料和技术扩散;（2）对武器、材料和技术负责，保证其安全;（3）加强设施的物理保护;（4）帮助发现、威慑和制止非法交易;（5）加强国家对出口和转运的控制;（6）管理和报废核、生物与化学武器材料。

14. 本部分大量引用了卡林和路易斯的观点，参见Robert Carlin and John W. Lewis, “Negotiating North Korea’s Denuclearization: Defining and Using the Relevant Experience and Modalities,” prepared for the Brookings Institution’s Managing Global Insecurity (MGI) project, March 16, 2007.

15. Charles L. Pritchard, *Failed Diplomacy: The Tragic Story of How North Korea Got the Bomb* (Brookings, 2007).

16. Scott D. Sagan, “Failures of Regime Change: The United States, Iran, and the NPT,” prepared for the MGI project, March 11, 2007.

17. IAEA, “Implementation of the NPT Safeguards Agreement in the

Islamic Republic of Iran," GOV/2003/75, November 10, 2003, p. 4.

18. Gareth Porter, "Burnt Offering," *American Prospect*, May 21, 2006.

19. National Intelligence Estimate, "Iran: Nuclear Intentions and Capabilities", Office of the Director of National Intelligence (November 2007).

20. Karen DeYoung, "Gates: U.S. Should Engage Iran with Incentives, Pressure," *Washington Post,* May 15, 2008, p. 4.

21. Joby Warrick, "Spread of Nuclear Capability Is Feared," *Washington Post,* May 12, 2008, p.1.

22. George P. Shultz and others, "A World Free of Nuclear Weapons," *Wall Street Journal,* January 4, 2007, and "Toward a Nuclear-Free World," *Wall Street Journal,* January 15, 2008.

23. 斯科特·萨根在国际安全与合作中心的一个研究项目中探讨过这个重要问题。

24. United Nations General Assembly, "General and Complete Disarmament," A/RES/48/75, December 16, 1993, available at www.un.org/documents/ga/res/48/a48r075.htm.

25. IAEA Press Release 2006/15, "IAEA Seeks Guarantees of Nuclear Fuel," September 15, 2006.

第六章

1. Mark Wheelis and Malcolm Dando, "Neurobiology: A Case Study of the Imminent Militarization of Biology," *International Review of the Red Cross* 87, no. 859, September 2005, p.566.

2. Michael T. Osterholm, "Preparing for the Next Pandemic," *Foreign Affairs*, July-August 2005, p.24. "一场流行病即将袭来，这个现实无法回避。我们能做的只是减弱其影响力。"

3. U.K. Cabinet Office, National Risk Register (London: 2008). 报告说，在英国，一场流感可以夺去5万—75万人的生命，在全世界，死亡人数可以达到200万—740万。

4. 本段参考了以下文献：Bernadette Tansey, "High School Biowizards Break New Ground in Winning Competition," *San Francisco Chronicle*, November 17, 2007, p. A–1; Jesse Lichtenstein, "Innocence and Syn: At This Science Fair, Students Are Creating New Forms of Life," *Slate*, November 30, 2007, www.slate.com/id/2178897; and Alexis Madrigal, "Genetic-Engineering Competitors Create Modular DNA Dev Kit," *Wired*, November 13, 2007, www.wired.com/ science/discoveries/news/2007/11/ igem_winner。

5. The BioBricks Foundation, http://bbf.openwetware.org/.

6. Freeman Dyson, "The Question of Global Warming," *New York Review of Books* 55, no. 10, June 12, 2008.

7. Andrew Pollack, "The Race to Read Genomes on a Shoestring, Relatively Speaking," *New York Times*, February 9, 2008, p. B1.

8. Freeman Dyson, "Our Biotech Future," *New York Review of Books* 54, no. 12, July 19, 2007.

9. Christopher Chyba, "Biotechnology and the Challenge to Arms Control," *Arms Control Today*, October 2006, p. 11.

10. Ibid.

11. Institute of Medicine and National Research Council of the National Academies, *Globalization, Biosecurity, and the Future of the Life Sciences* (Washington: National Academies Press, 2006), p. viii.

12. Ibid., pp. 4, 139–212.

13. Elizabeth Finkel, "Engineered Mouse Virus Spurs Bioweapons Fears," *Science* 291, no. 5504, January 26, 2001, p.585.

14. Mark Wheelis and Maaaki Sugishima, "Terrorist Use of Biological Weapons," in *Deadly Cultures: Biological Weapons since 1945*, edited by Mark Wheelis, Lajos Rozsa, and Malcolm Dando (Harvard University Press, 2006), pp. 284–303. See also Milton Leitenberg, "Evolution of the Current Threat," in *Bioterrorism: Confronting a Complex Threat*, edited by Andreas Wenger and Reto Wollenmann (Boulder, Colo.: Lynne Rienner, 2007), pp. 39–76.

15. Elizabeth Dowdeswell, Peter A. Singer, and Abdallah S. Daar, "Increasing Human Security through Biotechnology," *Biotechnology* 8, no. 1–2, 2006, pp.119–131.

16. David Morens, Gregory K. Folkers, and Anthony S. Fauci, "The Challenge of Emerging and Re-emerging Infectious Diseases," *Nature*, July 8, 2004, pp. 242–249.

17. Dowdeswell, Singer, and Daar, "Increasing Human Security through Biotechnology."

18. Peter A. Singer, "DNA for Peace," Director's Lecture to the Ford Dorsey Program in International Policy Studies, Stanford University, May 30, 2007.

19. Kate E. Jones and others, "Global Trends in Emerging Infectious Diseases," *Nature*, February 21, 2008, pp. 990–994.

20. Ibid.

21. Margaret E. Kruk, "Global Public Health and Biosecurity: Managing Twenty-First Century Risks," Coping with Crisis Working Paper Series (New York: International Peace Academy, July 2007), p. 8.

22. Ibid.

23. Ibid., p. 11.

24. 国际和国内航空旅客数据来自国际航空运输协会，参见"2007 Total Passenger Traffic Results", www.iata.org/ps/publications/2007-results.htm。出入美国的旅客数据来自国务卿赖斯，参见Condoleeza Rice, "Remarks," Global Travel and Tourism Summit Breakfast, April 12, 2006, Washington, http://news.findlaw.com/wash/s/ 20060412/20060412150501.html。

25. Kruk, "Global Public Health and Biosecurity," p. 9.

26. David Fidler, "Indonesia's Decision to Withhold Influenza Virus Samples from the World Health Organization: Implications for International Law," *ASIL Insights* 11, no. 4, February 28, 2007.

27. Ruth R. Faden, Patrick S. Duggan, and Ruth Karron, "Who Pays to Stop a Pandemic?" *New York Times*, February 9, 2007.

28. James B. Petro and David A. Relman, "Understanding Threats to Scientific Openness," *Science* 302, December 2003.

29. Leitenberg, "Evolution of the Current Threat."

30. Bruce Schneier, *Beyond Fear: Thinking Sensibly about Security in an Uncertain World* (New York: Copernicus Books, 2003), p. 275.

31. Mark Wheelis, Lajos Rozsa, and Malcolm Dando, *Deadly Cultures: Biological Weapons since 1945* (Harvard University Press, 2006).

32. M. Meselson and others, "The Sverdlovsk Anthrax Outbreak of 1979," *Science* 266, no. 5188, November 18, 1994, pp.1202–1208.

33. John Hart, "The Soviet Biological Weapons Program," in *Deadly Cultures,* edited by Wheelis, Rozsa, and Dando, p. 143.

34. "Note by the Secretary–General" (UN Security Council Document S/1995/864, October 11, 1995). 联合国秘书长传达了一份特别委员会工作情况的报告，该委员会受命监控并核查伊拉克对安理会687号决议(1991)C部分相关规定的执行情况。秘书长的特别说明和报告原件参见www.un.org/Depts/unscom/sres95-864.htm.

35. Chandra Gould and Alastair Hay, "The South African Biological Program," in *Deadly Cultures,* edited by Wheelis, Rozsa, and Dando, p. 200.

36. Claire M. Fraser and Malcolm R. Dando, "Genomics and Future Biological Weapons: The Need for Preventive Action by the Biomedical Community," *Nature Genetics* 29, 2001, p.254.

37. Ibid.

38. David P. Fidler, "Globalization, International Law, and Emerging Infectious Diseases," *Emerging Infectious Diseases* 2, no. 2, April-June 1996, p.80.

39. David P. Fidler and Lawrence O. Gostin, *Biosecurity in the Global Age* (Stanford University Press, 2008), pp. 154–55.

40. Fiona Godlee, "WHO in Retreat: Is It Losing Its Influence?" *British Medical Journal*, December 3, 1994, pp. 1491–1495; Octavio Gomez-Dantes, "Health," in *Managing Global Issues: Lessons Learned*, edited

by P. J. Simmons and Chantal de Jonge Oudraat (Washington: Carnegie Endowment, 2000), pp. 392–423; and Theodore M. Brown, Marcos Cueto, and Elizabeth Fee, "The World Health Organization and the Transition from International to Global Public Health," *American Journal of Public Health* 96, no. 1, January 2006, pp.62–72。

41. 要了解曼、他与艾滋病作斗争以及他在世界卫生组织的故事，参见the PBS *Frontline* series, "The Age of AIDS," part 1, chapters 6 and 8。

42. Godlee, "WHO in Retreat."

43. 劳里·加勒特对事件进行了生动的复述，参见Laurie Garrett, *Betrayal of Trust: The Collapse of Global Public Health* (New York: Hyperion, 2000), pp. 15–49。

44. Stacey Knobler and others, *Learning from SARS: Preparing for the Next Disease Outbreak—Workshop Summary* (Washington: National Academies Press, 2004), p. 8.

45. Ibid., p. 14.

46. Ibid.

47. Ibid., p. 2.

48. Jez Littlewood, "Back to Basics: Verification and the Biological Weapons Convention," in *Verification Yearbook 2003*, edited by Trevor Findley (London: Vertic, 2003), pp. 92–93.

49. World Health Organization, *The World Health Report 2007: A Safer Future* (Geneva: 2007), p. 66.

50. Ibid., p. 60.

51. Laurie Garrett, "The Challenge of Global Health," *Foreign Affairs* 86, no. 1, January–February 2007, pp.14–38.

52. World Health Organization, *The World Health Report 2008: Primary Health Care, Now More than Ever* (Geneva: 2008).

53. EU–Latin America and Caribbean Summit, "Political Declaration: The Madrid Commitment," May 17, 2002 www.bologna-berlin2003.de/pdf/Madrid_ commitment.pdf.

54. Elizabeth Dowdeswell, Peter A. Singer, and Abdallah S. Daar, "In-

creasing Human Security through Biotechnology," *International Journal of Biotechnology* 8, no. 1–2, 2006, pp.122–123.

55. Ibid.

56. "DNA for Peace: Reconciling Biodevelopment and Biosecurity," McLaughlin Centre for Molecular Medicine, Canadian Program on Genomics and Global Health, University of Toronto Joint Centre for Bioethics (no date), http://openwetware.org/images/d/d0/DNA_Peace.pdf.

第七章

1. 本章中引用数据，除非特别注明，均引自国际合作研究中心《2007年全球和平行动年度评论》, Boulder, Colo: Lynne Rienner Publishers, 2007年。

2. Human Security Center, University of British Columbia, "Overview," in *Human Security Report 2005: War and Peace in the 21st Century* (Oxford University Press, 2005), pp. 1–11,参见www.humansecurityreport.info/HSR2005_PDF/Overview.pdf。

3. Ibid.

4. Ibid. 2005年乌普萨拉/人类安全中心数据集表明，非洲地区政府参战的冲突数量在2002年到2003年间从15起减少至10起，而"单方"暴力事件（指一年中至少有25名平民被屠杀，且受害人无力反抗）由17起降至11起，减少了35%。同时，各类政治暴力形式导致的总死亡人数也减少了24%以上。

5. Bruce Riedel, "Troubled Pakistan: A Case Study in Modern American Diplomacy,"受管理全球不安全因素（MGI）项目委托论文，未出版，2006年。

6. Peter Lewis, "State Weakness and International Engagement: Nigeria Agonistes,"受MGI项目委托论文，未出版，2006年。

7. Terje Roed-Larsen, speech delivered at the King Faisal Center for Research and Islamic Studies, Riyadh, Saudi Arabia, May 22, 2007.

8. Paul Collier and others, *Breaking the Conflict Trap: Civil War and*

Development Policy (Washington, D.C.: World Bank and Oxford University Press, 2003), 参见http://indh.pnud.org.co/ files/rec/Conflictrap.pdf。

9. *The National Security Strategy of the United States of America* (The White House, 2002), p. 1, 网络版参见www.whitehouse.gov/nsc/nss/2002/nss.pdf。

10. www.un.org/summit2005/documents.html.

11. Ibid.

12. Elizabeth Cousens, "The Security Council and Prevention," in *The UN Security Council from the Cold War to the 21st Century*, edited by David Malone (Boulder,Colo.: Lynne Rienner Publishers, 1995), pp. 101–117.

13. 乔治·W. 布什比比尔·克林顿总统使用特使的次数少得多，达尔富尔的情况是个例外。

14. Paul Collier, "Development and Conflict" (Center for the Study of African Economies, Department of Economics, Oxford University, 2004), 参见 www.un.org/esa/documents/ Development.and.Conflict2.pdf。

15. Frances Stewart, "Crisis Prevention: Tackling Horizontal Inequalities," 为世界银行1999年6月14—15日举办的评估与减少贫困大会起草，参见 www.rrojasdatabank.org/wpover/Frances_ Stewart_Paper.pdf. 欲了解不同观点，可参见世界银行政策研究第2681号论文Collier and others, "On the Duration of Civil War," 网络版见 http://papers.ssrn.com/sol3/papers.cfm?abstract_id =632749。

16. Paul Collier, "On Economic Causes of Civil War," *Oxford Economic Papers* 50, 1998, pp.563–573. 另一种观点可参见James Fearon and David Laitin, "Ethnicity, Insurgency, and Civil War," *American Political Science Review* 97, no. 1, February 2003, pp.75–90.

17. Political Instability Task Force, "PITF Phase I–V Papers" (George Mason University Center for Global Policy, 2007), 参见 http://globalpolicy.gmu.edu/pitf/pitfdata.htm。

18. Ibid. 另见Edward D. Mansfield and Jack Snyder, *Electing to Fight: Why Emerging Democracies Go to War* (MIT Press, 2005) and Jack Snyder, *From Voting to Violence: Democratization and Nationalist Conflict* (New

York: Norton & Co., 2000)。

19. Zalmay Khalilzad, 于纽约瓦格纳大学公共行政学院演讲, 2008年4月16日, 以及于多哈论坛演讲, 2008年2月18日。演讲文稿参见 www.thedohaforum.org/assets/speeches/khalilzad_ speech.pdf. 另见 Ashraf Ghani and Clare Lockhart, *Fixing Failed States: A Framework for Rebuilding a Fractured World* (Oxford University Press, 2008)。

20. 这项研究的开放版本可见Barnett R. Rubin and Bruce D. Jones,"Prevention of Violent Conflict: Tasks and Challenges for the United Nations," *Global Governance* 13, 2007, pp.391–408.

21. Human Security Report Project, *Human Security Brief 2006*, Human Security Center at the University of British Columbia, 参见 www.humansecuritybrief.info/。

22. Thant Myint-U, "The UN as Conflict Mediator: First Amongst Equals or the Last Resort?" 2006年人道主义对话中心奥斯陆论坛会议论文, 参见 www.osloforum.org/datastore/Mediators% 20Retreats/OSLO%20Forum%20Briefing%20Pack/TheUNasConflictMediator.pdf。

23. Bruce Jones, "Lebanon," 受MGI项目委托论文, 未出版,2006年。

24. Chester A. Crocker, "Peacemaking and Mediation: Dynamics of a Changing Field," *Coping with Crisis Working Paper Series* (New York: International Peace Academy, 2007), 参见www.ipacademy.org/asset/file/153/CWC_Working_Paper_PEACEMAKING_CC.pdf。

25. 欲了解达成达顿协议的斡旋过程, 参见Richard Holbrooke, *To End a War* (New York: Random House, 1998), 以及Ivo Daalder, *Getting to Dayton: The Making of America's Bosnia Policy* (Brookings, 2000)。

26. Steven Lee Myers and Thom Shanker, "Pentagon Considers Adding Forces in Afghanistan," *New York Times*, May 3, 2008, 参见 www.nytimes.com/2008/05/03/world/asia/03military.html。

27. James Dobbins and others, *The UN's Role in Nation–Building: From Congo to Iraq* (Santa Monica, Calif.: RAND Corporation, 2005).

28. 数据来自国际合作研究中心《全球和平行动年度评估》(2007年与2008年)以及联合国维和行动部, 参见www.un.org/Depts/dpko/dpko/。

29. William J. Durch, *Twenty-First Century Peace Operations* (Washington: USIP Press, 2007), p. 576.

30. Dobbins and others, *The UN's Role in Nation-Building*, p. xxxvi. 另见 Paul Collier and Anke Hoeffler, "The Challenge of Reducing the Global Incidence of Civil War," *Copenhagen Consensus Challenge Paper* (Center for the Study of African Economies, Department of Economics, Oxford University, March 26, 2004), p. 22, 参见 www.copenhagenconsensus.com/Files/Filer/CC/ Papers/Conflicts_230404.pdf。

31. 参见Collier and others, *Breaking the Conflict Trap*。

32. 捐助国与受援国之间计划不一致的矛盾常常在安全领域最为激烈。国际行为体通常都面对着退兵的压力，而国际可调遣警力又严重不足。但要在当地建立独立的军队和警察，至少需要五年，而改组司法系统，则需要更长时间。

33. 关于建设和平委员会的信息参见 www.un.org/peace/peacebuilding/。欲了解建设和平支助办公室, 参见 www.un.org/peace/peacebuilding/pbso.shtml。

34. 参见Center on International Cooperation, *Annual Review of Global Peace Operations* 2007。

35. Carlos Pascual and Kenneth Pollack, "The Critical Battles: Political Reconciliation and Reconstruction in Iraq," *Washington Quarterly* 30, no. 3, 2007, pp.7–19.

36. Ibid.

37. 2008年，一项针对此目标的计划，被美国在预算委员会上否决了。然而，为了对美国公平合理，我们必须看到会员国普遍认为该计划的制订粗糙，理由不充分，虽然很多成员国也看到提高联合国斡旋与预防外交能力的意义。一次改革努力的失败不应成为阻碍考虑更周全的新计划的理由。

38. 美国国务院重建暨安定协调处提出此纲要，可作为规划基础。参见*the U.S. Government Draft Planning Framework for Reconstruction, Stabilization, and Conflict Transformation,* www.crs.state.gov/index.cfm?fuseaction=public.display&id=c065fc4e-065b-4c47-ab16-0acd-

d1807ede. *Postconflict Reconstruction: Essential Tasks*可参见www.state.gov/documents/organization/ 53464.pdf。亦参见"Appendix 1: Joint CSIS/AUSA Postconflict Reconstruction Task Framework" in *Winning the Peace: An American Strategy for Postconflict Reconstruction*, edited by Robert C. Orr (Washington, D.C.: CSIS Press, 2004), pp. 305–327。

第八章

1. 参见www.state.gov/t/isn/rls/fs/46839.htm。

2. 我们设想的16国集团包括现在的八国集团成员国；扩展五国（巴西、中国、印度、墨西哥和南非）；以及印度尼西亚、土耳其和另外一个非洲国家。

3. 本章感谢以下同事的思想贡献：丹·本杰明，布鲁金斯学会美国和欧洲中心主任。塞巴斯蒂安·冯·艾因塞德尔，现供职于联合国驻尼泊尔办事处，曾任联合国应对威胁、挑战和变化高级别小组成员；埃里克·罗桑德，全球反恐合作中心高级研究员、纽约大学国际合作中心访问学者。本章部分选自本杰明和罗桑德为布鲁金斯学会"管理全球不安全因素"项目准备的政策简报。

4. 即便是美国掌握的数据也严重不足。在国际上，还有两种不同的意见：有很多国际研究不将巴勒斯坦对以色列士兵的攻击算作恐怖袭击；同样，很多研究也不把对驻伊拉克美军的攻击算作恐怖袭击。

5. Sebastian von Einseidel, "Evaluating Responses to International Terrorism", High-Level Panel on Threats, Challenges, and Change Background Paper, unpublished, 2003.

6. Ibid.

7. International Crisis Group (ICG), "Nepal Backgrounder: Ceasefire—Soft Landing or Strategic Pause?" (ICG Asia Report No. 50, 2003), available at www.crisisgroup.org/home/index.cfm?id= 1642&l=1.

8. John L. Esposito and Dalia Mogahed, "What Makes a Muslim Radical?" *Foreign Policy*, web exclusive, November 2006, available at www.

foreignpolicy.com/story/cms.php?story_id=3637.

9. United Nations Development Program (UNDP), *2002 Arab Human Development Report* (New York: UNDP, 2002), pp. 25–28.

10. Robert A. Pape, "The Strategic Logic of Suicide Terrorism," *American Political Science Review* 97, Aug 2003, pp.343–361.

11. 巴基斯坦国内的恐怖主义情况非常复杂，因为居住在瓦齐里斯坦及其周边，以及西北边疆地区的普什图族历史上曾经表达过要从巴基斯坦分离出来的愿望。因此，可以说塔利班和基地组织在上述地区获得的支持与被占领的感觉或者瓦齐里斯坦潜在的分裂主义斗争有一定关系。

12. 东亚范围很广，包括中国大陆、中国台湾、日本、朝鲜、韩国、蒙古、越南、菲律宾、泰国、印度尼西亚、文莱、柬埔寨、东帝汶、老挝、马来西亚、缅甸和新加坡。

13. 可参见Alan Collison, "Inside al Qaeda's Hard Drive," *Atlantic Monthly*, September 2004, pp.55–70。关于基地组织内部运作的全面讨论，参见Jason Burke, *Al-Qaeda: Casting a Shadow of Terror* (London: I. B. Tauris, 2003)。

14. 参见 www.dni.gov/press_releases/20070717_release.pdf。

15. 关于西亚边界的界定，参见第十章。

16. Bruce Riedel, "Troubled Pakistan: A Case Study in Modern American Diplomacy," 国际合作中心制定委托研究论文，未发表，2007。

17. Human Security Report Project, "Human Security Brief 2007," available at www.human securitybrief.info/access.html.

18. 在2007年和2008年布什总统曾多次公开讨论过这个战略。例如，可参见他2007年2月的演讲，在那次演讲中他提出了阿富汗战略及进展，以及全球反恐战争，参见www.whitehouse.gov/news/releases/2007/02/20070215-1.html。最近的演讲（2008年1月），参见www.whitehouse.gov/news/releases/2008/01/20080131 2.html。

19. Pew Global Attitudes Project, "Global Unease with Major World Powers: Rising Environmental Concern in 47-Nation Survey," June 2007,

available at http://pewglobal.org/ reports/display.php?ReportID=256.

20. Esposito and Mogahed, "What Makes a Muslim Radical?"

21. C. Christine Fair, Clay Ramsay, and Steven Kull, "Pakistani Public Opinion on Democracy, Islamic Militancy, and Relations with the United States," Joint Study of World Public Opinion.org and the United States Institute of Peace, January 2008, available at www.worldpublicopinion.org/pipa/ pdf/jan08/Pakistan_Jan08_rpt.pdf.

22. 参见www.un.org/Docs/scres/2001/sc2001.htm。

23. 参见www.un.org/Docs/sc/unsc_resolutions04.html。

24. 参见http://untreaty.un.org/English/Terrorism/English_18_15.pdf。

25. Report of the Secretary General, *Uniting against Terrorism: Recommendations for a Global Counterterrorism Strategy*, 2006, available at www.un.org/unitingagainstterrorism/sg-terrorism -2may06.pdf.

26. 根据各成员国提供给基地组织和塔利班制裁委员会的信息，截至2006年7月末，该机制下的35个国家已冻结基地组织和塔利班资产9140万美元，主要是银行账户。参见UN Security Council al Qaeda and Taliban Sanctions Committee, *Fifth Report of the al Qaeda and Taliban Sanctions Monitoring Team*, S/2006/750 (New York, September 20, 2006), p. 21。

27. UN Security Council Resolution S/RES/1368 (New York, September 12, 2001), p. 1.

28. 一个小小的例外是联合国人道机构在应对2005年的地震时功能扩大了。

29. Riedel, "Troubled Pakistan."

30. International Task Force on Global Public Goods, *Meeting Global Challenges: International Cooperation in the National Interest*, final report (Stockholm: 2006), available at www.gpgtaskforce. org/uploads/files/169.pdf.

31. UNODC, "Legislative Guide to the Universal Antiterrorism Conventions and Protocols" (New York, 2003).

32. 关于这两份公约的情况，参见http://untreaty.un.org/english/Terrorism/Conv12.pdf, 以及 http://untreaty.un.org/English/Terrorism/Conv11.pdf。

33. Interpol Media Release, “Interpol Enhances Red Notice System for Terrorism Suspects; Widens Criteria for Alerting World to Suspected Terrorists,” 2003, available at www.interpol.int/ Public/ICPO/PressReleases/PR2003/PR200332.asp.

34. Mathieu Deflem and Lindsay Maybin, “Interpol and the Policing of International Terrorism: Developments and Dynamics since September 11,” in *Terrorism: Research, Reading, & Realities*, edited by Lynne L. Snowden and Brad Whitsel (London: Prentice-Hall, forthcoming).

35. Eric Rosand, “The UN-Led Multilateral Response to Jihadist Terrorism: Is a Global Counterterrorism Body Needed?” *Journal of Conflict and Security* 11, no. 3, pp.399–427.

36. Ibid. 亦参见“The Egmont Group: Financial Intelligence Units (FIUs),”April 18, 2007, available at www.egmontgroup.org/about_egmont.pdf.

37. Von Einsiedel, “Evaluating Responses to International Terrorism.”

38. *The National Security Strategy of the United States of America* (The White House, 2002), available at www.whitehouse.gov/nsc/nss/2002/nss.pdf.

39. *A More Secure World: Our Shared Responsibility*, Report of the High-Level Panel on Threats, Challenges, and Change, 2004, paragraphs 190 and 191, available at www.un.org/secureworld/.

40. Ivo Daalder, *Beyond Preemption: Force and Legitimacy in a Changing World* (Brookings, 2007).

41. The Hoover Institution and Stanford Institute for International Studies, Preventive Force Conference, May 25–27, 2005, information available at www.hoover.org/research/conferences/ 3022291.html?show=agenda.

42. Sebastian von Einsiedel and Eric Rosand, “Counterterrorism Institutions,” in *Cooperating for Peace and Security: The Evolution of Multilateral Security Institutions,* edited by Shepard Forman and Bruce Jones (Cambridge University Press, forthcoming).

43. 截至目前，对该问题论述最为充分的是Alistair Millar and Eric

Rosand, *Allied against Terrorism: What's Needed to Strengthen Worldwide Commitment* (New York: Century Foundation, 2006)。

第九章

1. 转引自 Robert A. Pollard, *Economic Security and the Origins of the Cold War, 1945–1950* (Columbia University Press, 1985), p. 8.

2. National Intelligence Council (NIC), *Mapping the Global Future, report 2004–2013 of the NIC 2020 Project* (Pittsburgh: U.S. Government Printing Office, December 2004).

3. Brookings Global Economy and Development, *Top 10 Global Economic Challenges: An Assessment of Global Risks and Priorities*, February 2007, p. 24.

4. 在全球发展中心和布鲁金斯学会最近发布的一项指数中，赤贫成为了“极弱”国和“弱”国的最主要特征。参见Susan Rice and Stewart Patrick, *Index of State Weakness in the Developing World* (Brookings, 2008). See also Bruce Jones and others, “From Fragility to Resilience: Concepts and Dilemmas of Statebuilding in Fragile States,” research paper prepared for the OECD (Organization for Economic Cooperation and Development) Fragile States Group (Paris: OECD, August 2008).

5. World Economic Forum (WEF), *Global Risks 2008: A Global Risk Network Report*, January 2008, p. 20.

6. WEF Annual Meeting 2008, *The Power of Collaborative Innovation*, Davos, Switzerland, January 23–27, 2008. 参见www.weforum.org/pdf/summitreports/am2008/。

7. Ibid.

8. WEF, Global Risks 2008, pp. 7–11.

9. Lael Brainard, *Saving for the 21st Century: Is America Saving Enough to Be Competitive in the Global Marketplace? Testimony before Senate Committee on Finance* (Brookings, April 2006), 参见 www.brookings.edu/testimony/2006/0406macroeconomics_brainard.aspx。

10. Forbes.com, "Food Shortage Rises with Prices," April 15, 2008, 参见 www.forbes.com/business/2008/04/14/food-prices-china-biz-cx_0415oxford.html。

11. Reuters, compiled by Steve Slater, edited by Will Waterman, "The World's Biggest Banks," September 15, 2008.

12. IMF, *Making the Global Economy Work for All*, 2007, 参见 www.imf.org/external/pubs /ft/ar/2007/eng/pdf/ar07_eng.pdf。

13. The Economist, "So Near and Yet So Far: Trade Ministers Have Come Too Close to a Deal to Let the Doha Round Die," July 31, 2008, 参见 www.economist.com/opinion/displaystory. cfm?story_id=11848231。

14. Rice and Patrick, *Index of State Weakness*, p. 4.

15. Rice, "The Threat of Global Poverty," *The National Interest*, Spring 2006, pp.76–82.

16. Ibid.

17. United Nations, *United Nations Millennium Declaration*, A/RES/55/2, September 18, 2000, 参见www.un.org/millennium/ 以及United Nations, *Monterrey Consensus of the International Conference on Financing for Development*, 筹资国际会议通过协议与承诺的最终文本, Monterrey, Mexico, March 18–22, 2002, A/CONF.198/11, 2003, 参见 www.un.org/esa/ffd/monterrey/Monterrey Consensus.pdf。

18. *Monterrey Consensus*, p. 14.

19. 2008年8月世界银行修改了它对全球贫困水平的评估数字，从每天不足1美元改为每天不足1.25美元。新数字说明国际可比价格数据有所改进。新数字继续以最贫困国家为标准来评估世界贫困状况。1.25美元的新标准是10—20个最贫困国家的平均国家贫困线。参见Shaohua Chen and Martin Ravallion, "The Developing World Is Poorer than We Thought, but No Less Successful in the Fight against Poverty," World Bank Policy Research Working Paper 4703 (World Bank Development Research Group, August 2008)。

20. Brainard, *Saving for the 21st Century*, 2006.

21. NIC, *Mapping the Global Future*, pp. 47–51.

22. Dervis,《对世界经济新结构的看法》，作为在印度进出口银行年度毕业典礼日上的演讲发表（印度孟买，2008年3月18日），见讲稿第21页。

23. World Bank, "World Development Indicators 2008" (International Bank for Reconstruction and Development, 2008), p. 317, 参见 http://siteresources.worldbank.org/DATASTATISTICS/ Resources/WDI08_section6_intro.pdf。

24. Lawrence Summers, "A Strategy to Promote Healthy Globalization," *Financial Times*, May 4, 2008, 参见 www.ft.com/cms/s/0/999160e6-1a03-11dd-ba02-0000779fd2ac.html。

25. Ibid.

26. The Economist, "World Risk: Alert—Global Downturn Will Test Asian Resilience," *Country Briefing* (London: Economist Intelligence Unit, Economist Group, March 28, 2008).

27. Arvind Panagariya, "India's Growing Economy: Song of the Crossroads," *Hindustan Times*, February 18, 2008, available at www.hindustantimes.com/StoryPage/Print.aspx?Id=898935f6 -fbc8-4849-927a-c483c5c43a31Budget200809_Special.

28. IMF, *Regional Economic Outlook: Sub-Saharan Africa*, October 2007, p. 55.

29. "这些天来，印度的产业家们都想要保护政策，其针对的进口产品来自中国，而不是美国。也许印度和中国抵制低农业税的最大输家是农业大国巴西。多哈谈判的北—南框架忽视了这样的分裂。" 载 "The Next Step for World Trade," *New York Times*, August 2, 2008, Opinion Section, available at www.nytimes.com/2008/08/02/opinion/02sat1.html。

30. Robert Zoellick, *A Challenge of Economic Statecraft*, speech at the CGD, April 2, 2008.

31. 根据最近对中等收入国家的归类统计［所有符合条件，能从国际复兴开发银行（International Bank for Reconstruction and Development）贷款的国家，包括印度］，世界上近70%的穷人生活在中等收入国家。参见IBRD/The World Bank, *Development Results in Middle-Income*

Countries: An Evaluation of the World Bank's Support, 2007, available at http://siteresources. worldbank.org/EXTMIDINCCOU/Resources/MIC_evaluation.pdf. 注意，这些数字是在世界银行发布新的全球贫困线之前计算的。不过，对于中等收入国家来说，贫困中间线定为每天2美元仍然是合适的。See World Bank, "New Data Show 1.4 Billion Live on Less than U.S. $1.25 a Day, but Progress against Poverty Remains Strong," Press Release 2009/065/DEC, August 26, 2008.

32. Robin Broad and John Cavanagh, "The Hijacking of the Development Debate: How Friedman and Sachs Got It Wrong," *World Policy Journal,* Summer 2006, pp.21–30.

33. World Bank and IMF, *Global Monitoring Report*, 2008, April 2008, p.11.

34. Jeffrey Sachs, "Hitting the Target," Words into Action, Development Agenda, UN Millennium Project, 出版时间不详, 见 www.unmillenniumproject.org/documents/Hitting-the- Target_IMF_WorldBank_Sep06.pdf。

35. Sachs, *The End of Poverty: Economic Possibilities for Our Time* (Penguin, 2005).

36. Homi Kharas, *Trends and Issues in Development Aid* (Wolfensohn Center for Development, Brookings, November 2007), p. 1.

37. Ibid.

38. Lael Brainard, ed., *Security by Other Means* (Brookings and Center for Strategic and International Studies, 2007).

39. Kharas, *Trends and Issues,* pp. 12–13.

40. Ibid., p. 11.

41. Commission for Africa, *Commission for Africa Report: Our Common Interest* (Commission for Africa, March 11, 2005), pp. 102–108.

42. Larry Diamond, "The Democratic Rollback: The Resurgence of the Predatory State," *Foreign Affairs*, March/April 2008, 参见 www.foreignaffairs.org/20080301faessay87204/larry-diamond/ the-democratic-rollback.html。

43. Ibid.

44. See Department for International Development (DFID), *Why We Need to Work More Effectively in Fragile States* (London: DFID, January 2005), 参见 www.dfid.gov.uk/Pubs/files/ fragilestates-paper.pdf。

45. 注意，根据新的全球贫困线，每天不足1.25美元，这些数字可能会发生变化。The Institute for State Effectiveness, "Development Effectiveness in Situations of Fragility and Conflict," 即将出版。

46. Daniel Kaufmann, "10 Myths about Governance and Corruption," *Finance and Development*, September 2005, 参见 www.imf.org/external/pubs/ft/fandd/2005/09/basics.htm。

47. Ibid.

48. Robert Barro, *Determinants of Economics Growth: A Cross-Country Empirical Study* (MIT Press, 1997).

49. Daniel Kaufmann, Aart Kraay, and Massimo Mastruzzi, "Governance Matters VII: Aggregate and Individual Governance Indicators, 1996–2007," *World Bank Policy Research Working Paper 4654*, June 24, 2008, 参见 http://papers.ssrn.com/sol3/papers.cfm?abstract_id=1148386。

50. 数据出自www.freedomhouse.org网页以及Rice and Patrick, *Index of State Weakness*, p. 13。

51. Larry Diamond, *The Spirit of Democracy: The Struggle to Build Free Societies Throughout the World* (New York: Times Books, 2008).

52. The Community of Democracies, 2007 Bamako Ministerial Consensus,"Democracy, Development and Poverty Reduction," 参见 www.un.org/democracyfund/Docs/Bamako_consensus. pdf。

53. 参见www.mcc.gov。

54. 例如，世界银行、国际货币基金、世界贸易组织、联合国开发计划署、经济合作与发展组织、《蒙特雷共识》发展融资办公室，以及联合国经济与社会理事部。此外，还有无数组织的次级机构，如联合国儿童基金会、联合国粮农组织、联合国国际劳工组织和世界卫生组织。

55. 贫穷钟的概念是我们的同事霍米·卡拉斯首先提出来的，他是布鲁金斯学会全球发展项目的高级研究员。

56. Colin Bradford and Johannes Linn, *Reform of Global Governance: Priorities for Action* (Brookings, October 2007).

57. Brett House, David Vines, and W. Max Corde, *The International Monetary Fund: Retrospect and Prospect in a Time of Reform* (February 6, 2008). 此书更早的版本将被收入《新编帕尔格雷夫货币与金融词典》(*The New Palgrave Dictionary of Money and Finance*)。

58. Lex Rieffel, "The IMF and the World Bank: It's Time to Separate the Conjoined Twins," *Global Economy and Development Working Paper* (Brookings, September 2008), 参见www.brookings.edu/~/media/Files/rc/papers/2008/09_global_governance_rieffel/09_global_governance_rieffel.pdf。

59. Wing Thye Woo, "Understanding the Sources of Friction in U.S.-China Trade Relations: The Exchange Rate Debate Diverts Attention Away from Optimum Adjustment," *Asian Economic Papers* 7, no. 3, Fall 2008.

60. "Freer Trade Is under Threat but Not for the Usual Reasons," *The Economist*, U.S. ed., October 9, 2008, available at www.economist.com/specialreports/displaystory.cfm?story_id= 12373720.

61. 这20个贸易领域是《经济学家》杂志在一篇文章中指出的，参见 "So Near and Yet So Far: Trade Ministers Have Come Too Close to a Deal to Let the Doha Round Die," *The Economist*, July 31, 2008。

62. John L.Thornton, "Presidential Candidates Should Address Globalization's Challenges," *Post and Courier Charleston*, January 14, 2008, Features Section, 参见www.charleston.net/news/ 2008/jan/14/presidential_candidates_should_address_g27505/。

63. 欲了解美国贸易调整援助金，请登录www.doleta.gov/tradeact/benefits.cfm#2。

64. Lael Brainard, "New Economy Safety Net: A Proposal to Enhance Worker Adjustment Programs," *Democracy: A Journal of Ideas* 8 (Spring 2008), 参见 www.brookings.edu/articles/2008/ spring_economic_security_program_brainard.aspx。

65. Kimberly Ann Elliott, "Trade Policy for Development: Reforming U.S. Trade Preferences," *CGD Brief* (Washington: CGD, August 2007).

66. Ibid.

67. World Bank and IMF, *Global Monitoring Report*, 2008, pp. 9–11.

68. Ibid.

69. 联合国千年发展目标提出的建议，“Investing in Development: A Practical Plan to Achieve the MDGs” (UNDP, 2005).

70. 参见www.whitehouse.gov/omb/budget/fy2009/。

71. Steven Kosiak, “FY 2009 Request Would Bring DoD Budget to Record (or Near-Record) Levels,” *Center for Strategic and Budgetary Assessments Update*, February 4, 2008, 参见www.csbaonline.org/4Publications/PubLibrary/U.20080204.FY_2009_Request/U.20080204.FY_2009_Request.pdf。

72. 参见www.oecd.org/dataoecd/27/34/40381949.xls。

73. 在《民主的精神》(*The Spirit of Democracy*) 一书中 (p.33)，戴蒙德认为，在世界上的每个地区，至少有80%的公众相信，民主是最好的政治制度。

74. United Nations, *Monterrey Consensus*, paragraph 4.

75. United Nations, *Millennium Declaration*, paragraph 5.

第十章

1. 本地区的一个标志性特点是，一切问题甚至是其地理称谓都充满争议。1916年《萨克斯—皮科协定》(*Syke-Picot Agreement*) 签署后，从波斯湾绵延至地中海东岸的沙漠地区开始被称为“近东”。第二次世界大战结束后，这一地区被称为“中东”，而“中东”一词有时又仅仅指代黎巴嫩、叙利亚、约旦、埃及和以色列地中海东部沿岸国家。在联合国官方用法中，首选用词是“西亚”，其范围不仅包括地中海东部沿岸国家和海湾国家，还包括巴基斯坦和阿富汗。在当代美语用法中，“大中东”一词具有类似含义，但不包括巴基斯坦。我们在本书中使用“中东”一词指代地中海东部沿岸国家和海湾国家，“大中东”一词出现频率不高，其范围包括阿富汗。因为阿富汗的冲突与更广泛的地区有着重要联系。

2. James A. Baker III and Lee H. Hamilton, *The Iraq Study Group Report: The Way Forward—A New Approach* (New York: Vintage, 2006). 贝克和汉密尔顿曾担任伊拉克研究小组的联合主席。

3. Department of State, "A Performance-Based Roadmap to a Permanent Two-State Solution to the Israeli-Palestinian Conflict," April 30, 2003, www.state.gov/r/pa/prs/ps/2003/ 20062.htm [October 16, 2008]; UNSC Resolution 1397可参见www.state.gov/p/nea/rt/11134.htm and UNSC Resolution 1515 at www.state.gov/p/nea/rt/95541.htm。

4. Elaine Sciolino, "Nuclear Panel Votes to Report Tehran to U.N.," *New York Times*, February 5, 2006, section 1, p. 1.

5. Mark Mazzetti and Thom Shanker, "Arming Hezbollah Reveals U.S. and Israeli Blind Spots," *New York Times*, July 19, 2006; Steven Erlanger, "Iran Pledges Money to Hamas-Led Palenstinian Authority," *New York Times*, February 22, 2006.

6. Vali Nasr argues this powerfully in The Shia Revival: *How Conflicts within Islam Will Shape the Future* (New York: Norton, 2006).

7. 这一点在2006年6月意大利罗马国际外交会议上得到了淋漓尽致地体现，当时正值真主党与以色列战争爆发期间（同时一名以色列士兵在加沙遭遇劫持，明显是由叙利亚和伊朗支持的恐怖组织所为）。会议期间，阿拉伯各国政府强烈呼吁立即结束敌对行动，其中大多数国家指责以色列——尽管沙特阿拉伯打破传统，公开批评真主党挑起了这场危机。尽管如此，在罗马会议期间，阿拉伯各国政府在私下会晤美国国务卿赖斯和联合国秘书长安南时纷纷强调，消灭真主党或至少摧毁其设施装备以前，不应对以色列加以阻止。这是布鲁斯·琼斯在罗马分别对安南和赖斯一行成员进行秘密采访时获得的消息。

8. 这是根据琼斯在罗马对安南和赖斯一行的秘密采访获得的。

9. National Intelligence Council, "Iran: Nuclear Intentions and Capabilities," November 2007, www.dni.gov/press_releases/20071203_release.pdf.

10. Associated Press, "Jordan's King Abdullah II Wants His Own Nuclear Program," *USA Today*, January 19, 2007, www.usatoday.com/news/world/2007-01-19-jordan-nukes_x.htm [October 23, 2008]; Michael Slack-

man and Mona El-Naggar, "Mubarak's Son Proposes Nuclear Program," *New York Times*, September 19, 2006, section A, p. 14; William J. Broad and David E. Sanger, "With Eye on Iran, Rivals Also Want Nuclear Power," *New York Times*, April 15, 2007, section 1, p. 1.

11. World Nuclear Association, "Emerging Nuclear Energy Countries," July 2008, www.world-nuclear.org/info/inf102.html.

12. Helene Cooper, "Rice under Pressure in Trip to Turkey," *New York Times*, November 3, 2007, www.nytimes.com/2007/11/03/world/europe/03Turkey.html?scp=1&sq=Rice%20Under%20Pressure%20in%20Trip%20to%20Turkey&st=cse [October 23, 2008].

13. Pew Global Attitudes Project, "Global Unease with Major World Powers: Rising Environmental Concern in 47-Nation Survey," June 27, 2007, http://pewglobal.org/reports/display. php?ReportID=256 [October 23, 2008].

14. 关于中东财富与不平等对政治紧张局势影响的全面分析，参见Tamara Cofman Wittes, *Freedom's Unsteady March: America's Role in Building Arab Democracy* (Brookings, 2008)。

15. 国际货币基金组织数据参见 www.imfstatistics.org/imf; Nimrod Raphaeli and Bianca Gersten, "Sovereign Wealth Funds: Investment Vehicles for the Persian Gulf Countries," *Middle East Quarterly* 15, no. 2, Spring 2008, pp.45–53.

16. 关于中东经济不平衡和政治限制的政治与安全意义的分析，参见Kenneth Pollack, *A Path out of the Desert: A Grand Strategy for America in the Middle East* (Brookings, 2008)。

17. Wittes, *Freedom's Unsteady March*.

18. Ibid.

19. Navtej Dhillon, "Boosting Smart Power: The Role of the United States in the Middle East" (Brookings, February 22, 2008).

20. Ibid.

21. Pew Global Attitudes Project, "Global Unease with Major World Powers."

22. 然而，应该说，这并非代表大多数人的看法；大多数巴勒斯坦人投票支持法塔赫及选举之前脱离法塔赫主流派别的附属党派。法塔赫由于在几个选区推出了多名候选人，分散了自身票源，导致了哈马斯赢得选举的胜利。

23. Virginia Page Fortna, “Does Peacekeeping Keep Peace? International Intervention and the Duration of Peace after Civil War,” *International Studies Quarterly* 48, no. 2, June 2004, pp.269–292.

24. 承担起越来越多维和任务的欧盟也向加沙派遣了民事观察员，其中部分人员部署在以色列—加沙—埃及边境地区。欧盟派驻拉法的边境援助特派团（EU Border Assistance Mission Rafah）体现的更多是欧盟寻求长期影响地区事务的努力而不是其行动能力。然而，该特派团也展现出欧盟行动能力在扩大，这对于未来处理这一地区的冲突具有更为重要的意义。

25. Yakov Katz, “Deployment Diplomacy,” *Jerusalem Post*, February 22, 2008, p. 13.

26. 目前，两个问题存在争议。首先，联合国近东地区巴勒斯坦难民救济与工程处（UNRWA）的一些工作人员（仅在约旦河西岸和加沙就有约20,000名巴勒斯坦雇员）所属的政党隶属于恐怖组织。其次，该工程处的雇员时常——尽管从未受到起诉——被指责与法塔赫等组织串通一气。然而，总体而言，以色列一直认为，该工程处本质上属于人道主义组织，其工作不仅符合巴勒斯坦方面的利益，也符合以色列的利益。美国与该工程处的主要捐助方总体上支持这一立场。

27. 参见U.S. Department of State, “Middle East Partnership Initiative”, http://mepi.state.gov/ [October 3, 2008]。

28. UNDP, *Arab Human Development Report* (Oxford University Press, 2002).

29. Steve Heydemann, “Upgrading Authoritarianism in the Arab World,” Saban Center, Brookings Institution, October 2007, www.brookings.edu/papers/2007/10arabworld.aspx [October 23, 2008].

30. “克林顿参数”的文本见www.peacelobby.org/clinton_parameters.htm; 亦参见Rob Malley and Hussein Agha, “The Road from Mecca,”

New York Review of Books 54, no. 8, May 10, 2007; Dennis Ross, *The Missing Peace: The Inside Story of the Fight for Middle East Peace* (New York: Farrar, Straus and Giroux, 2005); and Martin Indyk, *Innocent Abroad: An Intimate History of American Peace Diplomacy in the Middle East* (New York: Simon and Schuster, forthcoming 2009)。

31. Doris Buddenberg and William Byrd, *Afghanistan's Drug Industry: Structure, Functioning, Dynamics, and Implications for Counter-Narcotics Policy* (UNODC and the World Bank, 2006), www.unodc.org/pdf/afg/publications/afghanistan_drug_industry.pdf [October 23, 2008].

32. 参见注释10。

33. 欲了解关于此计划争论的演变过程，参见Martin Indyk, "The Post-War Balance of Power in the Middle East," *in After the Storm: Lessons from the Gulf War*, edited by J. S. Nye and R. K. Smith (Lanham, Md.: Madison Books, 1992); Ronald D. Asmus and others, "A Transatlantic Strategy to Promote Democratic Development in the Broader Middle East," *Washington Quarterly* 28, no. 2, Spring 2005, pp.7–21; G. John Ikenberry and Anne-Marie Slaughter, "Forging a World of Liberty under Law: U.S. National Security in the 21st Century," Final Report of the Princeton Project on National Security, September 27, 2006, www.princeton.edu/~ppns/report/FinalReport.pdf [October 23, 2008]; and Marc Grossman, "A Middle East Final Act?" Opinion, German Marshall Fund, June 2008。

34. 1994年欧安会更名为欧洲安全与合作组织。

35. 尽管鲜为人知，但巴以双方在2000年12月至2001年1月的塔巴谈判期间就解决领土问题分别提出了示意图草案。以色列方面的地图显示，约旦河西岸和加沙地带当前97.1%的领土仍处于巴方控制之下；根据巴方地图，这一比例为97.8%。双方地图的主要分歧在于，以色列是否对哈杜米姆山口这一主要定居点与耶路撒冷之间道路周边的领土拥有主权。以上内容来自布鲁斯·琼斯2000年至2001年期间的实地采访记录。

36. Sheikh Hamid bin Jassim of Qatar, speaking at the U.S.-Islamic World Forum, February 16, 2008.

第十一章

1. Robert Kagan, “History’s Back: Ambitious Autocracies, Hesitant Democracies,” *Weekly Standard* 13, no. 26, August 25, 2008.

2. Richard N. Haass, “The Age of Nonpolarity: What Will Follow U.S. Dominance,” *Foreign Affairs* 87, no. 3, May/June 2008, p.56, and Fareed Zakaria, *The Post–American World* (New York: W. W. Norton, 2008), pp. 242–244.

3. 民主国家联盟是由约翰·麦凯恩提出来的。见参议员麦凯恩于2007年5月1日在美国胡佛研究所的演讲，可在下面网址下载。www.cfr.org/publication/13252/。民主国家协调的建议是由约翰·伊肯伯里和安妮–玛丽·斯劳特提出的，参见G. John Ikenberry and Anne-Marie Slaughter, co-directors, *Forging A World of Liberty and Law: U.S. National Security in the 21st Century: Final Report of the Princeton Project on National Security* (Princeton: Woodrow Wilson School of Public and International Affairs, September 27, 2006), 亦参见Ivo Daalder and James Lindsay, “Democracies of the World, Unite,” *The American Interest*, January/February 2007。

4. Ivo Daalder and James Lindsey, “The Debate Continues,” *The American Interest*, March/April 2007, p. 138.

索 引

图书在版编目(CIP)数据

权力与责任：构建跨国威胁时代的国际秩序 / （美）琼斯，（美）帕斯夸尔，（美）斯特德曼著；秦亚青等译.
—北京：世界知识出版社，2009.3
书名原文：Power & Responsibility: Building International Order in An Era of Transnational Threats
ISBN 978-7-5012-3528-5
Ⅰ.权… Ⅱ.①琼…②帕…③斯…④秦… Ⅲ.①政治—政策—研究—美国②美国对外政策—研究 Ⅳ.D771.222 D871.20
中国版本图书馆CIP数据核字（2009）第023040号

图字：01-2009-0918

责任编辑 袁路明 罗养毅
文字编辑 鲁 南
责任出版 赵 玥
责任校对 张 琨
封面设计 多笔视觉

书 名 权力与责任：构建跨国威胁时代的国际秩序
Quanli yu Zeren: Goujian Kuaguo Weixie Shidai de Guoji Zhixu

作 者 ［美］布鲁斯·琼斯 卡洛斯·帕斯夸尔 斯蒂芬·约翰·斯特德曼
译 者 ［中］秦亚青 朱立群 王燕 魏玲

出版发行 世界知识出版社
地址邮编 北京市东城区干面胡同51号（100010）
网 址 www.wap1934.com
印 刷 北京京晟纪元印刷有限公司
经 销 新华书店
开本印张 980×680毫米 1/16 23½印张
字 数 380千字
版次印次 2009年3月第一版 2009年3月第一次印刷
标准书号 ISBN 978-7-5012-3528-5
定 价 48.00元（平装）